한국 근대화에 대한 기독교윤리적 평가

산업화와 민주화의 모순관계에 주목하다

이 도서의 국립중앙도서관 출판예정도서목록(CIP)은 서지정보유통지원시스템 홈페이지(http://seoji.nl.go.kr)
와 국가자료공동목록시스템(http://www.nl.go.kr/kolisnet)에서 이용하실 수 있습니다.
(CIP제어번호: CIP2015026005)

한국 근대화에 대한 기독교윤리적 평가

산업화와 민주화의 모순관계에 주목하다

최형묵 지음

한울
아카데미

책 머 리 에

한국사회는 매우 짧은 기간에 근대화의 두 가지 요체인 산업화와 민주화를
모두 이뤘다. 특히 경제적 발전과정으로서의 산업화는 세계사에서 유례를
찾아볼 수 없을 만큼 짧은 기간에 이뤄졌고, 그 결과 오늘날 한국의 경제규
모는 세계 10위권에 근접하기에 이르렀다. 국민소득 또한 평균 3만 달러에
육박하고 있다. 그 성과를 바탕으로 이른바 선진국클럽으로 불리는 경제
협력개발기구OECD에 가입하고 주요 20개국G20 대열에 합류해 국제적으로
위상을 인정받고 있다. 정치적 발전과정으로서의 민주화의 측면에서 보자
면, 신속한 산업화가 진행되는 과정에서 일어난 강력한 민주화운동의 결과
로 민주화 역시 주목할 만한 진전을 이뤘다. 1987년 이래 한국사회는 이전
까지의 권위주의를 청산하고 민주주의의 제도화과정에 본격적으로 진입
했다. 1980년대 초반까지만 하더라도 전 세계로부터 과연 민주주의가 꽃
피울 수 있을지 의심스러운 눈총을 받던 상황을 생각하면 격세지감을 느낄
만한 진전이다.

그러나 이토록 놀라운 발전을 이뤘음에도 오늘날 한국사회는 경제적 산
업화와 정치적 민주화 양 측면에서 모두 심각한 문제를 안고 있다. 경제적
으로는 양적 규모의 측면에서 놀라운 성과를 거뒀지만 불평등구조가 심화

되어 평범한 사람들의 삶의 권리가 제약당하고 있으며, 이는 실질적인 민주화의 진전에 큰 걸림돌로 작용하고 있다. 특히 경제성장을 일구는 데 실질적인 주역으로 역할해온 노동자에 대한 정당한 권리가 여전히 온전히 보장되지 않고 있을뿐더러, 경제적 양극화로 광범위하게 확대된 빈곤층은 생존마저 심각하게 위협받고 있다. 또한 연이은 보수정권의 집권으로 인해 절차적 민주화가 지체되는 현상이 노정되고 있다. 그나마 경제 민주화와 복지가 우리 사회의 최대 현안으로 떠올랐지만 이에 관한 국가적 정책은 표류하고 있는 실정이다.

국가정책의 차원에서만 문제인 것은 아니다. 일반 국민 사이에는 경제성장 제일주의에 대한 환상이 여전히 만연해 있어 정의로운 사회적 관계 형성과 민주주의 발전에 대한 요구는 부차화되고 있다. 이 같은 인식은 한국사회 보수주의의 강고한 밑바탕을 이루고 있다.

이 책은 바로 이와 같은 우리 시대의 기원을 규명함과 동시에 현재 노정된 여러 문제점을 극복하기 위해 오늘날 한국사회의 기틀을 형성해온 산업화와 민주화의 과정을 분석한다. 나아가 이 과정에서 드러난 문제들을 신학적 윤리의 입장에서 평가한다. 근래에 사회과학계에서는 경제적 산업화와 정치적 민주화 간의 관계가 논의되고 있지만 윤리적 차원, 특히 신학적 윤리 차원에서 평가된 적은 없다.

이 책은 경제적 산업화와 정치적 민주화 간의 상관관계를 사회과학적으로 분석하고, 이 상관관계 안에서 드러난 문제를 신학적 윤리의 규준으로 평가하는 두 가지 과제를 목표로 삼는다. 근대화의 요체인 경제적 산업화와 정치적 민주화의 관계를 사회과학적으로 분석하는 작업은 한국이 급속도로 근대화할 수 있었던 조건과 특성을 밝혀 오늘날 한국사회의 기원을 해명하는 데 기여할 것이다. 한편 한국 근대화를 윤리적으로 평가하는 작업은 한국적 근대화과정에서 한국사회 구성원들의 삶에 어떤 문제가 야기되었는지에 주목하고 이 문제를 진단함으로써 근대화의 근본적인 목적을 새삼 확인하고 대안의 방향을 모색하는 데 도움을 줄 것이다.

이 책은 박사학위논문을 새롭게 가다듬은 것이지만 이 책에서 다룬 과제의 밑바탕을 이루는 문제의식은 무척 오랜 기원을 갖고 있다고 감히 자평한다. 압축적 근대화의 현실을 온몸으로 체감하는 가운데 성장해온 한 세대의 일원으로서 당대의 삶을 규정하는 조건이 무엇인지 규명하려는 의욕과 더불어 이러한 현실 속에서 적절한 대안을 추구해온 신학도로서의 자각이 문제의식의 기원이라 할 수 있다. 이러한 문제의식의 전모는 이 책의 서론에서 본격적으로 밝히도록 하겠다.

책을 낼 때면 언제나 그렇듯 의도한 과제를 과연 얼마만큼 성공적으로 수행했는지 조심스럽게 자문할 따름이다. 그 평가는 독자에게 맡길 수밖에 없다. 물론 이 책이 목적한 과제를 완벽하게 수행했다고 스스로 평가하지는 않는다. 어쩌면 문제의식의 실마리를 분명히 찾았다고 보는 편이 더 적절할 것이다. 이 책이 다루는 과제는 앞으로 더 탐구되어야 할 것이다. 이 책의 출간은 스스로에게 탐구의 의지와 결의를 드러내는 계기인 셈이다. 독자의 질정을 바라며 이로부터 더 깊은 탐구가 이뤄지기를 기대한다.

이 책을 출간하기까지 감사해야 할 사람이 많지만, 특히 박사학위논문의 지도교수로서 방법론의 철저성과 논리적 일관성을 끊임없이 검토하며 논문의 완성도를 높일 수 있도록 이끌어준 강원돈 교수, 팍팍한 상황 가운데 때늦은 나이에 학위논문에 몰두하는 동안 든든한 지지자가 되어준 가족과 천안살림교회의 교우들에게 감사드린다. 그리고 박사학위논문을 작성할 때는 물론이거니와 이 책의 원고를 완성할 때에도 번잡한 일상사에서 벗어나 원고에 몰입할 수 있도록 훌륭한 공간을 제공해준 교토 아시아현대사연구소의 하야시 시게루林茂 선생과 그 장소를 편히 사용할 수 있도록 주선했을 뿐 아니라 그야말로 여러 가지로 애써준 이상경 선생께 감사드린다. 또한 어려운 출판 현실 가운데서 언제나 신뢰할 만한 절차를 통해 책의 출간을 결정하고 맡아준 한울출판사의 김종수 사장과 윤순현 선생, 그리고 직접 편집을 맡아 수고한 신순남 선생과 관계자 여러분께 깊이 감사드린다.

2015년 10월
교토 철학의 길 입구 아시아현대사연구소 골방에서
최형묵

차례

1

서론

1. 문제제기

1) 산업화와 민주화의 관계에 관한 일반적 통설

"경제성장을 이뤄야 민주주의가 가능하다"라는 통설은 오랫동안 지지를 받아왔다. 근대화과정에서 산업화를 민주화의 전제조건으로 인식했던 이 가설은 나름의 근거를 가지고 있다. 예컨대 시모어 마틴 립셋Seymour Martin Lipset으로 대표되는 근대화론[1]은 산업화와 경제성장으로 중산층이 성장했고 중산층 성장의 효과로서 민주주의가 발전한 데 주목한다. 경제발전은 중산층을 성장시킴으로써 교육과 문화적 태도를 확산시키는데, 이는 민주주의 가치의 광범위한 수용과 정치적 참여 증대를 유발할 뿐만 아니라 사

---

[1]   Seymour M. Lipset, *Political Man: The Social Bases of Politics*(Garden City, New York: Doubleday, 1960).

회적 갈등을 제도화해 갈등과 통합의 변증법을 가능하게 만든다는 것이다.[2] 이 가설은 산업화에 이어 민주주의 제도를 정착시킨 서구의 전형적인 근대화에 부합할 뿐만 아니라 근래에 급속한 산업화와 민주화를 이룬 아시아 국가들의 사례에도 부합하는 것으로 인식되어왔다. 여러 역사적 경험을 통해 볼 때 이 가설은 충분히 지지받을 만한 것으로 보인다.

그러나 산업화와 민주화의 관계를 단선적인 선후적 시차관계로 인식하는 가설은 권위주의적인 국가주도하에 산업화를 이룬 나라에서 산업화를 위해 권위주의가 불가피했음을 정당화하는 논거로도 활용되어왔다. 산업화에 성공하면 민주화도 이룰 수 있는 만큼 민주화 이전 단계로서 산업화를 이루기 위해서는 자원을 효율적으로 동원할 수 있는 권위주의가 불가피하다는 주장의 논거였던 것이다. 강력한 권위주의 국가의 주도로 산업화를 이룬 아시아 여러 국가의 경우 이는 매우 현실적인 주장으로 인정되어왔다. 특히 한국을 비롯해 대만, 싱가포르 등은 적절한 사례로 거론되어왔다. 국가주도의 산업화를 본격적으로 추진한 이들 국가의 지도자들은 이러한 논리를 근거로 권위주의를 스스로 정당화하기도 했다. 박정희는 "개발도상에 있는 나라에서는 우선 경제건설을 하는 것이 민주주의의 성장을 위해서도 절대적인 기본요건"이라고 하면서 "경제건설의 토양 위에서만 민주주의의 꽃을 피울 수 있다"라고 주장했다.[3] 싱가포르의 산업화를 이끌었던 리콴유李光耀는 권위주의가 경제발전을 성공적으로 촉진하는 데 효과적이었다고 단정하면서 권위주의체제를 옹호했다.[4] 이러한 주장은 이 국

---

2   최장집, 『민주화 이후의 민주주의: 한국민주주의의 보수적 기원과 위기』(개정판)(서울: 후마니타스, 2005), 84쪽 참조.

3   박정희, 「72년 연두기자회견」(1972.1.11), 『전집』 제9집(서울: 조갑제닷컴, 2006), 25쪽.

4   아마티아 센, 『센코노믹스, 인간의 행복에 말을 거는 경제학: 아마티아 센, 기아와 빈곤의 극복, 인간의 안전보장을 이야기하다』, 원용찬 옮김(서울: 갈라파고스, 2008), 92쪽 이하 참조.

가들이 눈부신 경제성장으로 산업화를 이룬 다음 비로소 정치적 민주화를 이룬 것으로 평가되는 까닭에 더욱 설득력을 지닌 것으로 인식되어왔다.

그러나 이와 같은 통설이 과연 의심의 여지없이 정당한 것일까? 근대화의 두 가지 핵심적인 요체, 즉 경제적 발전과정으로서의 산업화와 정치적 발전과정으로서의 민주화의 상관관계에 대한 논의는 오늘날 매우 뜨거운 관심사이며, 그런 만큼 기존의 근대화 이론은 재검토의 대상이 되고 있다. 특히 이러한 가설은 경제성장을 위해서는 민주주의보다 권위주의적인 정치체제가 훨씬 효율적이라는 주장을 정당화하는 근거로 활용되어왔다는 점에서 이 가설이 과연 엄밀한 의미에서 사실관계를 정당하게 다루는지 의심의 대상이 되었다. 그 결과 오늘날에는 이 가설이 입수 가능한 모든 자료에 기초한 일반적인 통계를 검증한 것이라기보다는 제한적으로 선택한 정보에서 도출한 단발성 경험주의에 기초한 것으로 평가되고 있다. 이 가설은 하나의 일반 이론이라기보다 특정한 정치적 목적을 위한 이데올로기이자 신화에 불과하다고 의심받기에 이른 것이다. 현실에서는 이 가설과 정반대인 사례도 얼마든지 있다. 실증적 통계를 보면 지난 40년간 '저소득 민주주의 국가군'이 '저소득 권위주의 국가군'보다 더 높은 경제성장률을 기록한 것으로 나타났다.[5]

경제성장과 민주주의는 과연 어떤 함수관계에 있을까? 실제로 현실에서는 경제적 발전과정으로서의 산업화와 정치적 발전과정으로서의 민주화의 관계가 매우 다양한 유형을 포함하고 있는 것으로 드러난다. 양자의 관

---

5   아마티아 센, 『센코노믹스, 인간의 행복에 말을 거는 경제학』, 138쪽 이하; 아마티아 센, 『자유로서의 발전』, 박우희 옮김(서울: 세종연구원, 2001), 198쪽 이하; 게오르게 쿠르베타리스, 『정치사회학』, 박형신·정헌주 옮김(서울: 일신사, 1998), 371쪽 이하; Joseph T. Siegle, Michael M. Weinstein and Morton H. Halperin, "Why Democracies Excel," *Foreign Affairs*, September/October 2004 참조.

계는 여러 주변 환경에 따라 크게 좌우되는데, 어떤 통계에서는 산업화와 민주화 간의 연관성이 적은 것으로 나타나고 어떤 통계에서는 큰 것으로 나타난다. 이 사실은 양자의 관계를 통계만으로 파악하기는 어려우며, 복합적인 사회적 환경 또는 가치의 문제를 검토함으로써 규명해야 한다는 것을 뜻한다.[6]

배링턴 무어Barrington Moore, Jr.는 근대화과정상 나타난 특정한 체제유형의 사회적 기원에 주목해[7] 특정한 체제유형이 독재 또는 민주주의, 아니면 혁명으로 귀결되는 데에는 초기 근대화과정의 유형이 결정적인 역할을 한다고 보았다. 가장 핵심적인 요건은 농업이 어떻게 상업화하느냐 하는 것인데, 이를 중심으로 토지 귀족이 농민, 도시의 신흥 부르주아지, 기존의 국가권력인 왕권에 대해 어떤 이해관계를 갖느냐에 따라 체제의 유형이 결정된다는 것이다. 예컨대 영국에서는 토지 귀족과 상업 부르주아지가 결합해 왕권을 억제한 결과 민주주의로 귀결되었고, 독일과 일본에서는 농업 지주와 국가권력이 결합해 부르주아지가 약화됨으로써 독재체제로 귀결되었으며, 러시아와 중국에서는 부르주아지의 약체성이 국가관료체제와 농업 지주의 동맹관계를 발전시켜 농민봉기를 초래했다고 보았다. 무어는 이로써 다양한 근대화의 유형을 구별했다.[8]

경제성장과 민주주의에 관심을 기울인 아마티아 센Amartya Sen은 경제성장과 민주주의 관계의 일반화에 대해 신중한 태도를 보이긴 하지만, 민주주의가 경제적 위기에 대처하는 데 훨씬 효과적이라는 사실을 강조한다. 센은 특히 경제적 위기를 겪은 여러 나라의 사례를 대비하면서, 권위주의 국가는 경제위기에 대처하는 데 실패해 기아 등 극단적인 파국에 이른 반

---

6 아마티아 센, 『센코노믹스, 인간의 행복에 말을 거는 경제학』, 142쪽 참조.
7 배링턴 무어, 『독재와 민주주의의 사회적 기원』, 진덕규 옮김(서울: 까치, 1985).
8 최장집, 『민주화 이후의 민주주의』, 85쪽 참조.

면 민주주의가 안정된 국가는 경제위기에 효과적으로 대처해 파국에 이르지 않은 점에 주목한다. 센은 경제성장과 민주주의에 관한 사실판단을 넘어 가치지향의 차원을 제시함으로써 양자의 관계가 사회적 합의와 선택의 차원에서 적극적으로 검토해야 할 문제임을 시사한다.

2) 산업화와 민주화의 동시적 과정인 한국 근대화

이 책의 목적은 한국의 경제개발과 민주주의를 윤리적으로 평가하는 것이다. 이 주제를 다루는 일은 크게 두 가지 차원을 포함한다. 하나는 경제개발과 민주주의, 즉 경제적 발전과정으로서의 산업화와 정치적 발전과정으로서의 민주화에 관한 사실관계를 규명하는 차원이고, 다른 하나는 이 관계를 윤리적으로 가치판단하는 차원이다.[9]

이를 위해 우선 한국에서는 경제적 발전과정으로서의 산업화와 정치적 발전과정으로서의 민주화가 어떤 관계를 맺고 있는지부터 살펴보자. 한국은 산업화에 이어 민주화를 이룬, 즉 산업화와 민주화가 선후적 시차관계를 갖는 전형적인 사례로 평가받아왔다. 이는 한국에서 산업화는 경제개발계획이 본격적으로 추진된 1960~1970년대에 이뤄진 반면, 민주화는 1980년대, 특히 1987년 이후부터 본격화된 것으로 인식되고 있기 때문이다. 흔히 '산업화 세대'와 '민주화 세대'를 구분하는 통상적인 어법은 산업화와 민주화를 선후적 시차관계로 보는 인식을 잘 보여준다. 이러한 인식은 앞서 지적한 바와 같이 산업화를 위한 권위주의의 효율성 또는 불가피성을 정당화하는 논거로도 활용되어왔다.

그러나 과연 한국의 경우 산업화와 민주화를 선후적 시차관계로 파악하

---

9 이에 관한 논의는 이어지는 2장과 3장에서 더 상세히 다룰 것이다.

는 것이 정당할까? 산업화와 민주화를 선후적 시차관계로 보는 인식에 대해서는, 첫째, 의문의 여지없이 실제 사실에 부합하는가, 둘째, 이 논거로 산업화를 위해서는 권위주의가 효율적이며 불가피하다는 주장을 정당화할 수 있는가 하는 두 가지 문제점을 제기할 수 있다.

먼저, 한국의 산업화와 민주화가 선후적 시차관계를 형성한다는 견해는 민주화를 어떻게 이해하느냐에 따라 얼마든지 달리 이해될 수 있다. 민주화를 민주주의의 제도화에 한정시킨다면 한국사회에서는 1987년 이후 제도화가 본격화되었기 때문에 산업화와 민주화가 선후적 시차관계인 것으로 이해할 수도 있다. 그러나 민주화를 제도화의 과정에 한정시키지 않고 권위주의에 대한 저항으로서의 운동의 차원으로까지 확대시킬 경우 한국사회의 산업화와 민주화는 선후적 시차관계에 부합하지 않는다. 민주화를 운동의 국면과 제도화의 국면을 동시에 포괄하는 것으로 봐야만 민주화의 역동성과 실체를 제대로 이해할 수 있다. 한국사회에서 1987년 이후 시작된 민주주의의 본격적인 제도화는 그 이전에 지속된 일련의 민주화운동의 연속선상에 있다. 그렇다면 한국의 산업화와 민주화는 선후적 시차관계라기보다는 동시적 상관관계라고 할 수 있다.

한국사회의 경우 양자는 동시대적일 뿐 아니라 내용면에서도 상호 밀접한 관계를 맺고 있다. 경제개발계획이 추진되면서 본격화된 한국의 산업화는 분명 강력한 국가주도의 성격이 두드러졌지만 국가주도의 산업화는 민중의 저항과 민주화의 요구로부터 영향을 받지 않을 수 없었다. 민중의 저항과 요구가 거세질수록 권위주의적 국가는 민중이 동의할 만한 물질적 기반을 확보하기 위해 경제성장을 성공적으로 이끌어야 하는 압박을 받았다. 결과적으로 민중의 민주화 요구와 저항은 산업화를 추진한 국가의 효율성을 촉진시키고 강화시키는 요인으로 작용했다.[10] 당시의 권위주의적 국가가 이른바 '약탈국가'로 전락하지 않고 '발전국가'로서 산업화를 성공적으로 추진한 데에는 강력한 민중의 저항과 민주화의 요구가 작용한 것이다. 이 점에서 한국에는 산업화로 인한 민주화의 성공과 민주화로 인한 산업화의 성공이라는 측면이 동시에 작용했으며, 한국의 산업화와 민주화는 선후적 시차관계가 아니라 동시적 상관관계를 갖는다고 볼 수 있다. 그것도 매우 단기간에 산업화와 민주화가 동시에 이뤄진 경우에 해당한다고 할 수 있다.

다음으로, 한국의 경우 산업화를 위해 권위주의가 과연 불가피했는지, 그리고 권위주의가 효율적이었는지 하는 문제도 달리 이해할 수 있다. 이는 결코 간단하게 판단할 문제가 아니지만, 한국에서 권위주의 국가주도로 산업화가 진행되던 시기와 국가적 차원에서 민주주의의 제도화가 이뤄진 시기의 경제성장률을 비교하면 어느 정도 가늠할 수 있다. 먼저 박정희 시대를 살펴보면, 1961~1970년 10년 동안은 연평균 GDP 성장률이 8.45%였으며, 1971~1979년은 8.27%로 상당한 고성장을 기록했다. 10·26사태 직후 -1.5%를 기록한 1980년을 제외하면 전두환 시기인 1981~1987년은 8.7%, 노태우 시기인 1988~1992년은 8.36%로 여전히 고성장 추세를 보였다. 김영삼 시기인 1993~1997년은 7.1%였으며, 국제통화기금IMF 위기로 인해 -6.9%를 보인 1998년을 제외하면 김대중 시기인 1999~2002년 동안은 7.2%를 기록했다. 노무현 시기인 2003~2007년은 4.4%를 기록했다.[11]

이상의 통계를 보면 민주주의의 제도화가 이뤄진 시기 역시 상당히 높은 성장률을 기록한 것으로 드러난다. 다른 나라의 통계와 비교하면, 1인당

---

10 박명림, 「한국 현대사와 박정희·박정희 시대」, 정성화 엮음, 『박정희 시대와 한국 현대사』 (서울: 선인, 2006), 64~66쪽 참조.

11 이상의 통계는 같은 글에서 참고하되 본래 출처인 한국은행 경제통계시스템(http://ecos. bok.or.kr)에서 재확인해 보충했다. 또한 유종일 엮음, 『박정희의 맨 얼굴』(서울: 시사IN 북, 2011), 16~17쪽 참조.

GDP가 1만~2만 달러로 한국과 유사한 5개국의 평균 경제성장률은 2003년 2.42%, 2004년 3.98%였으며, 1인당 GDP가 1만 달러 이하인 국가(14개)는 각각 4.0%, 5.75%, 2만 달러 이상인 국가(22개)는 각각 1.57%, 3.33%로,[12] 한국은 민주주의의 제도화가 이뤄진 시기에도 다른 나라보다 높은 경제성장률을 기록한 것으로 드러난다. 이 사실은 순전히 경제성장의 측면에서만 보더라도 권위주의가 민주주의보다 효율적이라고 입증할 수 없음을 말해준다. 국가적 차원에서 민주주의가 제도화되기 이전에 한국의 경제성장률이 높았다는 사실은 권위주의체제하에서도 경제성장이 가능한 하나의 사례에 불과할 뿐, 경제성장이 민주화의 전제조건으로 필수적이라는 사실을 입증하는 것은 결코 아닌 셈이다.

기존의 통설과 달리 한국의 경제적 산업화와 정치적 민주화가 동시적 상관관계임을 확인하는 것이 중요한 까닭은 이를 통해 민주주의를 훼손하지 않는 산업화를 전망할 수 있기 때문이다.

3) 한국 근대화에 대한 기독교윤리적 평가의 관점

하지만 이 책은 산업화와 민주화가 동시적 관계를 이룬 사실관계를 규명하는 데 그치지 않고 그 전반적인 과정을 기독교윤리적으로 평가하는 것을 최종 목적으로 삼는다. 윤리적 평가란 일정한 가치규범으로 현실을 평가하는 것을 뜻하며, 기독교윤리라는 점에서 신학적 근거를 갖는다.

이 책이 취하는 윤리적 관점은 사회의 제도적인 영역을 문제시하는 사회윤리의 관점으로, 이러한 관점에 따른 평가작업에서는 한국의 경제개발

---

12 이상의 통계 역시 같은 글에서 참고하고 본래 출처인 통계청(http://nso.go.kr)에서 재확인했다.

과 민주주의의 과정을 적절하게 평가하는 가치규범, 즉 윤리적 규준을 구체적으로 설정하는 일이 필수요건이다. 이 책은 한국의 경제개발과 민주주의를 평가하는 적절한 윤리적 규준을 설정하기 위해 근대 이후 보편적인 가치규범으로 형성된 인권에 주목하고, 이로부터 구체적으로 현실에 적용 가능한 시민적·정치적 권리로서의 인권과 사회적·경제적 권리로서의 인권을 윤리적 규준으로 설정한다. 이 두 가지 윤리적 규준은 정치적 발전과정으로서의 민주화 및 경제적 발전과정으로서의 산업화와 밀접한 관련을 맺는 윤리적 규범으로서 의의를 지니고 있다. 이 두 가지 윤리적 규준을 통해 한국의 경제개발 및 민주주의의 과정을 평가하면 산업화와 민주화가 인간의 삶을 향상시킬 때라야 정당성을 지닐 수 있다는 사실을 드러낼 수 있을 것이다.

그런데 이 책이 취하는 입장이 기독교 사회윤리의 관점이라는 점에서 이러한 평가는 신학적 근거를 가진다. 신학적 근거는 신앙고백의 요체에 해당하는 것으로, 역사적 과정에서 응축된 경험적 확신의 성격을 지닌다. 이러한 확신은 고백적 성격을 띤다는 점에서 보편타당한 판명성을 지니지 않고 주관적인 판명성만 지니지만, 이 확신을 잘 아는 사람들 사이에서는 보편적 판명성과 구속력을 지닌다.[13] 그러나 이러한 확신이 제한된 범위 내의 사람들이 행하는 독단과 동일한 것은 아니다. 경험적 확신은 역사적·사회적으로 형성된 다른 가치확신과 소통하는 능력과 더불어 현실을 평가하고 대안을 제시하는 방법 등의 능력을 갖출 때 독단에 빠지지 않고 보편적인 윤리적 규범이 될 수 있다. 이 점에서 가치확신 자체는 객관적인 검증의 대상이 아니긴 하지만 현실을 평가하는 적절한 윤리적 규범으로 작용하

---

13 아르투르 리히, 『경제윤리 1: 신학적 관점에서 본 경제윤리의 원리』, 강원돈 옮김(서울: 한국신학연구소, 1993), 113~114쪽 참조. 이에 관한 논의는 2장에서 경험적 확신의 성격을 다루면서 보충할 것이다.

기 위해서는 진지한 학문적 성찰의 대상이 될 수밖에 없다.

이 책은 민중신학의 입장을 취하는데, 민중신학은 역사적·사회적으로 형성된 다른 가치확신과 소통하는 능력을 지니고 있고 또한 현실을 평가하고 대안을 제시하는 능력을 갖추고 있다고 판단하기 때문이다. 민중신학은 한국 근대화과정의 문제를 진단하고 성찰하는 과정에서 형성된 만큼 이책이 목적으로 삼는 한국의 경제개발 및 민주주의에 대한 기독교윤리적 평가를 시도하는 데 가장 적절한 신학적 입장이다. 무엇보다 민중신학은 민중의 관점에서 성서와 역사를 해석하려 한다는 자기이해를 스스로 밝힘으로써 역사적 과정에서 형성된 신학적 가치확신을 다루는 자신만의 입지점과 방법을 갖게 되었다. 나아가 신학적 인식과 사회과학적 현실분석을 결합시킬 필요성을 인식함으로써 역사적·사회적 현실을 평가하고 대안을 제시하는 방법을 신학의 내적 논리로 삼고 있으며, 현실에서 전개된 실천과정에 함께 참여하고 현실문제에 대한 대안을 제시함으로써 역사적·사회적으로 형성된 다른 가치확신과 소통하는 능력을 지니고 있다.

민중신학은 기본적으로 민중의 주체성을 강조하고 민중을 하느님의 선택받은 백성으로 보는 입장에서 출발한다. 배제된 자의 권리를 옹호하는 성격을 띠면서 범위가 확장되어 보편적인 가치규범으로 자리 잡은 인권의 개념은, 이러한 신학적 입장에서 정당성을 갖는다. 보편적 인권의 분화된 개념인 시민적·정치적 권리로서의 인권 또한 하느님의 주권이 역사적으로 민중의 주권으로 구체화될 수밖에 없다고 보는 민중신학의 관점에서 정당성을 갖는다. 사회적·경제적 권리로서의 인권 역시 성서의 전통에서 민중의 생존권을 가장 핵심적인 정의의 요체로 인식하는 민중신학의 입장에서 정당성을 갖는다.

2. 연구의 대상과 범위

이 책에서 다루는 근대화과정의 범위는 해방 직후 경제개발의 전제조건
이 형성된 시기부터 이후 경제개발계획이 진행된 전 기간이다. 이 시기는
국가가 주도하는 일련의 근대화를 기획 및 추진하는 과정이었다는 점에서
연속성을 지닌다.[14]

한국의 경제개발계획은 매번 5년간 총 7차까지 35년에 걸쳐 실시되었
다. 제1차 경제개발5개년계획은 1962~1966년, 제2차는 1967~1971년, 제3
차는 1972~1976년, 제4차는 1977~1981년 시행되었으며, 제5차부터는 명
칭이 경제사회발전계획으로 바뀌어 1982~1986년 시행되었고, 이어 제6차
는 1987~1991년, 제7차는 1992~1996년 시행되었다. 역대 대통령으로 보
면 이 기간은 박정희, 최규하, 전두환, 노태우, 김영삼의 집권 시기에 해당
한다. 이 책의 대상과 범위는 일차적으로 이 기간 동안의 한국의 산업화 및
민주화 현상으로 설정한다.

그러나 경제개발계획이 시행되던 시기를 기계적으로 '경제개발 시대'라
고 규정짓고 이 시기만을 연구 대상과 범위로 한정하는 것은 무리가 있다.
우선 경제개발계획이든 경제사회발전계획이든 이 같은 국가적 계획이 수
립될 수밖에 없었던 역사적 배경을 간과해서는 안 되기 때문이다. 따라서
시행 시기 자체에 한정해서 의미를 평가해서는 안 된다. 경제개발의 시대
를 다루더라도 전사前史를 검토해야 하는 이유가 여기에 있다.

다른 한편으로 경제개발계획이 도중에 경제사회발전계획으로 바뀐 데

---

14 사실 근대화의 요체, 그리고 한국사회에서의 근대화의 기간 등에 관한 문제는 간단히 정
 의할 수 없는 복잡한 성격을 지니고 있다. 이 책에서 근대화 기간을 국가주도의 경제개발
 계획이 진행된 기간으로 한정한 이유는 근대화의 요체로서의 산업화와 민주화의 상호관
 계에 관한 쟁점이 바로 이 시기에 집중되어 있기 때문이다.

서 알 수 있듯 국가주도의 산업화 추진은 일정한 단절의 마디가 있기 때문이다. 이는 경제개발의 성과가 일정한 궤도에 진입해 그다음 단계에서는 더욱 전반적인 사회발전의 필요성이 대두되었음을 말해준다. 여기서 단절의 의미를 어떻게 이해하고 어떤 시기에 중점을 두어야 할 것인가 하는 문제가 발생한다. 이러한 문제는 이 시기 동안 중요한 역사적 사건 및 계기가 발생했다는 점 때문에 더욱 복잡해진다. 이 책은 단순히 국가주도의 산업화정책만 검토하는 것이 아니라 산업화와 긴밀하게 연계된 민주화 문제도 다루므로 민중의 저항으로 발생한 중요한 역사적 사건과 계기에도 당연히 주목할 것이다. 이런 관점에서 볼 때 1979년 10·26사태와 유신체제의 종언, 그리고 1987년 민주화항쟁은 매우 중요한 역사적 계기라 할 수 있다. 이 책은 이들 역사적 계기에 주목하면서 연구 대상 및 범위의 윤곽을 잡을 것이다.[15]

3. 연구의 의의

근래에 이르러 한국의 산업화와 민주화의 상관관계에 대한 논의가 사회과학계에서 뜨거운 관심사가 되고 있다. 경제학 분야에서는 여전히 경제적 차원에만 관심을 기울이는 경향이 있지만, 정치학이나 사회학 분야에서는 점차 경제적 발전과정으로서의 산업화와 정치적 발전과정으로서의 민주화의 관계에 주목해 접근하려는 경향이 뚜렷하게 형성되고 있는 듯하다. 그러나 전반적인 동향은 주로 박정희 시대를 중심으로 양자의 관계를 규명

---

15 이에 관해서는 한국의 경제개발과 민주주의의 현상을 다루는 4장의 서두에서 더 상세히 보완할 것이다.

하는 데 집중되어 있으며, 한국의 산업화와 민주화의 전반적인 과정을 통합적으로 분석해 일반론을 형성하는 사례는 아직 많지 않은 듯하다.

현실의 사회적 관계 및 제도의 문제를 다루는 기독교 사회윤리학 분야에서는 한국의 산업화와 민주화를 종합적으로 다루는 경우가 사실상 전무하다고 할 수 있다. 경제개발과정이나 민주화운동과 관련한 단편적인 연구가 없지는 않지만 이 책이 연구의 대상과 범위로 삼는 주제에 관한 선행 연구는 사실상 거의 없는 셈이다.

그나마 관련된 선행 연구를 꼽는다면 고재식의 「한국 경제개발계획에 대한 기독교윤리적 평가」[16] 정도가 여기에 해당한다. 이 연구는 사회과학적 현실분석과 신학적 통찰을 종합해 분배정의라는 윤리적 판단 규준을 설정하고 이에 따라 한국 경제개발계획과 그 과정을 평가한 선구적 연구로서 평가받을 만하다. 하지만 이 연구는 한국 경제개발의 현실을 분석하기 위해 채택한 사회과학 이론이 종속이론에 한정된다는 점에서 설명력에서 한계를 지니고 있으며, 이 책이 다루려는, 산업화와 민주화의 상관관계를 통합적으로 분석하는 데 대한 문제의식은 갖고 있지 않다. 따라서 고재식의 연구는 기독교 사회윤리학의 방법론과 윤리적 판단 규준의 설정에 관한 중요한 시사점을 제공해주긴 하지만 이 책이 접근하려는 산업화와 민주화의 동시적 과정으로서의 한국 근대화에 관한 내용에서는 미흡한 면이 있다.

결국 이 책에서 목적하는 과제는 적어도 한국 기독교 사회윤리학 분야에서는 아직 본격적으로 시도된 바가 없다고 할 수 있다. 구체적인 현실에 대한 분석을 바탕으로 바람직한 윤리적 판단기준을 제시하는 것을 목적으

---

16 고재식, 「한국 경제개발계획에 대한 기독교윤리적 평가: 분배의 정의를 중심으로」, ≪신학사상≫, 제72집(1991년 봄).

로 삼는 기독교 사회윤리학은 성격상 여러 학문 분야 간의 교섭을 기초로 하는 통합적 성격을 지닌다. 이 점에서 이 책의 과제는 우선 한국적 상황에서 기독교 사회윤리학의 한 방법론을 형성한다는 의의를 지닌다. 나아가 최종적으로는 경제발전과정에서 민주주의를 훼손하지 않고 신장시킴으로써 배제된 민중의 권리를 회복하고 모든 사람의 삶을 고양시킬 수 있는 길이 무엇인지 구체적으로 탐색하는 의의도 지닌다.

2

한국 근대화에 대한 기독교윤리적 평가의 규준

산업화와 민주화에 관한 기존 통설에 대한 문제제기에서 나아가 한국의 경제개발과 민주주의의 전반적인 과정을 기독교윤리적으로 평가하려면 이에 적합한 신학적 방법을 구성해야 한다. 이를 위해 이 장에서는 우선 여기서 말하는 기독교윤리적 입장이 기독교 사회윤리적 관점임을 분명히 하면서 기독교 사회윤리학의 기본 요체를 밝힌다. 이어서 민중신학의 입장에서 기독교 사회윤리 방법의 요체를 확인하고, 그 방법에 따라 한국의 근대화과정을 평가할 수 있는 윤리적 규준을 설정한 후 신학적 정당성을 검토한다.

1. 기독교 사회윤리학의 과제와 방법

1) 기독교 사회윤리학의 과제

한국의 경제개발과 민주주의를 기독교윤리적으로 평가한다고 했을 때,

여기서의 기독교윤리는 명백히 기독교 사회윤리적 관점을 말한다. '사회윤리'는 '개인윤리'와는 다른 대상과 방법을 함축한다. 사회윤리학은 기본적으로 사회의 제도적인 영역을 대상으로 한다.[1] 즉, 사회윤리학은 집단과 집단의 관계, 다시 말해 사회의 제도적인 질서를 통해 매개되는 관계와 관련되어 있다.[2]

개신교에서는 사회윤리학이 정립되기까지 오랜 시간이 걸렸다. 따라서 오늘날 기독교 사회윤리학이 정립되기까지 제기된 주요 신학자들의 논의를 살펴보는 것은 기독교 사회윤리학의 대상과 방법을 분명히 하는 데 도움이 될 것이다.[3]

개신교 윤리사에서 사회윤리의 기원은 마르틴 루터Martin Luther의 두 왕국론으로 거슬러 올라간다. 루터는 하느님의 통치방식을 두 가지로 나누어 교회와 국가의 관계 및 복음과 율법의 관계를 규명했다. 즉, 그는 하느님이 세상을 통치하는 방식 중 하나는 인간다운 삶을 살도록 하기 위해 국가의 권력을 통해 평화와 질서를 수립하는 것이고, 다른 하나는 복음의 선포, 영과 믿음을 통해 인간들이 "영원한 하느님의 도성"에 모이도록 하는 것이라고 보았다. 여기서는 두 왕국Reich을 완전히 분리된 것으로 보는 것이 아니라 이 세상을 지배regiment하는 하느님의 방식이 두 가지라고 본다. 이와 같은 의미에서 두 왕국론은 복음의 영역 밖에서도 하느님의 통치의 보편성을 확고히 하려는 의도를 지녔다.[4] 루터는 두 왕국론을 통해 기독교인들이 냉

---

1 강원돈, 「교의학과 인문·사회과학에 대한 관계를 중심으로 살펴본 한국기독교사회윤리학의 학문적 위치」(이하 「한국기독교사회윤리학의 학문적 위치」), 《기독교사회윤리》, 제18호(2009), 42쪽; 이혁배, 『개혁과 통합의 사회윤리』(서울: 대한기독교서회, 2004), 14쪽 이하 참조.

2 Arthur Rich, "Die instututionelle Ordnung der Gesellschaft als theologisches Problem," Glaube in politischer Entscheidung(1962), p. 115 참조; 하인츠 호르스트 슈라이, 『개신교 사회론 입문』, 손규태 옮김(서울: 대한기독교출판사, 1985), 25쪽.

3 이하 주요 신학자들의 논의는 주로 강원돈, 「한국기독교사회윤리학의 학문적 위치」 참조.

정한 이성에 따라 율법을 해석함으로써 사람들의 공적인 관계를 규율하는 방식을 논했다.[5]

18~19세기에 프리드리히 슐라이어마허Friedrich Daniel Ernst Schleiermacher는 기독교 도덕론을 철학적 윤리학의 바탕 위에 세워야 한다고 생각했으며, 철학적 윤리학의 과제는 자연에 대한 이성의 행위를 체계적으로 다루는 것이라고 주장했다. 그는 선에 관한 논의에서 개인과 공동체가 각각 자연을 조직하고 상징화하는 방식을 네 가지, 즉 자기동일적 조직화, 개별적 조직화, 자기동일적 상징화, 개별적 상징화로 나누었다.[6] 그중 집단적-유적類的 조직화에 해당하는 자기동일적 조직화에서 교환, 경제, 법률 등을 망라하는 국가공동체가 비롯된다고 보면서, 이를 통해 윤리학이 교환, 경제, 법률 등의 제도적인 문제를 다루는 사회윤리의 형식과 내용을 갖추게 된다고 통찰했다.[7]

슐라이어마허의 제자인 리하르트 로테Richard Rothe는 기독교적 이상이 구현되기 이전의 세계와 그 이후의 세계를 역사적으로 구분하면서, 기독교 세계에서는 교회가 국가로 해소되어야 한다고 보았다. 이는 기독교 세계에서는 교회에 국한된 특수한 윤리가 필요 없으며, 그리스도의 사랑에서

---

4 하인츠 호르스트 슈라이, 『개신교 사회론 입문』, 76쪽.
5 Martin Luther, *D. Martin Luthers Werke: Kirche Gesamtausgabe*, Bd. 32(Weimar: Böhalu, 1906), pp. 33~38, 390; Martin Honecker, *Grundriss der Sozialethik*(Berlin/ New York: de Gruyter, 1995), p. 29 이하; 강원돈, 「한국기독교사회윤리학의 학문적 위치」, 42~43쪽.
6 Friedrich Daniel Ernst Schleiermacher, "Die christliche Sitte nach den Grundsaetzen der evangelischen Kirche im Zusammenhange dargestellt," *Saemtliche Werke*, Abt. I, Bd. 13(Berlin: Reimer, 1843), p. 166.
7 Friedrich Daniel Ernst Schleiermacher, "Entwürfe zu einem System der Sittenlehre," *Werke: Auswahl in vier Baenden*, Bd. 2, hg. und eingel. von Otto Braun(Leipzig: Meiner; Aalen: Scientia Verl., 1911), p. 561 이하; 강원돈, 「한국기독교사회윤리학의 학문적 위치」, 43쪽.

출발해 세계를 형성하기 위해서는 기독교인이 져야 할 의무와 책임을 규명하는 윤리학을 정립해야 한다는 것을 뜻한다.[8] 개신교 윤리사상사의 맹아기와 준비기에서 발견되는 이러한 입장이 갖는 중요성에 대해 강원돈은 "사회윤리가 개인윤리와 구별되는 차원을 갖고 있다는 것을 통찰한다는데 있다"라고 지적하며 "개인윤리는 개인의 도덕성과 도덕적 행위능력을 함양하면 공동체 전체의 선과 정의가 증가할 것이라는 전제에서 출발하지만, 사회윤리는 인간이 집단적으로 살아가는 공동체가 개인들의 단순한 집합 이상이라는 것을 통찰하고 있으며, 공동체를 규율하는 방법은 개인의 도덕적 행위능력을 향상시키는 방법과는 분명 달라야 한다는 것을 파악하고 있다"라고 분석한다.[9]

　20세기에 이르러 사회윤리의 지평을 더욱 분명하게 제시한 신학자는 라인홀드 니부어Reinhold Niebuhr였다. 널리 알려져 있다시피 니부어는 도덕적 인간과 비도덕적 사회를 구분하고, 이에 따라 도덕과 정치를 구분하는 기독교 현실주의를 주창했다. 기독교 현실주의는 어떤 사회가 도덕적으로 성숙한 개인들로 구성되었다 할지라도 그 사회는 집단적 이기주의의 힘으로부터 지배를 받는다는 것을 전제로 한다. 따라서 니부어는 도덕적이거나 합리적인 설득과 조정으로 이뤄질 수 없는 집단들 간에 정의로운 관계를 형성하기 위해서는 강제력의 사용을 허용해야 한다고 보았고, 그 방법을 일러 '정치적'이라 했다.[10] 니부어 자신도 의식하지 못했지만 이 "정치적 방법이야말로 체계적인 사회윤리학 구축의 기반이 될 수 있는 원리"였다.[11]

8　Richard Rothe, *Theologische Ethik*, Bd. IV, 2. Aufl.(Wittenberg: Kölling, 1870), p. 240, §1086; 강원돈, 「한국기독교사회윤리학의 학문적 위치」, 43~44쪽.

9　강원돈, 「한국기독교사회윤리학의 학문적 위치」, 44쪽.

10　라인홀드 니부어, 『도덕적 인간과 비도덕적 사회』, 이병섭 옮김(서울: 현대사상사, 1972), 18쪽.

11　고범서, 『라인홀드 니버의 생애와 사상』(서울: 대화출판사, 2007), 133쪽.

이 방법은 개인윤리와는 다른 사회윤리의 방법을 함축하고 있었다. 니부어의 정치적 방법이 갖는 중요성에 주목한 고범서는 개인윤리와 구별되는 사회윤리를 정립할 필요성을 강조한다. "사회문제에 관심을 갖고 사회문제를 다룬다고 해서 반드시 사회윤리는 아니다. 사회문제의 해결을 정책과 제도, 나아가 사회구조의 레벨에서 추구할 때 비로소 사회윤리라고 할 수 있다는 것이 필자의 입장이다. 사회의 정책과 제도가 합리적이고 정의로울 때라야 비로소 사회문제의 근본적 해결이 가능하기 때문이다."[12]

사회윤리의 대상을 제도 또는 제도적인 영역으로 제안한 신학자는 에른스트 볼프Ernst Wolff로, 그는 제도를 하느님이 허락하신 인간 현존의 조건으로 규정하면서, 이와 동시에 끊임없이 형성되고 개선되어야 할 대상이라고도 말한다.[13] 현대에 이르러 점점 분명해진 사회윤리학의 대상으로서의 제도에 대한 이해는 아르투르 리히Arthur Rich를 통해 더욱 발전했다. 리히는 인간은 여러 관계의 복합적 총체로 현존한다는 점을 강조하면서, 인간이 맺는 관계를 각 개인이 내면세계와 맺는 관계, 인간과 인간이 맺는 관계, 인간과 자연이 맺는 관계로 설명한다. 리히는 인간 실존을 규정하는 이러한 관계들 가운데 어느 것 하나도 제도화의 영향에서 벗어나지 못한다는 점에 주목한다. 리히는 지극히 사적인 일부 영역을 제외하고는 인간의 실존을 규정하는 관계 자체가 제도라고 본다. 인간이 자신의 내면세계와 맺는 관계를 아이덴티티의 문제라고 본다면 이러한 관계 역시 제도의 영향에서 벗어나 있지 않다고 본 것이다. 리히는 인간 실존을 규정하는 관계에 대응하는 윤리를 개체윤리, 상호윤리, 환경윤리로 설정할 수 있지만 이러한 관계

---

12 고범서, 『개인윤리와 사회윤리: 기독교 사회윤리의 방향』(서울: 한국신학연구소, 1978), 9쪽.

13 Ernst Wolff, *Sozialethik: Theologische Grundfragen*(Göttingen: Vandenhöck & Ruprecht, 1975), p. 173; 강원돈, 「한국기독교사회윤리학의 학문적 위치」, 46쪽.

는 제도화되어 있기 때문에 이들 관계의 제도적 측면을 다루는 윤리학을 따로 설정해야 한다고 보는데, 이를 사회윤리라고 규정한다.[14]

요컨대 사회윤리학은 "도덕적 행위 주체로서의 인간을 직접 다루지 않고 사람들이 삶을 꾸리기 위해 형성하는 관계의 제도적 측면을 규율해 선과 정의를 실현하는 데 관심을 갖는 것으로 이해"[15]될 수 있다. 그렇다면 사회윤리학에서는 제도를 다루기 위한 적절한 방법을 강구해야 한다. 이 장의 과제는 바로 이 방법을 모색하는 것이다. 이 방법은 크게 두 가지 차원으로 나눌 수 있다. 하나는 신학적 근거를 제시하는 일이요, 또 하나는 신학적 근거와 현실의 제도를 매개하는 구체적인 윤리적 원칙을 모색하는 일이다.

2) 기독교 사회윤리학을 형성하기 위한 신학적 관점

(1) 교의학과 윤리학

기독교 사회윤리학을 형성하기 위한 신학적 관점을 모색할 때 우선 검토해야 할 문제는 교의학과 윤리학의 관계다. 기독교 신학에서 교의학과 윤리학의 관계는 오랫동안 논란이 되어왔는데, 이러한 논란은 윤리학을 교의학의 한 분야로 보는 관점과, 윤리학을 교의학에서 독립된 별도의 신학 분과로 보는 관점으로 크게 나뉜다.[16]

윤리학을 교의학의 일부로 보는 관점은 카를 바르트Karl Barth의 신학에서 가장 분명하게 나타난다. 바르트는 윤리학을 교의학의 과제로 인식하며, 교의학이 하느님의 은혜라는 현실을 먼저 직설법적으로 서술할 수 있어야

---

14 아르투르 리히, 『경제윤리 1』, 44~75쪽.
15 강원돈, 「한국기독교사회윤리학의 학문적 위치」, 47쪽.
16 같은 글, 48쪽.

그 은혜 가운데서 하느님이 인간에게 요구하는 계명을 명령법적으로 제시할 수 있다고 본다.[17] 이와 같은 바르트의 입장은 복음과 율법 간의 관계에서 율법을 복음의 형식으로 이해하는 방식과 긴밀하게 연결되어 있다. 율법은 하느님의 은총을 증거로 삼기 때문에 '요구'이자 '주장'이요 '회개에로의 부름'이라는 것이다.[18] 인간은 여기에 응답해야 하는 과제를 안고 있다. 이 점에서 윤리학은 하느님의 명령에 인간이 복종하는 문제를 다루는 학문이다. 이러한 관점에서는 윤리학이 하느님 앞에 서 있는 개인의 인의와 갱신과 성화에 관련될 뿐이므로 인간이 삶을 전개하면서 형성하는 관계의 제도적인 측면은 직접 다룰 수 없다.[19]

윤리학을 교의학의 일부로만 설정할 때 발생하는 이와 같은 문제 때문에 윤리학을 별도의 분과학문으로 설정해야 할 필요성이 생긴다. 윤리학의 과제는 인간 삶의 관계를 규율해 더 많은 선과 정의를 실현하는 것이므로[20] 윤리학은 세상의 상대적인 조건을 적절하게 다룰 수 있는 방법을 지닌 분과학문으로 설정해야 한다. 세상의 상대적인 조건을 적절하게 다룬다는 것은 인간의 실존 자체가 세상의 한가운데서 여러 관계 안에 있기 때문에 하느님의 계명에 순수하고 투명하게 응답할 수 있는 조건에 처해 있지 않음을 기본 전제로 한다. 그러나 이것이 교의학적 성찰을 배제한다는 것을 뜻하지는 않는다. 교의학적 성찰을 받아들이되 구체적인 세상의 조건에서 이러한 성찰을 구현할 수 있는 방법을 모색해야 하며, 윤리학을 이러한 방법론을 필수적인 요소로 삼는 독립적인 학문으로 설정해야 한다는

---

17 Karl Barth, *Kirchliche Dogmatik*, II/2(Zollikon-Zürich: Evangelischer Verlag, 1942), p. 567; 강원돈, 「한국기독교사회윤리학의 학문적 위치」, 48쪽.

18 카를 바르트, 『은총의 선택 및 복음과 율법』, 전경연 옮김(서울: 향린사, 1964), 96쪽; 강원돈, 「한국기독교사회윤리학의 학문적 위치」, 48쪽.

19 강원돈, 「한국기독교사회윤리학의 학문적 위치」, 49쪽.

20 같은 글, 50쪽.

것을 뜻한다.

(2) 절대적인 것과 상대적인 것을 매개하는 신학적 관점

그렇다면 세상의 상대적인 조건, 즉 우리가 지향하는 사회윤리의 과제로서의 제도적인 영역을 적절하게 다루기 위한 윤리학의 신학적 관점에는 어떤 것이 있을까?

앞서 한 가지 예로 살펴본 바르트의 신학적 견해는 하느님의 초월적 현실을 전적으로 강조하는 입장이다. 따라서 세상의 상대적 현실을 긍정할 수 없으므로 사실상 윤리학의 대상이 상실되는 결과가 초래된다. 하느님의 초월성을 강조한 바르트의 신학은 19세기 자유주의 신학의 낙관주의에 대한 비판이라는 역사적 맥락을 갖고 있기 때문에 그 함의를 쉽사리 간과할 수 없지만, 세상의 상대적 현실을 긍정할 수 없는 신학적 입장은 어떤 의미로든 윤리의 긍정적 구성을 도울 수 없으며 오로지 윤리에 대한 비판만 할 수 있다.[21]

반면 세상의 상대적인 현실, 즉 제도적인 영역의 실정성positivität을 긍정하는 신학적 관점도 있는데, 파울 알트하우스Paul Althaus,[22] 베르너 엘러트Werner Elert,[23] 그리고 에밀 부르너Emil Brunner[24] 등의 견해가 이에 해당한다. 이들은 대개 하느님이 제정한 창조질서를 파괴하는 죄의 현실성에 맞서 무질서로부터 인간을 보호하기 위해 하느님이 인간사회의 제도를 제정한 것으

---

21 같은 글, 52쪽.

22 Paul Althaus, *Grundriss der Ethik* (Gütersloh: C. Bertelsmann, 1953).

23 Werner Elert, *Das christliche Ethos: Grundlinien der lutherischen Ethik*, 2. und erneut durchges. und erg. Aufl. von Ernst Kinder(bearb. und hrsg.)(Hamburg: Furche-Verl., 1961).

24 Emil Brunner, *Das Gebot und die Ordnungen: Entwurf einer protestantisch-theologischen Ethik* (Zürich: Zwingli, 1939).

로 간주한다. 이러한 신학적 관점은 인간사회의 제도를 다룰 수 있는 관점을 확보하고 있으므로 윤리학의 과제를 분명히 인식한다. 그러나 하느님이 제정한 질서나 제도가 그 자체의 고유한 법칙^{eigengesetzlichkeit}에 맡겨진 것으로 간주될 경우 현실의 불의한 질서와 제도마저 정당화될 수 있다. 이 점에서 인간사회에서 시행되는 제도의 실정성을 극단적으로 옹호하는 신학적 관점은 대단히 위험하다.[25]

그러기에 신학적 윤리학은 이른바 하느님의 계시로서의 절대적인 것과 인간사회에서 경험하는 상대적인 것을 적절하게 매개하는 방법을 찾지 않으면 안 된다.[26] 디트리히 본회퍼^{Dietrich Bonhöffer}는 하느님 나라와 세상의 관계에 대한 신학적 통찰에서 중요한 실마리를 제공한다. 본회퍼는 궁극적인 것과 궁극 이전의 것을 구별하면서, 그 둘을 독특한 방식으로 연결시킨다. 즉, 궁극 이전의 것은 궁극적인 것에 의해 완전히 지양되고 무효화되었음에도 여전히 지속한다[27]는 것이 그의 기본 입장이다. 본회퍼는 이렇게 지속되는 궁극 이전의 것을 '자연적인 것'으로 규정하고, 궁극 이전의 것은 하느님에 의해 보존되는 생명의 모습, 그리스도를 통한 인의와 구원과 갱신을 고대하는 생명의 모습을 지니고 있는 것으로 본다.[28] 자연적인 것을 대하는 태도에서는 본회퍼가 지닌 신학적 윤리학의 관점이 분명하게 드러난다. 본회퍼의 신학적 윤리학에서 자연적인 것은 단지 죄에 물든 것으로 간주되어 철저하게 부정되지도 않고, 정반대로 이미 완성된 것으로 인정되어 무조건 정당화되지도 않는다. 궁극 이전의 것과 궁극적인 것은 그렇게

---

25 강원돈, 「한국기독교사회윤리학의 학문적 위치」, 53쪽.
26 강성영, 『생명·문화·윤리: 기독교 사회윤리학의 주제탐구』(오산: 한신대학교출판부, 2006), 57쪽 이하 참조.
27 디트리히 본회퍼, 『윤리학』, 손규태·이신건·오성현 옮김(서울: 대한기독교서회, 2010), 193쪽.
28 같은 책, 201쪽.

긴장관계에 있으며, 인간이 자신의 삶을 어떻게 형성해야 할 것인가를 묻고 답을 찾아야 할 곳은 바로 이 긴장관계다. 이 점에서 "본회퍼가 기독교 윤리학을 위해 이룩한 업적은 절대적인 것과 상대적인 것을 매개하는 장소로서 자연적인 것을 설정하고, 궁극 이전의 것이 궁극적인 것을 향해 투명해지도록 인간이 세상을 책임 있게 형성해야 한다는 것을 명확하게 했다는 데 있다".[29]

본회퍼와 유사하게 귄터 브라켈만Günter Brakelmann은 '이미 지금'과 '아직 아니'의 종말론적 긴장관계에 주목하면서 세상에서의 기독교적 실존을 '지속적 개혁주의'라고 규정한다. 지속적 개혁주의는 이미 주어져 있는 세상의 질서에 대해 '비판적 거리' 또는 '비판적 태도'를 취하되, 세상의 질서를 "최선을 다해 가장 낫게 형성하기 위한 책임"을 말한다.[30] 지속적 개혁주의는 현실적인 제도가 인간의 삶에 존속해야 한다는 것을 인정하면서도 이러한 제도를 항구적인 것으로 보지 않고 끊임없이 개혁해야 하는 것으로 보는 윤리적 관점을 분명히 한다.

리히는 종말론적으로 궁극적인 것과 궁극 이전의 역사적인 것, 절대적인 것과 상대적인 것을 올바르게 매개하는 일이 기독교 사회윤리의 기초를 설정하는 데 중차대하다고 강조한다.[31] 책임 있는 사회를 형성하기 위한 기독교 사회윤리의 유효성은 이 매개에 성공하는지 여부에 달려 있다. 리히는 궁극 이전의 것과 궁극적인 것 사이의 긴장 영역에서 '궁극적인 것의 부름'에 귀를 기울일 때라야 비로소 세상의 상황을 비판적으로 인식하고,

---

29 강원돈, 「한국기독교사회윤리학의 학문적 위치」, 55쪽; 강원돈, 「책임윤리의 틀에서 윤리적 판단의 규준을 정할 때 고려해야 할 점」, ≪신학연구≫, 제41집(2000) 참조.
30 Günter Brakelmann, *Abschied vom Unverbindlichen. Gedanken eines Christen zum Demokratischen Sozialismus*(Gütersloh: Gütersloher Verlagshaus, 1976), p. 20 이하; 강원돈, 「한국기독교사회윤리학의 학문적 위치」, 56쪽.
31 아르투르 리히, 『경제윤리 1』, 151~152쪽.

36

궁극 이전의 것의 절대성 요구를 상대화시키며, 세상을 형성하는 책임을 진지하게 받아들일 수 있다고 강조한다. 기독교인들은 세계 상황의 위기 징후가 인지되는 곳에서 궁극적인 것의 부름에 귀를 기울이고, 궁극적인 것에 비춰 위기의 해법을 모색하되, 세상에서 실현 가능한 것의 한계를 고려하면서 최선의 대안을 추구해야 한다는 것이다.[32] 이처럼 기독교 사회윤리학의 성패는 궁극적인 것의 요구 앞에서 궁극 이전의 것을 어떻게 적절히 다루는지에 달려 있다고 할 수 있다.

3) 기독교 사회윤리학의 규준과 준칙

이처럼 기독교 사회윤리학은 궁극 이전의 것을 매개해 제도를 규율함으로써 인간에게 적합한 사회를 형성하기 위한 규범을 제시하는 것을 목적으로 하는데,[33] 이러한 기독교 사회윤리학은 몇 가지 차원을 갖는다. 리히에 따르면 사회윤리적 논증에는 세 가지 수준이 포함되는데,[34] 첫째, 근본적인 경험적 확신의 수준, 둘째, 원칙적 규준의 수준, 셋째, 조작 가능한 규범의 수준이다.

첫째, 경험적 확신은 종말론적 대망에 대한 믿음에서 비롯되는 것으로서 궁극적인 것을 지향하는 신학적 근거에 해당한다. 이는 확증의 대상이라기보다는 역사적인 경험을 통해 형성된 확신에서 비롯된다.[35]

둘째, 원칙적인 규준은 경험적 확신에 담겨 있는 절대적인 것 또는 무조

---

32 강원돈, 「한국기독교사회윤리학의 학문적 위치」, 57쪽.
33 같은 글, 57쪽; 아르투르 리히, 『경제윤리 1』, 151~152쪽; 손규태, 『사회윤리학의 탐구』 (서울: 대한기독교서회, 1992), 9쪽 참조.
34 아르투르 리히, 『경제윤리 1』, 195~197쪽.
35 리히는 이를 "믿음과 희망과 사랑에서 비롯되는 인간성"으로 집약해 말한다. 같은 책, 특히 118~145쪽 참조.

건적인 것의 요구를 지향한다는 점에서 전적으로 합리적으로 설명되지는 않지만, 구체적인 인간사회의 조건에서 적용될 수 있어야 한다는 점에서 합리적이고 구체적인 성격을 띤다.

셋째, 조작 가능한 규범은 절대적인 것과 상대적인 것, 기술이전적인 것과 설명적인 것, 마땅히 이뤄야 할 인간부합적인 것과 상황부합적인 것을 매개함으로써 윤리적으로나 현실적으로나 책임을 질 수 있는 실현 가능한 행위의 지향점을 제시하는 성격을 지닌다. 이 규범은 구체적인 사례와 관련된 물음에서 윤리적 판단을 가능케 하는 '실천적 준칙'의 수준에 해당하는 것으로, 원칙적인 규준에서 직접적으로 연역되는 것은 아니며 특정한 사회적 조건에서 합리적인 추론을 통해 형성되는 실현 가능한 윤리적 지침으로서의 성격을 지니고 있다. 이 준칙은 기본적으로는 절대적인 것을 지향하지만 준칙 자체는 특정한 조건에서 상대적 타당성만 지닌다.

이 가운데 특히 주의를 요하는 것은 원칙적인 규준과 조작 가능한 규범 간의 관계다. 달리 말하면 원칙적인 규준은 윤리적 판단의 규준으로, 조작 가능한 규범은 윤리적 행위의 준칙으로 다시 정의할 수 있는데, 기독교 사회윤리학에서 윤리적 판단의 규준이란 궁극적인 것의 요구에 귀 기울이며 제도적인 영역과 관련해 윤리적 판단을 내리는 원칙을 가다듬는 차원을 말하고, 윤리적 행위의 준칙이란 원칙적 판단에 가급적 충실하면서도 역사적 제약조건을 감안해 제도적인 영역을 가능한 한 최선의 것으로 형성하는 차원을 말한다.[36] 이 둘을 이렇게 분명하게 구별해놓으면 둘의 관계 또한 분명해진다. 윤리적 규준이 지시하는 행위 및 윤리적 규준의 제도 형성 지향점이 유토피아가 아니라면 이들은 윤리적 준칙을 매개함으로써 현실성을 갖는다. 그렇다면 윤리적 규준은 매개능력을 가지도록 정식화되어야 한

---

[36] 강원돈, 「한국기독교사회윤리학의 학문적 위치」, 59~60쪽.

다. 즉, "윤리적 규준은 인간의 행위와 제도에 대한 윤리적 판단이 의거하는 원리로서 세상을 형성하는 데 구속력을 가질 수 있어야 하고, 바로 그런 만큼 인간의 행위와 제도 형성을 규제하는 준칙을 구성할 능력을 갖춰야 한다".[37]

4) 윤리적 규준 설정의 근거인 경험적 확신의 성격

한국의 경제개발과 민주주의에 대한 윤리적 평가에서 특히 주의를 기울일 부분은 경험적 확신과 구체적인 인간사회의 조건에서 적용될 수 있는 윤리적 규준 간의 관계다. 경험적 확신을 근거로 구체적인 인간사회의 조건에서 적용될 수 있는 윤리적 규준을 설정하기 위해서는 신학적 인식과 사회과학적 분석을 결합하는 것이 필수적인 요건이다. 그런데 여기서 경험적 확신을 전제로 하는 신학적 인식과 객관적 사실관계 분석을 과제로 삼는 사회과학적 방법을 어떻게 결합시킬 것인지가 문제다. 문제의 초점은 과연 사회과학적 방법이 경험적 확신으로부터 자유로운가 하는 데 있다. 만일 사회과학적 방법이 전적으로 가치확신과 무관하다면 사회과학적 방법은 신학적 인식과 전혀 무관하며 따라서 양자의 결합은 가능하지 않거나, 아니면 정반대로 신학이 어떤 사회과학적 방법과 임의로 결합해도 무방할 것이다. 그러나 사회과학적 방법 역시 가치확신과 관계가 있다면 신학과 사회과학 간의 결합을 가능케 하는 접촉점이 있는 셈이며, 이 경우 신학적 인식과 사회과학적 방법은 경험적 확신을 공유할 수 있으므로 결합할 수 있을 것이다.

막스 베버Max Weber 이후 사회과학에서는 이른바 가치중립적인 사실관계

---

37 같은 글, 60쪽.

와 인간에게 적합한 사회를 형성하기 위한 가치규범을 분리하려는 경향이 지배적인 것이 사실이다. 그러나 사회과학의 가치중립성이라는 요청은, 윤리적 가치규범의 근거를 설정하는 것이 엄밀한 과학의 임무일 수 없다는 것, 따라서 사회과학에서는 객관적 사실관계와 가치규범을 구별할 수밖에 없다는 것을 의미하는 한에서 받아들여질 뿐이다.[38] 그렇다고 사회과학에서 사실관계를 규명하는 데 가치판단을 배제해야 한다는 뜻은 아니다. 사회과학이 어떤 입장에 서든 사실관계를 정당화하고 재구성하는 데에는 일정한 가치규범이 작용할 수밖에 없다. 즉, 사회과학적 현실인식은 말 그대로 '객관적' 사실관계를 구성하는 것이라기보다는 일정한 가치규범에 따른 사실관계의 정당화 및 재구성일 수밖에 없다.

리히는 사회과학에서 규범적인 것의 문제를 다루는 몇 가지 입장을 검토함으로써 사회과학적 현실인식과 윤리적 가치판단의 관계를 모색한다.[39] 리히가 이들 관계를 모색하면서 취한 입장은 네 가지로, 자연법적 입장, 비판이론의 입장, 비판적 합리주의의 입장, 규범적 사회과학의 입장이다.

먼저, 자연법적 입장은 인간의 본성으로부터 구속력을 가지는 규범을 이끌어내는 입장을 말한다. 물론 인간의 본성에 대한 이해는 자연법적 입장을 취하는 경향 내에서도 다양한 편차를 갖고 있다. 예컨대 인간의 본성에 대해 자연주의자는 생물학적 활력을 지닌 정신적 본성으로, 관념론자는 선과 완전성을 목적론적으로 지향하는 정신적 본성으로, 그리스도인은 피조물의 본성으로, 합리주의자는 인간의 합리적 본성으로 이해하는 식이다. 그 본성을 어떻게 이해하든 이미 주어진 인간의 본성으로부터 현실에 대해 구속력을 갖는 보편적 규범을 이끌어내는 것이 자연법적 입장이라 할

---

38 아르투르 리히, 『경제윤리 1』, 82쪽 참조.
39 같은 책, 92~117쪽 참조.

수 있다. 1776년 공포된 '버지니아헌법' 및 1789년에 선포된 프랑스의 '인간과 시민의 권리선언'에서부터 1948년 국제연합UN 총회에서 채택된 '세계인권선언'에 이르기까지 근현대의 보편적 인권선언은 대개 이와 같은 자연법적 입장에 근거하고 있다. 자연법적 입장은 스토아 사상 및 기독교 사상을 통해 내용이 풍부해진 합리주의적 자연법 사상에서 비롯되었다.

그러나 자연법적 입장은 인간의 본성을 객관적이고 자연적인 것으로 주장하면서도 인간의 본성과 역사적이고 사회적인 인간의 실상 간의 괴리를 해명하지 못하는 문제점을 지니고 있다. 다시 말해 자연법적 입장은 역사적으로 형성되어 인간사회를 실질적으로 지배하는 실정법을 거의 매개하지 못하는, 무시간적이고 비역사적인 자연 개념과 규범 개념에 근거한다는데 문제가 있다.

비판이론은 자연법이 의도하는 보편타당한 규범을 역사적인 조건에서 찾으려 시도함으로써 자연법적 입장의 문제를 극복하려 한다. 막스 호르크하이머Max Horkheimer, 테오도어 아도르노Theodor Ludwig Wiesengrund Adorno, 헤르베르트 마르쿠제Herbert Marcuse, 위르겐 하버마스Jürgen Habermas로 대표되는 비판이론은 카를 마르크스Karl Marx를 거쳐 수정된 게오르크 빌헬름 프리드리히 헤겔Georg Wilhelm Friedrich Hegel의 전통을 잇고 있다. 헤겔은 『법철학』에서 자연법과 실정법을 구별하면서도 특수한 민족적 성격을 지니는 것들 또는 역사적 발전단계를 통해 자연필연성에 속하는 것들이 실정적인 요소를 지닌다고 보았다.[40] 이렇게 해서 헤겔에게서 자연법의 역사화가 이뤄진 셈이다. 이러한 자연법은 역사에서 변증법적으로 발전해가는 것으로 이해되며, 이 역사의 과정은 '자유의 의식 안에서의 진보'로 이해된다. 비판이론은 이러한 헤겔의 입장을 계승해 역사를 인류의 해방과정이라는 목적지향적인 성

---

40 게오르크 빌헬름 프리드리히 헤겔, 『법철학』, 임석진 옮김(서울: 한길사, 2008), 60쪽.

격을 띤 것으로 이해한다. 특히 하버마스는 인류의 해방과정을 '성숙을 향한 인류의 진보' 안에서 강제 없는 의사소통을 향한 역사과정으로 이해하며, 이것이 모든 관심을 이끄는 기본관심이라고 본다.[41] 여기에서 역사를 관통하는 해방의 기본관심은 규범적 당위로, 보편적인 의미를 갖는다.

그런데 비판이론 또한 자연법적 입장이 지닌 문제와 동일한 문제를 지니고 있다. 비판이론은 실제 역사과정에서 내적 논리로 간주되는 '자유의 의식 안에서의 진보'나 그 역사를 이끌어가는 기본관심으로서 '성숙을 향한 인류의 진보'라는 결론을 이끌어낼 수 없다는 문제를 지니고 있는 것이다. 그 결론은 일종의 확신에 따른 것이다. 헤겔의 경우 이 점은 세계사의 종말적 구성에서 드러나는데,[42] 이는 기독교 종말론의 본질적인 내용을 받아들인 결과다. 비판이론에서는 이러한 연관성이 분명하게 드러나지는 않지만, 이와 비슷한 역사신학적 함의가 합리화된 확신으로 나타난다.

한편 비판적 합리주의는 자연법적 입장과 비판이론적 입장 모두가 공통적으로 기반으로 삼는 규범적 확신 자체에 근본적인 회의를 제기하는 입장이다. 카를 포퍼Karl Raimund Popper가 제기하고 한스 알베르트Hans Albert가 발전시킨 비판적 합리주의는 인간 이성과 인간의 문제 해결 방식이 원칙상 오류를 범할 수 있다는 것에서 출발함으로써 규범에 따라 확실한 근거를 세울 수 있다는 주장을 환상으로 치부하며, 따라서 절대적이고 확실한 근거 설정이라는 고전적인 원리 대신 비판적 검증의 원리를 제시한다.[43] 이때 비판적 검증의 원리란 엄밀하게 말해 검증 가능성이 아니라 반증 가능성을

---

41 Jürgen Habermas, "Erkenntniss und Interesse," *Technik und Wissenschaft als "Ideologie"* (Frankfurt a. M., 1968), p. 164.

42 카를 뢰비트, 『헤겔에서 니체에로』, 강학철 옮김(서울: 삼일당, 1982), 43쪽 이하.

43 Hans Albert, "Aufklärung und Steürung. Gesellschaft, Wissenschaft und Politik in der Perspektive des kritischen Rationalismus," *Kritischer Rationalismus und Sozialdemokratie*, Georg Lührs et al.(Bonn, 1975), p. 108 이하.

뜻한다. 곧 어떤 이론이나 진술은 예외가 없을 경우에만 과학적 타당성을 주장할 수 있다는 것이다. 이 원리에 따라 새로운 과학적 인식은 항구적으로 계속되는 비판적 반증과정의 대상이 되며, 방법론적으로 항구적인 비판은 근거설정 또는 정당화의 절차를 대신한다.

비판적 합리주의는 일체의 독단주의를 배척하려는 의도를 가지고 있다. 그러나 항구적인 비판적 원리를 적용할 경우 어떤 식으로든 고백적이고 주관적인 가치확신에 근거한 모든 윤리적 개념 자체를 설정할 수 없다는 문제가 발생한다. 뿐만 아니라 비판적 합리주의는 그 자체로 모순을 함축하고 있다. 비판적 합리주의의 입장 또한 결국 오류를 범할 수 있는 이성이 항구적인 반증을 통해 진리의 길에서 벗어나지 않을 수 있다는 매우 역설적인 확신을 근거로 하고 있기 때문이다.

결국 사회과학적 현실인식과 규범적 가치 간의 관계를 둘러싼 문제는 사회과학적 현실인식에서 일체의 가치확신을 배제하는 방식으로 해결하기보다는 사회과학적 현실인식에 개입되는 가치확신을 어떻게 적절하게 다루느냐 하는 차원에서 해결의 실마리를 찾을 수밖에 없는 것으로 보인다. 바로 이러한 방식으로 해결방법을 찾으려는 입장이 게르하르트 바이저Gerhard Weisser의 규범적 사회과학이다.[44]

바이저가 생각하는 규범적 사회과학의 목표는 '실천적'인 것으로, 오늘날 점점 복잡해지는 사회생활의 틀을 형성할 수 있도록 사회과학자들에게 '조언과 경고'를 하는 데 있다. 이는 바이저가 자신의 학문 분야에서 가치판단을 내린다는 것을 뜻하기도 한다. 바이저는 가치판단이 개입되면 과학

---

44 Gerhard Weisser, *Beitraege zur Gesellschaftspolitik*, Siegfried Katterle, Wolfgang Mudra, Lothar F. Neumann ausgew. u. hrsg.(Göttingen, 1978); Gerhard Weisser, "Disskussionsvotum," Heiner Flohr and Klaus Lompe(ed.), *Wissenschaftler und Politiker: Partner oder Gegner*(Göttingen, 1967).

성과 무관해진다는 학계의 통설에 반대하면서, 사회현상에 대한 설명적인 사회과학을 구축하는 작업과 함께 사회적 영역에서 난제에 대한 조언과 판단을 학문적으로 옹호하는 능력을 갖추기 위해서는 실천적인 사회과학을 형성해야 한다고 본다.

실천적 목표를 지향하는 규범적 사회과학의 가장 중요한 과제는 주어진 현실에 대한 사회과학적 조언·경고·평가적 비판에 필요한 실천적 공리를 제시하는 것이다. 여기서 실천적 공리 또는 규범을 제시하는 방법이 문제인데, 바이저는 비판적 합리주의자들과 마찬가지로 '기본관심사'를 기반으로 하는 예단된 공리의 근거를 과학적으로 설정할 방법은 없다고 본다. 바이저는 근거를 설정할 필요가 없는 공리적인 기본관심사가 존재한다고 주장하는데, 이러한 기본관심사는 인식주체의 주관적 확신 체험에 뿌리를 두고 있다고 본다. 바이저는 인식하는 주체로부터 인지적 타당성을 분리시키려는 실증주의자들의 객관주의를 비현실적 추상화로 보고, 내적인 경험의 확신이 주관적이라고 해서 타당성이 없는 것은 아니라고 본다. 기본관심사를 설정하는 데 객관적인 과학적 방법이 있는 것은 아니지만, 바이저는 이를 고백하고 도입하는 사회과학자는 독단적 확증과는 구별되는 확신으로서의 규범적 가치에 대해[45] 학문적으로 책임 있게 다뤄야 한다고 시사한다.

이상과 같이 리히가 검토한 사회과학에서의 규범적인 것의 문제에 관한 논의가 시사하는 바는, 우선 주어진 현실에 대한 규범적 가치판단은 객관적 검증의 문제라기보다 주관적 확신의 문제라는 것이다. 바로 이 점에서 리히가 검토한 네 가지 입장 가운데 규범적 가치기준의 설정을 아예 정당

---

45 리히는 사회과학적 현실인식에서 가치규범이 될 수 있는 주관적 '확신'을 독단적 '확증'과 구별해 사용한다. 아르투르 리히, 『경제윤리 1』, 105쪽 이하.

화하기 어려운 비판적 합리주의를 제외하면 다른 세 가지 입장이 공통된다는 점이 분명해졌다. 물론 이들 입장이 전적으로 동일한 것은 아니다. 자연법적 입장과 비판이론의 입장이 선험적 근거를 내세운다면, 규범적 사회과학의 입장은 경험적 확신을 내세운다. 그러나 선험적 근거와 경험적 확신이 양립 불가능한 것은 아니다. 선험적 근거에 따른 것으로 표방되는 확신 또한 역사적으로 응축된 경험에서 비롯된 성찰의 결과라는 점에서 경험적 확신의 범주에 속한다. 역사적으로 응축된 경험에서 비롯된 성찰이기에 개별적인 인식주체에게는 선험적으로 다가오지만, 이러한 확신은 보편성을 획득하기까지 인류의 오랜 경험에서 비롯된 성찰로서의 성격을 지니고 있는 것이다.

이 점에 유념하며 한국의 경제개발과 민주주의에 대한 기독교윤리적 평가에 적합한 신학적 입장으로 민중신학을 따르고, 이 신학적 입장에서 윤리적 규준 설정의 원칙이 되는 사회윤리 방법론을 구성하려 한다. 이 작업은 이 책이 바탕에 깔고 있는 가치확신의 배후를 드러내는 일이자, 동시에 사회과학적 현실분석과 판단이 신학적 입장에 수용되는 방법을 드러내는 일이다.

2. 민중신학의 사회윤리 방법론

1) 현대 기독교의 사회윤리적 관심사 추이

이 책에서 신학적 입장으로 채택하고 있는 민중신학에 관해 검토하기에 앞서, 민중신학의 관심사가 현대 기독교 신학의 사회윤리적 관심사의 맥락에서 어떤 의의를 지니는지를 가늠하기 위해 먼저 현대 기독교 신학의 사회윤리적 관심사를 간략히 살펴보려 한다.

현대 기독교 신학이 사회적인 문제에 대해 본격적으로 관심을 표명함으로써 사회윤리학의 주춧돌을 놓기 시작한 것은 서구사회에서 자본주의적 산업화가 본격화되면서부터였다. 특히 자본주의적 산업화로 인한 사회문제의 심각성을 문제 삼은 마르크스주의 및 혁명적 사회운동의 등장으로 기독교 신학에서는 사회적 문제에 대한 관심이 촉발되었다. 오랜 세월 동안 사실상 서구역사를 지배해온 기독교 입장에서는 마르크스주의 등 혁명적 사상과 운동이 기독교의 위협세력으로 간주되었다. 처음에는 이와 같은 혁명적 사상이 강력한 세속적 메시아주의라는 점에서 여기에 대처해야 한다는 인식이 지배적이었다. 그러나 기독교의 전통적인 메시아 신앙은 점차 무력해지는 데 반해 세속적인 메시아사상은 파급력이 강해지자 기독교 신학에서는 사회문제에 본격적으로 관심을 갖기 시작했다. 이는 고삐 풀린 자본주의체제의 무자비함에 대한 관심이었다. 이 점에서 기독교는 마르크스가 종교비판을 해야만 했던 진의에 한 걸음 다가서고 있었다. 이러한 관심은 여러 계기를 통해 표명되었다.[46]

(1) 가톨릭의 사회적 회칙

1891년 중세 이후 교황이 발표한 최초의 사회적 회칙인 「새로운 것에 대해Rerum Novarum」에서 교황 레오Leo 13세는 사회주의를 전적으로 배격하고 계급투쟁 역시 거부했지만 "고용주들의 무자비와 고삐 풀린 경쟁의 탐욕에 유기되고 소외되었으며 무방비 상태로 방치되어온" 노동자의 현실에 주목했다. 이 회칙은 주어진 경제구조를 문제시하기보다는 그 구조에 영

---

46 이하의 내용은 다음을 참조. 로버트 브라운, 『새로운 기조의 신학』, 이동준 옮김(서울: 한국신학연구소, 1986); 손규태, 『하나님 나라와 공공성: 그리스도교 사회윤리 개론』(서울: 대한기독교서회, 2010).

향을 미침으로써 경제구조를 개선하려는 성격을 띠었다.

이로부터 40년 후 교황 비오^{Pius} 11세는 새로운 회칙인 「40년^{Quadragesimo} ^{Anno}」을 발표하면서 사회주의를 인정하지는 않았지만 자본주의에 대해 매우 비판적인 입장을 견지했다. 당시 자본주의에서는 점점 소수자의 손에 자본이 집중되고 있었다. 이런 상황에서 교황 비오는 '사유재산 관리'에 대해 전임자보다 훨씬 비판적인 입장을 취해 '권리'는 권리의 '사용'과 구별되어야 한다고 보았고, 소유권은 절대적인 것이 아니며 공정한 분배가 이뤄져야 한다고 강조했다.

중세 이래 서구 지배세력을 대변해온 가톨릭교회의 이와 같은 변화는 1960년대 교황 요한^{John} 23세에 이르러 중요한 전환의 계기를 맞이했다. 그는 회칙 「어머니와 스승^{Mater et Magistra}」(1961), 「지상의 평화^{Pacem in Terris}」 (1963) 등을 통해 전임자들보다 훨씬 급진적인 원칙을 제시했다. 노동자가 공정한 임금을 받을 권리를 역설하는 한편 기업에 대한 국가의 개입을 언급했으며, 최후 수단으로서 노동자들의 파업을 인정하기도 했다. 「어머니와 스승」에서 요한은 사회경제적 불평등을 극복하도록 돕기 위해 저개발 국가에 경제원조를 해야 하고, 국제적 수준에 입각해 잉여농산물을 활용해야 하며, 부유한 자들은 '제국주의의 팽창'이라고 표현되는 정치적 착취 없이 영양실조에 걸린 사람에 대해 의무를 가져야 한다고 피력했다. 또한 정부 계획의 중요성에 대한 인식을 바탕으로 국가는 사회보장과 생산재의 국가소유 등의 메커니즘을 통해 국민들의 복지를 확실히 하는 데 적극적인 역할을 해야 한다고 말했다.

1967년 교황 바오로^{Paul} 6세의 회칙 「시민의 개발^{Populorum Progressio}」은 자본주의를 준엄하게 고발하면서 현대 세계경제의 빈부격차는 혁명의 가능성을 용인한다고 보았다. 바오로는 자신의 선임자들보다도 사유재산에 대해 훨씬 더 비판적이었으며 '자유 자본주의'를 준엄하게 고발했다. 그는 공공의 선을 위해서는 때로 토지몰수도 불사해야 한다고 주장했으며, 일이 너무 악화되면 정의를 추구하기 위해 폭력에 호소하는 일도 정당화될 수 있다고 보았다.

이와 같은 가톨릭교회의 입장 변화는 현대 세계의 변화에 비해 더딘 대응으로 보이지만, 그럼에도 현대 세계의 문제에 대한 교회의 대응으로서 의미를 지니고 있다. 이후 라틴아메리카의 해방신학은 이러한 변화의 연속선상에 있다고 할 것이다.

(2) 기독교 사회주의

한편 교황 레오의 회칙이 등장할 즈음 개신교에서도 새로운 사회적 변화에 대한 대응이 나타났다. 이는 종교개혁 이후 사실상 시민의 종교로 자기 위상을 정립해온 개신교 내의 중요한 변화였다. 이른바 기독교 사회주의운동이라 일컫는 운동이었다. 영국의 존 맬컴 루드로John Malcolm Ludlow와 찰스 킹슬리Charles Kingsley 등을 선구로 한 기독교 사회주의운동은 영국의 산업혁명에 자극을 받아 등장했다. 새로운 산업도시를 향한 교회의 냉담은 교회를 점점 더 지배계급과 일치시켰는데, 다른 한편 교회에서 소외된 신흥 노동계급이 출현하는 상황에 이르자 기독교 사회주의운동은 노동자들의 재기독교화뿐 아니라 자유방임적 자본주의에 대해서도 적극적인 비판을 모색했다.[47]

이와 유사한 운동은 유럽 대륙에서도 일어났다. 당시 독일의 경우 영국보다 뒤늦게 산업화에 도달했지만 19세기 말쯤에는 독일사회 역시 사회주의 사상, 사회주의 제 정당, 도시 프롤레타리아트 등의 문제가 중요한 사회적 문제로 부각되던 상황이었다. 성직자나 정치인 모두 이러한 문제와 씨

---

47 로즈마리 래드포드 류터, 『메시아 왕국』, 서남동 옮김(서울: 한국신학연구소, 1981), 92쪽.

름하면서 문제를 해결하려 했는데,[48] 1899년 독일의 저명한 목사 크리스토프 블룸하르트Christoph Blumhardt가 사회민주당에 입당한 사건은 독일 기독교 사회주의운동의 선구격이 되었다. 이렇게 시작된 유럽 대륙의 기독교 사회주의운동은 1920년대 전후 스위스의 헤르만 쿠터Hermann Kutter와 레온하르트 라가츠Leonhard Ragaz, 그리고 바르트와 폴 틸리히Paul Tillich 등으로 이어졌고, 훗날에는 월터 라우션부시Walter Rauschenbusch로 대표되는 미국의 사회복음Social Gospel운동으로 이어졌다.

이와 같은 기독교 사회주의운동은 마르크스의 계급투쟁 이론과 달리 민족과 전체성을 강조하는 공동체 이념을 더 중요하게 생각했으며, 사회변혁을 위한 경제적 목표를 관철시키는 데 종교가 도덕적인 도움을 제공해야 한다고 여겼다. 즉, 기독교 사회주의는 인간의 내적인 갱신이 폭력혁명을 불필요하게 만들 것이라고 여겼던 것이다. 그러나 이런 식의 갱신은 사회 전체가 아닌, 같은 성향을 가진 소집단의 고립된 영역에서 이뤄질 수밖에 없었기에[49] 사회가 가난한 노동자들에 대해 책임을 져야 한다는 자각을 일으키는 정도의 운동에 머무르고 말았다.[50] 하지만 이 운동은 자본주의사회에서 노동자에 대한 관심을 불러일으킴으로써 오늘날 자본주의사회에 기독교 사회윤리의 필요성을 제기했다.

(3) 세계교회협의회의 책임사회론

제2차 세계대전 후 기독교의 사회적 관심은 세계교회협의회World Council Churches: WCC를 중심으로 한 에큐메니컬Ecumenical운동으로 나타났다. 1930

---

48 제임스 벤틀리, 『기독교와 마르크시즘』, 김쾌상 옮김(서울: 일월서각, 1987), 12쪽.
49 하인츠 호르스트 슈라이, 「그리스도교와 사회주의: 1970년대 연구보고들에 대한 검토」, 강원돈 옮김, ≪신학사상≫, 제57집(1987년 여름), 441쪽.
50 게르하르트 브라이텐슈타인, 『인간화』, 박종화 옮김(서울: 대한기독교서회, 1971), 20쪽.

년대 유럽에서 발생한 전체주의를 경험한 후 기독교인들은 대안적인 사회 구조에 대해 관심을 갖게 되었고, 제2차 세계대전 이후 1948년 암스테르담에서 최초로 세계교회협의회 총회가 열렸을 당시 이러한 관심은 '책임사회' 이념으로 구체화되었다. 암스테르담 총회에서는 "공산주의 이념은 경제정의에 역점을 두며 자유의 혁명을 완수시킨 뒤에 취득할 수 있는 것이라 약속했다. 자본주의는 자유를 강조하며 정의는 자유기업의 부산물로서 의당 성취될 것이라고 말한다. 그러나 이 역시 한낱 오류로 판명된 이념에 지나지 않는다"[51]라고 공표함으로써 공산주의와 자유방임적 자본주의 모두를 비판했다. 그리고 그 대안으로 "책임사회란 곧 그 사회의 자유가 정의와 공공질서에 대한 책임을 인지하는 사람들의 자유가 되고, 정치권력과 경제권력을 장악한 사람들이 그 실천을 행사하는 데서 그 실천에 의해 복지에 영향을 받는 사람들과 하느님 앞에 책임을 지는 사회를 뜻한다. 국민은 자신들의 정부를 조정하고 비판하며 바꿀 수 있는 자유를 가지고, 권력은 법과 전통에 따라 책임을 지며, 되도록 전체 공동사회에 널리 분배되도록 요청된다"[52]라고 선언했다.

책임사회 논의는 1945년 에번스턴 총회에서도 계속되었는데, "대안적인 사회적 또는 정치적 구조로서가 아니라 모든 현존하는 사회질서를 판단하는 규범으로서, 그리고 동시에 우리가 내려야 할 특별한 결정에서 안내 역할을 해주는 기준으로서" 책임사회가 논의되었다.[53] 1961년 뉴델리 총회 역시 계속해서 '책임사회'를 다뤘지만, 그 주제는 이내 '급속한 기술적 사회적 변화'라는 새로운 주제에 비해 그 비중이 약화되었다. 뉴델리 총회에서

---

51 W. A. Visser't Hooft(ed.), *The First Assembly of The World Council of Churches* (New York: Harper & Brothers, 1949), p. 80.

52 같은 책, pp. 77~78.

53 W. A. Visser't Hooft(ed.), *The Evanston Report* (London: SCM Press, 1995), p. 113.

는 '세계 개발 전략'의 필요성 및 증산과 생활수준 증진의 중요성에 대해 더 민감하게 반응할 필요성을 최초로 토의했다. 이러한 관심은 1966년 제네바에서 구성된 세계교회협의회 내의 '교회와 사회위원회'를 거쳐 가톨릭과 함께 사회·개발·평화임시위원회SODEPAX를 구성하도록 했다. 사회·개발·평화임시위원회가 구성되면서 제3세계 국가에 대한 경제지원과 개발에 관한 프로그램이 제시되었고 여기에 많은 교회가 협력하게 되었다.

그러나 이는 제3세계 기독교인들에게 매우 기성체제적인 발상으로 간주되었고, 그때그때 필요에는 대응하지만 필요를 낳는 원인은 뿌리 뽑지 않음으로써 현재의 불의를 영속화시키는 것으로 보였다.[54] 이로 인해 제3세계 기독교인들은 더욱 정의로운 사회를 만들기 위해 소수가 결정하기보다 최대한 모든 사람이 참여할 것을 주장[55]했으며, 이러한 과정은 "필연적으로 나라 안과 나라 사이에 현존하는 권력관계의 급진적인 재편성을 포함"[56]한다고 역설했다. 이러한 주장은 곧 '혁명에 대한 요청'을 뜻하는 동시에 모든 사후적응론자와 개혁주의자의 선택에 대한 도전을 뜻하는 것이었다. 이러한 변화의 상징으로 1969년 사회·개발·평화임시위원회의 협의회에서 구스타보 구티에레즈Gustavo Gutierrez는 「개발의 의미」라는 글을 발표해 개발의 모델 대신 해방의 모델을 제시했다.[57] 이러한 과정을 거치면서 주로 서구적 선입관으로 강조되던 책임사회 개념은 점차 개발과 빼앗긴 자에 대한 관심의 신학으로 대체되었으며, 이는 다시 해방의 방향으로 대체되기 시작했다.

---

54 SODEPAX, *World Development: The Challenge to the Churches*(Geneva: Exploratory Committee on Society, Development, and Peace, 1969), p. 42.
55 같은 책, p. 43.
56 같은 책, p. 20.
57 당시 그가 발표한 내용을 기초로 확대한 것이 그의 주저인 『해방신학』이다. 구스타보 구티에레즈, 『해방신학: 역사와 정치와 구원』, 성염 옮김(서울: 분도출판사, 1977).

2) 한국적 근대화에 대한 성찰로 등장한 민중신학

라틴아메리카의 해방신학이 등장함으로써 개발의 모델에서 해방의 모델로 신학적 패러다임이 전환될 즈음, 한국에서도 크게 다르지 않은 문제의식을 바탕으로 한 신학적 전환이 이뤄지기 시작했다. 민중신학이 태동한 것이다.

민중신학의 등장은 1960년대 말부터 1970년대 초까지의 한국의 사회적 배경과 직결되어 있다. 잘 알려져 있다시피 민중신학은 1970년 평화시장 노동자인 전태일이 분신한 사건의 충격에서 시작되었다. 전태일 분신 사건은 1960년대 이래 경제개발의 실질적 주역이었음에도 정당한 대가를 보장받지 못하고 주변 세력으로 전락한 '민중'의 문제를 전면적으로 제기한 사건이었다. 민중신학이 전태일의 충격에서 시작되었다는 것은 민중신학이 개발독재로 인한 인권의 유린과 민중의 소외라는 한국의 정치·경제적 상황과 이에 대한 자각을 기반으로 하고 있음을 뜻한다. 다시 말해 민중신학은 한국적 근대화에 대한 성찰로 형성된 신학이다. 특히 돌진적인 근대화가 이뤄지던 상황에서 '민중사건'에 주목한 제1세대 민중신학은 한국의 근대화를 근본적으로 성찰함과 동시에 그 사건을 증언하기에는 부적합한 이전의 기독교와 신학 전통도 비판적으로 성찰했다. 서구적 합리성에 기초한 지배적 담론에 저항했던 당시의 민중신학은 예언자적 통찰에 가까웠다. 당시의 민중신학은 민중신학자들 스스로 표현하는 것처럼 '증언의 신학'이었으며 '반신학', '탈신학'이었다.

한국적 근대화에 대한 성찰에서 시작된 민중신학은 역사적 상황이 변화해가는 가운데 세대를 달리하며 지속되었다. 1980년대에 등장한 제2세대 민중신학은 제1세대 민중신학의 유산을 계승하면서도 한계를 비판적으로 극복하려 했다. 제1세대 민중신학에 대한 비판적 인식은 대개 1980년 광주민중항쟁 이후 변화된 사회운동의 상황과 관련되어 있다. 광주민중항쟁은 한국 사회운동에 많은 과제를 제기했다. 무엇보다도 분명한 현실인식을 가능케 하는 '과학적' 인식의 중요성을 각인시켰으며, 나아가 조직화된 민중에 의한 '대안적' 실천의 과제를 제기했다. 부분적으로 드러난 사회적 문제에 대해 단순히 비판하고 저항하는 차원이 아니라 우리 사회에 대한 총체적 인식을 통해 사회구조의 근본적인 변혁을 도모하고 대안이 되는 새로운 사회를 형성해야 한다는 과제를 제기한 것이다. 이러한 과제가 제기됨에 따라 한국 사회운동의 선도적인 세력은 과학적 인식을 뒷받침하는 유물론적 세계관, 즉 마르크스주의적 세계관을 수용하게 되었다. 이 세계관을 통해 현실을 인식한 결과, 한국적 근대화의 대안으로서 반자본주의적 전략을 기조로 삼았으며 자주·민주·통일을 핵심 내용으로 하는 새로운 사회적 대안을 추구했다.

현실 사회주의의 몰락과 자본주의적 지구화라는 세계사적 격변, 그리고 1987년 이후 민주주의의 제도화가 이뤄지던 국내적 조건의 변화 속에서 민중신학은 새로운 인식의 지평을 열게 되었다. 이른바 제3세대 민중신학으로 일컬어지는 민중신학의 새로운 경향은 국가 또는 민족을 중심으로 하는 근대적 경계화가 약화되는 가운데 더욱 다양하고 정교한 지배의 양식이 구현되는 지구화의 현실로 인해 새로운 해방전략을 요구된다는 사실을 출발점으로 삼았다. 제3세대 민중신학은 이러한 현실에 대응해 제2세대 민중신학의 정치경제학적 인식을 보완하는 인식 틀로 문화정치학적 인식을 수용했으며, 아울러 거대담론과 미시담론의 통합을 추구하고 권력의 다양한 지배 양식에 주목해 민중신학의 권력해체적 특성을 강조하는 경향을 띠었다. 이처럼 세대별로 구별되는 민중신학은 시기별로 강조점이 다르지만 한국사회의 위기에 대한 개입 언어로서의 신학의 성격을 분명히 함으로써 애초에 가졌던 민중신학의 고유성을 구현해왔다.

오늘날 민중신학은 단일한 색조를 지닌 하나의 신학이 아니라 매우 다양한 갈래를 형성하는 복합적인 성격의 신학이 되었다. 그럼에도 민중신학은 현재진행형의 신학으로서 고유한 특성을 지니고 있다. 바로 민중사건을 신학적 성찰의 출발점으로 삼는다는 점이다. 처음 민중신학이 형성되었을 당시 한국적 맥락에서 발견된 민중사건의 지평은 자본이 지구화되는 오늘날과 같은 현실에서 세계적 차원으로 확장되고 있다. 이 점에서 한국의 민중신학은 전 지구적 민중연대를 향한 신학적 성찰로 지평을 확장해야 하는 과제를 안고 있으며 여전히 현실적 유의성을 지니고 있다.

3) 민중신학적 사회윤리의 형성 가능성

민중신학은 구체적인 역사적 맥락에서 민중의 현실에 주목하고 이러한 현실을 성찰하는 신학으로서의 성격을 가지고 있으므로 그 자체로서 사회윤리적 함의를 지닌다. 그러나 한편으로는 민중신학이 지닌 사회윤리적 함의가 그렇게 자명하게 받아들여지는 것만은 아니다. 이는 세상의 상대적인 것을 다루는 민중신학의 성격 때문이다. 윤리의 차원은 세상의 상대적인 질서에서 대안을 찾는 것과 관련되어 있는 데 반해 민중신학은 현실의 질서 및 체제를 종말론적 관점에서 급진적으로 비판하는 성격을 띠고 있다. 민중신학이 반신학 또는 탈신학이라는 사실은 민중신학의 성격을 일정 정도 말해준다. 이로 인해 민중신학이 어떤 윤리를 형성할 가능성이 있는지에 대해서는 회의적인 견해가 제기되기도 한다.[58]

그러나 민중신학이 종말론적 성격을 지녔다고 해서 세상의 상대적 질

---

58 크리스티네 린네만-페린, 「교회의 정치적 책임: 한국 민중신학과 남아프리카 정치신학의 비교」, 안병무 박사고희기념논문집출판위원회 엮음, 『예수·민중·민족: 안병무 박사 고희 기념 논문집』(서울: 한국신학연구소, 1992), 812쪽.

서에서 대안을 모색하는 사회윤리의 가능성을 배제하지는 않는다. 민중신학이 현실의 질서나 체제를 비판할 때 그 비판은 역사적 맥락에서 구체적인 성격을 지니고 있다고 할 수 있다. 예컨대 이는 바르트 신학에서처럼 인간의 일반적 현실을 총체적으로 비판함과 아울러 인간의 현실과 접촉점이 없는 하느님의 실재를 대비하는 방식과는 다르다. 민중신학의 현실 비판은 역사적으로 구체적인 성격을 띤다. 역사적으로 구체적인 성격을 띤다는 것은 비판해야 할 현실을 만들어내는 사회적 관계에 주목한다는 것을 뜻하며, 이는 곧 지배자와 피지배자의 대립관계를 형성하는 사회적 관계에 주목한다는 것을 뜻한다. 그런 만큼 현실에 대한 비판은 민중의 시좌에서 기존 질서와 체제를 문제시하며 동시에 그 시좌에서 대안을 모색하는 것과 깊이 관련될 수밖에 없다. 물론 앞에서 살펴본 것처럼 민중신학이 시대를 달리하는 가운데 다양한 경향을 보이긴 하지만 민중신학의 공통유산이 그 바탕에 깔려 있는 한 일관된 성격을 유지한다고 할 수 있다. 요컨대 민중신학은 종말론적인 궁극의 지평을 확보하면서도 구체적인 현실에 대한 대안의 가능성을 제시한다는 점에서 매우 풍부한 사회윤리적 단초를 안고 있다.

여기서는 민중신학에 내장된 사회윤리의 형성 가능성을 풍부하게 보여주는 대표적인 민중신학자들의 논의를 살펴보려 한다. 대상의 범위를 넓히면 더 확장될 수 있지만 여기서는 민중신학에서 사회윤리의 형성 가능성을 가장 분명하게 보여준 서남동, 안병무, 김용복, 강원돈으로 논의를 한정하려 한다.

(1) 서남동의 '두 이야기의 합류'와 '계시의 하부구조' 개념에 나타난 사회윤리적 단초

'두 이야기의 합류' 개념은 서남동 민중신학의 체계적 구상을 이루는 핵심 개념 가운데 하나이며,[59] 민중신학의 사회윤리적 정초개념으로서도 중요한 의미를 지닌다.

두 이야기의 합류 구상에 나타난 주요 구성요건은 서남동이 말한 민중신학의 구성요건으로서, 크게 '전통'의 범주, '현재 상황'(삶의 구조)의 범주, '실천'의 범주로 나뉜다. 여기에서 문제의 출발점이 된 것은 '현재 상황'으로, 서남동의 표현에 따르면 현재 상황이란 '하느님의 선교의 지평地平'이며 '우리의 역사적 현실, 즉 정치, 경제, 사회의 현실'을 말한다.[60] 이 현실에서 '삶의 문제 해결'의 의지가 '실천'으로 구체화된다. 이때 우리 삶의 '상황'에 포함된 '전통'이 문제시된다. 이 전통의 계승은 명백히 '역사적 지식의 문제'가 아니라 '실천의 문제'로 대두되는데, 이는 그 전통이 실천을 위한 '전거', 즉 '참고서'가 된다는 점에서 그렇다.[61] 서남동은 이 전통을 기독교의 민중전통과 한국의 민중전통 두 가지로 구분하면서 이들 전통이 오늘의 실천에서 합류한다고 본다. 물론 실천을 통해 합류되는 전통은 이 두 가지로 고정되지 않는다.[62] 합류는 열린 구조로, 그 밖의 또 다른 전통을 포함할 수 있다.[63] 이를 결정짓는 매개가 바로 실천이다.

서남동이 말한 '합류' 구상에서는 전통, 상황, 실천을 관통하는 '주체'의 문제를 간과할 수 없다. 서남동은 이 주체를 '한국 교회'[64] 또는 '한국 기독교인'[65]이라 말하는데, 이는 물론 기존의 제도적 교회와 고립된 집단으로서의 기독교인을 말하는 것이 아니다. 서남동은 교회와 관련해 급진적인 발

---

59 강원돈, 『물의 신학: 실천과 유물론에 굳게 선 신학의 모색』(서울: 한울, 1992), 40쪽.
60 서남동, 『민중신학의 탐구』(서울: 한길사, 1983), 41~42쪽.
61 같은 책, 166쪽.
62 같은 책, 50~78쪽 참조.
63 강원돈, 『물의 신학』, 41~42쪽.
64 서남동, 『민중신학의 탐구』, 41, 78쪽.
65 같은 책, 77쪽.

상을 펼친다. 바로 새로운 '민중의 교회'는 '현장의 사건'일 뿐이라는 발상이다.[66] 서남동은 1970년대 한국의 인권운동과 민주화운동에 주요한 몫을 담당해온 구체적인 모임이나 활동, 기관 등을 '현장교회'라 칭하며 새로운 교회의 형태를 구체적으로 언급한다.[67] 여기에는 가톨릭농민회, 도시산업선교회, 금요기도회, 목요기도회, 갈릴리교회, 기독교사회문제연구원, NCC 인권위원회, KSCF, 기독자교수협의회 등이 포함된다. 이러한 교회 형태가 가톨릭, 프로테스탄트에 다음가는 교회의 제3의 형태, 즉 '성령의 교회', '민중의 교회'라는 것이다. 서남동이 말한 교회란 다양한 형태를 취하면서도 결코 형태 자체의 존속문제에 얽매이지 않으며 동시대의 민중운동, 즉 인권운동과 민주화운동으로 구체화되는 하느님의 선교를 수행해나가는 주체라 할 수 있다. 이는 교회의 개념을 재해석하는 것이자 역사 속에서 기독교인이 현존하는 새로운 방식을 말하는 것이다.

결국 두 이야기의 합류 구상은 민중운동에 참여한 기독교인들의 실천문제를 규명하려는 문제의식을 바탕으로 한다. 이 점에서 두 이야기의 합류 구상은 민중신학의 독특한 기독교 사회윤리적 구상으로서도 의미를 지닌다.

그러나 두 이야기의 합류가 이와 같은 의의를 갖고 있긴 하지만 본격적인 기독교 사회윤리적 구상으로서는 더 보완해야 할 과제를 안고 있다. 여기서는 '계시의 하부구조' 개념에 특히 주목해야 한다. 「두 이야기의 합류」라는 논문을 작성할 당시만 해도 서남동은 전통의 계승과 오늘의 실천을 직결시켰을 뿐, 실천이 전개되는 구체적인 현실에 대한 과학적 분석을 신학적 성찰과 연결시키지는 못했다.[68] 과학적인 현실분석과 신학적 성찰을

---

66 같은 책, 299쪽.
67 같은 책, 146쪽.
68 강원돈, 『물의 신학』, 43쪽.

매개시키는 작업은 1983년에 발표한 「빈곤의 사회학과 빈민의 신학」, 「세계의 생명과 그리스도」에서만 시도되었다.[69] 이러한 시도가 충분히 결실을 맺기 전에 그의 신학은 종결되었지만, 그럼에도 이러한 시도를 가능하게 한 매개 장치가 바로 계시의 하부구조 개념이다.

서남동이 말한 계시의 하부구조는 민중운동을 의미한다. 이는 "예수 그리스도가 갈릴리의 가난한 민중을 불러 일으켜 세웠고 그 가난한 민중들은 일어서서 자기네가 하느님의 구원역사의 주체라는 자의식을 갖게 된 일련의 사건들이 복음이요 계시"[70]라고 한 대목에서 더욱 분명히 드러난다. '민중의 해방운동'은 항상 특정한 시공간에서 전개되기 때문에 계시의 하부구조에는 당연히 민중운동의 현실적 조건으로서 '삶의 구조', 즉 '정치·경제적 사회구조'가 포함된다. 다시 말해 '정치·경제적 사회구조'에서의 '민중의 해방사건'이 계시의 하부구조가 되는 것이다. 이때 하느님이 자기계시를 내리는 매체이자 구성적 요인인 역사적 사건은 구·신약 성서를 포함한 과거의 역사적 사건에 국한되지 않는다. 하느님의 자기계시는 현재의 사건에서도 지속되고 있기 때문이다.[71]

계시의 하부구조 개념은 계시의 궁극적 지평을 전제하면서도 계시가 구체화되는 역사적 삶의 지평에 주목하는 방법을 제시함으로써 기독교 사회윤리의 전망을 분명하게 보여준다.

(2) 안병무의 '하느님 나라'와 '공'의 윤리

안병무가 '기존 체제' 또는 '이미 정착된 사회'를 유지하기 위한 질서로서의 윤리 또는 도덕관념을 거부했다는 사실은 잘 알려져 있다.[72] 이 점에서

---

69 같은 책, 43쪽.
70 서남동, 『민중신학의 탐구』, 379쪽.
71 같은 책, 305쪽.

언뜻 안병무의 민중신학에서 윤리적 사고의 단초를 이끌어내기란 쉬운 일이 아닌 것처럼 보인다. 그러나 안병무가 지배자의 논리로서의 윤리를 배격했다는 것은 윤리 자체를 배격했다는 뜻이 아니다. 안병무는 탈지배적 가치관을 바탕으로 한 윤리의 단초를 매우 풍부하게 제시했다.

안병무의 민중신학에서 윤리사상을 말할 수 있는 가장 중요한 거점은 '공公' 개념이다. 물론 이와 같은 개념 장치가 없다고 해도 사회적 구조의 맥락에서 논하는 모든 것을 근거로 삼아 안병무의 윤리사상을 충분히 논할 수 있다.[73] 하지만 다행스럽게도 안병무는 공 개념을 통해 민중신학적 사회윤리의 확실한 징검다리를 마련해주었다. 공은 민중신학이 형성되기 이전부터 안병무 신학의 중요한 윤리적 모티프로 제시되었고,[74] 민중신학이 형성된 이후인 1980년대 중반부터는 신학적 구상 전반에서 더욱 뚜렷하게 중요한 비중을 차지하면서 사회윤리적 체계의 중심 개념으로 자리 잡았다. 1980년대 중반 민중운동의 절정기에 더욱 빈번하게 등장한 공 개념은 당대 민중운동과의 깊은 교감을 바탕으로 했다. 자본과 권력이 독점화된 당대의 현실에서 민중적인 염원을 집약한 것이 바로 공이었다.

그런데 당대 민중의 염원인 공은 사실 신학적 의미에서 하느님 나라의 또 다른 표현이기도 했다. 민중신학은 "하느님 나라는 곧 민중의 나라"라는 인식을 매우 당연시하고 있지만, 당연시하는 만큼 그 관계가 그렇게 자명한 것은 아니다. 안병무가 공을 이야기한 것은 바로 이와 같은 불투명성

---

72 안병무, 『그래도 다시 낙원에로 환원시키지 않았다』(서울: 한국신학연구소, 1995), 37쪽.
73 강원돈은 공(公) 사상이 민중신학자 안병무의 사회윤리를 이끄는 기본사상이라고 보면서, 안병무의 윤리사상을 성서윤리, 탈-향의 윤리, 사랑의 윤리, 양심과 책임의 윤리, 정치윤리, 공의 윤리 등 여러 차원으로 나누어 체계적으로 규명한다. 강원돈, 「심원 안병무 선생의 윤리사상」, ≪신학사상≫, 제139집(2007년 겨울), 227~265쪽.
74 안병무, 「한국 사회와 기독교 대학의 방향」, 심원안병무선생기념사업위원회 엮음, 『평론: 한국 민족운동과 통일』(서울: 한국신학연구소, 2001), 219쪽 이하.

을 해소하기 위해서였다. '사람의 말로 표현할 수 없는' 것으로 간주되었던 하느님 나라를 사람들이 '알 수 있는' '현재적 언어'로 표현한 것이 바로 공이었다.[75] 안병무가 보기에 주기도문은 하느님 나라의 자명한 요체를 집약하고 있다. 주기도문에서 땅에서 이뤄지기를 바라는 하늘의 뜻은 일용할 양식을 구하는 것과 빚을 탕감받는 것으로 구체화되어 있다.[76] 그 염원은 매우 물질적이다. 물론 여기서 물질적이란 역사적·사회적 관계의 차원을 함축한다.[77] 그러니까 독점적인 사유화에 기초한 제반 사회적 관계가 공의 관계로 바뀌는 것이 곧 하느님 나라를 구현하는 것이다. 한마디로 공은 하느님 나라의 역사화다. 이는 물질과 권력을 본래의 생산자에게 돌림으로써 민주주의적 제도와 공유제를 발전시키고, 나아가 인간과 자연이 공존 공영하는 생태학적 공동체를 발전시키는 전망으로 집약된다. 이러한 전망은 기독교 신앙의 가장 기초인 이 세계의 모든 것이 하느님의 것이라는 근거에서 비롯되었으며, 더불어 이 세계를 창조한 하느님이 자신의 동반자로 일하는 인간을 선택했다는 믿음에서 비롯된다. 다시 말해 하느님의 주권에 대한 분명한 고백에서 비롯된 것이자 동시에 하느님의 주권은 민중의 주권으로 구체화된다는 믿음에서 비롯된 것이다.[78]

안병무가 제시한 공 개념이 사회윤리적 준거로서의 성격을 지니고 있다는 것은 안병무의 신학적 구상 전반에 비춰 이해되어야 한다. 민중신학자로서 안병무의 사상적 기저를 읽어낼 수 있는 가장 중요한 단편 가운데 하나인 「탈-향의 인간사」[79]에 비춰보면 그 의미를 헤아릴 수 있다. '탈脫'은

---

75 안병무, 『민중신학 이야기』(서울: 한국신학연구소, 1987), 228쪽.
76 같은 책, 239쪽.
77 같은 책, 249~250쪽.
78 안병무, 「하늘도 땅도 公이다」, ≪신학사상≫, 제53집(1986년 가을), 442~449쪽; 안병무, 『갈릴래아의 예수』(서울: 한국신학연구소, 1990), 202~219쪽; 강원돈, 「사회주의와 민중신학」, 안병무박사고희기념논문집출판위원회 엮음, 『예수·민중·민족』, 672~673쪽 참조.

과거와 단절하는 행위이자 자신의 삶을 보장해주는 모든 것을 과감히 버리는 행위다. 이는 소유에서 탈출하는 것이자 삶의 보장을 내던지는 것이다. '향向'은 궁극적인 목적을 말한다. 그러나 향은 목적지에 도달한 상태가 아니다. 향은 도상의 존재를 나타낸다. 목적을 가진 나그네의 길, 그것이 향의 형태다. 결국 향은 탈과 마찬가지로 정적인 것이 아니라 동적인 삶의 양태를 말한다. 이러한 입장에서는 정착자의 윤리가 설 자리가 없다. 안병무가 윤리와 도덕을 배격한 것은 이런 맥락에서였다. 이런 맥락에서 공은 명백히 궁극적 목적에 해당하는 하느님 나라의 또 다른 은유로서의 성격을 지닌다.[80] 그러나 한편 공은 가시적인 상을 요구하는 민중의 염원을 표상하는 성격도 지닌다. 안병무가 이와 같은 공의 의미를 강조할 수밖에 없었던 것은 특히 1980년대의 시대적 요청 때문이었지만, 이는 비단 시대적 요구뿐 아니라 민중의 원초적 염원과도 관련되어 있었다. 이 점에서 하느님 나라에 이르기까지 끊임없이 지속된 동적인 '탈향의 길'에서 정적인 관계의 차원 또는 '제도에 의해 매개된 구조적 질서'의 구체상으로서의 공의 의의를 적절하게 평가하지 않으면 안 된다. 공은 한편으로는 구체상을 지향하면서도 다른 한편으로는 구체상의 절대화를 방지하는 성격을 동시에 지니고 있다. 공은 한편으로는 이 땅 위에서[81] 펼쳐지는 운동의 궁극적인 목표이자 다른 한편으로는 지금 여기에서 이뤄야 할 사회적 관계를 지시하는 표상이라는, 모순된 이중적 성격을 지니고 있다.

안병무는 공 개념을 구현하는 구체적인 프로그램을 제시하지는 않았지만[82] 이를 통해 사회적 구조의 문제에 접근하는 민중신학적 기독교 사회윤

---

79 안병무, 『그래도 다시 낙원에로 환원시키지 않았다』, 32~45쪽.
80 안병무는 "하느님은 공으로 존재할 때만이 하느님이다"라고도 한다. 같은 책, 16쪽.
81 공이 하느님 나라를 뜻하는 또 다른 은유로서의 성격을 지니고 있긴 하지만, 하느님 나라와 구별되는 점은 적어도 역사에서의 운동을 지시하고 있다는 점이다.

리의 중요한 실마리를 제공했다.

(3) 김용복의 '민중의 사회전기'와 '하느님의 정치경제'

서구의 신학자들은 민중신학에서 형성의 윤리가 과연 가능한지에 대해 회의론을 제기했다. 이 같은 회의론을 제기한 크리스티네 리네만-페린 Christine Lienemann-Perin의 견해는 상당 부분 김용복의 주장을 논거로 삼고 있다.[83] 예컨대 그는 김용복의 독특한 개념인 '메시아 정치'를 거론하며, 메시아 정치는 현존하는 것은 무엇이든 무력화시키므로 정치윤리와 경제윤리로 직결될 수 없다는 점을 지적한다. 종말론이 곧바로 윤리로 대체될 수 없음을 지적했다는 점에서 리네만-페린의 통찰은 옳지만, 그의 견해는 아마도 그가 접할 수 있었던 민중신학 문헌이 제한되어 있었다는 데서 비롯된 것 같다. 우리는 앞에서 서남동과 안병무의 경우를 살펴봄으로써 민중신학의 입장에서 형성의 윤리가 가능한지를 가늠했다. 김용복의 경우에는 민중신학적 사회윤리 형성의 가능성을 훨씬 풍부하게 보여준다. 김용복은 대안적인 정치경제적 구상을 명시적으로 밝히는 가운데 오늘날의 기독교 사회윤리의 과제를 직접적으로 다뤄왔다.[84] '하느님의 정치경제'로 집약되는 이 구상[85]은 민중신학이 형성되던 초기부터 기본입장을 공유했을 뿐 아

---

82 강원돈, 「심원 안병무 선생의 윤리사상」, 257쪽 참조.

83 크리스티네 리네만-페린, 「교회의 정치적 책임」, 808쪽 이하.

84 김용복은 오늘날 세계적 차원에서 제기되는 다양한 문제를 직접 다루는 가운데 신학적 성찰 및 대안 제시를 시도해왔다는 점에서 특히 제1세대 민중신학 내에서 독특한 지위를 갖는다. 물론 다른 민중신학자들도 시대적 현상을 직접적으로 언급하는 가운데 대안을 제시하려 했다는 점에서 다르지 않지만, 김용복의 민중신학적 구상은 시대적 현상에 대한 일관된 통찰과 대안을 제시하려는 시도가 중요한 틀을 형성하고 있다는 점이 두드러진 특징이다.

85 김용복, 『지구화 시대 민중의 사회전기: 하나님의 정치경제와 디아코니아 선교』(서울: 한국신학연구소, 1998).

니라 특히 세계 에큐메니컬운동 및 신학과 깊이 교류하며 발전되었다.[86]

다른 모든 민중신학자와 마찬가지로 김용복은 민중의 역사주체성에 대한 신뢰를 신학적 입장의 출발점으로 삼는다. 김용복의 신학에서 민중의 역동성과 역사주체성을 가장 잘 드러내는 개념은 '민중의 사회전기'다.[87] '민중이 경험하는 고난과 갈망의 이야기'인 민중의 사회전기는 '신학의 역사적 틀historical point of reference'로,[88] 김용복 신학의 관점과 방법의 기축을 이룬다. 김용복의 민중신학에서 성서의 이야기와 민중의 사회전기는 구체적인 상황과 민중의 삶을 매개로 엮어 구원사의 핵을 이룬다. 여기서 구원사의 핵에 해당하는 것이 '메시아적 정치'다.[89]

김용복은 '메시아적 정치'와 '정치적 메시아주의'를 구분하면서, 정치적 메시아주의의 지배 이데올로기적 성격을 비판하는 한편 메시아적 정치의 해방적 성격을 강조한다.[90] 김용복에 따르면, 정치적 메시아주의는 민중을 역사적으로 무력한 존재로 만들거나 비주체적인 대상으로 만든다. 반면 예수의 메시아적 정치는 민중을 자신의 운명에 대한 역사적인 주인으로 만듦으로써 민중의 역사적인 구체성을 실현하는 정치학이다. 이 점에서 메시아적 정치는 민중의 메시아적 정치로 이해될 수 있다. 여기서 민중과 메시아의 관계는 고난 가운데 합치identification하고 동참Koinonia하는 관계다. 고난받는 종으로서의 예수는 메시아적 정치의 전형을 보여준다. 고난받는

---

86 민중신학에서 차지하는 김용복의 독특한 지위와, 특히 오늘날 기독교 사회윤리에서 중요한 주제로 부상하고 있는 그의 경제신학이 가진 의의에 관해서는 다음을 참조할 것. 강원돈, 「김용복의 경제신학 구상의 의의」, 김용복박사회갑기념논문집편찬위원회 엮음, 『민중의 사회전기와 기독교의 미래』(서울: 한국신학연구소, 1998), 7~41쪽.

87 민중의 사회전기에 관한 기본 착상에 관해서는 다음을 참조할 것. 김용복, 『한국 민중과 기독교』(서울: 형성사, 1981), 89~108쪽.

88 같은 책, 90, 95쪽.

89 강원돈, 「김용복의 경제신학 구상의 의의」, 9쪽 참조.

90 김용복, 『한국 민중과 기독교』, 109~123쪽.

종으로서의 메시아는 한편으로는 고난받는 민중과 자신을 동일시하고 다른 한편으로는 해방을 희구하면서 메시아에 대한 열망으로 가득 찬 민중을 민중의 종으로서 섬긴다. 이와 같은 메시아적 정치는 현대의 모든 정치적 메시아주의를 폭로하고 새로운 대안을 연다.[91]

김용복의 신학적 입장은 하느님의 정치경제에 대한 구상을 통해 민중신학적 사회윤리의 지평을 더욱 구체적으로 확보한다. 하느님의 정치경제란 하느님의 주권이 온 우주만물에 대한 절대적 지배권을 행사하는 것으로,[92] 이는 하느님이 가난한 자들, 즉 민중과 맺은 계약을 통해 땅 위에서 구체화된다. 성서는 하느님의 주권이 실현되는 사회경제의 현실을 일관되게 증언하고 있다. 노예제의 정치경제로부터의 탈출을 전하는 출애굽사건, 계약공동체의 정치경제, 가난한 자들을 옹호하는 예언자적 경제, 생명을 위한 계약으로서의 창조신앙, 초대 기독교의 공동체, 그리고 요한계시록에 명시된 새 하늘과 새 땅에의 희망 등이 이를 말해준다.[93] 이와 같이 성서의 증언이 일관되게 가난한 자들을 선택하고 그들과 계약을 맺은 하느님에 대한 신앙을 바탕으로 한다는 점에서 하느님의 정치경제는 곧 민중의 정치경제로 이해될 수 있다.[94]

하느님과 민중의 계약이 하느님과 민중의 해방적 관계에 입각해 있다는 점을 중시한[95] 김용복은 하느님의 정치경제를 일종의 종말론적 비전으로 선언하는 데 그치지 않는다. 김용복은 우선 성서의 증언이 갖는 사회경제적인 맥락에 대한 인식을 강조할 뿐 아니라[96] 오늘의 사회경제적 맥락에서

---

91 같은 책, 120~121쪽.
92 김용복, 『지구화 시대 민중의 사회전기』, 191쪽.
93 같은 책, 176쪽 이하.
94 같은 책, 171쪽.
95 같은 책, 197쪽.
96 같은 책, 185쪽.

하느님의 정치경제를 구체화할 수 있는 기본적인 원칙을 제시한다.[97] 하느님의 정치경제가 더욱 구체적인 사회윤리적 함의를 지니도록 만드는 이러한 원칙으로는, ① 가난한 사람들의 사회경제적 안정, ② 소유권의 절대성 요구 지양, ③ 경제활동에서 청지기직으로서의 인간의 역할 이해, ④ 참여경제 등이 있다.

이들 규준이 각기 갖는 의미는 다음과 같다. 첫째, 가난한 사람들의 사회경제적 안정이라는 규준은 공동체 전체가 사회경제적으로 안정되는 데 필수조건으로서, 이 규준은 경제활동의 업적을 평가하는 규준으로 널리 인정되는 효율성이나 수익성은 그 자체만으로는 정당화될 수 없음을 함축한다.[98] 다시 말해 이는 민중의 사회경제적 안정을 해치는 경제적 효율성과 수익성이 무조건 정당화될 수 없음을 뜻하는 것으로, 효율성과 수익성이 지상가치인 오늘날의 현실에서 특히 중요한 의미를 갖는다. 둘째, 소유권의 절대성 요구를 지양한다는 규준은 사회경제적 안정을 바라는 민중의 요구와 밀접하게 관련된 것으로, 이 규준은 부와 재산에 대한 로마법적 입장과 충돌한다. 동시에 로마법적 입장을 따르는 근대 이래의 사유재산제도에 대한 근본적인 비판을 함축하고 있어 대안적인 경제질서의 골격을 짜는 데 결정적인 의미를 갖는다. 또한 이 규준은 생산수단에 대한 배타적 지배권에 근거해 노동의 경영 통제나 경영 참여를 거부하는 현실의 경제질서에 대해 의문을 제기한다. 김용복은 소유권의 문제를 정체政體의 문제와 관련시켜 이해함으로써 소유권의 절대성 요구를 제한하는 것이 현존하는 정치권력에 대한 비판 및 새로운 정치체제의 대안과 관련되어 있음을 시사한

---

97 같은 책, 222~238쪽. 하느님의 정치경제를 실현하는 기본적인 원칙에 관해서는 235쪽 이하 참조할 것.

98 이하 김용복이 제시한 구체적인 규준이 갖는 의미를 이해하려면 강원돈의 다음 글을 참조할 것. 강원돈, 「김용복의 경제신학 구상의 의의」, 33쪽.

다. 셋째, 경제활동에서 청지기직으로서의 인간의 역할을 강조한 규준은 한편으로는 경제주체의 기능분화와 분업이 절대적일 수 없음을, 다른 한편으로는 경제계와 생태계의 관계를 생명보존의 차원에서 규율해야 함을 뜻한다. 경제활동에서 소유권이 절대화됨에 따라 계급의 분화와 분업이 철칙으로 여겨지고 자연이 지배와 이용의 대상으로만 간주되는 현실의 경제 질서에서는 이 규준 또한 중요한 의미를 지닌다. 넷째, 참여 경제의 규준은 경제활동에서 청지기직으로서의 인간의 역할에 대한 규준과 직결되는 것으로, 김용복은 자본의 지배, 노동의 종속, 소비자의 객체화가 극복될 때 이 요건이 충족되는 것으로 인식한다.

이들 규준은 오늘날 경제 현실을 진단하고 대안을 모색하는 데 매우 중요한 사실을 시사한다. 이로써 김용복이 구상한 하느님의 정치경제는 더욱 구체적인 기독교 사회윤리적 함의를 갖게 되었다.

(4) 강원돈의 정치경제학적 현실분석과 신학적 성찰의 결합에 기초를 둔 기독교 사회윤리

민중신학은 세대를 달리하는 가운데 당대의 역사적 상황에 대한 신학적 성찰을 발전시켜왔다. 민중신학은 여러 갈래와 경향으로 발전해나갔지만 특히 강원돈의 '물物의 신학'은 민중신학적 사회윤리가 형성·발전하는 데 중요한 계기가 되었다.

물의 신학은 1980년대에 민중운동이 전개되고 이 운동에 기독교인들이 참여하는 현실에서 기독교 신학의 하나의 대안이었다. 물의 신학은 전체 민중운동의 일부로 참여하는 기독교운동이 민중운동을 사상적으로 통일하는 데 이바지해야 할 필요성과 사상적 통일을 표현하는 신학적 내용의 형식을 확립해야 할 필요성을 분명히 인식했다.[99] 따라서 '정치경제학적 현실분석과 신학적 성찰의 결합을 방법론적 기축으로 삼은 해석학의 일반이론'을 자신의 성격으로 표방했다.[100] 물의 신학은 이전의 민중신학이 사회 현실을 분석하고 기존 기독교를 비판하는 데 자극을 받았던 마르크스주의 적 방법을 본격적으로 수용했다. 나아가 마르크스의 종교비판 이후의 기 독교 신학을 건설하려는 목적을 분명히 하는 가운데 유물론적 세계관과 정 면으로 대면하면서 유물론적 세계관과 기독교 신앙 간의 융합을 시도했다. 당시 "하느님이 육신sarx이 되었다"라는 기독교 신앙의 핵인 성육신론成肉身論 은 유물론적 세계관과 기독교 신앙을 융합하는 근거였다.[101] 여기서 성육 신론은 예수운동을 함축한 것으로, 물질적 관계에서 또는 물질적 관계를 매개해 전개된 하느님의 운동을 '역사적으로 구체적인' 그때그때의 사회에 서 총괄하는 기독교 신앙의 원점이었다. 또한 창조론 및 하느님 나라 대망 으로 압축되는 종말론을 새롭게 해석하게 만드는 관점으로 이해되었다.

물의 신학은 1980년대 급박한 시대적 요청에 부응한 신학적 성찰의 성 격을 지닌다. 또한 당시 민중운동의 이론진영에서 중요한 관심사였던 마 르크스주의적 방법론과 세계관을 기독교 신학의 입장에서 전면적으로 다 루려는 시도였다는 의의를 지닌다. 이전의 민중신학자들은 일종의 이데올 로기적 강박 상태에서 마르크스주의로부터 일정한 영향을 받았음은 사실 상 인정하면서도 마르크스주의 자체를 비판하는 경향을 띠었다. 반면 강 원돈은 이러한 강박에서 자유로운 입장을 취해 마르크스의 비판적 방법을 적극적으로 신학의 내적 논리에 수용하려 했다. 물의 신학이 이처럼 적극 적인 입장을 띤 것은 당시 민중운동도 일정 정도 공유할 수밖에 없었던 현 실 사회주의국가의 이데올로기화된 '유물론적 존재론'과는 구별되는 '실천 적 유물론'을 전제했기 때문이다.[102] 이 점에서 물의 신학은 당대의 운동 현

---

99 강원돈, 『물의 신학』, 180쪽.
100 같은 책, 57쪽 이하.
101 같은 책, 57쪽 이하.

실에서 다급하게 수용된 마르크스주의의 한 경향을 주의 깊게 성찰하면서 마르크스주의 본래의 비판적 방법을 회복하려 했다. 물론 물의 신학 자체가 사회윤리적 과제들을 직접적으로 다루지는 않았다. 하지만 '정치경제학적 현실분석과 신학적 성찰의 결합을 방법론적 기축으로 삼은 해석학의 일반이론'을 표방한 물의 신학은 신학적 입장을 확보하면서도 사회 현실에 대한 비판적 분석을 기초로 한다는 점에서 훗날 민중신학적 사회윤리를 형성하기 위한 정초이론의 성격을 지니고 있었다.

1980년대 혁명적 민중운동의 기대에는 미치지 못했지만 1987년 이후 민주주의는 점진적으로 제도화되었다. 하지만 1990년대 이후 현실 사회주의가 붕괴되고 거의 동시에 자본이 지구화되자 강원돈의 민중신학은 매우 구체적인 현실의 문제들에 대한 사회윤리적 성찰로 이어졌다. 강원돈은 자본의 지구화와 함께 자본주의의 생활력이 강화된 현실에서 사회윤리적 대안, 특히 경제윤리적 대안을 모색하는 일에 치중했다.[103] 이는 역사적 상황이 변화한 데 대한 대응인 동시에 물의 신학이 지닌 내적 논리가 구체화되

---

102 강원돈에 따르면, 유물론적 존재론과 실천적 유물론의 구획선은 의식과 존재의 매개 및 통합 문제에 접근하는 관점과 방식의 차이에 있다. 그에 따르면 마르크스가 표방한 실천적 유물론에서 인간과 대상의 세계를 결합시키는 것은 대상에 대한 인간의 감성적이고 물질적인 활동으로서의 노동이었다. 마르크스에게는 노동과 무관하게 사물의 본질이나 실체를 묻는 것이 무의미한 일로 간주되었던 것이다. 반면 유물론적 존재론에서는 의식과 무관하게 존재하는 대상, 즉 물질적 대상에 대한 존재론적 형식을 제시하려 했다고 보았다. 엥겔스에서 시작해 플레하노프, 레닌을 거쳐 스탈린에 이르기까지 정식화된 이 경향은 교조적인 변증법적 유물론의 골간이 되었고, 결국에는 국가권력을 장악한 지배 엘리트에 의해 지배 이데올로기가 되었다고 그는 말한다. 『물의 신학』에서는 이와 같은 두 가지 경향이 나름대로 독특한 정치투쟁과 사상투쟁의 맥락에서 형성되었음에 주목하면서 이러한 정식을 실천의 자리에서 '비신화화'해야 한다고 본다. "세계를 이러저러하게 해석하는 것이 아니라 변혁하는 것"을 문제 삼는 실천의 자리에서 판별해야 한다는 것이다. 같은 책, 193쪽 이하.

103 강원돈, 『살림의 경제: 사회적이고 생태적인 경제적 민주주의를 향하여』(서울: 한국신학연구소, 2001); 강원돈, 『인간과 노동: 노동윤리의 신학적 근거』(서울: 민들레책방, 2005); 강원돈, 『지구화 시대의 사회윤리』(서울: 한울, 2005) 등은 이러한 작업의 일련의 성과다.

는 성격을 지녔다.

또한 강원돈의 연구 경향은 경제윤리에 한정되지 않고 다양한 사회윤리적 주제를 탐색하는 것으로 확장되었다. 강원돈의 연구는 생명윤리 등 우리 사회 현실에서 제기되는 윤리문제 및 교역윤리 등 교회 현실에서 제기되는 윤리문제를 다루는 작업, 나아가 한국 신학자들의 윤리사상을 체계적으로 검토하는 작업으로 계속 이어지고 있다.[104] 이러한 작업은 한국적 또는 민중신학적 사회윤리 형성의 구체적인 성과로 평가될 만하다.[105]

민중신학적 입장에서의 사회윤리 형성 가능성 및 그 실제를 탐색하기 위해서는 이 밖에도 여러 신학자의 연구성과를 검토해야 할 것이다. 하지만 이 책에서는 한국 경제개발과 민주주의에 대한 윤리적 판단 규준을 설정하기 위한 신학적 근거를 제시하는 차원에서 주목할 만한 민중신학적 성과를 최소한으로 한정해 살펴보았다. 개략적으로 검토한 이상의 성과는 민중신학에서 일관된 입장으로 나타난 사회윤리 형성의 가능성 및 그 실제를 보여준다.

4) 민중신학적 사회윤리 방법론의 주요 원칙

이 책은 민중신학이 사회윤리 형성의 가능성과 실제적인 측면에서 중요한 성과를 거두었다는 점에 주목하지만, 이 책의 목적을 이루기 위해서는 여기에서 더 나아가 일관된 사회윤리 방법론을 구성할 필요가 있다. 여기

---

104 홈페이지 '강원돈의 신학 아카이브'(http://www.socialethics.org)에 수록된 여러 관련 논문 참조할 것.
105 강원돈은 「한국기독교사회윤리학의 학문적 위치」를 통해 그간의 성과를 바탕으로 한국적 사회윤리학을 정립하려는 의욕을 보였다.

서는 앞에서 살펴본 내용 가운데서 특별히 몇 가지 사실을 재삼 확인함으로써 이를 민중신학적 사회윤리 방법론의 중요한 원칙으로 삼으려 한다.

(1) 민중적 관점

민중신학은 구체적인 역사적 맥락에서 민중의 현실에 주목하고 이 입장에서 사회 전반의 현실과 역사를 재해석하는 신학으로서의 성격을 지닌다. 여기서 민중은 생활가치를 생산하고 세계를 변혁시키며 역사를 추진해온 실질적인 주체이면서도 지배계급으로부터 억압되어 죄인으로 전락한 이들을 총괄하는 의미를 지닌다.[106] 민중신학은 바로 이러한 민중이 역사의 정당한 주체로 회복되어야 한다고 역설한다. 다시 말해 민중신학은 민중의 역동성과 역사주체성을 신뢰하고, 하느님이 바로 이러한 민중을 계약의 상대자로 선택했다는 성서적 믿음을 확신하는 데서 출발한다. 민중신학이 이러한 확신에서 출발한다는 것은 곧 오늘날의 구체적인 현실에서도 민중의 자리에 선다는 것을 뜻한다.

바로 이 점이 민중신학적 사회윤리 방법론을 구성하는 첫 번째 요소이며, 여기에서부터 현실과 역사에 대한 인식방법, 그리고 이에 대한 가치판단의 성격이 결정된다. 이 같은 인식방법 및 가치판단의 성격은 민중신학적 사회윤리 방법론에서 아래와 같은 두 가지 원칙을 구성한다.

(2) 신학적 인식과 사회과학적 현실분석의 결합

민중의 눈으로 현실과 역사를 인식하는 민중신학에 사회과학적 분석방법이 내적인 논리로 포함되어야 한다는 것은 서남동이 말한 계시의 하부구조 개념에서 선구적으로 제시되었고, 강원돈의 정치경제학적 현실분석과

---

106 서남동, 『민중신학의 탐구』, 46쪽.

신학적 성찰의 결합을 방법론적 기축으로 삼은 해석학의 일반이론을 통해 논리적으로 더욱 명료해졌다. 민중신학이 민중의 현실을 문제 삼고 이로부터 출발하는 성격을 지닌 한 사회과학적 분석방법을 내적 논리로 수용하는 것은 당연한 귀결이다. 나아가 민중신학이 종말론적 지평에서 현실비판의 전망에 머무르지 아니하고 형성의 윤리로서 사회윤리적 과제를 수행하려 한다면 사회과학적 분석방법은 더더욱 절실히 요청될 수밖에 없다. 형성의 윤리는 현실에서 구체적인 대안을 제시하는 기능을 담당하고, 사회과학적 분석방법은 실현 가능한 대안을 모색하는 데 기초가 되는 방법이기 때문이다.

(3) 사회과학적 가치판단과 소통하는 능력을 지닌 신학적 가치판단

민중신학은 신학으로서 종말론적 지평을 확보하면서도 현실에 대한 대안적 전망을 제시함으로써 형성의 윤리를 지향하는 성격을 지니고 있다. 이는 민중신학이 현실에 대한 윤리적 평가의 기준을 제시하는 데서 분명하게 드러난다. 앞에서 검토한 내용 가운데 안병무의 공의 윤리와 김용복의 하느님의 정치경제 구상 및 이에 따른 구체적인 윤리적 규준을 설정하려는 시도는 이러한 점에서 특별히 주목할 만한 성과다. 안병무의 공의 윤리가 '하느님의 나라'를 '민중의 나라'로 인식하는 신학적 전제와 밀접히 관련되어 있고 김용복의 하느님의 정치경제가 '민중의 사회전기'에 대한 관심사에서 비롯될 뿐 아니라 '민중의 정치경제'로도 이해될 수 있다는 사실은 민중을 하느님의 선택을 받은 백성으로 간주하면서 민중의 자리에서 역사적·사회적 현실에 대한 평가를 지향하는 민중신학의 가치확신의 성격을 분명히 보여준다.

이와 같은 민중신학의 가치확신은 스스로의 입지점을 민중의 자리로 설정한 데서 비롯되었으며, 한국사회에서 전개된 민중운동과 연대하는 실천과정에서 형성되었다. 바로 이 점에서 민중신학의 가치확신은 민중운동에 참여하는 실천적 지향을 분명히 하는 사회과학적 가치확신과 소통할 수 있는 능력을 충분히 지니고 있다.

3. 한국 근대화를 평가하는 윤리적 규준, 인권

1) 윤리적 규준의 설정 원칙

기독교 사회윤리의 관점에서 한국의 경제개발과 민주주의를 평가하기 위해서는 평가의 규준을 어떻게 설정할 것인지가 핵심적인 관건이다.

이 책에서는 민중신학적 입장을 신학적 준거로 삼고 이에 따른 사회윤리 방법을 설정하고 있는 만큼 윤리적 평가의 규준을 설정하는 방식 또한 민중신학적 방법을 따른다. 앞서 확인한 바와 같이, 민중신학적 사회윤리의 중요한 구성요소이자 원칙은 민중적 관점을 견지하는 점, 민중의 관점에서 역사와 현실을 분석하는 방법을 내적 논리로 삼아 신학적 인식과 사회과학적 현실분석을 결합한 점, 신학적 가치판단이 역사적·사회적으로 형성된 가치규범과 소통하는 능력을 지닌 점 등이다. 이러한 점에 유념할 때 윤리적 규준을 설정하는 방법은 '아래로부터의 방법'일 수밖에 없다. 이는 민중신학의 고유한 개념으로 말하자면 계시의 하부구조에 주목하는 방식이다.

아래로부터의 방법을 구성하는 첫 번째 원칙인 민중적 관점은, 현실을 평가하는 가치규범으로 설정된 윤리적 규준이 민중의 편을 옹호할 수 있어야 함을 규정한다. 민중신학적 입장에서 민중은 역사의 주체로 이해되지만 현실적으로는 정당한 주체로 인정받지 못하고 배제되어 있다. 따라서 민중의 편을 옹호할 수 있어야 한다는 것은, 현실에서 여러 가지 이유로 배제된 자들의 권리를 정당하게 옹호해야 한다는 것을 뜻한다.

두 번째 원칙인 신학적 인식과 사회과학적 현실분석 간의 결합은, 설정된 윤리적 규준이 구체적인 사회적 현실 가운데서 실현 가능한 구체성을 띠어야 함을 규정한다. 신학이 전제하는 가치확신이 펼쳐지는 현장은 역사적·사회적 현실이므로 신학은 바로 이러한 현실에서 구체적인 비판적 전망과 대안을 제시하는 능력을 갖춰야 한다. 이것이 바로 신학이 역사와 현실을 분석하는 사회과학적 방법을 내적 논리로 삼아야 하는 이유다. 구체적인 현실을 평가하기 위한 윤리적 규준은 이와 같은 조건을 충족시켜야 한다.

세 번째 원칙인 신학적 가치판단과 역사적·사회적으로 형성된 가치규범 간의 소통능력은 보편적 설득력의 문제이자 실천 지향성의 문제로, 한 시대를 살아가는 사람들에게 공감뿐 아니라 연대적 실천도 이끌어내야 함을 규정한다. 역사적으로 당대의 현실을 평가하는 가치규범은 각기 그 시대의 맥락에서 핵심적인 문제를 진단하고 대안을 제시하는 형태로 제기됨으로써 보편성을 획득해왔다. 이러한 가치규범이 보편성을 획득한 이유는 바람직한 인간 삶을 형성하기 위한 가치로서 폭넓은 공감대에 기반을 두고 있고, 또 그만큼 연대적 실천의 목표로서의 역할을 맡아왔기 때문이다. 여기서는 바로 이 점에 유념하며 한국의 경제개발과 민주주의를 평가하는 데 적합한 윤리적 규준을 설정할 것이다.

윤리적 규준의 설정이 아래로부터의 방법을 지향한다고 해서 신학적 지평이 상실되는 것은 아니다. 이 책이 기독교윤리적 평가를 목적으로 하는 한 궁극적 지평에서 상대적 현실의 차원을 평가하는 신학적 성격은 고유한 몫을 차지한다. 따라서 이 절에서는 현실에 구체적으로 적용 가능한 윤리적 규준을 설정하고 이러한 규준이 신학적 입장에서 어떻게 정당성을 지닐 수 있는지 검토함으로써 신학적 근거를 확보하려 한다.

2) 인권을 윤리적 규준으로 설정한 이유

아래로부터의 방법을 통해 윤리적 규준을 설정한다면 평가대상인 한국의 경제개발과 민주주의 현실을 진단하기에 가장 적절한 가치규범은 무엇일까?

역사적으로 경제적 산업화와 정치적 민주화로 집약되는 한국의 근대화과정은 새로운 사회적 계급을 형성시켰고, 이에 따라 새로운 사회적 관계가 형성됨으로써 여러 측면에서 현실을 진단하는 가치규범도 동시에 형성되었다. 이 중 오늘날 보편적인 가치규범으로 인정되는 핵심적인 가치 가운데 하나가 인권 개념이다. 특히 1948년 UN의 '세계인권선언'이 채택된 이래로는 인권이 세계적 차원에서 보편적인 규범으로 자리 잡았다. UN을 중심으로 인권 규범을 확립하려는 시도는 법적 구속력을 갖는 규약을 채택함으로써 더욱 구체화되었다. 1966년 채택된 '시민적 및 정치적 권리에 관한 국제규약'과 '경제적·사회적 및 문화적 권리에 관한 국제규약'이 이러한 결실이었다.

여기서는 근현대의 역사적 맥락에서 형성된 가치규범으로서 인권이 갖는 의미에 주목하면서 이로부터 한국 근대화과정의 경제적 산업화와 정치적 민주화를 평가하는 윤리적 규준을 설정하려고 한다. 그런데 오늘날 보편적인 가치규범으로 자리 잡은 인권은 매우 포괄적인 의미를 함축하고 있으므로 구체적인 현실을 평가하는 데 적용 가능한 규준으로 삼기 위해서는 인권 개념을 더욱 분화해서 설정할 필요가 있다. 이를 위해 먼저 오늘날 인권이 보편적 규범이 되기까지 역사적 상황에 조응하는 인권 개념의 발전과정에 주목하고, 이로부터 구체적인 윤리적 규준을 설정하려 한다.

(1) 윤리적 규준의 정초개념으로서의 인권

인권은 인간이 인간이라는 종에 속한다는 이유만으로 가지는 권리를 뜻한다.[107] 이는 인간이면 누구나 출신이나 지위 또는 배경에 상관없이 갖는 동등한 권리를 말한다. 이 점에서 인권은 보편성을 갖는다. 인권에 대한 인식은 고대의 종교 및 사상 등 오랜 기원을 갖고 있으며[108] 오늘날 그 지평이 지속적으로 확대되고 있다. 그런데 인권에 대한 인식이 보편적인 성격을 갖기는 하지만 인권은 역사적으로 항상 특수한 성격을 띠며 제한적인 형태로 구현될 수밖에 없었다. 즉, 어느 시대이든 보편적으로 표방된 인권은 당대의 지배적 질서와 가치관에 의해 제약되었으므로 보편적인 인권의 수혜에서 배제된 세력이 있을 수밖에 없었다. 따라서 인권에 대한 인식은 배제된 세력의 저항으로 끊임없이 지평이 확대되는 과정을 통해 오늘에 이르게 되었다. 인권에 대한 인식은 여러 기원을 갖고 있지만 오늘날 우리가 당연한 가치관으로서 전제하는 인권에 대한 인식은 사실상 근대사회의 형성과 직결되어 있다.

근대의 정치적 혁명과 함께 등장한 인권의 개념은 고대 민주주의의 이념을 근대 민주주의 이념으로 발전시키는 핵심적인 다리 역할을 했다.[109] 모든 인간이 존엄한 존재로 평등하게 존중받으며 살아야 한다는 인간적 이상으로서의 인권은 인간 상호간에 원칙을 지킬 때 보장된다. 여기서 인권의 상호인정은 정치적 구성행위이고, 이러한 정치적 구성행위는 본성상 민주적인 정치적 구성행위다.[110] 사람들은 상호간의 권리를 인정함으로써 집

---

107 미셸린 이샤이, 『세계인권사상사』(한국어 개정판), 조효제 옮김(서울: 길, 2005), 36쪽.

108 이는 물론 인권이라는 개념 자체가 고대에서 기원했다는 것을 뜻하지는 않는다. 근대 들어 등장한 인권 개념을 뒷받침할 수 있는 여러 모티프가 고대의 여러 종교와 사상에 함축되어 있음을 뜻할 뿐이다.

109 Marc F. Plattner, "Human Right," Seymour Martin Lipset(ed.), *Political Philosophy: Theories, Thinkers, Concepts*(Washington, DC: CQ Press, 2001).

합적인 정치적 주체로서 동등한 관계를 형성하기 때문이다. 이 점에서 인권은 민주주의와 내적으로 필연적인 관계를 가질 뿐만 아니라 민주주의를 확장하는 가치규범으로서의 역할도 담당한다. 현실 제도로서의 민주주의는 언제나 완벽할 수 없는 결함을 지니고 있는데, 바로 집합적인 정치적 주체를 적법하게 인정하는 제도 안에서 일부 구성원이 배제되거나 무시되는 결함이다.[111] 여기에서 특정한 정치 공동체의 성원이나 시민이 가지는 권리와 모든 인간이 인간으로서 가지는 보편적 권리로서의 인권 간에 대립[112]이 발생한다. 인권은 항상 이 지점에서 제기된다. 즉, 배제되고 무시되는 사회적 약자의 권리에 대한 요구로서 인권이 제기되는 것이다. 이렇게 해서 인권은 현실에 존재하는 부당함을 드러내는데, 이때 인권은 누릴 수 있는 권리가 없는 사람들의 권리가 된다.[113] 근대 민주주의는 봉건체제하에서 권리를 지니지 못했던 이들이 스스로의 권리를 요구함으로써 형성되었는데, 이러한 사정은 근대 민주주의가 형성된 이후로도 지속되었다. 여러 세대에 걸친 인권의 성장과정, 그리고 이와 동시적으로 이뤄진 민주주의의

---

110 장은주, 『인권의 철학: 자유주의를 넘어, 동서양이분법을 넘어』(서울: 새물결, 2010), 52쪽.

111 다소 다른 맥락이지만, 정의의 문제를 지구화의 맥락에서 다루는 낸시 프레이저(Nancy Fraser)는 정치적 차원에서 부정의의 핵심을 대표불능으로 보는데, 대표불능을 야기하는 사태로 '일상적인 정치적 대표불능'과 '잘못 설정된 틀로 인한 대표불능'을 지적한다. 일상적인 정치적 대표불능은 정치적 의사결정규칙으로 인해 공동체에 포함된 누군가가 동료로서 참여할 기회가 완벽하게 부정될 때 발생하는 부정의로서, 소선구제, 승자독식제 등이 여기에 해당한다. 잘못 설정된 틀로 인한 대표불능은 몇몇 사람이 정의에 관해 승인된 논쟁에 참여할 기회 자체를 박탈하는 방식으로 공동체의 경계가 잘못 설정된 경우의 부정의로서, 오늘날 새삼스럽게 문제시되는 정치적 대표불능의 핵심적인 측면이다. 낸시 프레이저, 『지구화 시대의 정의: 정치적 공간에 대한 새로운 상상』, 김원식 옮김(서울: 그린비, 2010).

112 슬라보예 지젝, 「반인권론」, ≪창작과 비평≫, 제132호(2006년 여름), 398쪽.

113 박기순, 「근대와 인권의 정치」, 맑스코뮤날레 조직위원회 엮음, 『맑스주의와 정치』(서울: 문화과학사, 2009), 177쪽; 조르조 아감벤, 『호모 사케르: 주권 권력과 벌거벗은 생명』, 박진우 옮김(서울: 새물결, 2008); J. Ranciere, "Who is the Subject of the Rights of Man?" The South Atlantic Quarterly, 103, 2/3(2004) 참조.

확장과정은 이러한 역사적 진실을 입증한다.

특정한 정치적 주체의 권리에 대항해 모든 인간의 권리로서 제기되는 인권은 보편적인 성격을 띤다. 여기서 인권이 스스로 보편성을 자임한다고 해서 인권이 허구인 것은 아니다. 보편적이고 절대적인 요구로 제기되는 인권은 기존의 특수한 집단의 권리를 옹호하는 사회적 관계를 재편하도록 요구하고 따라서 실질적인 힘으로 작용한다.[114] 바로 이 점에서 보편적 인권을 요구하는 것은 현실의 변화를 추동하는 규범적 효능을 갖는다.

인권의 개념은 대략 세 가지 단계를 거치면서 형성되는 가운데 구체성을 확보하고 지평을 확대해왔다. 즉, 시민적·정치적 권리로서의 제1세대 인권, 경제적·사회적 권리로서의 제2세대 인권, 그리고 문화적 권리 및 연대의 권리로서의 제3세대 인권이다.[115]

제1세대 인권에 해당하는 시민적·정치적 권리로서의 인권은 서구 계몽주의의 유산으로서, 봉건적 체제에 대항하는 시민의 정치적 자유를 핵심적인 요체로 한다. 이를 뒷받침하는 구체적인 권리로는 개인의 생명권, 종교와 의사표현의 자유, 그리고 재산권 등이 옹호되었다. 계몽주의 이후 서구사회에서 이러한 권리가 표방되었을 당시 보편적 인권이 주장되었으나 실제로 권리의 주체는 제한적이었다. 예컨대 19세기 초까지도 유럽의 식민지와 아메리카 등에서는 노예제도가 시행되었으며, 양성 간의 동등한 정치적 권리는 물론, 무산계급의 투표권과 정치적 권리도 보장되지 않았다. 또한 어린이와 청소년의 권리도 무시되었다. 결국 제1세대 인권은 유

---

114 박기순, 「근대와 인권의 정치」, 178쪽; 슬라보예 지젝, 「반인권론」, 403쪽. 지젝이 '보편성의 귀환'이라 부르는 이 현상은 예컨대 "여자라고 투표하지 말란 법이 어디 있느냐?"와 같은 항변으로 제기됨으로써 기존의 사회적 관계를 재편하도록 추동하는 실질적인 효능을 지닌다.

115 이와 같은 인권의 세대 구분은 이샤이의 입장을 따른 것으로, 인권에 대한 인식의 발전과정에 관해서는 미셸린 이샤이, 『세계인권사상사』, 특히 41쪽 이하 참조할 것.

립사회의 지배세력, 즉 부르주아의 권리에 한정되었다. 이에 따라 인권의 지평을 더욱 확대하려는 시도가 이뤄졌고, 그 결과 제2세대 인권 인식이 형성되었다.

제2세대 인권에 해당하는 경제적·사회적 권리로서의 인권이 확장된 것은 19세기 산업혁명과 노동운동의 성장 때문이었다.[116] 계몽주의 이래 자유주의적 인권의 범주에서 배제되었던 무산계급, 즉 노동계급은 자유주의적 인권과 정의의 한계를 깨닫고 스스로 정당한 권리를 주장하기 시작했다. 무엇보다도 노동계급은 정치적 발언권 없이는 자본가계급과 노동계급 사이의 격차를 해소할 수 없다는 사실을 깨닫고 정치적 권리를 주장하는 운동을 펼쳤으며, 나아가 경제적으로 불평등한 조건에서는 정치적 자유가 제약될 수밖에 없다는 사실을 인식하기 시작했다. 보편적 평등을 실현하지 않고서는 보편적 자유를 요구할 수 없음을 인식한 것이다. 자유를 실질적으로 누릴 수 있는 사회적·물질적 조건이 보장되지 않으면 자유를 누릴 수 없다는 사실로 인해 경제적·사회적 권리로서의 인권이 요구되었다.[117] 경제적·사회적 권리로서의 인권은 모든 사람이 존엄한 사회적 삶을 평균적으로 영위하기 위한 생존subsistence과 생활life 수단을 확보하는 것이 핵심이다.[118] 두 가지의 인권 개념이 역사적으로는 등장한 수순을 보면 경제적·사회적 권리가 나중에 등장했지만, 실제 인간 삶의 차원에서 보면 생존을 영위하고 생활을 향유하는 권리인 경제적·사회적 권리에 대한 요구가 일

---

116 경제적·사회적 권리로서의 인권과 관련해 마르크스가 자유주의적 시민권으로서의 인권 개념을 비판하고 사회권으로서의 인권 개념을 발전시킨 것으로 보는 견해에 관해서는 다음을 참조할 것. 최형익, 『칼 마르크스의 노동과 권리의 정치이론』(파주: 한국학술정보, 2005); 최형익, 「칼 맑스의 정치경제학 비판과 사회권 사상」, 김비환 외, 『인권의 정치사상: 현대 인권 담론의 쟁점과 전망』(서울: 이학사, 2010), 271, 307쪽.

117 장은주, 『인권의 철학』, 303쪽 참조.

118 최형익, 「칼 맑스의 정치경제학 비판과 사회권 사상」, 295쪽 참조.

차적이라 할 수 있다. 이런 의미에서 정치적·시민적 권리는 소극적인 방어적 성격을 띤다면 경제적·사회적 권리는 오히려 적극적으로 향유해야 할 권리라 할 수 있다. 성장하는 노동계급과 함께 본격화된 사회주의운동은 인권의 지평을 보통선거권, 경제적 평등, 노동조합결성권, 어린이 및 청소년 복지, 노동시간 단축, 교육 권리, 기타 사회복지 권리 등으로 확대시킴으로써 오늘날 경제적·사회적 권리의 중심 내용으로 인정되는 여러 권리를 확보하려 했다.

제3세대 인권에 관한 문제는 오늘날 첨예하게 논쟁 중인 사안으로서, 이른바 제3세계 등 특수한 문화권의 집단적 권리에 관한 내용이다. 문화적 권리 및 연대의 권리는 애초 소수 민족national minority의 자결권을 요구하는 데서 시작되었으나 오늘날에는 더욱 광범위한 소수집단, 예컨대 소수 인종 ethnic minority, 원주민indigenous people의 권리까지 함축하게 되었다.[119] 이 권리는 소수집단의 권리를 옹호한다는 점에서 인권의식의 확장 측면에서는 정당성에 의문의 여지가 전혀 없지만, 적용 범위가 확대되면서 문화적 상대주의 논의를 불러일으키기도 한다. 말하자면 문화적 전통에 따라 인권에 대한 잣대가 달라질 수도 있음에 유념해 문화적 상대성을 인정해야 하는가라는 논쟁점을 안고 있는 것이다. 이와 같은 논란은 서구적 인권의 잣대를 반성하는 데서 비롯되었다는 점에서 충분히 숙고할 만한 가치가 있다. 그러나 다른 한편으로는 인권에 관한 문화적 상대주의는 위험성을 안고 있다는 비판이 제기되는 측면 또한 고려하지 않으면 안 된다. 요컨대 "문화 상대주의는 보편적 정의론이 제시하는 총체적 인권관에 대한 정당한 대안이라기보다 보편적 인권담론을 현실에서 실천하지 못한 역사적 과오에 뒤따르곤 하는 부산물"[120]인 경우가 많다는 것이다. 이 점에서 소수집단의 문화

---

119 김남국, 「문화적 권리와 보편적 인권」, 김비환 외, 『인권의 정치사상』 참조.

적 권리를 옹호하는 일이 문화적 상대주의가 아닌 보편적 인권의 맥락에서 어떻게 정당화될 수 있는지 근거를 확보하는 것이 중요한 과제로 제기되고 있다.

오늘날 시민적·정치적 권리로서의 인권과 사회적·경제적 권리로서의 인권은 물론이거니와 논란 중인 문화적 권리 또한 국제적으로 보편적인 인권 개념의 필수적인 요소로 간주되고 있다. 특히 1948년 UN의 '세계인권선언'이 채택된 이래 인권은 세계적 차원에서 보편적 규범으로 자리 잡았다. UN을 중심으로 인권 규범을 확립하려는 시도는 법적 구속력을 갖는 규약을 채택함으로써 더욱 구체화되었다. 1966년 채택된 '시민적·정치적 권리에 대한 국제규약'과 '경제적·사회적·문화적 권리에 대한 국제규약'이 그 결실이었다. 1966년에 채택된 두 가지 국제규약을 비준한 국가 수는 1976년 35개국에서 2001년 140개국으로 늘어났다. 이는 오늘날 인권의 개념이 거스를 수 없는 보편적 가치로 자리 잡았음을 말해준다.

오늘에 이르기까지 확립되어온 인권의 구체적인 내용 가운데 특히 시민적·정치적 권리로서의 인권과 사회적·경제적 권리로서의 인권은 여기서 다루려는 두 가지 차원, 즉 정치적 발전과정으로서의 민주화 및 경제적 발전과정으로서의 산업화와 긴밀하게 관련되어 있다. 따라서 이 책에서는 산업화 및 민주화에 대한 가치판단과 직결된 두 가지 인권 개념, 즉 시민적·정치적 권리로서의 인권과 사회적·경제적 권리로서의 인권을 윤리적 규준으로 설정하려 한다.

인권의 세 번째 차원, 즉 문화적 권리 및 연대의 권리로서의 인권 개념은 제한된 범위에서 주목할 수 있다. 문화적 권리 및 연대의 권리로서의 인권 개념은 민족이나 종족집단 또는 그 밖의 소수자집단 등의 권리를 옹호하는

---

120 미셸린 이샤이, 『세계인권사상사』, 47쪽.

것인데, 한국의 산업화 및 민주화 과정에서 이와 관련된 문제 상황이 없었던 것은 아니다. 하지만 이 책은 산업화와 민주화의 관계에 초점을 맞추기 때문에 문화적 권리 및 연대의 권리로서의 인권 개념을 별도의 윤리적 규준으로 설정하기보다는 필요할 경우 앞서 제시한 두 가지 윤리적 규준과의 관련 범위 내에서 그 의미에 주목하려 한다. 특히 문화적 권리 및 연대의 권리로서의 인권은 그 자체가 개인적 권리보다는 집단적 권리를 옹호하는 성격을 지니므로 많은 부분 사회적·경제적 권리 개념과 중첩된다. 대표적인 예로는 사회적·경제적 권리의 핵심 요체 가운데 하나인 노동자의 단결권을 들 수 있다.

이제 두 세대에 걸친 인권 형성의 맥락을 더 상세하게 살펴보면서 윤리적 규준을 설정할 때의 핵심적인 요체가 무엇인지 검토하려 한다.

(2) 시민적·정치적 권리로서의 인권의 규준

시민적·정치적 권리로서의 인권은 서구에서 시작된 근대사회의 형성과 밀접히 관련되어 있다. 종교개혁, 과학의 발전, 중상주의의 출현과 국민국가의 공고화, 대항해의 발견, 그리고 이러한 변화를 주도하는 핵심 세력인 부르주아계급의 등장은 근대사회를 형성하는 요인이었다.[121] 이러한 변화는 영국, 프랑스, 미국 등에서 일련의 정치적 혁명을 낳았고 이러한 역사적 사건들은 시민적·정치적 권리로서의 인권을 형성하는 직접적인 계기가 되었다. 1689년 영국의 '권리장전', 1776년 미국의 '독립선언문', 1789년 프랑스의 '인간과 시민의 권리선언'은 보편적 권리로 선언된 시민적·정치적 권리의 장전이 되었으며, 특히 프랑스혁명의 이념으로 선언된 '자유, 평등, 박애'는 근대 이후 보편적 규범으로 자리를 잡았다.

---

121 같은 책, 136쪽 이하 참조.

시민적·정치적 권리의 첫머리를 장식한 것은 종교의 자유와 의사표현의 자유였다. 종교적 불관용이 당연시되던 중세 시기에도 종교의 자유와 의사표현의 자유를 위한 투쟁이 지속되었으나 종교개혁과 더불어 비로소 종교적 자유에 대한 전망이 세워졌고 나아가 계몽주의적 인권을 향한 투쟁이 시작되었다. 오랜 종교전쟁이 끝나고 1648년 베스트팔렌 조약이 맺어졌을 당시 이 조약은 개인의 종교적 자유를 명시적으로 보장하지는 않았지만 종교적 망명의 권리와 국가가 국교를 선택할 권리를 확립함으로써 종교적 자유에서 의미 있는 진전을 이룩했다. 영국에서 존 로크John Locke는 베스트팔렌 조약의 보수성에서 나아가 국가가 종교를 선택할 권리가 아니라 개인이 종교를 선택할 권리를 달라고 요구했고, 더 나아가 의사표현의 자유까지 주창했다.[122] 종교적 자유를 위해 떠난 필그림 파더스Pilgrim Fathers가 아메리카 식민지에서 새로운 종파를 확산시킨 것은 영국 국교회와의 충돌을 불러일으켰다. 또한 출판의 자유를 억제하려는 시도의 일환으로 매긴 무거운 과세는 식민지인들의 저항을 불러일으켰다.

토머스 페인Thomas Paine은 '영국과의 마지막 탯줄'이 끊어졌음을 선포하고 "인간의 권리와 자유독립 아메리카를 지지하는 덕 있는 시민의 말만 들을 것"이라고 외쳤다.[123] 로크와 페인의 사상은 미국 건국의 아버지들에게 영향을 주었고, 토머스 제퍼슨Thomas Jefferson은 개인이 종교적 의견을 표현할 자유와 양심의 자유를 옹호했다.[124] 이러한 정신은 '버지니아종교자유

122 John Locke, *A Letter concerning Tolerance*(London: Routledge, 1991); 미셸린 이샤이, 『세계인권사상사』, 148쪽 참조.

123 토머스 페인, 『상식, 인권』, 박홍규 옮김(서울: 필맥, 2004); 미셸린 이샤이, 『세계인권사상사』, 157쪽.

124 Thomas Jefferson, "The Life and Selected Writings of Thomas Jefferson," Michelle Ishay(ed.), *The Human Rights Reader*(New York: Routledge, 1997); 미셸린 이샤이, 『세계인권사상사』, 152쪽.

법', '미국권리장전' 등에 명시되었다. 이전부터 계몽사상가들의 활동이 활발했던 프랑스는 미국에서 불어오는 혁명의 바람으로 더욱 고무되었고, 이 가운데 의사표현의 자유와 시민적 권리의 중요성은 더욱 깊은 공명을 일으켰다. 마침내 프랑스는 '인간과 시민의 권리선언'을 통해 '사상과 의견의 자유로운 소통'을 증진하는 자연법칙을 '인간에게 가장 고귀한 권리의 하나'로 천명했다.[125]

근대의 정치적 혁명과 함께 생명권을 포함한 개인의 권리 또한 인권의 중요한 요체로 인식되었다. 종교적 탄압과 임의적 통치에 대항해 생명과 권리를 보호하는 것은 인간의 자연권으로 옹호되었다. 계몽주의자들에게 국가는 인간의 자연권을 보호하는 사회계약으로 성립되는 존재였다. 토머스 홉스Thomas Hobbes는 "모든 사람은 자신의 힘을 이용해서 자기 자신의 '자연', 즉 자신의 생명을 지키기 위해 노력해야 한다"라고 말하면서, 사회계약이 생명권을 보호하지 못한다면 그 계약은 무효라고 주장했다.[126] 홉스는 또한 국가의 소추를 받은 사람은 자기부죄自己負罪를 강요당해서는 안 된다고 강조함으로써 자기방어를 사활적 인권으로 간주했다.[127] 이러한 권리

---

125 인권 개념은 근대의 정치적 혁명을 통해 정착되었는데, 이처럼 정식화되기 이전에는 계몽주의적 사고 가운데 자연권 개념으로 더 널리 통용되었다. 자연권 이론은 인간의 자유, 재산, 생명은 자연적인 것이므로 작위적인 어떤 제도나 권위도 이들을 박탈할 수 없다는 주장에 근거한다. 자연권 이론은 계몽주의적 사상이 봉건적인 왕권과 대결하는 과정에서 형성된 것으로, 왕권, 즉 국가권력에 대항해 각 개인이 어떻게 자신의 자유와 생명을 지킬 것인가 하는 관심에서 비롯되었다. 여기서 계몽사상가들은 국가를 인위적인 제도로 규정하고 국가 이전의 자연적 권리로서 인간의 불가침성을 강조했다. 따라서 계몽사상가들은 근대의 정치적 혁명 이후에도 여전히 존속 불가피성이 인정되는 국가를 사회계약에 의해 성립된 조직이자 각 개인의 권리를 보호하는 최상의 장치로 인식했다. 김병곤, 「근대 자연권 이론의 기원과 재산권」, 김비환 외, 『인권의 정치사상』, 215~239쪽 참조.

126 Thomas Hobbes, "The Liviathan," Michelle Ishay(ed.), *The Human Rights Reader*; 미셸린 이샤이, 『세계인권사상사』, 159쪽.

127 Thomas Hobbes, "The Liviathan"; 미셸린 이샤이, 『세계인권사상사』, 159쪽.

는 영국의 '인신보호법' 및 '권리장전'에 명시되었다. 나아가 홉스는 고문 사용의 제한을 역설했다. 프랑스의 샤를 드 몽테스키외Charles De Montesquieu 와 이탈리아의 체사레 베카리아Cesare Beccaria 등도 홉스의 주장에 동조하면 서 피고의 유죄가 입증될 때만 처벌할 것을 주장했다.[128] 이후 일련의 선언 은 불법적 투옥금지와 생명의 권리 및 신체보전의 권리를 명시화했다. 한 편 사회계약에 대한 이해에서는 홉스와 견해가 달랐던 로크[129]도 사회계약 의 결과로서의 국가의 목적은 개인의 자연권을 보호하는 데 있다고 보았 으며, 국가가 이 계약의 정신을 위반할 때 시민의 저항권 행사는 정당화될 뿐 아니라 통치자의 권위도 회수될 수 있다고 보았다.[130]

한편 중상주의와 신흥 부르주아계급의 등장으로 재산권 문제가 초미의 관심사로 대두되었다. 일차적으로 재산권 문제는 왕권과 사유재산권이 대 립할 경우 어느 편이 우선권을 갖는가 하는 맥락에서 제기되었다. 사유재 산권은 국왕의 지배라는 전통적인 통치 형태와 이에 대한 정당화 논리인 왕권신수설Divine Kingship에 대항해 개인의 자유라는 가치가 우위라는 주장의 핵심 요건이었다. 자연법적 입장에서는 사유재산권이 국가가 발생하기 이 전부터 존재하는 자연권의 가장 중요한 요체로 인식되었다.[131] 예컨대 로

---

128 Cesare Beccaria, "Treatise on Crimes and Punishments," Michelle Ishay(ed.), *The Human Rights Reader*; 미셸린 이샤이, 『세계인권사상사』, 161~163쪽.

129 홉스는 자연 상태를 무제한적인 자유가 주어진 상태로 이해했다. 따라서 사회계약을 무 제한의 자유에 제한을 가하는 장치이자 최소한의 권리로서 생명권과 평화권을 보장받을 수 있는 장치로 인식했다. 반면에 로크는 자연 상태를 이미 사회적 상태인 것으로 이해해 사회계약은 그 상태를 온전히 보장하는 것을 목적으로 한다고 보았다. 오영달, 「인권과 민주주의에 대한 로크와 루소 사상의 비교와 북한 인권」, 김비환 외, 『인권의 정치사상』, 247~248, 250쪽; 미셸린 이샤이, 『세계인권사상사』, 159쪽 참조.

130 John Locke, *Two Treatises of Government*, Peter Laslett(ed.)(Cambridge: Cambridge University Press, 1988); 오영달, 「인권과 민주주의에 대한 로크와 루소 사상의 비교와 북 한 인권」, 250쪽.

131 김병곤, 「근대 자연권 이론의 기원과 재산권」, 216쪽.

크의 경우 재산의 의미에 생명, 자유, 자산을 포함시켜 재산권을 양도할 수 없는 자연권의 일부로 간주했다. 일부 계몽사상가는 사유재산이 사회적 합의의 결과로 인정된다고 보았으나, 로크는 사유재산이 사회적 동의에 의해 인정된다는 측면보다 인간의 신체활동인 노동의 결과라는 점에 주목했다. 노동은 자기 자신의 일부가 합쳐진 것이며 공유물인 자연은 노동을 통해 신체와 같이 개인의 일부가 되어 타인이 침해할 수 없는 배타적이고 사적인 영역으로 변화한다는 것이다.[132] 미국과 유럽의 근대 혁명과정에서 재산권 문제는 중대한 문제로 제기되었으며, 이는 프랑스혁명의 '인간과 시민의 권리선언'에 다음과 같이 명백하게 천명되었다. "소유권은 불가침의 신성한 권리다. 누구도 법적으로 확인된 공공의 욕구가 명백히 요구하는 경우가 아니라면, 그리고 공정한 사전 보상의 조건이 설정된 경우가 아니라면 자신의 재산을 박탈당하지 않는다."[133]

재산권을 옹호하는 논거는 다양한 입장에서 제기되었지만 재산권 문제를 정치적 자유 및 참정권의 문제와 결부된 것으로 이해했다는 점에서는 공통점을 갖고 있다. 다시 말해 재산권 문제에는 개인 소유의 절대권 문제뿐 아니라 정치적 자유와 참정권을 누리는 자격의 문제까지 포함되었던 것이다. 이는 정치적 자유를 개인의 재산소유권 및 개인의 자립과 동일시한 결과였다. 결과적으로 근대의 정치적 혁명과정에서 정치적 참정권은 재산을 소유했는지 여부에 따라 판가름되었다. 이 때문에 재산권 문제는 근대 자유주의적 인권의 한계를 드러내는 시금석과도 같다. 이로 인해 자유주의적 인권의 한계를 넘어서는 인권을 요구하는 투쟁이 벌어질 수밖에 없었

---

132 John Locke, "Two Treatises of Government," Michelle Ishay(ed.), *The Human Rights Reader*; 미셸린 이샤이, 『세계인권사상사』, 172쪽; 김병곤, 「근대 자연권 이론의 기원과 재산권」, 225쪽 이하 참조.
133 미셸린 이샤이, 『세계인권사상사』, 179쪽.

다. 산업화와 함께 노동자계급이 성장했을 당시 노동자들이 보통선거권과 더불어 사회·경제적 권리를 새롭게 요구한 것은 인권 인식의 새로운 전기가 되었다.

하지만 이러한 한계가 있었음에도 제1세대 인권으로서 시민적·정치적 권리를 요구한 것은 근대 민주주의를 형성하는 데 결정적으로 기여했다. 제1세대 인권 인식이 봉건적 통치권력과 종교권력에 대항하는 가운데 형성되었다는 점에서, 이는 주권재민의 원칙을 확립하는 성격을 띠고 있었다. 즉, 시민적·정치적 권리로서의 인권 규준의 요체는 바로 주권재민의 원칙이다. 주권재민의 원칙에는, 시민적·정치적 권리로서의 인권이 형성된 역사적 과정을 통해 확인되듯이, 더 구체적인 여러 형태의 권리가 수반되어야 한다. 정당한 정치적 주체로서 각 개인의 신앙과 양심의 자유 및 의사표현의 자유 등이 확보되어야 할 뿐만 아니라 생명권도 존중되어야 하며, 따라서 인신에 대한 부당한 처우를 허용해서는 안 되는 조건도 동반되어야 한다. 여기에 현대 민주주의에 이르러 새삼 중요성이 인정되고 있는 정치적 절차상의 정당성 요건도 동반되어야 한다. 정치적 절차상의 정당성은 민의의 정당한 대표권을 보장하는 필수 요건이다.

한국사회에서는 이상과 같은 시민적·정치적 권리로서의 인권의 규범이 내재적인 근대 정치혁명을 통해 정립되지 않았다. 동학농민전쟁 및 갑오개혁 등 일련의 근대적 정치과정이 없었던 것은 아니지만 자생적인 근대화의 실패로 식민지로 전락함으로써 근대 민주주의와 이를 뒷받침하는 인권 규범의 정착은 지연될 수밖에 없었다. 시민적·정치적 권리로서의 인권의 규범이 헌법을 통해 한국사회에 부여된 것은 식민지에서 해방된 후 1948년 정부가 수립되면서였다. 그렇지만 헌정이 정상적으로 이뤄지지 않자 민주화투쟁과 더불어 시민적·정치적 권리로서의 인권이 비로소 내재적인 요구로 가시화되었다. 하지만 한국의 경우 이러한 요구가 부르주아계급이 아닌 민중세력에 의해 주도되는 특이한 양상을 띠었다.

(3) 사회적·경제적 권리로서의 인권의 규준

사회적·경제적 권리로서의 인권이 요구된 것은 산업혁명 및 이에 따른 자본주의의 발전으로 사회적 갈등이 격화된 것과 관련된다. 자본주의적 산업화로 노동계급과 빈곤계층이 광범위하게 발생하자 이들의 문제가 새로운 시대의 인권의 과제로 대두된 것이다. 특히 1871년 파리코뮌의 억압으로 자유주의자들이 배신한 사건은 새로운 인권을 형성하는 결정적이고도 중대한 계기가 되었다.

새로운 인권의 지평을 연 것은 주로 사회주의자들이었다. 마르크스를 비롯한 사회주의자들은 새로운 인권의 관점, 즉 사회정의의 목표를 훼손해 온 자유주의 이념의 모든 요소를 배제한 새로운 인권관이 필요하다는 사실을 깨달았다. 이들은 그간 발전해온 인권의 이상이 보편적인 자유주의 도덕률 및 보편적인 종교 도덕률의 가식성과 밀접하게 관련되어 있다고 보았다. 즉, 가식적 도덕률을 부르주아지의 특정한 이해관계를 위장한 것으로 보았다.[134] 마르크스는 『유대인 문제에 대하여Zur Judenfrage』에서 모든 형태의 예외적인 해방에 대해 급진적인 비판을 가하고 부르주아 공화제에서 본격화된 근대사회의 모순을 비판적으로 다룸으로써 새로운 인권 인식의 지평을 열었다. 여기에서 마르크스가 주목한 근대사회의 모순은 "국가라는 정치적 공동체의 구성원으로서의 공민公民과 시민사회의 성원으로서의 사인私人 간의 분열"로, 마르크스는 부르주아적 보편 인권 개념이 이러한 분열을 미봉하는 것으로 보았다.[135] 즉, "공민권과 구별되는 이른바 인권이란

---

134 같은 책, 228~229쪽.
135 최형익, 『칼 마르크스의 노동과 권리의 정치이론』, 62~63쪽; 최형익, 「칼 맑스의 정치경제학 비판과 사회권 사상」, 287쪽.

시민사회 구성원의 권리, 다시 말해 인간들과 공동체로부터 분리된 이기적 인간들의 권리 외에 아무것도 아니"라고 보았다.[136] 이를 다루는 과정에서 마르크스는 프랑스혁명의 인권선언을 비판하는 형식을 취함으로써 부르주아적 보편 인권의 한계를 비판하려는 의도를 분명히 했다. 또한 마르크스는 『독일이데올로기The German Ideology』에서 동시대의 관념적 허구를 파헤치고 사회주의자의 지향을 분명히 함으로써 노동자계급을 중심으로 하는 새로운 인권의 방향을 다음과 같이 제시했다. "모든 인간 역사의 첫 번째 전제는 …… 살아 있는 사람들의 존재다. 따라서 가장 먼저 고려해야 할 일은 사람들을 물질적으로 조직하는 것이며, 그 결과로서 이들이 나머지 자연과 관계를 맺도록 하는 것이다."[137] 여기서 마르크스는 사회적인 생산력과 관련된 삶의 물질적 조건을 우선시함으로써 허구적 보편성과는 다른 실질적 조건 속에서 구체적인 인간의 권리를 옹호하려는 의도를 분명히 했다. 이는 자본주의적 산업화와 함께 성장하는 노동계급의 편에서 권리를 옹호할 수 있는 근거가 되었다.

노동계급의 권리 요구는 여러 차원에서 진전되었는데, 노동시간의 제한은 노동자들의 생존이 걸린 문제였다. 가장 먼저 산업화를 이룬 영국에서는 1847년 어린이, 청소년, 여성의 노동을 하루 10시간으로 제한했고, 이후 남성의 노동도 10시간으로 제한했다. 프랑스에서는 1848년 2월혁명과 1871년 3~5월 수립된 파리코뮌을 통해 반동과 혁명이 발발하면서 노동자의 권리 요구가 꾸준히 확대되었다. 이 기간 동안 노동계급의 권리, 노동협

---

136 Karl Marx, *Marx and Engels Collected Works*, vol. 3(Moscow: Progress Publishers, 1976), p. 162; 최형익, 「칼 맑스의 정치경제학 비판과 사회권 사상」, 288쪽.
137 Karl Marx and Friedrich Engels, *The German Ideology, Including the Theses of Feuerbach and the Introduction to the Critique of Political Economy*(New York: McGgraw-Hill, 1971), p. 37; 미셸린 이샤이, 『세계인권사상사』, 233쪽.

동조합 결성, 노동시간 단축, 어린이·청소년에 대한 무상 공립교육, 젊은 노동자에 대한 직업교육, 주거권, 동일노동 동일임금에 대한 여성의 권리 등이 옹호되었으며, 미혼모에 대한 보조금 지급 및 아동을 위한 탁아시설 제공을 규정한 법도 제정되었다. 이러한 사태의 진전에 위협을 느낀 프랑스 국민의회의 보수파가 국민방위군을 투입해 유혈 진압했음에도 파리코뮌의 경험은 유럽 전역에서 노동운동을 점화시켰으며, 파리코뮌은 노동자계급의 권리에 대한 이정표가 되었다.[138]

영국에서 발발한 노동자들의 권리확보운동은 참정권 확보를 위한 투쟁으로 발전했다. 영국의 노동계급은 차티스트운동을 통해 권리를 확보하려 했다. '인민헌장'(1838)을 기초로 한 차티스트운동은 보통선거권, 무기명 비밀투표, 출마자의 재산자격 철폐, 의원의 세비 지급, 인구수가 균등한 선거구제 설정, 매년 의원선거 시행을 요구했다. 보통선거권은 여성투표권이 인정된 20세기에 이르러서야 확립되었지만, 당시 차티스트운동은 부르주아계급과 노동계급 간의 불균형한 투표권을 시정하기 위해 시도된 것으로, 사회적·경제적 불균형을 시정하기 위한 여러 시도와 함께 의미 있는 진전을 이룩했다. 마르크스는 1850년 ≪뉴욕 데일리 트리뷴New York Daily Tribune≫지에 기고한 글에서 이를 두고 "영국의 보통선거권 정책은 유럽 대륙에서 사회주의 이름으로 행해진 그 어떤 정책보다 더 사회주의적인 조치다"[139]라고 평함으로써 보통선거권이 갖는 중요한 의미를 강조하기도 했다.

보통선거권운동에서 문제가 된 것은 재산권과 참정권을 연결시킨 부르주아적 권리였다. 따라서 보통선거권을 요구하자 재산권에 대한 이의가 함께 제기되었다. 피에르 조제프 푸르동Pierre-Joseph Proudhon은 "재산은 절도

---

138 미셸린 이샤이, 『세계인권사상사』, 222쪽.
139 Karl Marx, "British Political Parties," David McLellan(ed.), *Karl Marx: Selected Writings* (London: Oxford University Press, 1977), p. 332.

다!"[140]라고 선언했는가 하면, 마르크스는 만일 재산권이 사회 전체에 어떤 영향을 미치는지 상관하지 않고 재산을 마음대로 향유하고 처분할 수 있는 권리만을 의미한다면 그런 권리는 자기 이익을 위한 권리에 지나지 않는다고 보았다.[141] 자유주의적 인권의 중요한 요건에 해당하는 재산권이 사회주의자들의 이 같은 비판에 직면한 것은 본격적인 산업화와 함께 자본주의적 시장경제가 확고하게 자리 잡은 역사적 상황과 밀접하게 관련되어 있다.[142] 본래 로마의 물권법에서 유래한 재산소유권은 물건에 대한 소유자의 절대적 처분권을 뜻하지, 인간에 대한 소유 및 지배를 뜻하는 것은 아니었다. 하지만 자본주의적 시장경제체제에서 노동시장이 구성요소가 되면서 재산소유권은 물건에 대한 지배에 그치지 않고 사실상 인간에 대한 지배까지 포함하기에 이르렀다. 이는 자본주의적 시장경제 법칙에서는 자본의 소유자가 노동력을 구매하고 구매한 노동력을 지배하는 일이 허용되지만 노동력과 그 노동력을 지닌 사람이 분리될 수는 없다는 사실에서 비롯된다. 자본 소유자가 사실상 노동자를 지배하기에 이른 것이다. 이는 본래 재산소유권의 범위를 넘어선 것이기 때문에 노동자의 권리를 보호하기 위한 차원에서 재산소유권을 엄격하게 물건에 대한 권리로만 한정할 필요가 제기되었다.

재산권에 대한 이 같은 이의제기와 함께 꾸준히 지속된 보통선거권운동은 영국과 프랑스, 미국 등에서 요구가 관철되어 점차 성과를 거두었는데, 이 과정에서 새롭게 대두된 문제가 보편적인 교육의 권리였다. 재산권이

140 Pierre-Joseph Proudhon, *What Is Property? Or an Inquiry into the Principle of Right and Government,* vol. 2, Benjamine R. Tucker(ed. and trans.)(London: New Temple Press, 1902); 미셸린 이샤이, 『세계인권사상사』, 241쪽.

141 Karl Marx, "On the Jewish Question," David McLellan(ed.), *Karl Marx*, p. 54.

142 이하 내용은 다음을 참조. 강원돈, 『지구화 시대의 사회윤리』, 242쪽 이하.

참정권의 자격요건이 될 수 없다면 그 대신 문자해독능력이 참정권의 자격
요건이 되어야 한다는 주장이 제기되었던 것이다. 존 스튜어트 밀John Stuart
Mill은 1861년 문자해독능력을 고려해 투표권을 부여하자고 주장하면서 보
편선거보다 보편교육을 먼저 실시할 것을 주장했다.[143] 노동자계급의 입장
을 옹호하는 이들은 교육받은 시민만 투표해야 한다는 주장을 반박하기 위
해 공립교육과 교육개혁의 필요성을 강조했다. 마르크스와 프리드리히 엥
겔스Fridrich Engels는 어린이의 무상 공립교육 권리를 인정하도록 촉구했으
며,[144] 마르크스는 1868년 "어린이와 청소년의 권리를 존중"해야 한다고 역
설하면서 교육의 실시와 어린이의 권리를 보호할 법률을 "국가권력으로써
강제"할 필요가 있다고 주장했다.[145] 나아가 마르크스는 노동계급의 미래
뿐 아니라 모든 인류의 미래를 위해서도 교육이 중요하다고 강조했다.[146]
교육의 권리는 시민자격을 위한 진정한 사회권이기 때문이다.[147] 교육의 권
리에 대한 이러한 주장과 투쟁은 결실을 거두어 19세기 말에 이르면 정치
적 민주화를 위해서나 기술적으로 발달한 산업을 위해서나 교육된 유권자
와 교육된 노동자가 필요하다는 사실이 일반적으로 인정되어 초등교육의

---

[143] John Stuart Mill, "Considerations on Representative Government," John Gray(ed.), *"On Liberty" and Other Essays*(Oxford: Oxford University Press, 1991), p. 330; 미셸린 이샤이, 『세계인권사상사』, 245쪽.

[144] 카를 마르크스, 『자본 I』1, 강신준 옮김(서울: 이론과실천, 1987), 547쪽 이하; Marx and Engels, *The German Ideology*, vol. 1(New York: International Publishers, 1939), pt. 1; Karl Marx, *Critique of the Gotha Programme*(New York: International Publishers, 1938), sec. 3, 22; 미셸린 이샤이, 『세계인권사상사』, 248쪽.

[145] Karl Marx, "Instruction to the Delegates to the Geneva Congress," *The First International and After*(Political Wrightings vol. 3)(London: Penguin, 1992), p. 89; 미셸린 이샤이, 『세계인권사상사』, 248쪽.

[146] Karl Marx, "Instruction to the Delegates to the Geneva Congress," p. 89; 미셸린 이샤이, 『세계인권사상사』, 249쪽.

[147] T. H. Marshall, *Class, Citizenship, and Social Development*(New York: Anchor Books, 1965), p. 89; 미셸린 이샤이, 『세계인권사상사』, 249쪽.

무상화 및 의무화가 시행되었다. 그리고 20세기에 이르러서는 '세계인권선언' 제26조와 '경제적·사회적·문화적 권리에 대한 국제규약' 제13조에 어린이·청소년의 교육이 인간의 기본권임이 명시되었다.

역사적 과정을 통해 진전된 노동계급의 권리투쟁은 점차 사회적·경제적 권리의 영역을 확장시켰다. 20세기에 이르러 '세계인권선언'은 제22~27조에 걸쳐 사회보장, 노동의 자유, 자유로운 직업 선택, 동일노동에 대한 동일임금, 정당한 보수, 노동조합의 결성과 가입, 휴식과 여가, 적정 생활수준(의료, 음식, 의복, 주택, 무상교육 등을 포함)을 만인의 권리로 규정했다. 이와 같은 사회적·경제적 권리는 오늘날 사회에서 누구에게나 보장되어야할 삶의 기본조건 및 내용, 즉 최소한의 생존권 및 나아가 적극적인 생활의 향유 권리를 요체로 하고 있다.

앞서 살펴본 시민적·정치적 권리의 핵심 요체와 비교하면 사회적·경제적 권리가 가진 의미가 더욱 분명하게 드러난다. 시민적·정치적 권리는 봉건적 통치권력과 종교권력에 대항하는 가운데 형성되었으므로 주권재민의 원칙을 확립하는 성격을 띠는 데 비해 사회적·경제적 권리는 주권재민의 원칙을 실질적으로 뒷받침하는 의미를 지닌다. 다시 말해 시민적·정치적 권리에 사회적·경제적 권리가 더해짐으로써 인권의 영역이 확장됨과 동시에 후자가 전자를 실질적으로 뒷받침하게 된 셈이다.

물론 시민적·정치적 권리와 사회적·경제적 권리가 전혀 다른 동인에 의해 촉발되었다는 점을 간과해서는 안 된다.[148] 앞에서 살펴본 바와 같이 자유주의적인 시민적·정치적 권리가 사실상 소유권에 의해 제약되는 것으로 귀결되자 이러한 한계를 비판적으로 극복하기 위해 제기된 것이 사회적·경제적 권리였다. 사회적·경제적 권리는 소유권에 상관없이 인간이면 누

---

148 최형익, 「칼 맑스의 정치경제학 비판과 사회권 사상」, 280쪽 참조.

구나 누려야 할 적극적 권리로서의 성격을 지니고 있다. 사회적·경제적 권리는 누구에게나 보장되어야 할 생존의 영위 및 생활의 향유 권리라는 점에서 소유권에 의해 제약된 시민적·정치적 권리의 한계를 극복하는 성격을 지니고 있다.

여기서는 이 점을 분명히 인식하면서도 오늘날 시민적·정치적 권리와 사회적·경제적 권리를 보완적 관계로 인식하는 국제적인 인권 규범의 지평[149]을 공유하려 한다. 역사적으로는 양자 사이에 분명한 단절의 요인이 있지만, 현대 인권 지평에서는 이 두 가지 인권의 범주가 통합적인 규범으로 역할하고 있다. 이전에는 소유권에 입각한 부르주아적 권리로 한정되었던 인권을 주권재민의 원칙으로 확립한 것이 시민적·정치적 권리의 요체라고 앞서 파악한 이유도 이 때문이다. 시민적·정치적 권리의 요체를 주권재민의 원칙으로 파악할 경우 시민적·정치적 권리는 통치권력으로부터 자유와 인신을 보호한다는 소극적인 의미가 아니라 권리의 주체를 분명히 한다는 적극적인 의미를 지니는 것으로 파악될 수 있다. 이러한 인식은 또한 사회적·경제적 권리의 요체인 적극적인 삶을 향유하는 주체에 대한 인식과 상통한다. 인간이면 누구나 누려야 하는 사회적·경제적 삶의 주체로서의 권리는 시민적·정치적 참여의 주체로서의 권리를 실질적으로 가능케 하는 바탕이다.

한국사회에서 사회적·경제적 권리의 기본내용은 시민적·정치적 권리의 기본내용과 마찬가지로 1948년 헌법을 통해 적어도 형식상으로는 규범적 지위를 부여받았다. 또한 사회적·경제적 권리의 핵심적 내용을 규정하는 노동관계 규범 역시 1953년 여러 노동관계법이 제정되면서 공인되었다.

---

149 김비환, 「현대 인권 담론의 쟁점과 전망」, 김비환 외, 『인권의 정치사상』, 특히 48쪽 이하; 오영달, 「인권과 민주주의에 대한 로크와 루소 사상의 비교와 북한 인권」, 특히 263쪽 이하; 장은주, 『인권의 철학』, 49, 293쪽 이하 참조.

한국전쟁 중이던 1953년 1월 '노동조합법', '노동위원회법', '노동쟁의법'이 제정되었고, 같은 해 4월에 '근로기준법'이 제정되었다. 이 법률들은 1948년 제정된 헌법과 함께 결사의 자유, 단체교섭권, 단체행동권 등 노동3권을 보장해 매우 진취적인 성격을 지니고 있었다. 그러나 정상적인 헌정이 이뤄지지 않은 것과 마찬가지로 노동관계법 역시 현실적으로 규범력을 발휘할 수 없었다. 이후 경제개발이 본격화되면서 노동계급이 성장했을 때 기존의 진취적인 노동관계법은 오히려 강력한 국가권력의 통제하에서 노동계급의 권리를 제약하는 방향으로 개악되기 일쑤였다. 형식상으로 주어진 법률적 규범상의 노동권이 실질적으로 진전을 이루기까지는 오랜 기간 노동자들의 투쟁을 거쳐야 했다. 여기서는 시민적·정치적 권리의 규준을 적용하는 것과 마찬가지로 형식상의 규범이 노동자들의 투쟁을 통해 실질적이고 내재적인 규범으로서 자리를 잡아가는 과정에 주목하면서 사회적·경제적 권리의 규준을 적용하려 한다.

3) 윤리적 규준으로서의 인권의 신학적 근거

지금까지 역사적·사회적으로 형성된 가치규범으로서의 인권에 주목하고, 여기에서 분화된 두 가지 구체적인 인권 개념, 즉 시민적·정치적 권리로서의 인권과 사회적·경제적 권리로서의 인권을 살펴보았다. 이 책에서는 이러한 인권을 한국의 경제개발과 민주주의를 평가하는 윤리적 규준으로 설정하는데, 이 책이 기독교 사회윤리의 지평에서 이러한 규준을 수용한다는 점에서 이러한 규준이 신학적으로도 정당성을 지니는지 검토해야 한다.

배제된 자들의 권리를 옹호하는 성격을 띠면서 범위가 확장되어 보편적인 가치규범으로 자리 잡은 인권의 개념은, 민중의 주체성을 강조하고 민중을 하느님의 선택받은 백성으로 보는 민중신학의 입장에서 신학적으로 충분히 정당화될 수 있다. 시민적·정치적 권리로서의 인권 또한 하느님의 주권이 역사적으로 민중의 주권으로 구체화된다고 보는 민중신학의 관점에서 정당성을 갖는다. 사회적·경제적 권리로서의 인권 역시 성서의 전통에서 민중의 생존권을 가장 핵심적인 정의의 요체로 인식하는 민중신학의 입장에서 정당성을 갖는다.

(1) 윤리적 규준의 정초개념인 인권의 신학적 근거

기독교 신학이 근대 역사에서 등장한 인권의 가치를 처음부터 곧바로 수용하기는 쉽지 않았다. 특히 가톨릭의 입장에서는 프랑스혁명 등 반종교적 성격을 띤 근대의 정치적 혁명과 이로부터 제기된 근대적 가치를 선뜻 인정하기가 더더욱 어려웠다. 종교개혁이 결과적으로 근대적 인권의 지평을 여는 데 기여한 것은 사실이지만, 개신교 역시 근대적 정치혁명을 통해 등장한 세속적 인권 개념을 곧바로 수용하지는 않았다. 프랑스혁명은 유럽 전역에 중대한 영향을 미치고 환영을 받았으나 이어진 공포정치와 나폴레옹 보나파르트Napoléon Bonaparte의 지배는 혁명과 그 가치에 대해 회의를 불러일으켰다. 기독교의 입장에서 이러한 현상은 하느님에 대항하는 자율정신이 일으킨 오만한 반역의 결과로 인식되었다.[150]

그러나 프랑스혁명의 어두운 일면 때문에 이로부터 제기된 인권과 여러 근대적 가치가 전적으로 부정당할 수는 없었다. 기독교적 배경을 가진 많은 계몽사상가들의 영향으로 기독교 신학은 점차 인권 등과 같은 근대적 가치에서 적극적인 의미를 발견하기 시작했다. 가톨릭과 개신교를 통틀어

---

150 후버·퇴트, 『인권의 사상적 배경』, 주재용·김현구 옮김(서울: 대한기독교서회, 1992), 49
   쪽 참조.

기독교의 입장에서 인권에 대한 태도가 결정적으로 바뀌기 시작한 것은 독일의 나치 국가 및 소련의 스탈린 국가에서 겪은 반교회적·반인권적 경험 때문이었다.[151] 말하자면 기독교가 인권 문제를 중요한 신학적 문제로 인식한 배경은 세계적 차원에서 인권 규범의 필요성이 제기되고 결국 UN 주도로 '세계인권선언'을 채택한 배경과 같다. 에큐메니컬운동 진영을 중심으로 인권을 신학적으로 성찰하기 시작한 이래 오늘날 기독교 신학에서는 인권 및 여러 근대적인 가치가 더 이상 신학적으로 회피할 수 없는 핵심적인 주제로 인정되고 있다.

역사적으로 등장한 인권의 개념이 구체적인 사회적 맥락에서 구성되었다면, 신학적 차원에서는 인권이 하느님과 인간의 관계에서 이해된다.[152] 하느님과 인간의 관계에서 이해되는 신학적 인권의 개념은 성서의 여러 전거에서 나타난다.

구약성서의 창조론은 인간이 '하느님의 형상'을 부여받았다는 것을 중요한 초점으로 삼는다. 하느님에 의해 피조된 존재로서 하느님의 형상을 부여받은 인간은 창조신학의 맥락에서 크게 두 가지 의미를 지닌다. 리히에 따르면, 하느님과의 관계에서 인간은 먼저 '존재론적 차이'를 지니며, 다음으로 '인격적 상응'의 관계를 갖는다.[153] 존재론적 차이란 인간과 나머지 피조물이 존재상 동일한 지위를 가진다는 것을 의미한다. 이는 피조된 세계에서 인간 홀로 자족적으로 존재할 수 없음을 뜻한다. 인격적 상응이란 실존성을 지닌 피조된 인간이 책임을 지고 성숙해지도록 부름을 받았다는 것을 의미한다. 다시 말해 인간은 책임적인 존재로서 창조주의 위임을 받아

---

151 같은 책, 69쪽 참조.
152 물론 이러한 신학적 입장 또한 신앙의 오랜 전승과정에서 역사적으로 형성되었다고 보아야 할 것이다.
153 아르투르 리히, 『경제윤리 1』, 201쪽.

활동하는 가운데 하느님의 형상을 구현하며 창조주의 요구에 응답하는 것이다.[154] 창조신학에서 말하는 인간의 이 두 가지 측면은 언뜻 보기에 상반되는 것처럼 보이지만, 이는 이 세계에서 살아가는 인간의 지위와 역할을 적절하게 표현하고 있다. 인간은 홀로 존재하는 것이 아니라 다른 피조물과 연대하면서 존재할 수밖에 없으며, 다른 피조물과 연대하는 가운데 책임적인 존재로서 하느님의 형상을 구현하는 것이다. 신학적인 의미에서 인간이 부여받은 하느님의 형상은 인권의 가장 근본이 되는 근거다. 창조신학에서는 제한된 특정 인간이 아니라 인간 자체가 하느님의 형상을 부여받았다고 말한다.

그러나 성서는 인간의 역사적 실존에 대해서도 깊이 통찰하고 있다. 역사적 현실에서는 창조신학에서 말하는 하느님의 형상이 온전히 구현되지 않았다. 창조신학에 따르면 하느님의 형상으로서의 인간의 임무는 피조물과의 공생관계를 형성하고 피조세계를 보존하는 데 있다.[155] 이는 창조의 질서에서 각각의 생명체에게 각각의 생활공간을 할당하는 것으로 이해되는데, 뭍에 사는 다른 동물과 인간의 생활공간이 겹치는 데서 갈등의 소지가 있었다. 창조질서에 따라 이러한 갈등은 규율되어야 했지만, 인간은 공생관계를 넘어 다른 피조세계를 지배의 대상으로 삼았다. 그리고 이러한 지배의 욕망은 다른 인간에 대한 지배의 욕망으로 확대되었다. 창세기가 전하는 형제살해 사건(창세기 4:1~16)은 지배의 욕망으로 인간들 사이의 관계마저 파괴되었다는 통찰을 담고 있으며, 바벨탑 이야기(창세기 11:1~9)는 지배의 욕망이 마침내 인간 자신을 신격화하려는 데 이르렀음을 통찰하고 있다. 결국 인간은 다른 피조물과의 연대 속에서 삶을 온전히 일구지 못했

---

154 하느님의 형상성을 하느님과 인간의 관계 개념으로 파악해야 한다는 견해에 대한 더 상세한 내용은 다음을 참조할 것. 강원돈, 『인간과 노동』, 특히 27쪽 이하.
155 같은 책, 40쪽 이하.

을 뿐 아니라 인간끼리도 동등한 삶을 영위하지 못했다. 이로 인해 인간사회에 억압과 불평등이 생겨났고, 지배와 피지배의 관계가 형성되었다.

성서는 이런 역사적 현실의 한가운데서 하느님이 억압받는 백성을 선택해 계약을 맺고 그들을 해방시켰다고 선포한다. 하느님은 이집트에서 억압받는 이스라엘 백성을 해방시켰고 그 백성과 계약을 맺었다.[156] 이는 가장 가난하고 억압받는 사람들의 생존과 자유를 보장함으로써 인간사회에서 하느님의 뜻을 이룬다는 성서의 근본정신을 함축한다. 하느님과 이스라엘 백성 간의 계약은 구체적으로 가난한 자(출애굽기 23:6, 신명기 15: 7~11), 외국인(출애굽기 21:21~24), 나그네(신명기 10:19), 과부와 고아(신명기 24:19~22), 무산자(신명기 14:27), 긴급보호대상자(레위기 25:25, 신명기 15:1~18) 등을 보살피고 그들의 권리를 보호하는 것으로 구체화되었다. 민중신학은 구약성서의 여러 전승 가운데 바로 이 전승이 성서의 기저를 이루는 것으로 보는데, 이와 같은 구약성서의 정신은 시대를 거듭하는 가운데서도 일관되게 지속되었다.

하느님이 인간과 관계를 맺음으로써 하느님 앞에 선 주체로서의 인간 및 그 인간의 삶을 긍정하는 성서의 정신은 신약성서가 증언하는 성육신 사건에서 더욱 분명하게 드러난다.[157] 성육신 사건은 하느님이 몸소 인간의 몸을 입었음을 뜻하는 것으로, 이는 예수 그리스도의 삶과 죽음으로 구체화되었다. 하느님이 아예 인간의 자리로 내려와 한 인간과 동일시되었다는 것은 하느님이 인간의 삶을 긍정하고 그 삶이 하느님의 뜻에 따라 온전해지기를 바란다는 것을 뜻한다. 예수 그리스도는 훼손된 하느님의 형

---

156 손규태, 『사회윤리학의 탐구』, 45쪽; 고재식, 「한국 경제개발계획에 대한 기독교윤리적 평가」, 92~95쪽 참조.

157 양명수, 『기독교 사회정의론: 갸륵하신 하나님』(서울: 한국신학연구소, 1997), 26~29쪽 참조.

상을 온전히 회복한 인간으로서(로마서 5장 14절 이하 첫 번째 아담과 두 번째 아담을 비교한 구절 참조) 죄 가운데 있는 인간들, 즉 하느님의 형상을 훼손 당한 사람들의 관계를 회복하려 했다. 먼저 예수 그리스도는 이웃을 자기 자신처럼 사랑하라고 함으로써(마태복음 7:12, 19:19) 인간들 사이에서 서로 가 서로에게 존엄한 존재인 관계를 형성하도록 가르쳤다. 나아가 예수는 인간으로서의 존엄성을 부정당한 이들을 일으켜 세우려 했다. 가장 보잘 것없는 사람에게 한 것이 곧 그리스도의 길을 따르는 것이라고 가르쳤는가 하면(마태복음 25:40), 스스로 죄인과 가난한 자, 과부와 고아, 억압당하는 이들과 함께하며 그들의 권리를 옹호했다. 민중신학적 관점에서 볼 때 억 압받고 배제된 민중이 엄연히 존재하는 현실에서 그들의 권리를 옹호하고 나아가 그들과 스스로를 동일시한 예수의 입장은 인간 존엄을 실현하는 것 이 인간사회의 매우 구체적인 관계의 변화와 관련되어 있음을 시사한다.

　예수 그리스도의 길을 따른 초기 기독교의 가르침은 보편적 인권의 논 리적 근거를 더욱 확고하게 확립했다. 사도 바울은 그리스도 안에서 유대 인이나 그리스인이나, 종이나 자유인이나, 남자나 여자나 아무런 차별이 없다고 역설했다(갈라디아서 3:28~29). 이러한 가르침이 보편적 인권의 근 거를 확고히 만든 이유는 이 가르침이 인의론義論에 근거했기 때문이다. 율법을 지켜서가 아니라 그리스도를 믿기 때문에 의롭다고 인정된다는 인 의론의 핵심 요체는 일체의 업적주의를 배격한다. 인의론의 핵심은 모든 업적이 자격의 요건이 되고 이 자격에 따라 권리가 차별되는 현실에서 인 간의 업적 일체를 부인하고 단지 믿음으로써 의롭다 인정받고 구원에 이른 다는 것인데, 이 인의론은 보편적 인권이 확고한 신학적 근거를 갖도록 만 들었다. 소유 또는 업적에 의해 어떤 성원의 자격이 부여되는 원리로 구성 된 사회적 질서에서는 무시되고 배제되는 자들이 항상 발생한다. 인의론 은 이러한 현실적인 원리를 부정하는 것이다. 이는 가난한 자와 배제된 자의 권리를 옹호해온 성서적 관점이 단순히 시혜적 관점에 불과한 것이 결코 아님을 논리적으로 더욱 분명히 한다는 점에서 보편적 인권의 확고한 신학적 근거로 자리매김될 수 있다.[158]

인간의 존엄성을 보편적인 권리로 보장하는 것은 인간 삶의 구체적인 권리도 보장하는 형태로 귀결된다. 본회퍼는 그간 개신교 신학의 전통에서 소홀히 취급되어온 자연적인 것을 현대라는 역사적 지평에서 재조명해 인의론의 관점에서 자연적인 삶의 권리가 무엇인지 규명했는데, 그 논지는 이 책의 신학적 입장을 뒷받침한다. 본회퍼에게 "자연적인 것은 타락한 세상에서 하느님에 의해 유지되는 생명의 형태로, 이것은 그리스도를 통한 인의, 구원, 갱신을 지향한다".[159] 본회퍼에 따르면 이와 같은 생명의 형태, 즉 자연적인 삶을 살아가는 인간은 어떤 경우든 목적으로 존재한다. 육체적인 동시에 정신적인 형태로 이뤄지는 인간의 삶이 존엄성을 보장받기 위해서는 육체적인 삶의 권리뿐 아니라 정신적인 삶의 권리까지 보장받아야 한다. 본회퍼가 예시하는 육체적 삶의 권리에는 자의적인 살해를 당하지 않을 권리, 생식의 권리, 강간·착취·고문이나 자의적 체포로부터 보호받을 권리가 포함되며, 정신적인 삶의 권리에는 판단하는 것, 행동하는 것, 향유하는 것 등이 포함된다. 본회퍼가 자연적인 것에 주목하고 자연적인 삶의 권리를 옹호한 이유는, 자연적인 것을 타락과 동일시해 부정적인 것으로만 간주하는 태도에서 벗어나 그 의미를 복음의 지평에서 회복하기 위해서였다. 이러한 의도는 자연적인 것을 "타락 후에 예수 그리스도의 도래를 지향

---

158 인의론을 인간의 존엄성을 지지하는 가장 강력한 기반으로 보는 견해에 관해서는 다음을 참조할 것. 강원돈, 「기본소득 구상의 기독교윤리적 평가」, 《신학사상》, 제150집(2010년 가을), 202쪽; 후버·퇴트, 『인권의 사상적 배경』, 216쪽.

159 디트리히 본회퍼, 『윤리학』, 201쪽; 강원돈, 「기본소득 구상의 기독교윤리적 평가」, 202쪽. 이하 자연적인 삶에 관한 내용은 다음을 참조. 디트리히 본회퍼, 『윤리학』, 197쪽 이하; 강원돈, 「한국기독교사회윤리학의 학문적 위치」, 54쪽 이하.

하는 것"으로 정의한 후 "타락 후에 예수 그리스도의 도래를 거부하는 것"을 비자연적인 것으로 대비한 데서 분명해진다.[160] 여기서 비자연적인 것은 자연적인 것을 훼손하는 자의적인 시도를 뜻하는 것으로, 나치와 같은 국가적 폭력의 시도가 대표적인 사례다.

이상과 같은 성서적 전거에서 나타난 신학적 인권 개념은 인간 자체를 목적으로 하는 현대적 인권 개념과 상통한다. 인간이라는 이유만으로 존엄성을 인정받고 기본적인 권리를 보장받아야 한다는 현대적 인권 개념은 성서의 신학적 인권 개념으로도 충분히 뒷받침될 수 있다. 물론 인간 자체를 최종적인 목적으로 삼는 현대적 인권 개념에 비해 신학적 인권 개념은 인간을 뛰어넘는 신적 근거를 전제한다. 인간 자체를 최종적인 목적으로 삼는 현대적 인권 개념은 인간의 삶을 형성하는 다차원적 측면을 충분히 고려할 수 없다는 한계와 함께 목적으로서의 인간의 삶을 지탱시키는 당대의 여러 가치를 절대화할 가능성을 안고 있다는 한계를 지니는 데 반해, 신적 근거를 전제하는 신학적 인권 개념은 그 한계를 뛰어넘어 더욱 고양된 인권의 지평을 열어줄 가능성을 제시한다고 할 수 있다.

(2) 시민적·정치적 권리로서의 인권 규준의 신학적 근거

앞에서 시민적·정치적 권리로서의 인권 규준의 요체는 주권재민의 원칙을 확립한 데 있는 것으로 보았다. 주권재민의 원칙이란 통치권력의 임의적인 지배에 대항해 민중이 자유로운 의사표현 및 정치적 결정권을 갖는 것을 뜻한다. 이는 통치권력 및 지배세력에 대립되는 세력인 민중의 자유로운 의사표현 및 정치적 결정권을 뜻할 뿐 아니라 개인의 자유로운 의사표현 및 정치적 결정권까지 동시에 함축한다. 시민적·정치적 권리로서의

---

160 디트리히 본회퍼, 『윤리학』, 199~200쪽.

인권 규준의 요체를 이와 같이 볼 때 신학적 입장에서는 그 근거를 어떻게 설정할 수 있을까?

신학적 입장에서 민중의 자유로운 의사표현 및 정치적 결정권은 창조신학에서 인간을 책임적 존재로 이해하는 것과 직결되어 있으며 하느님의 계약상대로서 선택받은 백성의 역할과 더욱 긴밀히 관련되어 있다. 하느님의 형상을 부여받은 책임적 존재로서의 인간은 하느님 앞에서, 그리고 인간 공동체 내에서, 더 나아가 다른 피조물과의 관계에서 능동적인 주체로서 역할을 담당해야 하는 존재다. 그러나 인간사회 안의 갈등과 차별로 모든 인간이 동등하게 이와 같이 책임적 존재로 설 수 없는 현실에서 하느님이 억압받는 백성을 선택해 계약상대로 삼았다는 성서의 증언은, 지배와 억압이 현존하는 현실의 사회적 관계에서 주체적이고 책임적인 존재로서 지위를 인정받지 못한 이들의 복권을 환기시킨다. 이 점에 대해서는 이미 보편적 인권의 신학적 근거를 밝히는 대목에서 언급한 바 있다.

인간사회에서의 지배와 억압을 부정하고 하느님 앞에서는 모든 백성이 동등한 주체로 인정되어야 한다는 성서의 정신은 초기 이스라엘 공동체의 평등주의와 이를 뒷받침하는 '하느님의 주권' 개념에서 분명하게 드러난다. 초기 이스라엘은 평등주의적 지파 공동체로 구성되었으며, 이들을 통치한 것은 하느님 자신이었다. 야훼가 백성을 직접 통치한다는 하느님의 주권 개념은 정치적으로 모든 인간적 지배를 거부한 것이었다. 고대 근동近東에서는 대개 신의 주권이 지상 국가들의 이념을 지지하는 역할을 담당했다. 그러나 초기 이스라엘에서는 하느님의 주권이 이와는 정반대의 역할을 담당했다.[161] 하느님의 주권 개념이 갖는 이와 같은 의미의 전형적인 사례는 사사 기드온(사사기 6~8장)에게서 볼 수 있다. 사사 기드온이 외침을 막아내

---

161 조지 픽슬리, 『하느님 나라』, 정호진 옮김(서울: 한국신학연구소, 1986), 36~37쪽 참조.

자 사람들로부터 존경을 받아 왕으로 추대되기에 이르렀지만 기드온은 이를 단호히 거부했다. 오직 하느님이 그 백성을 다스리기 때문이었다(사사기 8:23). 기드온의 이야기는 이어지는 아비멜렉의 일화와 대조를 이루는 한편 하느님의 주권 개념을 다시 확인시켜준다. 기드온의 아들 아비멜렉은 아버지의 후광으로 왕을 자임하고 나서지만 한 여인의 맷돌에 맞아 죽음에 이르고 왕권은 파국에 이른다(사사기 9장). 하느님의 주권을 침해하는 권력의 절대화가 여인의 맷돌, 즉 민중의 일상적 삶의 수단으로 거부된다는 이야기는 의미심장하다. 이 이야기와 함께 등장한 요담의 우화[162]는 지배권력의 억압을 거부한 초기 이스라엘의 기억을 분명하게 보여준다.

하느님의 주권을 확립하는 근본 뜻이 백성의 노예화를 막는 데 있다는 것은, 강력한 현실적 요구로 왕권체제의 수립 요구에 맞선 사무엘의 경고(사무엘상 8:4~17)에서도 분명하게 드러난다. 초기 이스라엘의 평등주의 공동체 내에서 삶을 누리던 자유민의 입장에서는 왕권의 형성이 곧 노예화를 뜻했다. 이는 동시에 하느님과 백성 간의 계약위반을 뜻하는 것이었다. 그럼에도 현실적 요구로 왕권이 확립되자 성서는 고대 근동에서 일반적으로 등장한 왕권의 형태를 그대로 용인하지 않았다. 왕권은 여전히 하느님의 주권으로 제약되어야 했으므로 하느님의 주권에 의해 제한된 왕권 개념이 현실적으로 자리하게 된 것이다. 재삼 확인하지만 여기서 하느님의 주권은 현실의 왕권에 대한 후광이 아니었다. 하느님의 주권은 백성들 사이에서 정의 실현에 대한 요구로 구체화되었다. 하느님의 주권은 이처럼 정의의 근거이자 왕권의 횡포에 대한 방패막이였다. 하느님의 길을 따르라는 요구와 백성들 가운데서 이뤄져야 할 정의를 동일시한 예언자들의 일관된 선포

---

162 사사기 9장 8절 이하에 나오는 이야기로서, 가시나무가 나무의 왕이 됨으로써 풍요로운 숲을 황폐화시켰다고 말한다. 이는 이솝 우화의 「개구리 왕」과 동일한 의미를 지닌다.

는 하느님의 주권 개념이 지나간 한 시대의 유물이 아니라 언제나 관철되어야 할 중요한 원칙임을 보여준다. 따라서 성서적 지평에서 볼 때 신권은 곧 인권의 최종적 근거를 뜻하며,[163] 신의 정의는 곧 인간사회에서 실현되어야 하는 정의의 최종적 근거를 뜻한다.

하느님의 주권에 대한 구약성서의 증언은 신약성서에서 예수 그리스도가 하느님 나라를 선포하는 것으로 재확인되고 증폭되었다. 구원과 자유의 총괄 개념인 하느님 나라[164]는 단순한 관념이 아니라 기존의 세계 역사를 종결짓고 새로운 세계 역사를 창조하는 실재로서 의미를 지니고 있었다. 이는 역사의 완전한 단절과 전적으로 새로운 세계의 도래를 뜻한다는 점에서 종말론적 성격을 지니지만, 지금 여기 현실의 변화를 추동한다는 점에서 구체적인 성격을 띤다. 예수 그리스도는 스스로의 삶으로 하느님 나라를 증거하고 이를 만천하에 선포했다. "가난한 사람은 복이 있다. 하느님 나라가 너희의 것이다"(누가복음 6:20). 이 선언은 하느님 나라의 구체적인 성격을 지시한다. 민중신학은 이 점에 주목해 하느님의 나라를 곧 민중의 나라로 동일시한다.[165] 예수의 선언에서 분명하게 드러나듯이 민중은 하느님 나라의 주체로 호명된다. 하느님의 나라가 민중의 나라로 동일시되고 민중이 실현 주체로 호명된다는 점에서 궁극적인 하느님의 주권은 역사 안에서 민중의 주권으로 구체화되는 것이다.

이는 억압받는 민중을 하느님의 백성으로 선택해 계약상대로 삼았다는 구약성서의 정신을 이어받고 있다. 민중은 애초 하느님과의 계약상대로서 생활가치를 생산하고 세계를 변혁시키며 역사를 추진해온 실질적 주체였으면서도 지배계급으로부터 억압되어 죄인으로 전락했으나 이제 다시 주

---

163 손규태, 『사회윤리학의 탐구』, 45쪽.
164 한스 요하힘 크라우스, 『조직신학』, 박재순 옮김(서울: 한국신학연구소, 1986), 16쪽.
165 안병무, 『민중신학 이야기』, 228~253쪽.

체로 회복되어야 한다고 말하는 것이다. 다시 말해 민중이 자기 외화물外化物인 권력을 원래 자리로 되돌리고 하느님의 공의를 회복하는 주체로 나서 구원을 성취한다는 것을 뜻한다.[166] 이는 곧 하느님의 주권이 역사적으로 실현되는 형태다. 역사적으로 실현되는 하느님의 주권, 즉 하느님 나라의 실제는 "공을 공으로 돌리는 것"으로 구체화된다.[167] 이는 독점적 사유화를 거부하고 생산의 주체인 민중에게 정당한 몫을 돌리는 것을 뜻한다.

하느님의 백성, 즉 민중의 주권을 옹호하는 성서의 정신은 교회의 시대에 들어서도 지속되었다. 신약성서에서 말하는 그리스도의 몸으로서 교회가 현존하는 방식(고린도전서 12:12~31)은 하느님 나라의 예시로서, 세계에서 이뤄져야 할 새로운 사회적 관계의 전형을 말한다. 그리스도의 몸으로서의 교회는 몸을 구성하는 지체, 즉 개별적 주체가 온전히 인정되는 가운데 개별적 주체들이 서로 관계를 맺음으로써 구성되는 몸의 완전성으로 구현된다. 나아가 그리스도의 몸으로서의 교회에서는 약한 지체라고 해서 존재가 배제되고 부정될 수 없다. 오히려 약한 지체가 더욱 요긴하다. 이는 어떤 경우든 예외적인 특권 또는 정반대로 예외적인 배제를 허용하지 않음으로써 한 몸을 이루는 모든 개별 구성원의 주체성을 보장하며 이로써 전체의 완전성을 구현한다는 것을 뜻한다. 그리스도의 몸으로서의 교회는 공평한 은사의 배분에 따른 협력체계로서, 어떤 배타적 특권도 허용하지 않는다(고린도전서 12:4~11). 그리스도의 몸으로서의 교회가 사회적 관계로부터 고립된 섬이 아니라 변화되고 구원에 이르는 인간 삶의 관계를 말한다는 점에서 이는 개별적 존재의 주체성을 보장하면서도 전체의 완전성을 구현하는 사회적 관계의 전형으로서의 의미를 지닌다.

---

166 서남동, 『민중신학의 탐구』, 46쪽 참조.
167 안병무, 『민중신학 이야기』, 246쪽.

(3) 사회적·경제적 권리로서의 인권 규준의 신학적 근거

사회적·경제적 권리는 누구에게나 보장되어야 할 삶의 기본조건, 즉 만인에게 보장되어야 할 최소한의 생존권 및 나아가 적극적인 생활의 향유 권리로 집약된다. 이와 같은 의미에서 사회적·경제적 권리는 신학적 차원에서 매우 확고한 근거를 갖고 있다. 성서에서는 이와 관련된 근거가 주로 포괄적인 의미에서의 정의의 문제로 다뤄지는데, 그 정의는 특히 사회적 약자의 생존권 보장과 매우 밀접히 관련되어 있다. 앞에서 보편적 인권에 관한 신학적 성찰을 다루면서 시사했듯이, 사회적 약자의 권리를 보장하는 차원과 관련된 경제적 정의에서는 성서만큼 풍부한 자산을 갖고 있는 문헌이 없다고 해도 지나치지 않을 정도다.

성서에서 사회적·경제적 권리와 직결된 정의는 일차적으로 하느님의 신실함과 관련되어 있다. 따라서 인간의 입장에서 보면 이러한 정의는 신실한 하느님에 대한 신실한 인간의 도리를 말하는 것이다. 이때 정의로 번역되는 히브리어 '체다카^{zedakah}'는 인간사회 안의 분배적 정의만 뜻하는 것이 아니라 매우 포괄적인 의미를 지닌다. 신실한 인간의 실존을 형성하는 모든 것, 즉 평화, 해방, 속죄, 은총, 구원 등을 포괄하는 의미를 지니는 것이다.[168] 이런 의미에서 성서에서 말하는 정의란 인간에게 베푸는 신실한 하느님의 행위에 상응해 인간들 사이에서 온전한 관계를 이루는 것을 뜻한다. 성서의 정의는 객관적 척도에 따른 선행을 뜻하는 것이 아니라 철저하게 하느님과 인간의 온전한 관계에 근거해 인간 상호간의 관계를 온전히 하는 것을 뜻하므로 관계적 개념에 해당한다.[169]

---

[168] 오트프리트 회폐, 『정의: 인류의 가장 소중한 유산』, 박종대 옮김(서울: 이제이북스, 2004), 20쪽.

[169] 강원돈, 「기본소득 구상의 기독교윤리적 평가」, 204쪽; 두호로·리드케, 『샬롬: 피조물에게 해방을, 사람들에게 정의를, 민족들에게 평화를』, 손규태·김윤옥 옮김(서울: 한국신학

성서에서 신실한 하느님의 구원행위를 뜻하는 정의는 억압받는 백성을 선택해 그들과 약속을 맺는 것을 중요한 거점으로 한다. 이집트에서 노예로서 정당한 대우를 받지 못했던 이스라엘 백성은 하느님의 선택으로 구원의 해방에 이르고, 이로부터 하느님을 따르는 백성은 하느님의 신실함을 자신들의 인간관계 안에서 구체화해야 할 의무를 짊어진다. 성서는 억압받는 백성을 해방한 하느님의 신실한 행위를 일관되게 환기하며 사람들 사이에서 이뤄져야 할 정의를 강조한다. 출애굽 사건의 맥락에서 제시되는 계약법전(출애굽기 20:22~23:33)은 사회적 약자를 보호함으로써 정의를 이룰 수 있다고 강조한다. 이 점에 대해서는 이미 앞에서 언급했지만, 이러한 정신은 이후 신명기 법전(신명기 12~26장)과 성결 법전(레위기 17~26장) 등에서도 재삼 확인되며, 예언자들의 선포에서도 반복된다. 이 정신은 "가난한 사람은 복이 있다. 하느님 나라가 너희의 것이다"(누가복음 6:20)라는 예수의 선언에 이르기까지 일관되게 이어진다.[170]

성서에서 말한 정의의 개념은 오늘날 여러 윤리적 가치관을 형성시킨 근본 모티프로서의 성격을 지니지만, 성서는 이와 같은 정의관을 밑바탕으로 해서 오늘날 사회적·경제적 권리로서의 인권을 옹호하는 여러 근거를 보여준다. 성서는 부와 가난을 상관관계로 보고 가난한 사람들의 정당한 몫을 보장하는 것을 정의의 실현이라고 본다.[171] 가난한 사람들의 정당한 몫은 기본적인 생존에 필요한 것으로, 성서는 어떤 경우이든 이를 필수적으로 보장해야 한다고 가르친다. 만나 이야기(출애굽기 16:1~36), 주기도문(마태복음 6:11, 누가복음 11:3), 포도원 주인의 비유(마태복음 20:1~16), 최후심판의 비유(마태복음 25:31~46) 등은 이러한 모티프를 전하는 중요한 전거에 해

연구소, 1987), 76쪽 이하.
170 강원돈, 「기본소득 구상의 기독교윤리적 평가」, 204~205쪽 참조.
171 고재식, 「한국 경제개발계획에 대한 기독교윤리적 평가」, 94쪽.

당한다.[172]

만나는 이집트에서 탈출한 출애굽 공동체에 '일용할 양식'으로서 누구에게나 공평하게 내려졌으며 축적의 대상이 될 수 없었다. 기본 욕구를 충족시킬 수 있는 자원이 없었던 상태에서 백성은 하느님으로부터 받은 '일용할 양식'인 만나를 누렸고 이는 곧 하느님의 정의임을 인식했다.

만나의 모티프는 주기도문에서 '일용할 양식'으로 다시 등장한다. 주기도문의 첫 번째 기원, 즉 하늘을 향한 기원은 일용할 양식을 구하는 대목에서 땅에서의 기원으로 전환된다.[173] "뜻을 하늘에서 이루신 것같이 땅에서도 이루어 주시옵소서"라는 청원에 일용할 양식을 구하는 청원이 이어지는 것은 그 청원이 하늘의 정의에 상응하는 땅의 정의의 출발점임을 말한다. 인간이 삶을 영위하고 바른 관계를 형성해나가는 과정에서 누구나 공평하게 일용할 양식을 누리는 것은 모든 문제에 앞서는 가장 선결적인 조건임을 주기도문은 확인시켜주는 것이다. 여기서 '일용할 양식'은, 루터가 적절하게 지적한 바와 같이, "삶을 위한 양식과 필수품에 속하는 모든 것, 먹는 것, 마시는 것, 신발, 집, 정원, 경작지, 가축, 현금, 순수하고 선한 배우자, 순박한 아이들, 착한 고용인, 순수하고 신뢰할 수 있는 통치자, 선한 정부, 좋은 날씨, 평화, 건강, 교육, 명예, 좋은 친구, 신용 있는 이웃 등"을 모두 포함한다.[174] 이는 인간이 삶을 누리는 데 필요한 모든 조건을 말한다. 하늘의 정의에 상응하는 것으로서 일용할 양식을 기원한다는 것은 누구든 인간이 삶을 누리는 데 필요한 조건이 결핍된다면 이는 하늘의 뜻이 아니라는 것

---

172 이러한 전거에 관해서는 다음을 참조. 강원돈, 「기본소득 구상의 기독교윤리적 평가」, 205쪽 이하.

173 레오나르도 보프, 『주의 기도』, 이정희 옮김(서울: 한국신학연구소, 1986), 129쪽.

174 Martin Luther, *Der kleine Katechismus*(Göttingen: Vandenhock & Ruprecht, 1947), p. 43; 강원돈, 「기본소득 구상의 기독교윤리적 평가」, 206쪽.

을 의미한다.

포도원 주인의 비유가 제시하는 의미는 간결하고도 명료하다. 이 비유는 각기 다른 시간 동안 일을 한 노동자들에게 하루 생계비에 해당하는 임금을 동일하게 부여한 포도원 주인의 원칙이 하느님 나라, 즉 하느님의 정의라고 선포한다. 여기서 하느님의 정의는 노동의 업적과 무관하게 삶의 필요에 따라 재화를 나눠주는 것으로 나타난다. 따라서 이 비유는 업적에 따른 분배정의를 정면으로 거부하면서, 노동의 기회 또는 노동의 시간과 상관없이 누구에게나 기본적인 생활상의 요구를 충족시키는 것이 정의라고 말한다.

최후심판의 비유는 "지극히 보잘것없는 사람 하나에게 한 것이 곧 내게 한 것"이라고 선포함으로써 절실한 필요의 요구에 직면한 사람에게 필요한 바를 제공하는 것이 곧 정의라고 말한다. 여기에서 절실한 필요의 요구에 직면한 사람은 주리고, 목마르고, 나그네 되고, 헐벗고, 병들고, 감옥에 갇힌 사람들, 즉 사회적 약자 또는 배제된 이라고 구체적으로 명시되어 있다. 이는 성서가 일관되게 강조하는 것처럼 사회적 약자의 기본적인 생존권을 보장하는 것이 곧 정의를 이루는 출발점임을 다시 한 번 확인시켜준다.

앞서 확인한 바와 같이, 이와 같은 성서의 관점은 업적의 논리를 일체 배격하는 바울의 인의론을 통해 논리적 명징성을 더욱 분명하게 확보했다. 성서에서 말하는 하느님의 정의와 땅에서 구현해야 할 인간의 정의는 어떤 업적을 전제조건으로 하지 않고 누구나 인간답게 살 수 있도록 기본 생활상의 요구를 충족시켜주는 것을 일차적인 요건으로 한다. 성서에 제시된 이와 같은 정의의 요구를 복잡한 현실에서 충족시키기 위해서는 여러 요건을 따져봐야 하겠지만, 적어도 성서의 전망에 따른 신학적 입장에서 보자면 정의의 필수적인 요건에는 업적과 무관하게 누구나 인간으로서의 존엄한 삶을 보장받을 수 있도록 사회적 재화를 분배받는 것이 일차적으로 포함된다.

이와 같은 신학적 정의관은 최소한의 생존권 및 나아가 적극적인 생활의 향유 권리로서의 삶의 권리가 누구에게나 조건 없이 보장되어야 한다는 사실을 함축하고 있다. 즉, 이는 오늘날 사회적·경제적 권리로서의 인권을 보장하는 근거에 해당한다.

4. 소결

한국의 산업화와 민주화에 대한 사실관계 규명에서 나아가 이를 기독교윤리적으로 평가하기 위해서는 먼저 이러한 평가에 적합한 신학적 입장을 밝히고 그 입장에 걸맞은 윤리적 규준을 설정할 필요가 있기 때문에 이 장에서는 기독교 사회윤리학의 기본적인 문제를 검토하고 이어 민중신학의 입장에서 기독교 사회윤리학 방법론을 구성해 윤리적 규준을 설정했다.

여기서 민중신학적 입장을 취한 것은 민중신학이 역사적·사회적으로 형성된 다른 가치확신들과 소통하는 능력을 지니고 있고 또한 현실을 평가하고 대안을 제시하는 능력을 갖춘 신학적 입장이라고 보았기 때문이다. 민중신학은 한국 근대화과정의 문제를 진단하고 성찰하는 과정에서 형성된 만큼 이 책이 목적으로 삼는 한국의 근대화과정에 대한 기독교윤리적 평가를 시도하는 데 가장 적절한 신학적 입장에 해당한다. 무엇보다 민중신학은 민중의 관점에서 성서와 역사를 해석하려 한다고 스스로 밝혔기에 역사적 과정에서 형성된 신학적 가치확신들을 다루는 스스로의 입지점과 방법을 갖고 있다.[175] 나아가 신학적 인식과 사회과학적 현실분석을 결합시킬

---

175 예컨대 서남동의 두 이야기의 합류 개념에서 말하는 전거, 즉 참고서로서의 성서에 대한

필요성을 인식함으로써 역사적·사회적 현실을 평가하고 대안을 제시하는 방법을 신학의 내적 논리로 삼고 있으며, 현실에서 전개된 실천과정을 함께하고 현실문제에 대한 대안을 제시함으로써 역사적·사회적으로 형성된 다른 가치확신과 소통하는 능력을 지니고 있다.

민중신학의 이 같은 특성은 민중신학적 사회윤리 방법론의 중요한 구성 원칙이다. 즉, 민중적 관점을 견지하는 점, 민중의 관점에서 역사와 현실을 분석하는 방법을 내적 논리로 삼아 신학적 인식과 사회과학적 현실분석을 결합한 점, 신학적 가치판단이 역사적·사회적으로 형성된 가치규범과 소통하는 능력을 지닌 점, 이 세 가지 요소가 민중신학적 사회윤리 방법의 중요한 구성 원칙이다. 이러한 점에 유념할 때 윤리적 규준을 설정하는 방법은 기본적으로 아래로부터의 방법일 수밖에 없다. 이는 민중신학의 고유한 개념으로 말하자면 계시의 하부구조에 주목하는 방식이다.

아래로부터의 방법으로 윤리적 규준을 설정한다는 것은 평가의 대상인 한국의 근대화과정을 진단하는 데 현실적인 적합성을 지닌 가치규범을 깊이 헤아리는 태도를 의미한다. 역사적으로 경제적 산업화와 정치적 민주화로 집약되는 근대화과정은 새로운 사회적 계급을 형성시켰고, 이에 따라 새로운 사회적 관계가 형성됨으로써 여러 측면에서 현실을 진단하는 가치규범도 동시에 형성되었다. 이 중 오늘날 보편적인 가치규범으로 인정되는 핵심적인 가치 가운데 하나가 인권 개념이다. 인권은 항상 배제된 자의 권리를 옹호하는 방식으로 제기되었고 일정한 역사적 단계를 거치면서 권리의 범위가 확장되는 가운데 보편성을 획득했다.

이 장에서는 근대화의 과정에서 형성된 가치규범으로서의 인권이 갖는

인식은 성서가 믿고 제시하는 중요한 신앙의 가치가 역사적으로 형성된 것임을 시사한다. 서남동, 『민중신학의 탐구』, 184쪽 참조.

의미에 주목하면서 이로부터 한국의 근대화과정의 경제적 산업화와 정치적 민주화를 평가하는 윤리적 규준을 설정했다. 그런데 오늘날 인권은 매우 포괄적인 의미를 함축하고 있으므로 구체적 현실을 평가하는 데 적용 가능한 규준으로 삼기 위해서는 인권 개념을 더욱 분화해서 설정할 필요가 있다. 따라서 오늘날 인권이 보편적 규범이 되기까지 역사적 상황에 조응하는 인권 개념의 발전과정에 주목하고, 이로부터 구체적인 윤리적 규준을 설정했다.

오늘날 인권은 대략 세 가지 단계를 거치면서 형성되어왔다. 첫 번째 단계는 봉건적 정치권력에 대항한 시민계급의 권리로서 제기된 것으로, 오늘날 이는 자유권 또는 시민적·정치적 권리로서의 인권으로 정착되었다. 두 번째 단계는 자본주의적 산업화로 노동계급이 형성되면서 사실상 시민계급의 권리로 한정된 자유권의 한계를 넘어서기 위해 노동자계급의 생존 및 생활의 권리로서 제기된 것으로, 오늘날 이는 사회권 또는 사회적·경제적 권리로서의 인권으로 정착되었다. 마지막 세 번째 단계는 다양한 인종적·민족적 집단의 자주적 결정권과 문화적 정체성을 옹호하는 권리로서 제기된 것으로, 이는 문화적 권리 및 연대의 권리로서의 인권의 범주에 해당한다. 이 장에서는 세 가지 발전단계를 거쳐 확립된 오늘날의 인권 규범에 주목하면서 특히 산업화와 민주화에 대한 가치판단과 직결된 두 가지 인권 개념, 즉 시민적·정치적 권리로서의 인권과 사회적·경제적 권리로서의 인권을 윤리적 규준으로 설정했다.

윤리적 규준의 설정이 아래로부터의 방법을 지향한다고 해서 신학적 지평이 상실되는 것은 아니다. 이 책이 기독교윤리적 평가를 목적으로 하는 한 궁극적 지평에서 상대적 현실의 차원을 평가하는 신학적 성격은 고유한 몫을 차지한다. 따라서 이 장에서는 한국의 근대화를 평가하는 윤리적 규준이 어떻게 신학적 정당성을 지니는지를 검토했다.

3

한국 근대화에 대한 사회과학적 분석방법

이 책에서 제기한 문제의식의 타당성을 드러내고 나아가 최종적인 목적에 해당하는 한국의 근대화에 대한 기독교윤리적 평가를 성공적으로 수행하기 위해서는 평가대상인 한국의 근대화과정을 적절하게 분석할 수 있는 사회과학적 분석방법론이 요구된다. 즉, 한국의 근대화과정을 경제와 정치의 상호관계 차원에서 분석하고, 나아가 민중신학의 기본적인 입지점인 민중적 관점과 어울리는 분석방법론을 채택해야 하는 것이다.

마르크스주의 전통에서 발전해온 정치경제학적 방법론은 정치와 경제를 상호관계 차원에서 분석하는 유력한 방법론이다. 또한 이 방법은 사회를 계급관계 차원에서 인식하면서 가치 생산자로서의 노동자의 역할을 중시한다. 이 두 가지 점에서 마르크스주의 전통에서 발전해온 정치경제학적 분석방법론은 이 책에서 제기한 문제의식의 타당성을 드러내고 나아가 한국의 산업화와 민주화의 전반적인 과정에 대한 윤리적 평가를 시도하기에 매우 적절한 방법론으로 원용될 수 있다. 특히 경제적 토대와 정치적 상부구조의 관계에 대한 인식을 더욱 구체화시킨 현대 자본주의국가에 관한 논의와 시민사회에 관한 논의[1]는, 한국의 경제개발과 민주주의를 분석하는 방법론의 실마리를 제공할 수 있다. 이 장에서는 마르크스주의 진영에서 활발히 논의된 현대 자본주의국가와 시민사회에 관한 여러 논의를 전제로 경제적 발전과정으로서의 산업화와 정치적 발전과정으로서의 민주화를 요체로 하는 한국의 근대화과정에 대한 독자적인 분석방법론을 제시하려 한다.

먼저 독자적인 분석방법론을 제시하기에 앞서 한국의 경제개발과 성과에 관한 기존의 논의를 개략적으로 검토한 후 문제점을 진단하려 한다. 이는 새로운 방법론이 왜 요구되는지를 해명하는 의의를 지닌다.

1. 한국 근대화에 대한 기존 논의 검토

1960년대 이후 한국을 포함한 동아시아 지역의 전반적이고 지속적인 고도성장과 국민 생활수준의 개선은 전 세계적인 주목을 받았다.[2] 1960년대에서 1990년대에 이르는 동안 동아시아 지역의 경제는 선진국과 개발도상국을 포함한 세계 다른 어떤 지역에 비해서도 월등한 성과를 보여주었다. 이 기간 동안 동아시아 주요 지역의 연 경제성장률은 세계 경제성장률의 두 배를 훨씬 넘었다.[3] 1997년 한국을 비롯해 동아시아 지역을 휩쓴 금융

---

1   박상섭, 『자본주의국가론: 현대 마르크스주의 정치이론의 전개』(서울: 한울, 1985); 함자 알라비, 「국가란 무엇인가: 자본주의와 그 국가이론」, 임영일·이성형 편역(서울: 까치, 1985); 한국정치연구회 정치이론분과 엮음, 『국가와 시민사회: 조절이론의 국가론과 사회주의 시민사회론』(서울: 녹두, 1993); 김세균, 『한국민주주의와 노동자·민중정치』(서울: 현장에서미래를, 1997) 등 참조.
2   김진업 엮음, 『한국자본주의 발전모델의 형성과 해체』(서울: 나눔의 집, 2001), 21쪽.
3   같은 책, 21쪽.

위기로 동아시아 지역의 성장이 주춤해지자 그간의 성장을 일종의 거품현상으로 보는 시각이 대두되기도 했지만, 동아시아 경제의 이례적인 성과 자체를 전적으로 부인하는 견해는 두드러지지 않았다.[4] 이 지역의 경제적 성과는 대부분 8개국에 집중되었는데, 바로 일본, 홍콩, 한국, 싱가포르, 대만, 그리고 남동아시아 지역의 인도네시아, 말레이시아, 태국이다.[5]

동아시아 지역의 경제적 성장은 제2차 세계대전 이후 진행된 서구의 고도성장과도 성격을 달리한다. 서구 지역은 이미 19세기 후반과 20세기 초에 급속한 경제성장을 뒷받침할 수 있는 정치적·법적·금융적 조건을 갖추었던 까닭에 고투자와 신기술 도입을 저해하는 사회적 장애를 해소하는 것으로 성장을 가속화시킬 수 있었다. 투자와 임금에 대한 사회적 차원의 노사합의가 이러한 장애를 해소하는 데 크게 기여했다.[6] 그러나 동아시아 지역의 경우 일본을 제외하고는 고도성장의 사회적 기반을 갖춘 국가가 없었다. 이처럼 고도성장의 사회적 기반을 갖추지 못한 개발도상국들이 단기간에 급속한 성장을 이뤄냈다는 점에서 이 현상은 서구의 전형적인 발전과정과는 다른 예외적 현상으로 간주되면서 각별한 관심사가 되었다. 동아시아 국가들 가운데서 이른바 '네 마리의 용', 즉 한국, 대만, 홍콩, 싱가포르가 두드러졌고, 그 가운데서도 도시국가인 홍콩과 싱가포르를 제외한 한국과 대만은 경제성장의 예외성이 더욱 두드러졌다. 1961년에서 1980년 사이 한국과 대만의 연간 국민총소득^{GDP} 성장률은 각각 9.2%, 9.5%에 달했는데,

4   조희연, 『한국의 국가·민주주의·정치변동: 보수·자유·진보의 개방적 경쟁을 위하여』(서울: 당대, 1998), 26~27쪽.

5   김진업 엮음, 『한국자본주의 발전모델의 형성과 해체』, 21~22쪽.

6   B. Eichengreen, "Institutions and Economic Growth; Europe after World War II," N. Crafts and G. Toniolo(ed.), *Economic Growth in Europe since 1945*(London: Cambridge University Press, 1996); 김진업 엮음, 『한국자본주의 발전모델의 형성과 해체』, 22쪽.

이는 같은 시기 세계 성장률의 세 배에 이르는 수치다. 이러한 급성장은 제2차 세계대전 이후 독일과 일본의 성장 속도마저 앞지른 것이었다.[7]

예외적인 현상으로까지 간주되는 동아시아의 급속한 고도성장은 배경과 원인을 규명하려는 국제적인 논의를 불러일으켰다.[8] 이러한 논의를 시작한 초기 서구의 연구자들은 동아시아 현상을 '시장에 의한 산업화 market-oriented industrialization'라는 시각에서 바라보려 했다. 자유로운 시장 및 사적 기업의 역할에 주목하는 시장중심론market-centered theory[9]이 초기 논의를 주도한 것이다. 그러나 연구성과가 쌓이고 논쟁이 진행되면서 동아시아 지역에서 급속한 자본축적을 뒷받침해온 국가정책 개입의 중요성이 부각되었다. 이로써 국가의 능동적 개입과 효과적인 산업정책 등의 역할을 강조하는 이른바 발전국가론developmental state theory 또는 국가중심론state-centered theory[10]이 더욱 설득력을 지니게 되었다. 이 밖에도 교육·권위·근면 등에 대

7 조희연, 『한국의 국가·민주주의·정치변동』, 27쪽.

8 이하 동아시아 지역의 급속한 성장 배경에 관한 논의 구도에 관해서는 다음을 주로 참조. 김진엽 엮음, 『한국자본주의 발전모델의 형성과 해체』, 22쪽 이하; 조희연, 『한국의 국가·민주주의·정치변동』, 30쪽 이하.

9 시장중심론을 펼치는 연구로는, Shirley W. Y. Kuo, Gustav Ranis and John Fei, *The Taiwan Success Story: Rapid Growth with Improved Distribution in ROC, 1952~79* (Boulder: Westview Press, 1981); B. Balassa, "The Lessons of East Asian Development: An Overview," *Economic Development and Cultural Change*, 36/3(1988); World Bank, *The East Asian Miracle: Economic Growth and Public Policy*(Oxford: Oxford University Press, 1993) 등이 있다. 조희연, 『한국의 국가·민주주의·정치변동』, 30쪽 각주 16 참조.

10 발전국가론 또는 국가중심론을 펼치는 연구로는, Chalmers Johnson, *MITI and the Japanese Miracle: the Growth of Japanese Industrial Policy 1925~1975*(Stanford: Stanford University Press, 1982); Chalmers Johnson, "Political Institutions and Economic Performance: The Government-Business Relationship in Japan, South Korea, and Taiwan," Frederic C. Deyo(ed.), *The Political Economy of the New Asian Industrialism*(Ithaca: Cornell University Press, 1987); A. Amsden, *Asia's Next Giant: South Korea and Late Industrialization*(New York: Oxford University Press, 1989); Peter Evans, *Embedded Autonomy: State and Industrial Transformation*(Princeton:

한 유교문화의 영향과 가부장제적 가족중심주의, 훈련된 엘리트의 충원구조 등을 강조하는 문화론,[11] 동아시아의 지정학적 조건과 세계체제론[12] 등이 있지만, 논의의 핵심은 시장중심론과 발전국가론의 대립 및 그 논의구도의 변화궤적이라고 할 수 있다. 여기서는 시장중심론과 발전국가론을 중심으로 동아시아 지역의 고도성장을 이해하려는 기존 논의의 문제점을 검토하려 한다.

1) 시장중심론

이론적으로 신고전주의 경제학에 입각한 시장중심론은, 자본주의적 산업구조를 형성하는 주요한 힘은 국가의 개입주의 역할이 아닌 자유시장 기제이며 경제에서 자원의 효율적인 배치는 시장의 자유로운 활동이 보장되고 국가가 경제성장에서 최소한의 역할을 함으로써 가능하다고 본다. 뿐만 아니라 경제성장이 상대적으로 평등한 소득분배와 양립할 수 있다고까

Princeton University Press, 1995); R. Wade, *Governing the Market: Economic Theory and the Role of Government in East Asian Industrialization* (Princeton: Princeton University Press, 1990); G. Gereffi and D. L. Wyman, *Manufacturing Miracles: Paths of Industrialization in Latin America and East Asia* (Princeton: Princeton University Press, 1990) 등이 있다. 조희연, 『한국의 국가·민주주의·정치변동』, 31쪽 각주 17 참조.

11 이러한 입장을 펼치는 연구로는, R. MacFarquar, "The Post-Confucian Challenge," *The Economist*, February 9, 1980; L. Pye, *Asian Power and Politics: The Cultural Dimensions of Authority* (Cambridge: The Belknap Press of Harvard University Press, 1985); G. Rozman, "The Confucian Faces of Capitalism," M. Borthwick(ed.), *Pacific Century* (Boulder: Westview Press, 1992); Tai Hung-chao(ed.), *Confucianism and Economic Development: An Oriental Alternative?* (Washington, DC: The Washington Institute Press, 1989) 등이 있다. 조희연, 『한국의 국가·민주주의·정치변동』, 31쪽 각주 18 참조.

12 이러한 입장을 펼치는 연구로는, A. Y. So and W. K. Chiu Stephen, *East Asia and the World Economy* (Thousand Oaks: Sage Publications, 1995)가 있다. 조희연, 『한국의 국가·민주주의·정치변동』, 31쪽 각주 19 참조.

지 주장한다.[13]

이와 같은 시장중심론은 시장 기제를 발전시킨 무역체제의 전환에서 동아시아의 경제성장이 비롯된 것으로 보고 있다. 다시 말해 1960년대 개발도상국의 보편적인 발전모형이던 수입대체 모형을 대체하는 수출지향적 모형을 구축한 것이 동아시아 경제성장의 주요 요인이었다는 것이다. 이러한 주장을 좀 더 구체적으로 살펴보면 대체로 다음과 같이 집약된다. ① 대외지향적 체제로의 전환은 시장 기제를 정착시켜 자원배분의 효율성을 높이고 국가 개입이라는 지대추구 행위의 원천을 제거함으로써 경제성장을 이끌었고, ② 개방체제는 저축 및 인적 자본 투자를 높이고 경쟁을 촉진해 생산성을 향상시켰으며, ③ 개방은 시장개혁의 척도이고 시장개혁은 경제발전에서 가장 중요하며 개방적인 체제일수록 외부 충격에 잘 적응하는 탄력성을 지니고 있다는 것이다.[14] 요컨대 동아시아 경제성장의 비밀은 시장 기제가 불완전한 상황에서 시장이 왜곡되지 않고 발전할 수 있도록 해서 시장을 통한 효과적인 자원배분의 기능을 보장하고 사적 기업의 적극적 투자와 기업활동을 보장한 데 있는 것으로 파악한 것이다.[15] 이와 같은 입장은 계획경제의 폐허 위에서 시장자본주의로 이행하고 있던 포스트 사회주의 사회post-socialist society에 대한 경제적 응급조치이자 동시에 외채위기에 빠진 개발도상국을 구조조정하는 원칙이던 이른바 '워싱턴 컨센서스Washington Concensus'와 맥을 같이했다.[16]

물론 이와 같은 입장에서도 경제성장에서의 국가 개입 또는 국가정책이

13 조희연, 『한국의 국가·민주주의·정치변동』, 32쪽.
14 전병유, 「동아시아경제의 성장, 위기, 조절의 메커니즘에 관한 비판적 연구」, 한국경제학회, ≪경제학연구≫, 제47집 4호(1999), 279~280쪽.
15 조희연, 『한국의 국가·민주주의·정치변동』, 33쪽.
16 같은 책, 33쪽; 전병유, 「동아시아경제의 성장, 위기, 조절의 메커니즘에 관한 비판적 연구」, 280쪽.

현실적으로 중요한 요인이던 동아시아의 현실 자체를 무시할 수는 없었다. 그러기에 시장중심론에서는 동아시아에서 국가의 역할이 중요하다는 것을 불가피하게 인정하면서도 국가의 역할은 신중하게 제한된 국가 개입을 통해서만 가능했다는 절충주의적인 입장이 제기되었으며, 여기에서 특별히 시장친화적인 기본정책market-friendly fundamental policy의 중요성이 강조되었다. 결국 시장중심론에서는 국가의 역할이 시장억압적인 방향이 아니라 시장증대market augmentation적인 방향으로 나아갔기 때문에 경제성장에 성공한 것으로 평가한다.[17]

그러나 동아시아의 경제성장 기제에 대한 연구성과에서는 경제성장과정에서 국가가 단지 시장을 증대하거나 시장에 적응하기 위해서가 아니라 시장을 주도하기 위해 정책적 개입을 시도했다는 사실이 드러났다. 이러한 측면을 집약하면, ① 급속한 자본축적의 핵심 조건으로서의 투자 동원, ② 투자자원을 동원할 수 있도록 하는 수단이자 정책으로서의 금융, ③ 투자 대상과 규모를 사후적(또는 사전적)으로 정당화할 뿐 아니라 지속 가능하게 해주는 조건으로서의 수출 등의 측면을 들 수 있다.[18] 먼저 투자 동원의 측면에서 보면, 국가가 시장을 활용하면서도 직접적인 감독을 동시에 수행한 성격이 두드러진다. 특히 한국의 경우 국가가 시장을 활용한 측면이상으로 기업의 투자활동 자체를 창출하고 직접 감시하는 측면이 강했다. 다음으로 금융제도 및 정책의 측면에서 보면, 한국의 경우 국가주도하에 기업의 성과 기준에 따라 신용을 할당했으며, 정부, 은행, 기업이 밀접한 관계를 맺어 정보를 교환하는 등 사전적 규제의 제도적 장치 이상으로 국가의 직접적 감독과 사후적 조정이 중요했다는 특성을 지니고 있다. 마지

---

17 조희연, 『한국의 국가·민주주의·정치변동』, 33~35쪽.
18 김진업 엮음, 『한국자본주의 발전모델의 형성과 해체』, 23~36쪽. 이하의 평가 역시 이를 참조.

막으로 수출 및 대외지향적 발전의 측면에서 보면, 단순히 수출지향적 모형을 추구한 것이 아니라는 점이 분명해졌다. 동아시아, 특히 한국과 대만의 경우 1960년대 무역자유화는 시장주의적 개혁이었다기보다는 산업정책 가운데 하나로, 복선형 산업화 전략의 일환이었다.[19] 이러한 맥락에서 대외지향은 국가 개입의 규율 기제로 작용했다. 동아시아의 산업정책은 선별적이었으며, 이 선택성이 초래하는 규율문제는 대외지향으로 해결했다는 것이다. 동아시아에서의 대외지향은 투자와 기술에 관한 정부의 산업정책을 보완하는 역할을 했다. 결국 후발성의 이익은 단순히 개방체제를 채택함으로써가 아니라 국가가 국민경제를 세심하게 조직함으로써 달성된 것이었다.[20]

이상과 같은 여러 측면에서 볼 때 동아시아 경제성장에서 국가주도의 역할이 두드러졌다는 것이 밝혀지면서 초기의 시장중심론은 설득력을 잃었으며 새로운 접근이 요청되었다. 이에 따라 경제성장에서 국가의 주도적 역할을 강조하는 발전국가론이 대두되었다.

2) 발전국가론

동아시아 경제성장에서 국가주도성을 강조하는 견해는 국가 개입, 특히 산업정책과 금융시장에 대한 개입이 기존의 신고전파 경제학으로는 설명 가능하지 않은 것으로 보고 이와는 다른 해명을 시도한다. 이 견해에 따르면 급속한 경제성장을 이룬 동아시아의 국가들은 시장에 순응한 것이 아니

19　이병천, 「개발독재의 정치경제학과 한국의 경험: 극단의 시대를 넘어서」, 이병천 엮음, 『개발독재와 박정희시대: 우리 시대의 정치경제적 기원』(서울: 창작과비평사, 2003), 47쪽.

20　이들 여러 측면에 대한 본격적인 분석과 평가에 관해서는 다음을 참조할 것. 전병유, 「동아시아경제의 성장, 위기, 조절의 메커니즘에 관한 비판적 연구」.

라 시장을 주도했다. 이 견해를 따르는 연구자들은 이러한 국가의 성격을 '발전국가'로 정의한다. 이 발전국가는 사적 자본의 이해관계로부터 상대적으로 자율적이며, 따라서 자본과 시장을 주도하고 규율한다. 아울러 내부적으로는 통합도가 대단히 높아서 경제발전을 주도하는 것으로 이해된다.[21]

경제성장에서 주도적인 역할을 한 동아시아의 발전국가를 이해하는 데 원형이 되는 논거는 알렉산더 거셴크론Alexander Gerschenkron의 연구[22]를 들 수 있다. 거셴크론에 따르면, 산업화에서 후발국가의 선진국 따라잡기catching-up는 결코 자동적인 과정이 아니며, 후발국가가 성장과 발전을 해나가는 데 가장 중요한 요소는 '발전을 위한 사회적 능력social capablity'이다. 경제적으로 후진적인 상태는 기회와 장애를 동시에 갖고 있는데, 후발국가에 결여된 잃어버린 고리missing prerequisities의 역할을 해줄 수 있는 사회적 요소를 채워 넣는다면 후진성은 오히려 발전의 기회를 제공할 수 있다는 것이다. 거셴크론의 주장은 시장방임이 아니라 특정 종류의 제도적 혁신, 예컨대 수직적으로 통합된 대기업, 개발은행, 생산과 투자를 위한 자금 흐름 경로의 확보, 투자 결정에서의 국가 개입과 같은 형태의 사회적 개입 기제 등을 통해 후발성의 장애를 해소할 수 있다는 것이다. 이러한 장애의 구체적인 내용으로는 투자조정의 문제, 투자정체의 문제, 산업금융에서 정보의 비대칭성 문제, 저축의 동원문제, 유치산업의 창출 및 보호 문제 등을 들 수 있다. 그의 주장 가운데 특히 주목할 만한 것은 제도혁신이 초기의 후진 상태에서 일어난다면 경제가 역사·제도적 유산을 결코 벗어날 수 없다는 주장이다. 이러한 제도적 유산은 서구의 관점에서 보면 비정상적non-conventional일 수밖에 없다. 이 주장에

---

21 김진업 엮음, 『한국자본주의 발전모델의 형성과 해체』, 43쪽.
22 Alexander Gerschenkron, *Economic Backwardness in Historical Perspective: a book of essays*(Cambridge, Massachusetts: Belknap Press of Harvard University Press, 1962).

비춰볼 때 동아시아의 경우 초기의 후진 상태에서 선진국을 따라잡는 기회를 얻기 위해 이들 지역의 국가는 제도적 혁신과 자본 통제를 통해 급진적인 발전의 수단을 창출하는 데 성공한 셈이다.[23]

동아시아 경제성장의 요인을 규명하는 시장중심론을 비판하면서 대두한 발전국가론은 국가의 전면적이고 효과적인 개입, 집중화된 산업정책, 구체적인 표준성취 원칙의 설정 등이 동아시아 경제성장의 요인이었다고 본다. 이 가운데서 특히 효율적인 성장의 핵심적인 조정자coordinator로서의 국가의 개입주의적 역할을 강조한다. 이 입장에 따르면 개발도상국에서는 특히 시장창출, 자본축적, 인프라 구조와 같은 집단재의 제공 등에서 국가의 역할이 지대한 중요성을 갖는다.[24] 일본의 사례를 근거로 동아시아의 경제성장에서의 국가 중심 모형을 정초한 차머스 존슨Chalmers Johnson은 시장 자체가 취약한 상태에서 시장을 발전시키기 위해서는 국가의 적극적인 역할이 성장의 필수적인 요인이라고 지적했다.[25] 미국의 한국 전문 연구자인 앨리스 앰스덴Alice H. Amsden은 경제성장에서 국가의 시장육성적 역할을 강조하는 존슨의 입장에서 더 나아가 성장에서 이뤄지는 국가의 적극적인 개입 자체를 독립적인 변수로까지 강조한다. 다시 말해 발전론적 국가 개입의 '시장조응적market-conforming' 측면에 초점을 맞추기보다는 개입 자체의 독립적인 의미와 역할을 강조하면서 이를 후발 자본주의화라는 독특한 세계사적 현상을 설명하는 일반적인 요인이라고 평가한다. 앰스덴은 한국의 산업화를 브라질, 터키, 인도, 멕시코, 대만 등과 같은 후발 자본주의국가 가운데 대표적인 사례로 보면서 한국의 산업화는 이 나라들의 공통된 특징을

---

23 김진엽 엮음, 『한국자본주의 발전모델의 형성과 해체』, 43~44쪽.

24 조희연, 『한국의 국가·민주주의·정치변동』, 35~36쪽.

25 Chalmers Johnson, *MITI and the Japanese Miracle: the Growth of Japanese Industrial Policy 1925~1975*(Stanford: Stanford University Press, 1982).

모두 지니고 있는 것으로 보았다. 앰스덴은 자유시장을 성장의 열쇠로 보는 견해를 반박하며 후발 산업화 경제를 이해하기 위한 새로운 패러다임이 필요하다고 강조했다.[26] 이 새로운 패러다임의 핵심은 바로 사회경제적인 자원을 성장으로 통합·조정하고, 우선적 분야에 성취목표를 설정해 지원하며, 성장에 대한 저항을 효과적으로 통제하는 강력하고 자율적인 국가다.[27]

국가의 자율성[28] 개념을 핵심으로 하는 발전국가론은 확실히 시장중심론에 비해 동아시아 경제성장의 실제를 규명하기에 설득력을 지닌 견해다. 이와 같은 견해에 따라 박정희 시대에 이룬 한국의 경제성장을 해명하자면, 국가가 여러 사회집단의 요구 및 압력을 넘어서서 자율성을 가지고 수출산업 지원 등 발전정책을 효과적으로 추진함으로써 성장이 가능했다는 것으로 집약할 수 있다.[29]

그러나 발전국가론이 동아시아의 경제성장을 해명하는 데 충분하고 완전한 설명력을 갖는 것은 아니다. 발전국가론은 동아시아 경제성장 현상을 설명하는 이론으로서 여러 가지 한계를 지니고 있다. 발전국가론의 한계에 해당하는 주요 문제는 ① 이론 자체의 통일성을 제약하는 현상의 다양성, ② 계급정치에 대한 인식의 부재, ③ 국가 자율성 및 국가능력의 과대평가, ④ 발전국가와 체제 관계의 불명료성, ⑤ 발전국가의 정도, 시기, 변형의 모호성 등을 들 수 있다.[30]

---

26 앨리스 앰스덴, 『아시아의 다음 거인: 한국의 후발공업화』, 이근달 옮김(서울: 시사영어사, 1990).
27 조희연, 『한국의 국가·민주주의·정치변동』, 38~39쪽.
28 동아시아의 경제성장을 설명하는 중요한 개념인 국가 자율성은 예외적인 현상이라기보다는 일반적인 국가 자율성의 의미를 함축하고 있다. 같은 책, 40쪽.
29 같은 책, 41쪽.
30 발전국가론의 문제점에 관해서는 이 이론의 성격을 일목요연하게 정리한 다음 글을 주로 참조할 것. 박은홍, 「발전국가론 재검토: 이론의 기원, 구조, 그리고 한계」, ≪국제정치논

이들 문제를 자세히 살펴보면, 첫째, 이론 자체의 통일성을 제약하는 현상의 다양성으로 인해 정책, 산업구조, 투자 형태를 둘러싸고 발전국가 내부의 편차가 다양하다. 예컨대 대만은 한국, 일본과 함께 '통치된 시장 governed market'을 공유하고 있지만 서로 다른 산업화 패턴을 보였다. 공-민 협력구조를 기반으로 하는 한국 및 일본과 공공부문의 정책망을 중심으로 하는 대만은 서로 다르며, 산업구조 면에서도 대기업을 중심으로 하는 한국과 중소기업을 중심으로 하는 대만은 서로 다르다. 일본, 한국, 대만과 구별되는 무역항경제체제entretpot economies로서는 싱가포르와 홍콩의 예외성이 두드러지며, 이 둘 사이에서도 자유방임형에 가까운 홍콩과 정부의 적극적 개입형에 해당하는 싱가포르 간의 차이가 크다. 여기에 동남아시아의 신흥 산업화 국가들을 포함시키면 편차는 더욱 다양해진다. 이런 까닭에 발전국가의 속성을 명료하게 정의하기 어렵다는 문제가 제기된다.

둘째, 계급정치에 대한 인식의 부재로 인해 경제성장에 미친 계급적 압력이 간과된다. 발전국가론은 성장과 '효율성의 주머니'로서 '자율적 관료제autonomous bureaucracy' 및 '엘리트 통치주의meritocratism' 간의 강한 상관관계를 주장함으로써 신고전주의와 마찬가지로 '발전의 정치politics of development'를 단순히 기술주의적인 차원technocratic issue으로 환원시킨다.[31] 한국과 대만의 경우 경이적인 성장의 배경에는 농지개혁이 중요한 요인 가운데 하나로 자리 잡고 있는데, 이는 사회주의 혁명에 대한 수동혁명passive revolution의 성격을 지닌 것으로, 동아시아의 경제성장과 계급정치의 함수관계를 시사한다. 하지만 발전국가론은 동아시아의 경제성장에 계급적 압력이 미친 '의도하지 않은 결과unintended outcome'로서의 성격을 해명하지 못한다.[32]

총≫, 제39집 3호(1999).

31 Ray Kieley, "Neo Liberalism Revised? A Critical Account of World Bank Concepts of Good Governance and Market Friendly Intervention," *Capital & Class*, #64(1998), p. 74.

셋째, 발전국가론은 국가의 능력과 자율성을 과대평가한다. 발전국가론에서 상정하는 국가는 '관료적 후원정치'bureaucratic and patronage politics'나 '약탈성predation'과는 무관할 뿐 아니라 사회적 집단의 영향력으로부터 자율성을 유지하는 가운데 합리적인 조정능력을 갖는 것으로 간주된다. 그러나 앞서 지적한 바와 같이 관료제적 구조를 중심으로 국가의 자율성이 작동하는 것으로 봄으로써 국가의 자율성이 확보되는 계급적 관계의 조건을 간과했다. 이와 동시에 관료제적 구조 자체가 폐쇄성을 지니고 있어 약탈성과 부패구조로부터 자유롭지 못하다는 점 역시 간과했다. 발전국가론 내에서 '연계된 자율성'[33] 개념이 등장하기도 했지만, 이는 발전국가론의 국가 자율성 개념을 보완하기보다는 오히려 그 허점을 드러냈다.[34]

넷째, 발전국가론에서는 발전국가와 정치체제 간의 관계가 모호하다. 대부분의 논의는 발전국가와 권위주의체제 간의 친화성에 주목했으나, 동아시아 지역에서 권위주의체제가 약화됨에 따라 발전국가와 민주주의체제가 양립할 가능성까지 전망되었다. 말하자면 이전 논의는 자본에 대한 융합적 통제inclusive control와 노동에 대한 배제적 통제exclusive control를 발전국가의 특성으로 암묵적으로 인정해왔으나 이제는 노동에 대한 융합적 통제도 가능한 것으로 전망한 것이다. 하지만 이렇게 되면 경제개발 시대 동아시아 국가들의 노동배제적 권위주의 성격이 불가피했는지, 아니면 일정 시기 예외적인 현상이었는지를 해명하기 어려워진다.

다섯째, 자본에 대한 국가의 자율성이 어느 정도로 유지되어야 발전국

---

32 이 점은 경제성장과 민주주의의 관계, 즉 산업화와 민주화의 관계를 규명하려는 이 책 전체의 문제의식에 비춰볼 때 대단히 중요한 의미를 갖는다.
33 Peter Evans, *Embedded Autonomy: State and Industrial Transformation*(Princeton: Princeton University Press, 1995).
34 조희연, 『한국의 국가·민주주의·정치변동』, 52쪽.

가라고 할 수 있을지(정도의 문제), 동아시아 국가에서 발전국가의 시기를 언제까지로 봐야 할지(시기의 문제), 발전국가 관료지배bureaucratic domination의 시기와 국가-자본 상호합의reciprocal consent의 시기를 거쳐 대자본 지배big business domination의 시기로 진입할 경우 어떤 시기의 국가를 발전국가로 볼 수 있는지(변형의 문제) 등의 문제가 제기된다. 한국의 경우를 보면 국가의 주도성이 뚜렷한 1960~1970년대를 거쳐 1980년대 초반 신군부 정권하에서 일련의 경제개방 조치를 취하는 가운데 국가주도성 또는 자율성이 약화되었다가, 1980년대 말에서 1990년대에 이르러서는 정부-기업 연석회의 수가 줄어들고 해외차입을 국가에 의존하던 재벌이 금융시장의 개방으로 국가의존도를 줄이는 등 국가-자본의 연계가 질적으로 변화했다.[35] 이 경우 전 시기를 통틀어 발전국가의 특성을 일관되게 판단해야 하는지, 아니면 이 가운데 특정한 시기에 한정해 발전국가의 특성을 판단해야 하는지라는 문제가 제기된다.

발전국가론은 시장중심론의 이데올로기적 성격을 넘어 동아시아 경제성장의 현상을 사실에 더욱 부합하는 방식으로 설명하고 있음에도 이상과 같은 여러 한계 때문에 충분한 설명력을 확보하지 못했다. 그렇기 때문에 발전국가론 역시 시장중심론처럼 모종의 이데올로기적 함의를 지닌다는 혐의에서 자유롭지 않다.[36] 나아가 시장의 자유로운 개방을 강조하는 시장중심론과 국가의 자율성을 강조하는 발전국가론은 언뜻 보기에 매우 다른

---

35 Peter Evans, *Embedded Autonomy: State and Industrial Transformation*, p. 231.

36 조희연은 발전국가론이 박정희 시대 미화론과 연관된 정치적 함의를 지닌다는 점을 지적한다. 한편 최형익은 초기에 주로 해외 학자들에 의해 논의되던 발전국가론이 한국에서는 민주화가 이뤄진 1980년대 후반과 1990년대 초반 들어 논의되기 시작했다는 점을 들어, 권위주의를 옹호한다는 도덕적 비난을 면하게 된 조건에서 논의가 활성화된 현상의 정치적 함의를 간접적으로 꼬집는다. 조희연, 『한국의 국가·민주주의·정치변동』, 41쪽; 최형익, 『실질적 민주주의: 한국민주주의 이론과 정치변동』(오산: 한신대출판부, 2009), 165쪽.

접근처럼 보이지만 사실은 공통된 인식기반을 갖고 있다. 시장중심론과 발전국가론은 "오직 발전의 의미를 자본주의적 경제성장에 한정"[37]한다는 점에서 공통적이다. 이 점에서 시장중심론적 모형을 체계화하는 대표적인 기관인 세계은행이 한국과 대만의 성공을 시장에 기초한 결과였다고 평가한 「1990년 보고서」와, 국가의 역할을 인정하되 그 역할이 시장억압적인 방향이 아니라 시장증대적인 방향으로 나아갔기 때문에 개입이 성공적이었다고 평가한 「1994년 연차 보고서」 사이의 미묘한 차이는 서로 다른 접근의 결과로 이해되지 않는다. 이는 자본주의적 시장경제가 동아시아에서 고도성장을 통해 향유되고 있다면 그 일차적 공로가 국가의 자율적 정책에 있든 시장의 기능에 있든 큰 문제가 될 게 없다고 인식한 결과다.[38]

결국 시장중심론이든 발전국가론이든 자본주의적 경제성장에 주목할 뿐이다. 발전국가론에서 말하는 국가의 자율성이란 그 자체로는 대단히 정치적인 함의를 지니고 있지만 여전히 경제성장을 추동하는 의미에서만 주목된다. 그러므로 두 이론은 모두 경제성장과정에서의 사회계급의 갈등과 정치적 민주주의의 동력을 규명할 수 없다는 근본적인 한계를 지니고 있다. 경제적 발전과정으로서의 산업화와 정치적 발전과정으로서의 민주화를 동시에 접근할 수 있는 분석방법론이 요구되는 까닭이 여기에 있다.

2. 산업화와 민주화를 통합한 한국 근대화 분석방법론 제안

경제적 과정으로서의 산업화와 정치적 과정으로서의 민주화를 통합적

---

37 최형익, 『실질적 민주주의』, 160쪽.
38 같은 책, 160쪽.

으로 설명하는 방법을 모색하기 위해 여기서는 현대 자본주의국가 및 시민사회에 관한 논의를 유념하는 가운데 몇 가지 가설적 명제를 제시하고, 이어 이를 뒷받침하는 논거를 밝히려 한다.

1) 기본 가설

산업화는 자본주의적 산업화를 뜻하는 것으로, 한국에서 이 과정은 국가와 자본 간의 연합, 즉 발전연합에 의해 주도되었다. 산업화가 본격화되기 이전, 즉 자본의 형성이 미약한 상태에서 국가는 자본형성을 이끌었을 뿐 아니라 이후 자본축적에 유리한 조건을 부여해가며 자본주의적 산업화를 주도했다. 이로써 국가와 자본 간의 단단한 발전연합이 구축되었다.

민주화는 흔히 산업화의 결과로 인식되지만, 산업화가 이뤄지는 과정 자체에서도 추동되었다. 민주화는 국가권력에 대항한 '운동'으로 전개되는 국면과 국가권력의 차원에서 '제도화'되는 국면에 차이가 있지만 이 두 가지 국면은 포괄적인 의미에서 민주화의 연속선상에 있다. 한국의 근대화 과정에서 민주화는 국가와 자본 간의 발전연합에 대항한 시민사회와 노동 간의 민중연합[39]에 의해 주도되었다.

한국 근대화과정에서 발전연합에 의한 산업화와 민중연합에 의한 민주화는 모순적 관계 내에서 동시적으로 펼쳐졌다. 이 점에서 발전연합에 의한 산업화와 민중연합에 의한 민주화는 서로 영향을 주고받는 관계에 있었다. 물론 발전연합이 현실적으로 압도적인 우위를 점한 것은 사실이지만

---

39 이는 현실적으로 발전연합의 압도적 우위에 저항하는 양상을 취했다는 점에서 '저항연합'이라고 할 수도 있다. 그러나 뒤에서 밝히겠지만, 산업화와 민주화의 전 과정에서 두드러진 민중의 역동성에 주목하는 것을 출발점으로 삼는 이 책의 취지에서 보자면 '민중연합'으로 부르는 것이 이 연합의 적극적인 의미를 훨씬 잘 드러낸다.

이것이 발전연합의 일방적인 지배를 뜻하는 것은 아니었다. 발전연합과 민중연합은 국면에 따라 다양한 형태로 서로 영향을 주고받으며 한국적 근대화의 성격을 결정지었다.

이를 규명하기 위해 대립의 양축을 구성하는 각각의 주체 또는 영역과 관련해 다음과 같은 가설적 명제를 제시한다.

가설 1: 현대 자본주의사회에서 자본의 이해를 대변하는 국가의 성격은 한국 경제개발과정에서도 분명하게 드러난다

국가가 주도하는 산업화란 자본주의적 산업화를 뜻한다. 특히 경제개발 초기 자본 및 계급의 형성이 미약한 상황에서는 국가가 자본의 형성에 주도적인 역할을 담당한다. 경제개발과정, 즉 산업화과정에서 국가는 자본을 형성하고 이와 결합하는 발전연합을 주도한다. 한국에서 국가가 자본형성에 주도적인 역할을 담당하게 된 데에는 여러 가지 역사적 조건이 작용했다. 식민지 시대의 국가 관료체제가 온존된 '과대성장 국가'[40]로서의 조건, 국제적 냉전체제 및 분단체제 형성으로 미국으로부터 지원을 받음에 따라 경쟁적으로 강화된 국가권력의 조건, 본격적인 산업화 이전에 미약했던 자본주의적 사회계급의 조건 등이 여기에 해당한다. 한국은 이러한 역사적 조건하에서 자본주의적 산업화를 주도적으로 실현해나갔다.

그러나 국가는 그 자체로 독립된 실체가 아니라 계급적 관계의 산물이므로 자본의 이해를 반영하는 국가의 요구나 자본의 이해에 대항하는 저항적 요구를 일정 부분 수용할 수밖에 없다. 여기에서 국가는 자본의 이해를 대변하는 지배의 도구로서의 외양을 띠지 않고 보편적 공공성을 실현하는 주체로서의 외양을 띤다.[41] 바로 이 점 때문에 민주화는 일정 부분 국가의

---

40 함자 알라비, 「과대성장국가론: 파키스탄과 방글라데시」, 『국가란 무엇인가』.

민주화 형태로 구현된다. 하지만 국가의 이러한 역할이 자본의 이해를 대변하는 국가의 성격에서 벗어난 것은 아니다. 국가는 자본축적의 위기에 대응해 새로운 축적의 조건을 형성하는 역할을 담당하기 때문이다.

가설 2: 경제개발과정에서 국가권력의 주도하에 육성된 자본은 자기증식이라는 목적을 이루기 위해 정치적 국면에 따라 유리한 조건을 활용해왔다

자본주의적 산업화과정을 보면 국가주도성이 강한 한국에서는 자본이 자기증식에 유리한 방향으로 국가권력을 활용해왔다. 경제개발 초기 국가의 주도하에 형성된 자본은 국가가 제공하는 유리한 조건을 십분 활용하며 자기증식의 목적을 효율적으로 달성하려 했다. 특히 한국의 대자본은 자본주의적 산업화를 성공시키려는 국가의 자원배분 특혜를 누리며 성장했다. 이 때문에 권위주의적 국가권력과 친화력을 지닌 한국의 자본가계급은 이른바 '부르주아 민주주의'의 주체로서의 역할도 맡을 수 없었다. 한국의 민중세력이 부르주아적 민주주의의 과제에 해당하는 절차적 민주주의와 민중적 이해를 반영하는 실질적 민주주의를 동시에 이뤄야 하는 이중의 과제를 안게 된 것은 이 때문이었다.[42] 그러나 한편 민중세력에 의해 열린

---

41 현대 자본주의국가에 관한 논의에서는 자본의 직접적인 이해관계에서 벗어나 공공성을 실현할 수 있는 조건인 국가의 상대적 자율성 문제가 중요한 논점 가운데 하나다.

42 자본주의적 산업화와 민주화의 이중적 과정을 거쳐온 한국의 근대화과정에서는 '시민'에 앞서 '민중'이 먼저 등장했다는 점에 특히 유의할 필요가 있다. 분단 이후 한국사회의 여러 사회운동은 줄곧 '민중운동'이라고 일컬어져왔다. '민중운동'이라는 명칭은 분단 이후 한국사회에 요구된 사회적 실천의 성격을 함축한 것이었다. 본격적인 자본주의적 산업화가 이뤄지기 전에는 사회적 실천이 주로 억압적인 국가에 대항하는 형태였으나 자본주의적 산업화가 본격화된 이후로는 억압적인 국가와 더불어 자본에도 대항하는 성격을 띠는 형태로 변화했다. 하지만 이러한 사회적 실천은 처음부터 이른바 시민사회적 과제와 민중사회적 과제를 짊어지고 있었다. 즉, 민중적 요구를 관철하기 위해서는 정치적·법적 의미에서 시민적 요구를 관철시키는 과정을 경유해야만 했다는 점에서 이중의 과제를 안고 있었던 셈이다. 이는 국가에 대해 상대적으로 자율적인 부르주아사회가 스스로 확립되기

민주화의 공간에서 절차적 민주주의가 이뤄지자 자본은 거꾸로 국가권력을 실질적으로 지배하며 자신의 요구를 관철시킬 기회를 얻게 되었다. 그간 사실상 국가에 예속되어 있던 자본이 비로소 국가와 동맹관계를 맺게 된 것이다.

자본이 자기증식, 즉 자본축적의 목적을 관철시켜나가는 과정에서 실질적으로 목적을 실현시키게 만드는 노동에 대해 파괴적인 성격을 띨 때에는 노동자의 저항으로 규제의 요구에 직면하지만, 자본은 국가권력과 긴밀하게 결합함으로써 노동자의 저항을 효과적으로 통제해왔다. 이데올로기, 자원 동원, 법률적 환경 등에서 우월한 지위에 있는 자본은 노동을 통제하기 위해 법률과 제도뿐 아니라 국가권력의 직접적인 강제력까지 동원했다. 한국사회에서 산업화가 진전될수록 노동자세력이 강력해지고 동시에 시민사회의 민주화운동이 활성화되었음에도 실질적 민주화가 지체되는 보수적인 민주화가 이뤄질 수밖에 없었던 것은 국가와 자본의 긴밀한 관계를 기초로 하는 발전연합이 파국에 이르지 않고 위력을 발휘했기 때문이다.

가설 3: 한국 근대화에서 산업화와 민주화가 동시에 진전된 결정적인 이유는 노동자가 동의와 저항이라는 모순된 이중적 역할을 했기 때문이다

산업화의 진전과 함께 성장한 노동자계급은 산업화 자체를 가능케 한 실질적인 주역이다. 한국의 급속한 산업화를 가능케 한 요인으로는 강력한 국가주도의 경제개발계획, 냉전체제하의 지정학적 위치 등 여러 가지를

보다는 자본주의적 산업화가 국가주도로 이뤄진 탓에 국가에 예속된 형태로 형성된 한국사회의 특수성에서 비롯되었다. 부르주아사회가 국가에 대항해 자율적인 능력을 지니지 못한 까닭에 한국의 민중운동은 시민적 권리를 확보하는 과제와 동시에 민중적 권리를 확보하는 과제도 떠안아야 했다. 한국사회에서 시민이 등장한 것은 1987년 민주화항쟁 이후였다. 전형적인 서구의 역사와 달리 민중운동이 앞서 등장하고 그 성과로 시민운동이 등장한 것이다.

들 수 있지만, 노동자들의 희생적인 헌신이야말로 가장 결정적인 요인이었다.[43] 노동자들의 헌신이 있었기에 그 밖의 요인이 산업화의 현실적인 동인으로 작용할 수 있었다. 노동자들의 헌신은 권위주의적인 국가의 억압에 따른 강요의 측면과 산업화에 대한 일종의 '국민적 의지'를 기반으로 한 자발적인 동의의 측면을 동시에 지녔다.[44] 이 중 노동자들의 자발적 동의라는 측면은 경제개발, 즉 산업화를 위해 정치적 권위주의가 필연적이었는지 되물을 수 있는 요인이다.

그러나 노동자들이 헌신하는데도 국가와 자본의 노동배제 전략이 지속되자 이는 역설적으로 산업화로 이미 성장한 노동자계급의 강력한 저항을 불러일으켰다. 노동자들의 저항은 스스로의 요구와 권리를 관철시키려는 성격에서 시작되었으나 시민사회를 활성화시키는 촉매 역할을 했고, 결국 사회 전반으로 민주주의를 확산시키는 효과를 띠었다. 노동자들의 저항은 국가와 자본에 의해 배제된 노동자들의 권리 요구라는 차원에서 실질적 민주주의를 지향하는 성격과 더불어, 제도와 법률마저 뛰어넘은 국가의 강제력에 대한 저항이라는 차원에서 절차적 민주주의를 확립하는 성격을 동시에 지니고 있었다. 이 점에서 노동자들의 저항은 민주주의의 질적 수준을 결정짓는 기본동력이었다.

---

43 최장집, 『한국의 노동운동과 국가』(서울: 나남, 1997), 13~15쪽 참조.

44 조희연은 그람시가 '강압에 의해 보강된 헤게모니(hegemony armoured by concern)'와 '헤게모니에 의해 보강된 강압(concern armoured by hegemony)'이라는 개념을 사용한 것은 강압적 지배와 헤게모니적 지배가 분리된 것이 아니라 이 양자가 양면적으로 작동한다는 사실을 통찰한 것이라고 보고, 이 관계를 '강압적 동의'와 '동의적 강압'으로 재정식화한다. 또한 모든 동의에는 수동적 동의와 능동적 동의가 혼재되어 있다고 말한다. 이로써 지배자가 행사하는 강압과 피지배자가 수용하는 동의가 지닌 상호작용적 성격을 강조한다. 조희연, 『동원된 근대화: 박정희 개발동원체제의 정치사회적 이중성』(서울: 후마니타스, 2010), 특히 184쪽 이하.

가설 4: 한국의 시민사회는 자본주의적 산업화가 본격화되기 이전에는 취약했으나 자본주의적 산업화의 진전과 함께 급격히 성장하며 민주화에 기여했다

자본주의적 산업화가 이뤄지기 전에는 한국의 시민사회가 매우 취약했다. 특히 한국전쟁 이후 형성된 극단적인 이념지형으로 인해 시민사회는 사실상 부재하다시피 했다. 이 시기는 식민지 국가 관료체제가 존속된 데다 막 형성되기 시작한 냉전체제 최전선의 분단국가로서 미국의 지원에 힘입어 국가가 무척 강화된 상태였다. 반면 분단과 전쟁으로 단절된 사회운동은 지극히 취약한 상태에 처해 있었다. 강한 국가 대 약한 시민사회의 관계가 형성된 형국이었던 것이다. 그러나 한국의 시민사회는 한편으로는 식민지하에서의 민족·민중운동의 전통을 이어받고, 다른 한편으로는 본격화된 산업화의 영향을 받아 서서히 국가권력에 대항하는 독자적인 영역으로 자리를 잡아가기 시작했다. 그러나 산업화 초기 한국의 시민사회는 서구적 의미에서 부르주아계급이 주도하는 시민사회와는 성격을 달리했으며, 오히려 노동자와 농민 등 민중의 요구에 부응하는 '민중사회'적 성격을 지니고 있었다. 요컨대 한국의 시민사회는 민중사회에 의해 선도되었다.[45] 시민사회가 강력한 국가권력에 맞서 강력한 성격을 띰으로써 강한 국가 대 강한 시민사회의 관계가 형성되었고, 이후 한국사회에는 이와 같은 관계가 주도적인 경향으로 자리 잡았다.

민중사회에 의해 선도되던 시민사회는 절차적 민주주의가 제도화되는 국면에서 분화되기 시작했다. 이는 시민운동과 민중운동의 분화로 나타났고, 나아가 민중운동에 대한 시민운동의 우위 상황으로 나타났다. 민주화운동의 국면에서 민중사회의 성격을 지닌 시민사회는 민중연합의 한 축으로서 민주화운동에 기여했으나, 민주화의 제도화 국면에서는 시민적 권리

45　김세균, 『한국민주주의와 노동자·민중정치』, 387쪽 이하 참조.

를 중심으로 하는 시민운동과 민중적 권리를 중심으로 하는 민중운동이 경합했다. 이처럼 경합하는 두 운동의 역관계에 따라 형성될 시민사회의 성격은 향후 한국 민주주의의 성격을 결정지을 전망이다. 즉, 시민사회가 실질적으로 자본에 포섭되고 정치적 차원에서의 시민적 권리를 중심으로 하는 시민운동에 기우느냐, 아니면 자본을 제어하고 민중의 실질적 권리를 향상시키는 민중운동에 기우느냐에 따라 보수적인 민주화에 머물 것인지, 아니면 더욱 급진적인 민주화로 나아갈 것인지에 대한 현실적인 향배가 좌우될 것이다.

2) 기본 가설의 논거

이상의 가설적 명제는 몇 가지 중요한 논거로 뒷받침된다. 이러한 논거를 밝히는 일은 구체적인 역사적 현상을 본격적으로 분석하기에 앞서 가설적 명제의 이론적 타당성을 뒷받침하는 작업이 될 것이다.

논거 1: 산업화를 주도한 발전연합 대 민주화를 주도한 민중연합의 대립관계는 한편으로는 산업화 자체의 모순적 성격에서, 다른 한편으로는 산업화와 민주화의 구별되는 성격에서 비롯된다

우선 산업화의 모순적 성격이란 자본주의적 산업화로 인한 계급·계층의 분화와 발전을 함축한다. 자본주의적 산업화는 필연적으로 이해관계가 대립되는 부르주아와 프롤레타리아라는 계급관계를 형성시킬 뿐 아니라 계급관계를 중심으로 여타의 계급·계층 관계를 규정한다. 이러한 관계가 이해관계의 충돌을 기본성격으로 한다는 점에서 양 계급을 중심으로 하는 세력관계는 대립구도를 갖는다. 자본주의사회에서 지배권력을 행사하는 부르주아세력은 자신들의 사회적·정치적 권력을 제한하거나 통제하려는 시

도에 대해 저항하기 때문에 자본주의는 한편으로 민주화의 진전을 방해한다. 그러나 자본주의의 발전은 동시에 민주화를 추진시킬 수 있는 주요한 사회층인 노동자계급과 신중간층 등을 확대시키고 국민의 전반적인 교육 수준을 향상시키는 과정을 수반하기 때문에 자본주의는 역설적으로 민주화의 진전에 기여한다. 요컨대 자본주의사회에서의 민주화는 자본주의 발전이 지닌 이러한 모순적 역동성에 의해 구조적으로 매개되면서 민주화를 저지하려는 사회적·정치적 힘과 민주화를 촉진하려는 사회적·정치적 힘 간의 투쟁과정을 통해 이뤄진다고 할 수 있다.[46] 산업화라는 측면에서 보면 정반대의 양상 또한 가능하다. 피지배계급의 민주화 요구는 자본 축적 체제의 위기를 불러일으키기도 하지만 동시에 지배계급이 이러한 위기에 대응해 더욱 안정적으로 축적제제를 구축할 수 있도록 한다. 이른바 산업 구조의 고도화는 이와 같은 과정을 통해 이뤄진다고 할 수 있다. 한국의 자본주의적 산업화과정은 이와 같은 역동적인 모순관계를 분명하게 보여주었다. 말하자면 박정희 정권이 주도한 국가가 단순히 약탈국가로 전락하지 않고 경제개발의 성공적인 모델을 이끈 국가로 평가될 수 있는 것도 이러한 역동적 모순관계에서 비롯된다. 이러한 역동적 모순관계는 산업화 역시 민주화과정으로부터 영향을 받을 수밖에 없다는 사실을 말해준다.[47]

또한 산업화와 민주화의 성격이 구별된다는 것에는 이 두 가지가 단순히 경제적 차원과 정치적 차원으로 구분된다는 의미뿐 아니라 목적을 구현하는 논리 자체가 다르다는 의미도 포함한다. 자본주의적 발전과정으로서의 산업화는 단적으로 말해 자본축적의 논리를 따른다. 자본주의적 산업

---

46 같은 책, 30쪽.
47 대표적인 발전국가론자인 앰스덴도 한국의 산업화에서 전개된 민족주의 운동 및 개혁운동과 학생운동의 중요성을 강조한다. 앨리스 앰스덴, 『아시아의 다음 거인』, 10~11, 39, 52~53쪽.

화는 자본의 재생산이라는 목적을 지니고 있기 때문에 물적·인적 자원을 효율적으로 동원하려 한다. 따라서 부의 집중과 불평등을 내재적으로 안고 있을 수밖에 없다. 한마디로 산업화는 물질적 요구에 충실한 성격을 지닌다. 반면 민주화는 매우 직접적인 인간적 권리라는 차원을 함축한다. 민주화는 민중이 정치적 결정의 권리를 갖도록 보장하고 나아가 사회경제적 선택에서 공정한 기회와 권리를 갖도록 보장한다. 전자가 절차적 민주화에 해당한다면 후자는 실질적 민주화에 해당하는 것으로서, 민주화는 공정한 정치적 권리 및 사회경제적 권리가 확대되는 과정을 뜻한다. 이는 기본적으로 공정한 기회의 균등을 지향한다. 이 점에서 민주화는 자본주의적 산업화가 지향하는 효율적인 자원의 집중 논리와는 다른 성격을 지니고 있다. 이처럼 산업화와 민주화의 논리가 각기 다른 데다 이 논리를 대변하는 세력 또한 다르기 때문에 산업화를 주도한 발전연합과 민주화를 주도한 민중연합의 대립관계가 형성되는 것이다.

논거 2: 발전연합과 민중연합으로 대립되는 두 세력이 각기 연합의 성격을 띠는 것은 현대 자본주의사회의 계급이 부르주아 대 프롤레타리아로 단순하게 양극화되지 않는 현실과 관련되어 있다

현대 자본주의사회의 계급은 생산수단의 소유 여부만으로 판별할 수 없는 다양한 양상을 띠고 있다.[48] 또한 사회의 여러 세력은 계급적 이해관계로만 설명되지 않는 여러 가지 경계에 따라 스스로를 주체화하는 양상을 띠고 있다. 따라서 단일한 계급분파 또는 세력이 배타적 우위를 점하기 어렵다. 이러한 양상은 지배의 차원에서든 저항의 차원에서든 동일하다. 지배의 차원에서든 저항의 차원에서든 주도계급 및 세력은 여타의 계급 및

---

48 에릭 올린 라이트, 『계급론』, 이한 옮김(서울: 한울, 2005) 참조.

세력과 연합하지 않으면 안 되는 것이다. 게다가 현대 자본주의사회의 국가는 단일한 계급분파의 지배도구로서의 성격을 띠지 않고 다양한 계급 및 사회세력의 요구를 수렴하는 공공성을 지니고 있다. 현대 자본주의국가가 자본의 이해를 반영하는 성격에서 벗어나지 않으면서도 공공성을 지닌다는 사실은 여러 계급 및 사회세력의 역관계를 반영할 수 있는 여지를 지니고 있음을 뜻한다. 따라서 국가권력을 둘러싼 지배와 저항의 전선은 피차간에 여러 계급 및 세력의 연합을 필요로 한다.

이와 같은 연합의 논거로서 안토니오 그람시Antonio Gramsci의 헤게모니 개념은 매우 중요한 시사점을 제공한다. 헤게모니란 하나의 세력이나 집단, 개인, 또는 그들이 표방하는 언술이나 슬로건, 담론 등이 다른 세력이나 집단, 개인에 대해 일정한 지적·도덕적 호소력, 리더십 또는 주도성을 갖는 것을 의미한다.[49] 이러한 개념에는 영향력, 지도력, 문화, 사상, 조직 등이 모두 포함되어 있다.[50] 그람시 사상의 핵심 개념인 헤게모니 개념은 현대 자본주의국가에 대한 분석과정에서 발전되었다.[51] 그람시에 따르면 국가의 지배는 강압에만 의존하는 것이 아니라 시민사회를 통해 헤게모니를 창출함으로써 강압적 국가에서 윤리적 국가로 자신을 확장한다.[52] 그런데 연합의 근거로서 중요한 점은, 시민사회를 통한 헤게모니가 일방적이 아닌 쌍방향의 성격을 띠고 있다는 것이다. 그람시에게 시민사회는 지배계급의 헤게모니와 피지배계급의 대항 헤게모니가 경합하는 영역이다. 헤게모니가 경합하는 영역에서 지배세력과 피지배세력은 각기 자기편에 유리한 연합을 시도하게 된다. 발전연합과 민중연합은 이러한 각축의 결과다.

---

49 조희연,『동원된 근대화』, 333쪽.
50 앤 쇼스택 서순,『그람시와 혁명전략』, 최우길 옮김(서울: 녹두, 1984), 139쪽.
51 같은 책, 140쪽.
52 조희연,『동원된 근대화』, 185쪽.

논거 3: 발전연합과 민중연합의 모순적 대립관계는 국면에 따라 유동적인 성격을 띤다

모순적 대립관계인 발전연합과 민중연합은 각기 스스로의 동의기반을 확장하기 위해 끊임없이 경합을 벌이며, 이러한 경합양상에 따라 국면이 변화되기도 한다. 이러한 양상은 한편으로는 국면에 따라 세력관계의 변화를 동반하며, 또 한편으로는 특정한 세력에서 이중적인 태도를 불러일으키기도 한다. 예컨대 경제개발의 지지자이자 수혜자에 해당하는 화이트칼라 계층은 1987년 민주화항쟁 당시에는 개발독재체제의 연장인 신군부의 권위주의체제에 저항했으나 집권세력의 6·29선언 이후에는 노동자들의 투쟁에 동조하지 않고 온건한 개혁에 동조했는데, 이는 국면에 따라 세력관계가 변화한 중요한 사례 가운데 하나다. 한편 특정한 세력의 이중적 태도는 경제개발 당시 노동자와 농민에게서 볼 수 있다. 이들은 경제개발 자체에 대해서는 지지를 보내고 동의했지만 경제개발의 문제점이 노정되자 강력한 저항의 태도를 취했다. 이러한 동의와 저항의 이중적 태도는 국면에 따라 바뀌기도 했지만 상당 부분 동시적인 양상으로 나타나기도 했다.

박정희 시대를 분석하는 중심 개념인 모순적 복합성은 이러한 양상을 이해하는 데 적절한 개념이다.[53] 모순적 복합성은 박정희 시대에 대한 두 가지 양분법적 시각을 통합해 그 시대의 실상을 규명하려는 개념으로, 예컨대 성장과 경제적 성취 대 폭압과 수탈, 동의 또는 헤게모니 대 폭압과 강압, 산업화 대 민주화, 수탈·착취 대 근대화, 분배를 수반한 성장 대 불평

---

53 같은 책. 조희연은 개발동원체제인 박정희 체제를 분석하는 주요 개념으로 '모순적 복합성'과 함께 '헤게모니 균열' 개념을 제시한다. 조희연은 개발동원체제인 박정희 체제가 전적으로 억압에 기초한 것이 아니라 동의에 기초한 측면을 동시에 지닌다는 점을 분석하기 위해 모순적 복합성 개념을 사용하는데, 이 개념은 당시 시대를 조명하는 폭넓은 의미로도 사용 가능하다.

등 성장 등 다양한 대립구도로 파악되는 시대상을 모순적 통합관계로 파악하려는 것이다.[54] 모순적 복합성에 주목하는 까닭은 산업화와 민주화가 선후적 단순경로가 아니라 동시적 복합경로에 따라 이뤄진 현실임을 잘 드러낼 수 있는 개념이기 때문이다.

논거 4: 모순적 대립관계의 형성과 대립하는 각 세력 간의 연합, 그리고 대립관계 국면을 변화시킨 근본동인인 민중의 역동성에 주목하는 것은 산업화와 민주화의 동시적 과정을 규명하는 출발점이다

산업화와 민주화가 동시적 과정으로 이뤄졌다 하더라도 이 관계가 모순적인 성격을 띠고 있는 한 대립되는 양 측면 가운데 어떤 한 측면에 우선적인 가치를 부여하는 것은 불가피한 일이다. 평가자가 모순되는 양편에 동시에 입지점을 설정하기란 불가능하기 때문이다. 따라서 양 측면을 모순적인 관계로 설정하는 한, 하나의 측면에서 다른 하나의 측면을 살피는 태도는 평가자가 가진 시각의 진정성을 밝혀주는 것이라 할 수 있다.

물론 기존의 연구들 또한 대체로 각각의 입지점을 분명히 밝히고 있다. 보수적 견해는 위로부터의 시선에서 산업화의 성공 측면을 강조하는 편이고 진보적 견해는 아래로부터의 시선에서 민주화의 성취 측면을 강조하는 편이다. 그러나 모순적 복합성을 전제로 민중의 역동성에 주목하는 태도는 기존의 양분법적 구도에서 어느 한편의 입지점을 선택하는 방법과는 차이를 지닌다. 복합적인 현상의 모순적 성격에 주목한다는 점에서 대립되는 측면 가운데 한편의 입지점을 선택할 수밖에 없긴 하지만, 복합적인 현상 자체를 간과하지 않는다는 점에서 현상을 동시적으로 고찰하려는 방법이라 할 수 있다. 그러니까 모순적 복합성을 전제로 민중의 역동성에 주목

---

54 같은 책, 420쪽 참조.

하는 방법은 아래로부터의 관점에서 민주화의 성취과정을 중시하면서 산업화 또는 경제성장의 성과를 재해석하려는 의도를 함축하고 있다.[55]

이와 같은 방법으로 접근한다면 흔히 강조되는 한국의 경제개발과정에서의 국가주도성도 달리 해석할 수 있을 것이다. 한국의 경제개발과정에서 국가주도성이 두드러지게 된 데에는 여러 가지 역사적 조건이 작용했지만, 민중의 역동성과도 무관하지 않다. 1960년대부터 본격화된 한국의 경제개발은 민중의 '집합적 의지'[56]의 공감대를 기반으로 진행되었다는 점을 간과해선 안 된다. 경제개발을 추진한 강력한 국가는 식민지 시대에서부터 유래한 과대성장 국가로서의 성격을 갖고 있는 데다 냉전체제 최전선의 분단국가로서 강력한 지배력을 가질 수밖에 없는 역사적 성격까지 갖고 있었으므로 강제력을 동원하기에 유리했다. 하지만 다른 한편으로는 전적으로 강제력에 의하지 않고 국민적 동의기반을 확보한 국가이기도 했다. 예

---

55 조희연은 이 방법을 "보수적 시각과 진보적 시각을 '해체'하는 것이 아니라 각자의 시각을 견지하면서 반대의 시각이 제시하고 강조하는 역사적 사실들을 해석적으로 내재화하는" 것이라고 말한다. 같은 책, 420쪽.

56 집합적 의지(collective will)는 국민적·민중적(national-popular) 개념과 함께 민중의 역동성을 설명하는 그람시의 주요 개념이다. 우선 국민적·민중적 개념은 한편으로는 민중의 요구와 열망을 대변하는 지식인의 능력을 가리키며, 다른 한편으로는 소수의 착취자와 억압자에 대항해 전 민중이 단결해 투쟁함으로써 새로운 민족적 정체성을 정립하려는 혁명관을 뜻한다. 집합적 의지 개념은 특정한 물질적 조건을 갖춘 역사과정에 개입하는 조직화되고 집단적인 인간행위를 가리키며, 그람시가 국민적·민중적인 새로운 정체성의 확립을 언급할 때, 그리고 새로운 국가를 창설하는 과정에서 민중이 적극적이고도 광범위하게 참여할 필요가 있음을 논할 때 사용되었다. 또한 두 개념과 함께 역사적 블록(historical bloc)이라는 개념 또한 주목할 필요가 있는데, 이 개념은 사회 내 여러 계급과 분파가 서로 관련된 복합적인 방식을 설명하는 개념으로, 그리고 현실 속에서 문화적·경제적 측면이 상호간에 맺는 복잡한 관계를 설명하는 개념으로 사용되었다. 앤 쇼스택 서순, 『그람시와 혁명전략』, 23, 24, 26쪽. 최장집은 해방 직후 등장한 '건준'과 '인공' 등을 직접 언급하면서 '건준'과 '인공' 등은 그람시가 말한 '국민적·민중적 집합 의지'에 기반을 둔 '역사적 블록'으로서의 특징을 지닌다고 말한다. 최장집, 『한국민주주의의 이론』(서울: 한길사, 1993), 159쪽.

컨대 5·16쿠데타 이후 군사정권이 경제개혁과 개발정책을 표방했을 때 각 계각층의 전폭적인 지지를 받은 사실은 경제개발을 추진한 국가에 대한 국민적 동의기반을 단적으로 보여준다.[57]

이와 같은 동의기반은 사실상 일제하에서의 민족운동과 사회운동 및 해방 후 건국준비운동으로 이어지는 민중운동과정에서의 국민경제건설에 대한 사회적 합의에서 비롯되었다. 권력획득과정에서 절차상 정당성을 지닐 수 없었던 국가권력은 통치상의 정당성을 확보하기 위해 이와 같은 국민적 동의기반에 따른 요구를 무시할 수 없었다.[58] 이러한 점에서 민중운동의 역사적 유산은 경제개발을 추진한 국가에 힘을 실어주는 효과를 지녔다. 박정희 정권이 유신체제를 통해 권위주의체제를 적나라하게 구축하면서도 약탈국가로 전락하지 않고 발전국가로서의 성격을 유지할 수 있었던 근본원인도 여기에 있다.

한편 경제개발을 효과적으로 추진할 수 있었던 결정적인 배경 가운데 하나였던 농지개혁도 민중의 역동성을 반영한다. 미군정하에서 진행된 농지개혁은 한계에 대해 논란이 있긴 했지만 무엇보다 지주계급의 해체라는 측면에서 이후 경제개발의 중요한 걸림돌을 사전에 제거하는 효과를 지녔다. 민중적 입장에서 볼 때 농지개혁은 농자유전農者有田의 원칙을 구현할 수 있는 진보적 개혁조치로서, 당시 민중의 광범위한 요구를 반영하는 동시에 북한의 신속한 토지개혁[59]에 대응하는 차원에서 시행되었다. 이런 의미에

---

57 물론 당시의 이와 같은 국민적 동의가 이후 유신체제의 정치적 권위주의를 정당화하는 것은 아니다.

58 강정구는 권력의 정당성을 권력 뿌리 정당성, 권력 창출 정당성, 권력 행사 정당성으로 나눈다. 강정구, 「역대정권의 정통성과 정당성」, ≪역사비평≫, 제35호(1996년 겨울).

59 해방 직후 북한이 단행한 토지개혁의 성격과 효과에 관해서는 다음을 참조할 것. 브루스 커밍스, 『한국전쟁의 기원』, 김자동 옮김(서울: 일월서각, 1986), 511쪽 이하. 남한의 농지개혁에 대해서는 뒤에서 더 상세하게 다룰 것이다.

서 미군정이 토지개혁을 실시한 것은 예방적 혁명 또는 그람시적 의미에서 '수동혁명'[60]의 성격을 띠는데, 미군정이 남한에서 가장 시급한 과제로 농지개혁을 꼽았다는 것은 민중의 열망이 그만큼 강렬했음을 말해준다.[61]

결국 민중운동의 역동성이 역설적으로 강력한 국가를 형성하는 중요한 요인 가운데 하나였던 것으로 볼 수 있다. 단기적 국면에서 보면 취약한 민중운동이 강력한 국가를 형성하는 하나의 요인이지만, 거시적인 차원에서 보면 오히려 강력한 민중운동이 강력한 국가를 낳는 경향이 있다. 강력한 상대에 대한 맞대응으로 더욱 강력해지는 역관계의 일반적인 경향이 한국 경제개발과정에서 민중운동과 국가권력의 관계로 나타난 셈이다. 이러한 사실은 남북의 대립이 분단국가를 강화시킨 현상으로도 설명된다. 남북분단의 구체적인 계기는 국제적 냉전체제였지만 이미 식민지 시대에 계급 및 좌·우의 갈등으로 내재적 요인을 안고 있던 터였다.[62] 결국 분단이 기정사실화되자 민중적 사회혁명으로 성립한 국가체제와 대결해야 했던 남쪽의 국가체제는 끊임없이 스스로를 강화할 수밖에 없었다. 이는 한편으로는

---

60 수동 혁명(passive revolution) 개념은 본래 에드먼드 버크(Edmund Burke)에게서 유래한 것으로, 기존의 사회를 그대로 유지하기 위해 사회를 변화시키는 시도를 뜻한다. 그람시는 이 개념을 소수의 지배집단이 통제력을 유지하면서 동시에 정치적·사회적·경제적·이념적 변화를 추진하는 시도를 뜻하는 것으로 사용했다. 앤 쇼스택 서순, 『그람시와 혁명전략』, 23쪽.

61 미군정은 초기에는 남한의 농지개혁에 대해 미온적인 입장을 취했으나 북한이 농지개혁을 실시하자 좌익세력 및 공산주의에 대한 방파제를 구축하기 위해 남한에서도 토지개혁이 필요함을 인식하고 개혁에 착수했다. 황한식, 「미군정하 농업과 토지개혁정책」, 강만길 외, 『해방전후사의 인식 2: 정치·경제·사회·문화적 구조의 실증적 연구』(서울: 한길사, 1985), 269쪽 이하 참조.

62 브루스 커밍스, 『한국전쟁의 기원』, 65쪽 이하 참조. 그러나 필자가 여기서 이러한 내재적 요인이 필연적으로 분단국가로 귀결될 수밖에 없었음을 강조하는 것은 아니다. 해방 직후 우파와 좌파 사이에는 일제 식민잔재의 청산과 민족독립국가 건설이라는 공통의 준거점이 존재했는데, 미국과 소련의 개입으로 민족적 합의가 저해되고 결국 분단에 이른 사실에 주목할 필요가 있다. 이와 관련해서는 최장집, 『한국민주주의의 이론』, 159쪽 참조할 것.

강압적 수단을 강화하는 경향을 띠었지만 다른 한편으로는 동의적 수단을 강구하는 경향도 띠었다는 점에서 이중적인 방향으로 진행되었다. 이러한 상황은 남쪽의 국가체제가 과거 식민지 시대부터 지속된 민중운동의 결과로 형성된 한편의 체제와 대결하는 동시에 체제 내부에서 저항하는 민중운동에 대응하는 과정을 통해 더욱 강화되었음을 말해준다.[63]

이 사실이 이 책의 논의 맥락에서 새삼 중요한 이유는 심지어 경제개발 과정에서 발휘된 강력한 국가주도성을 말할 때조차도 민중운동의 역동성을 간과할 수 없다는 점 때문이다.[64] 민중운동의 역동성은 국가와 자본의 논리에 앞서 역사적 조건 또는 사회적 관계를 형성시키는 기본동력이다. 억압적이든 동의적이든 간에 국가의 통치는 민중의 삶을 기반으로 한다. 자본의 자기전개 역시 마찬가지다. 바로 이 점에서 민중의 삶은 모든 역사적 현상을 이해하는 데 제일의적 중요성을 가질 수밖에 없다. 여기서 민중의 역동성이란 국가 또는 자본의 지배력에 자신들의 삶을 고스란히 내맡기지 않고 주체적인 삶을 모색하는 지극히 당연하고 원초적인 태도를 말한다. 역사적 현상을 이해하는 데 바로 이 점에 주목하는 것보다 더 중요한 일이 있을까? 이러한 관점은 민중신학이 우리에게 물려준 소중한 자산이기도 하다.

역사적 현상을 분석하고 이해하려는 많은 논란 가운데서 이러한 관점은

---

63 최장집은 "분단국가라는 조건이 민주화, 특히 민주화운동에서 반드시 부정적인 요소만은 아니라는 점"에 주목한다. 그는 "폭압적인 조건 속에서 권위주의 정권을 동요시켰던 민주화운동의 엄청난 에너지와 완강함, 열정과 힘은 바로 이 이슈로부터 분출되었"고, "그리고 다음에는 지배엘리트가 이 이슈를, 공격받고 있는 정권을 안정시키기 위한 유리한 전략적 자원으로 전환시키려는 시도를 하기 시작했다"라고 보았다. 최장집, 『한국민주주의의 이론』, 330쪽.

64 실제로 이 책은 국가주도하에 진행된 경제개발과정을 설명하는 데 많은 분량을 할애하고 있지만, 그 과정의 저변에 깔린 민중의 요구(동의적이든 저항적이든) 또는 민중운동의 역동성에 대해 관심을 견지하려 한다.

자칫 망각되기 쉽다. 현실의 지배적인 세력이 행사하는 영향력에 주목하는 보수적 입장에서뿐만 아니라 근래에는 이른바 진보적 입장에서조차 이 관점을 한때의 이데올로기적 성향 정도로 여겨 전면에 드러내기를 주저하는 경향이 있는 듯하다. 그러나 앞서 말한 바와 같이 이러한 관점은 단순히 이데올로기적 성향으로만 간주할 수 없는 실질적 중요성을 갖고 있다. 모든 역사적 현상의 밑바탕을 이루는 민중의 삶과 그 삶 가운데서 제기되는 주체적 요구에 주목하는 것은 단순히 이데올로기적 성향을 넘어 역사적 현상의 실상에 가장 구체적으로 접근할 수 있는 길이기 때문이다.

그러나 민중적 역동성에 주목하는 관점을 취한다고 해서 엄밀한 방법론적 분석을 배제하는 것은 아니다. 앞서 제시한 가설 및 이러한 가설을 뒷받침하는 몇 가지 논거는 민중적 역동성에 주목하는 관점에서 역사적 현상을 분석할 수 있게 해주는 최소한의 장치에 해당한다. 물론 방법론적 논거를 갖추고 있다 하더라도 이 책에서 제기하는 문제 자체가 대단히 거시적인 역사적 차원의 성격을 지니므로 이 책에서 사용하는 방법론은 거시적인 역사적 방법으로서의 성격을 지닌다. 이러한 방법이 민중의 역동성에 주목하는 관점에서 출발한다는 점에서 이를 민중적 역사인식의 방법이라 해도 좋을 것이다. 이제 이러한 방법에 따라 중요한 역사적 사실, 즉 주요한 계기적 사건을 추적하며 역사적 국면마다 변화하는 발전연합과 민중연합의 관계를 밝힘으로써 산업화와 민주화의 동시적 과정을 규명하려 한다.

3. 소결

이 장에서는 한국의 근대화과정을 분석하기에 적절한 사회과학적 방법론을 설정했다. 민중신학적 입장에서 경제적 발전과정으로서의 산업화와 정치적 발전과정으로서의 민주화를 동시에 분석하는 사회과학적 방법을 설정하기 위해 먼저 한국의 경제개발 및 그 성과에 관한 기존 논의의 부적합성을 검토했다. 이어 현대 자본주의국가 및 시민사회에 관한 논의에서 제기되는 여러 가지 쟁점에 유념하는 가운데 경제적 발전과정으로서의 산업화와 정치적 발전과정으로서의 민주화를 동시에 검토할 수 있는 독자적인 방법론을 설정했다.

이 방법론은 발전연합에 의한 산업화와 민중연합에 의한 민주화의 모순적 상호관계를 기본적인 가설로 삼아 이를 뒷받침하는 몇 가지 세부적인 가설을 설정함으로써 구성했다. 세부 가설은, 첫째, 현대 자본주의사회에서 자본의 이해를 대변하는 국가의 성격은 한국의 경제개발과정에서도 분명하게 드러난다는 점, 둘째, 경제개발과정에서 국가권력의 주도하에 육성된 자본은 자기증식이라는 목적을 이루기 위해 정치적 국면에 따라 유리한 조건을 활용해왔다는 점, 셋째, 한국 근대화에서 산업화와 민주화가 동시에 진전된 결정적인 이유는 노동자가 동의와 저항이라는 모순된 이중적 역할을 했기 때문이라는 점, 넷째, 한국의 시민사회는 자본주의적 산업화가 본격화되기 이전에는 취약했으나 자본주의적 산업화와 함께 급격히 성장하며 민주화에 기여했다는 점으로 집약된다. 이 가설 가운데 특히 강조해야 할 것은, 한국의 산업화와 민주화가 모순적 관계 속에서 동시적으로 진전되는 데 결정적으로 기여한 것은 노동자를 중심으로 한 민중의 동의와 저항이라는 이중적 역할이라는 사실이다.

4

역동적 모순관계 속 산업화와 민주화의 전개과정

이 책의 대상범위는 서론에서 밝힌 바와 같이 한국의 경제개발 시대에 나타난 산업화와 민주화 현상으로서, 제1차 경제개발계획이 시작되기 직전인 1950년대부터 제7차 경제사회발전계획이 끝난 1996년까지를 포함한다. 여기서는 이 범위를 크게 네 개의 시기로 나눠 고찰하려 한다.

첫 번째 시기는 경제개발계획이 추진되기 이전인 1950년대로, 이 시기에서는 한국의 산업화와 민주화의 성격이 형성된 배경을 객관적으로 검토하려 한다. 한편 이 시기에 이미 경제개발계획에 대한 공감대가 확보되어 있었고 경제개발계획안이 다각적으로 모색되고 있었으므로 이 시기를 고찰하면서 애초 경제개발계획의 성격도 함께 검토한다.

두 번째 시기는 1961년 5·16쿠데타 이후 제1차 경제개발계획안이 확정되고 국가주도 경제개발계획이 본격적으로 추진되기 시작한 첫 시기에 해당한다. 이 시기에는 이전 시기부터 형성된 경제개발계획에 대한 광범위한 공감대를 바탕으로 경제개발이 성공적으로 추진되었지만, 다른 한편으로는 국민총동원체제가 구축됨으로써 이에 따른 문제와 저항이 발생하기도 했다. 바로 이러한 점에서 한국의 산업화와 민주화의 동시적인 모순관계의 원형이 형성된 시기에 해당한다고 할 수 있다.

세 번째 시기는 이른바 고도성장의 시기로, 제2차 경제개발계획(1967~1971)이 추진된 시기부터 중화학공업화의 추진과 함께 유신체제가 형성되어 1979년 유신체제가 붕괴하기까지의 기간이다. 이 시기에는 산업화와 민주화의 동시적 모순관계가 격화되었으며, 산업화와 민주화의 관계에 관한 핵심적인 쟁점이 내장되어 있었다. 중화학공업화의 추진과 함께 자본의 집중 및 정치적 권위주의가 강화될수록 이에 대한 저항도 강화되는 현상이 나타났는데, 결국 이러한 모순관계의 격화로 유신체제는 붕괴에 이르렀다. 이 같은 일련의 과정을 고찰함으로써 한국의 산업화와 민주화의 성격 및 그 관계를 본격적으로 검토할 수 있을 것이다.

네 번째 시기는 유신체제 붕괴 이후 1980년 신군부체제가 형성된 시기와 1987년 민주화항쟁 이후 정치·경제적으로 중대한 변화가 동반된 시기에 해당한다. 이 시기는 과연 하나의 시기로 묶어서 검토하는 것이 적절한지 논란의 여지가 있을 만큼 복합적인 성격을 띤다. 단적으로 예를 들어 신군부의 등장으로 진행된 과거 권위주의체제의 봉합 및 강화 과정과 1987년 민주화항쟁 이후 국가적 차원에서 진행된 민주주의의 제도화과정은 성격이 명백하게 다르다. 그러므로 이 시기는 다시 두 개의 시기로 나눠 고찰하는 것이 적절할지도 모른다. 하지만 여기서는 명백히 단절된 이 두 과정의 차이를 분별하면서도 크게 하나의 시기로 검토하려 한다. 그 까닭은 먼저 민중운동의 역동성에 주목하려는 이 책의 관점 및 방법과 관련되어 있다. 1987년을 기점으로 국가체제가 중요한 전환을 맞고 이에 따라 민중운동의 성격도 변화를 겪은 것이 사실이지만, 1987년을 정점으로 한 민중운동은 1980년대 내내 폭발적인 성장과 함께 역동성을 띠었다. 한편 국가와 자본의 입장에서 볼 때도 1987년은 전환의 계기이기는 했지만 결정적인 체제의 위기를 겪지 않고 점진적이고 보수적인 민주화의 과정을 수용할 수 있었다. 이와 같은 한국 민주화의 성격 때문에 1987년 이후 국가적 차원에서 민주주의의 제도화가 이뤄지는 과정에서도 국가 및 자본의 발전연합과 노동 중심의 민중연합 간의 대치국면은 지속될 수밖에 없었다. 특히 노동에 대한 국가와 자본의 배제체제는 여전히 존속되었다. 단적으로 말해 1987년 이후부터 1997년 금융위기와 본격적인 경제개방화까지의 기간은 여러 측면에서 과도기적 성격을 띠고 있었다. 이 책이 다루려는 범위의 마지막 시기에 해당하는 이 과도기를 1987년 이전 시기와 함께 묶으려는 것은 이 때문이다.

각각의 시기를 다루는 방법은 앞 장에서 설정한 방법론적 가설을 따라 산업화를 주도한 국가 및 자본의 역할과 노동계급을 중심으로 한 민중의 역할을 대비하는 것을 기본축으로 삼는다. 국가 및 자본의 역할에 주목하는 과정을 통해서는 주로 산업화의 성격과 문제를 진단할 것이며, 노동계급을 중심으로 한 민중의 역할에 주목하는 과정을 통해서는 산업화의 진전에 실질적으로 기여하면서도 그 문제에 대항함으로써 민주화를 가능케 한 측면을 살펴볼 것이다.

1. 경제개발 이전의 한국경제

1) 한국 경제개발의 기원

흔히 한국 경제개발의 기원은 1960~1970년대 박정희 정권의 경제개발 정책인 것으로 간주된다. 경제개발계획이 수립되고 그 계획에 따라 지속적으로 경제개발이 이뤄졌다는 점, 경제개발계획이 추진되는 동안 실제로 눈부신 성과를 냈다는 점에서 이러한 통념은 일면 타당성을 지닌다. 박정희 시대에 이뤄진 경제개발은 '한국형 경제개발의 모델'로 평가받을 만큼 성공적이었다.[1]

그러나 박정희 시대의 경제개발계획과 그 성과만 강조하는 것은 한국적 근대화의 과정을 지나치게 단순화시켜 이해한 단견에 불과하다. 이와 같은 견해는 역사를 단절적으로 이해하는 착오를 일으키는 동시에 경제개발계획을 가능하게 만든 여러 요인을 배제한 채 특정 인물 또는 집단의 계획 자체의 성과로만 경제개발을 평가하는 오류를 범할 수 있다. 오늘날 구조화된 한국경제의 체질을 형성하는 데 박정희 시대의 경제개발이 결정적인 역할을 한 것은 사실이지만 한국의 경제개발이 박정희 시대 자체만으로 이뤄진 것은 아니다. 박정희 시대에 앞선 전사를 갖고 있으며, 경제개발계획과 추진은 여러 사회적 요인으로 인해 가능했다.

한국 경제개발의 전사와 한국 경제개발을 가능케 했던 제반 요인을 본격적으로 검토하기 위해서는 식민지 시대 및 1950년대에 대한 평가가 중요한 의미를 지닌다.

2) 식민지 근대화론과 내재적 발전론

한국의 경제개발과 식민지 시대 간의 관련성에 대한 논의는 이른바 식민지 근대화론이 제기되면서 본격적으로 이뤄졌다. 식민지 근대화론은 일본 제국주의의 식민지 정책이 전근대적인 조선을 근대화시키는 데 결정적인 역할을 했다는 주장이다.[2] 이 주장은 여러 가지 측면의 실증적인 증거로

---

1 박태균, 「1950·1960년대 경제개발 신화의 형성과 확산」, 유철규 엮음, 『한국 자본주의 발전모델의 역사와 위기: 산업화 이념의 재고찰과 대안의 모색(I)』(서울: 함께읽는책, 2003), 247쪽 참조.

뒷받침되는데, 일제강점기의 경제 관련 지표를 근거로 삼기도 하고, 해방 이후까지 지속된 사회 각 방면에 대한 식민지 정책의 영향을 근거로 삼기도 한다.[3] 예컨대 경제성장률을 중심으로 한 경제 관련 지표는 일제강점기 동안 식민지 조선이 지속적으로 성장했음을 보여준다.[4] 뿐만 아니라 근대적인 규율과 기제가 일제강점기 동안 도입되어 사실상 오늘날까지도 한국 사회에 영향을 끼치고 있다는 것이 식민지 근대화론이 강조하는 논점이다.

식민지 근대화론과 달리 해방 이후 한국 근현대사에 대한 인식방법으로서 주류를 형성하는 것은 이른바 내재적 발전론이다.[5] 내재적 발전론은 조선사회 후기부터 싹트기 시작한 자생적 근대화의 맹아에 주목해 한국 근현대사를 인식하는 방법으로, 내재적 발전론에서는 일제강점기 동안 한국에 도입된 자본주의 질서는 정상적 근대화를 의미하지 않는다며 식민지 근대화론을 비판한다. 다시 말해 조선의 자생적 근대화의 가능성이 일제의 강점으로 차단되어 결과적으로 비정상적이고 왜곡된 자본주의화가 진행되었다고 보는 것이다. 이러한 비정상성에 주목한 비판론은 더 구체적으로 일제강점기의 경제성장이 사실상 '종속과 차별의 강요'였다는 데 주목한다. 예컨대 경제지표상으로는 성장으로 드러나더라도 "민족별로 극단적으로 불평등한 생산수단의 소유관계와 그에 따른 분배의 불평등, 이에서 발생한 차별"의 현상은 일제강점기의 경제적 성장을 결코 개발이나 성장으

---

2   박태균, 『원형과 변용: 한국 경제개발계획의 기원』(서울: 서울대학교출판부, 2007), 1쪽.

3   같은 책, 1쪽.

4   이와 같은 근거를 밝히는 문헌으로는 다음을 참조할 것. 안병직 엮음, 『한국 경제 성장사』 (서울: 서울대학교출판부, 2001); 안병직, 「서문」, ≪경제사학≫, 제17호(1993); 안병직, 「한국에 있어서의 경제발전과 근대사연구」, 제38회 전국역사학대회 발표문(1995); 이대근, 「동아시아 경제발전의 역사적 조건」, ≪경제사학≫, 제23호(1997).

5   조석곤, 「식민지근대화론과 내재적 발전론 재검토」, ≪동향과 전망≫, 제38호(1998년 여름) 참조. 이 글은 한국 근현대사 인식에서 대립되는 두 가지 입장을 재검토하면서 한국 근대화의 내·외적인 동인을 동시에 규명할 수 있는 방법론을 모색한다.

로 볼 수 없는 본질을 드러낸다고 보는 것이다.[6]

일제의 강점에 의한 식민지 근대화의 과정이 오늘의 한국사회와 경제에 지대한 영향을 끼쳤다는 사실은 새삼 강조할 필요가 없다. 하지만 한국의 경제개발 결과를 논할 때 이 사실이 문제가 되는 이유는 일제강점기가 과연 1960년대 이후 고도성장의 기원인지 여부에 대한 논란 때문이다.

일제강점기의 근대화과정을 강조하는 이들은 일제강점기가 1960년대 이후 경제적 고도성장의 기원이라고 본다.[7] 특히 1980년대 중반 이후 한국의 경제적 고도성장에 주목한 해외의 학자들은 한국경제의 성과를 일본경제의 급부상과 연계해 이해하려는 경향을 보인다.[8] 예컨대 브루스 커밍스 Bruce Cummings는 과거 일본 제국주의의 지배가 제2차 세계대전 이후 동아시아 발전의 기원을 이룬다고 본다.[9] 이는 전후 한국이 경제적으로 성장한 기원을 동아시아의 지역적 외부성에서 찾으려는 시도다.[10]

그러나 식민지 근대화가 한국 경제개발의 결정적 기원이라고 보는 견해는 한 사회 발전의 내적 동인을 무시하고 외부적 요인만 강조하는 과오를 범하고 있다. 더욱이 분단과 전쟁이라는 단절의 상황에 주목하고 있지 않

---

6 박태균, 『원형과 변용』, 2~3쪽; 허수열, 『개발없는 개발』(서울: 은행나무, 2005) 참조.

7 박태균, 『원형과 변용』, 4쪽 참조.

8 이상철, 「1950년대의 산업정책과 경제발전」, 문정인·김세중 엮음, 『1950년대 한국사의 재조명』(서울: 선인, 2004), 169쪽 참조.

9 Bruce Cummings, "The Origin and Development of the North East Asian Political Economy," Frederic C. Deyo(ed.), *The Political Economy of the New Asian Industrialism*(Ithaca, New York: Cornell University, 1987). 이와 같은 맥락의 견해로는 다음을 참조할 것. Carter J. Eckert, *Offspring of Empire: The Koch'ang Kims and the Colonial Origins of Korean Capitalism, 1876~1945*(Seattle: University of Washington Press, 1991); Artul Kohli, "Where Do High Growth Political Economies Come From? The Japanese Lineage of Korea's 'Development State'," *World Development* 22/9 (1994).

10 이상철, 「1950년대의 산업정책과 경제발전」, 169쪽.

다.[11] 이 견해는 1960년대 이후 박정희 정권의 경제개발계획이 한국 경제 개발의 기원이라고 보는 견해와 마찬가지로 역사를 단순화시킨다는 점에서 동일한 과오를 범하고 있다.

경제개발이 진전된 일련의 과정을 보자면 경제개발의 기원이 일제의 식민지 시대인지, 아니면 박정희 시대인지는 그다지 중요하지 않을지도 모른다. 오히려 일련의 연속적 과정에서 한국적 경제개발의 모형을 형성하는 데 작용한 복합적인 요인을 규명하는 일이 더욱 중요할 것이다. 식민지 시대의 근대화와 관련된 논의의 문제점과 더불어 경제개발계획이 본격적으로 추진되기 이전인 1950년대의 상황을 살펴보는 것은 이러한 면에서 중요하고도 필요한 일이다.

3) 1950년대 한국경제와 산업정책

한국의 경제개발을 논하는 과정에서 한동안 1950년대는 일종의 공백처럼 여겨졌다. 이는 앞서 밝힌 대로 경제개발의 기원을 식민지 시대나 1960년대 이후 박정희 시대에 두려는 견해가 두드러진 탓이었다. 물론 1950년대를 간과하는 이와 같은 견해가 두드러졌던 이유는 1950년대 자체에 대한 부정적인 평가와 관련되어 있다. 해방 직후의 혼란과 이어진 한국전쟁 탓에 1950년대는 경제개발에서 주목할 만한 동인을 찾아내기 어려운 시대이자 암흑기와 같은 시기로 인식되었다. 1950년대를 떠올릴 때면 전쟁, 궁핍, 지저분함, 무규범, 퇴폐, 혼란, 독재 등의 이미지가 연상되었으며, 그 시대는 일종의 '불임不姙의 세월'로 인식되었다.[12] 경제개발의 동인을 지역

---

11 신광영, 「한국전쟁과 자본축적」, ≪아시아문화≫, 제16호(2000) 참조.

12 김일영, 「이승만 정부의 수입대체산업화정책과 렌트추구 및 부패, 그리고 경제발전」, 문정인·김세중 엮음, 『1950년대 한국사의 재조명』, 603쪽 참조.

적 외부성에서 찾는 커밍스와 달리 정부의 경제정책 역할에 비중을 두는 앰스덴도 한국의 1950년대를 1961년 이후의 급속한 경제성장과 대비되는 '부패, 무기력, 낮은 성과, 그리고 지독한 실망'의 시기로 평가한다. [13]

그러나 근래 1950년대를 재조명하면서 그 시기가 단순히 '불임의 세월'로만 규정될 수 없다는 사실이 밝혀지고 있다. 1950년대가 1960년대 이후 한국사회의 정치·경제적 역동성을 형성한 맹아를 품고 있었던 시기로 재평가되기 시작한 것이다. [14] 1950년대에는 시대적 제약이 많았음에도 신생 독립국의 경제적 자립을 추구하려고 의식적으로 노력했을 뿐 아니라 [15] 실제로 당시 상황을 나타내는 자료를 보더라도 1960년대 이후 한국사회의 역동성을 형성할 조건을 갖춰나간 것으로 드러난다. [16] 예컨대 1953~1960년 사이 경제성장률은 연평균 4.9%로, 비슷한 수준인 후진국들의 평균 성장률 4.4%를 조금 상회했으며, 이 시기에 원조자금으로 건설된 사회기반설비는 1960년대 이후 산업화의 밑거름이 되었다. 또한 해방 당시 12세 이상 인구의 78%가 문맹이었던 데 반해 1952년부터 실질적인 의무교육을 시작한 결과 1959년에는 13세 이상 인구의 문맹률이 10.3%로 낮아졌다. 같은 기간 고등교육 이수자도 크게 증가해 1960년대 이후 노동집약적 산업화의 밑바탕인 양질의 풍부한 노동력 풀pool이 형성되었다. 1960년대에 산업화를 주도한 엘리트 관료들이 재무부와 부흥부復興部 주변에 충원되기 시작한 것도 이때였다. 이러한 점에서 1950년대는 1960년대 이후 진행된 국

---

13 앨리스 앰스덴, 『아시아의 다음 거인』, 52쪽; 이상철, 「1950년대의 산업정책과 경제발전」, 170쪽.
14 김일영, 「이승만 정부의 수입대체산업화정책과 렌트추구 및 부패, 그리고 경제발전」, 604쪽 참조.
15 이상철, 「1950년대의 산업정책과 경제발전」, 170쪽 참조.
16 이하의 통계지표는 다음 글에서 인용. 김일영, 「이승만 정부의 수입대체산업화정책과 렌트추구 및 부패, 그리고 경제발전」, 604~605쪽.

가주도형 고도성장의 전제조건이 형성된 시기였다고 할 수 있다.[17]

(1) 해방 직후 혼란과 한국전쟁

1950년대를 불임의 세월로 인식하게 된 데에는 해방 직후의 단절과 혼란, 그리고 한국전쟁으로 인한 전 사회적 피폐화 현상이 자리하고 있다.

앞서 지적한 대로 일제의 강점에 의한 식민통치의 시기에도 비록 비정상적인 왜곡의 과정이었을지언정 식민지 자본주의 경제는 꾸준히 성장했다. 그러던 조선이 해방 직후와 한국전쟁 시기를 거치면서 세계에서 가장 가난한 농업국으로 되돌아갔다.[18] 남북의 분단과 전쟁이 결정적인 타격이었다.

애초 미·소 양 진영에 의해 38선이 설정되었을 당시에는 민간과 여러 정당, 사회단체 차원은 말할 것도 없거니와 양쪽의 군정당국조차도 남북을 단일한 정치·경제권으로 인식하고 있었다.[19] 군정당국이 남북을 단일한 정치·경제권으로 인식했다는 것은 1946년 1월 16일 서울에서 양 군정당국이 처음으로 연 회담에서 발표한 "38도선을 경계로 해서 두 나라 군대에 의해 분단 점령된 남북의 행정·경제부문에서 일상적 조정을 확립하는 방안을 수립하기 위해 미·소 양군 대표가 협의했다"[20]라는 성명에서도 확인된다. 그러나 남북이 분단된 상황에서 현실적으로 남북 간의 교류가 원활하게 이뤄질 수 없었고 마침내 1948년 남한만의 단독선거로 분단이 기정사실화되면서 남쪽의 경제사정은 더욱 악화되었다. 이는 식민지 체제하에서 남북

---

17 조석곤, 「농지개혁과 한국자본주의」, 유철규 엮음, 『한국 자본주의 발전모델의 역사와 위기』, 285쪽.

18 박태균, 『원형과 변용』, 5쪽.

19 박현채, 「남북분단의 민족경제사적 위치」, 강만길 외, 『해방전후사의 인식 2』, 229쪽.

20 조선통신사, 『조선연감』(1947), 26쪽.

간 산업이 극심하게 편재되었던 데 따른 결과였다. 북한에는 주요 지하자원의 부존을 기반으로 광업과 중화학공업이 주로 입지한 반면 남한에는 농산물과 식료품공업 중심의 소비재산업이 입지하고 있었다.[21] 남한에서는 전력 부족으로 그나마 입지한 산업시설도 정상적인 가동이 어려웠다.

게다가 한국전쟁은 경제 전체에 큰 타격을 입혔다. 인적 피해에다 주택, 교육·위생시설 등의 생활기반시설이 피해를 입은 것은 말할 것도 없고, 도로, 철도, 발전 및 통신설비 등 사회간접자본도 극심한 손상을 입었다. 금속, 기계, 화학, 섬유, 식품 등의 각종 생산설비도 60% 이상 파괴되고 말았다. 게다가 시설 파괴로 물자가 매우 부족해지고 전비戰費조달로 통화가 증발하자 경제는 살인적인 인플레이션hyper-inflation에 시달렸다.[22] 이런 사정 때문에 당시의 경제성장은 더 나은 경제조건을 희구한다기보다는 생존권 차원에서 제기되었다.[23]

(2) 경제개발을 위한 자본축적의 조건

해방 직후 한국은 자생적인 경제기반을 건설해야 했다. 이는 식민지 수탈체제로 왜곡되었던 경제구조를 새롭게 구성하고 기본적인 생존을 보장하는 경제구조를 구축하기 위한 작업이었다. 경제구조를 구축한다는 것은 달리 말하면 자본축적의 기반을 형성한다는 것을 뜻했다.

---

21 당시 남북 간의 산업편재 상황을 구체적으로 살펴보면, 북한이 우위를 점한 분야는 화학(82%), 금속(90%), 요업(79%), 가스·전기(64%)였으며, 남한이 우위를 점한 분야는 기계(72%), 방적(85%), 목재품(65%), 인쇄제본(89%), 식료품(65%), 기타 공업(78%)이었다. 박현채, 「해방전후 민족경제의 성격」, 『한국사회연구 1』(서울: 한길사, 1983), 401쪽; 박현채, 「남북분단의 민족경제사적 위치」, 231쪽.

22 김일영, 「이승만 정부의 수입대체산업화정책과 렌트추구 및 부패, 그리고 경제발전」, 608쪽.

23 박태균, 『원형과 변용』, 35쪽.

① 농지개혁

당시 자생적인 경제기반의 구축과 관련해 가장 긴급한 사안 가운데 하나는 농지개혁을 통한 농업생산력의 강화였다. 일차적으로 농지개혁의 요구는 농민층으로부터 제기되었는데, 그 요체는 지주소작관계의 봉건적 토지관계를 일소해 경자유전의 원칙을 확립하는 것이었다. 그러나 농지개혁은 농민들의 문제에 그치지 않고 비농업 분야까지 확대될 수 있는 성격을 지니고 있었다.[24] 예컨대 서구에서 봉건제가 해체되는 전형적인 과정이었던 농업혁명의 내용은 봉건적 토지소유에 대립되는 자유로운 농민적 토지소유를 확립하고, 이를 통해 한편으로는 생산수단을 자본제적으로 집중시키고 다른 한편으로는 자유로운 노동계급의 창출이라는 양극분해의 기초조건을 마련하는 것이었다.[25] 반면 제국주의 수탈의 대상이던 식민지에서는 제국주의의 정치적·경제적 지배로 인해 식민지 내부의 자생적인 생산력이 성숙되기보다는 저해되는 결과가 초래되었다. 즉, 새로운 생산관계 창출의 기축인 소농민 토지소유를 만들기보다는 제국주의의 정치적·경제적 지배하에서 봉건적 토지소유를 재편성하는 데 머물렀다.[26] 일제가 조선을 지배한 효과 역시 마찬가지였다.

따라서 자생적인 경제기반을 구축해야 하는 해방 직후 상황에서 농지개혁은 전 사회적으로 초미의 관심사가 될 수밖에 없었다. 미군정마저도 남한의 농지개혁을 가장 시급한 과제로 꼽을 정도였다. 미군정은 1945년 10월 5일 '최고소작료 결정의 건'을 '국가비상사태포고'로 다룰 만큼[27] 봉건적

---

24 유인호, 「해방후 농지개혁의 전개과정과 성격」, 송건호 외, 『해방전후사의 인식』, 380쪽 참조.
25 같은 글, 430쪽 참조.
26 같은 글, 431쪽 참조.
27 같은 글, 390쪽 참조.

토지소유 관계의 문제점을 심각하게 파악하고 있었고, 이후 남조선과도입법의원 등을 통해 지속적으로 농지개혁을 추진하려고 시도했다. 미군정이 추진하려 한 농지개혁이 과연 농민적 요구에 부합했는지는 더 따져봐야 할 문제이지만,[28] 적어도 해방 직후 한국의 경제적 기반을 형성하는 데 농지개혁이 필수적이라고 본 것은 분명했다. 특히 미군정청이 농지개혁을 추진한 주요 배경 가운데 하나는 북한이 1946년 단기간에 전격적으로 실시한 농지개혁을 완료한 데 있었다. 이는 남한이 단기간에 봉건적 토지관계를 일소한 북한과 대비됨으로써 민심이 심각하게 소요하고 사회적 혁명으로 전화하는 것을 예방하기 위한 정치적 의도가 개입된 조치이자 동시에 봉건적인 토지소유관계의 재편 없이는 경제기반을 형성하기 어렵다고 본 당시의 사회적 공감대를 반영한 조치였다. 이렇게 애초 미군정청에 의해 시작된 농지개혁은 남한에 자유민주주의 정권을 수립하기 위한 안전판으로서의 의미를 지니고 있었으며, 이는 결과적으로 남한에 자본주의체제를 정착시키는 데 결정적인 요인이 되었다.[29]

그러나 해방 직후 남한 인구의 80%가량이 직접 관련된[30] 농지개혁은 당시 농민의 요구에 비춰볼 때 철저하게 이뤄지지 않았다. 해방 직후 농지의 개혁 방안으로 유상몰수·유상분배, 유상몰수·무상분배, 무상몰수·무상분배 등 세 가지 방안이 제기되었으나, 결과적으로 유상몰수·유상분배 방안이 채택되어 추진되었다. 그나마 지주층의 끈질긴 저항으로 지루한 논란 끝에 1950년 5월부터 농지개혁사업이 실시되기 시작했고, 한국전쟁을 경

---

28 실제로 다수의 지주층이 장악하는 과도입법의원에 농지개혁 법안을 맡겼다는 사실 자체가 미군정청이 농지개혁에 적극적인 의지가 없었음을 보여준다는 견해도 있다. 이종훈, 「미군정경제의 역사적 성격」, 송건호 외, 『해방전후사의 인식』, 462쪽 참조.
29 조석곤, 「농지개혁과 한국자본주의」, 292쪽.
30 이종훈, 「미군정경제의 역사적 성격」, 460쪽.

유한 후 1957년에 이르러서야 일단락되었다. 이렇게 이뤄진 농지개혁은 이념상으로는 당시 좌·우가 공유하고 있던 농민소유의 원칙을 실현한 것이었으나, 실제 효과는 당시로서는 제한적이었다. 1957년까지 실제 분배된 농지는 1945년 당시 조선인 지주의 소유였던 총 소작지 124만 정보町步 (땅 넓이의 단위로, 1정보는 3000평으로 약 9917.4m²에 해당함. 경술국치 이후 1960년 미터법이 법으로 정식 발효되기까지 사용됨)의 21.6%에 지나지 않았으며, 1949년 조사에서 확인된 국내 지주 소유의 요매수농지 60만 정보로 치면 44.6%에 지나지 않았다.[31] 이는 농지개혁의 실시가 더디게 진행되자 농지개혁으로 불이익을 당할 것을 우려한 지주들이 사전에 농지를 방매하거나 소작지를 은폐한 결과였다.[32] 그 결과 농지개혁은 제한된 농지 범위 내에서 매우 폐쇄적인 농민적 토지소유를 확립하는 데 그쳤다.[33]

그럼에도 농지개혁은 식민지하에서의 봉건적 지주소작관계를 해체했을 뿐 아니라 자본축적에도 일정하게 기여함으로써 이후 본격적인 자본주의적 산업화로서의 경제개발에 유리한 조건을 형성했다.[34] 농지를 유상몰수한 결과 지주에게 배당된 지가증권을 매개로 지주를 자본가로 전업시킨다는 애초의 발상은 실패했다. 당시 고율의 인플레이션으로 지가증권의 실질적인 가치가 하락했고 그나마 대다수가 전쟁기간에 할인해서 판매했기 때문이다. 그러나 농지개혁 사업잉여금의 처분 및 지가증권 자체의 자본 형성이라는 측면에서 보자면 농지개혁은 한국 자본주의에서 자본축적의 계기가 되었던 셈이다. 말하자면 지가증권을 매개로 지주가 곧바로 자본

---

31 유인호, 「해방후 농지개혁의 전개과정과 성격」, 422쪽 참조.
32 조석곤, 「농지개혁과 한국자본주의」, 297쪽 참조.
33 유인호, 「해방후 농지개혁의 전개과정과 성격」, 440쪽 참조.
34 농지개혁에 대한 초기의 연구에서는 농지개혁의 효과가 당대 시점에서 미미했다는 이유로 농지개혁을 대체로 부정적으로 평가했지만, 최근에는 적극적인 평가로 선회하는 경향을 보인다. 조석곤, 「농지개혁과 한국자본주의」, 287쪽 참조.

가로 변신하는 데는 실패했지만 지가증권이 귀속업체 매각대금으로 지불됨으로써 귀속업체 매각을 통해 기업가로 변신한 사람들은 대규모의 특혜를 누릴 수 있었다.[35] 그리고 지주계급의 해체로 산업화에 저항하는 세력이 존재하지 않게 된 점 또한 훗날 경제개발이 본격화되었을 때 유리한 조건을 형성했다.

② 귀속재산 매각

농지개혁이 결과적으로는 자본축적에 기여했지만 당시로서는 효과가 확실치 않았으므로 한국경제는 매우 확실한 외재적 계기에 의존하고 있었다. 해방 이후 1950년대 내내 현실적으로 한국경제에 가장 중요한 계기로 작동한 것은 일제의 귀속재산 매각과 미국의 원조였다. 귀속재산 매각문제와 원조는 이후 한국경제의 성격을 형성하는 데도 중요한 영향을 끼쳤다.

귀속재산이란 1945년 8월 15일 일제가 패전함에 따라 한국에 남겨진 일본인 소유의 재산, 즉 기업체, 부동산 및 동산을 의미한다. 해방 직후 남한 총재산의 80%에 이르렀을 것으로 추정[36]되는 귀속재산의 처리방향은 초미의 관심사가 될 수밖에 없었다. 특히 미군정기 동안에는 이를 둘러싸고 각 계층 간에 치열한 대립이 전개되었다.[37] 제2차 세계대전 이후 중국, 한국, 북한 극동3국에서 이뤄진 적산敵産처리는 일본군을 축출한 방식에 따라 상이한 양상을 띠었는데, 이는 이들 식민지 또는 반식민지가 이후에 걸어간 '국민국가 건설의 길'의 차이를 반영하는 주요 지표였다.[38] 1950년대 한국

---

35 조석곤, 「농지개혁과 한국자본주의」, 304쪽; 한국농촌경제연구원, 『농지개혁사연구』(서울: 한국농촌경제연구원, 1989), 1063~1064쪽 참조.

36 山田三郎 編, 『韓国工業化の課題』(東京: アジア経済研究所, 1967), p. 268; 김윤수, 「'8.15'이후 귀속업체 불하에 관한 일 연구」(서울대학교 경제학과 석사학위논문, 1988), 1쪽.

37 이상철, 「1950년대의 산업정책과 경제발전」, 173쪽.

경제의 특징 가운데 하나로 지적되는 관료자본주의적 성격은 귀속재산, 그 중에서도 귀속업체의 매각과 밀접한 관련이 있다.[39] 또한 재벌 또는 대기업 위주로 한국경제의 성격이 형성되고 경제가 성장한 것도 귀속업체의 매각과 밀접한 관련을 갖고 있다.[40]

미군정청은 귀속재산을 접수하고 그 재산을 관리하는 것으로 해방 후 공업정책을 전개시켰다.[41] 하지만 소극적인 귀속재산의 관리만으로는 당시 절실히 요구되는 공업생산의 증대를 이룰 수 없었기 때문에[42] 귀속기업을 통해 생산을 증대시킬 수 있는 체제를 갖추지 않으면 안 되었다. 미군정청은 반공체제를 구축하고 자유경제를 확립하기 위한 조치로, 즉 한국에서 자본주의 경제의 담당자를 만들어내기 위한 조치로 귀속재산의 매각을 추진했다.[43] 이렇게 미군정청은 공업을 점령하기 위한 정책의 제1단계로 귀속재산의 접수 및 관리를 거쳐 제2단계로 귀속재산의 매각에 착수했다.[44] 그런데 미군정청은 연고주의에 입각해 거대한 기업을 시가보다 낮은 가격으로, 그것도 장기연부라는 유리한 조건으로 개인에게 매각하는 방법을 택했다.[45] 당시 귀속기업을 매각 받았던 사람들은 대개 일제시대부터 그 기업과 연고가 있는 사람들로서, 일본인 소유자와 밀착되어 있거나 일본인 소유자에게서 직접 관리권을 위임받은 사람들이었다.[46] 이로부터 추후 정

38 김기원, 『미군정기의 경제구조: 귀속업체의 처리와 노동자 자주관리운동을 중심으로』(서울: 푸른산, 1990), 14쪽.
39 이상철, 「1950년대의 산업정책과 경제발전」, 173쪽.
40 이종훈, 「미군정경제의 역사적 성격」, 470~474쪽 참조.
41 같은 글, 471쪽.
42 해방 당시 제조업부문의 94%가 일본 자본이었고, 기술자의 80%가 일본인이었다. 이런 사정으로 해방 직후 제조업부문은 정상적인 가동이 불가능한 상황이었다. 같은 글, 482쪽 참조.
43 같은 글, 473쪽.
44 같은 글, 472쪽.
45 같은 글, 472, 487쪽; 강만길, 『한국현대사』(서울: 창작과비평사, 1984), 220쪽 참조.

치권력에 의한 특혜로 비대해진 독점기업을 중심으로 하는 한국 경제성장의 특성이 형성되기 시작했다.

1948년 정부 수립 이후에는 '재정 및 재산에 관한 협정'(1948.9.11)에 따라 일본인 소유의 재산이 한국정부로 이양되었고, 귀속재산의 소유권 또한 한국정부로 귀속되었다. 이후 "국유 국영의 기업체를 제외한 모든 귀속재산을 국민 또는 법인에게 매각한다"라는 '귀속재산처리법'(1949.12.20)이 제정됨에 따라 이승만 정권은 미군정으로부터 이양된 귀속재산을 처리했다.

귀속재산의 처리 방법은, 첫째, 중요한 자연자원, 임야 및 역사적 가치가 있는 토지·건물·문화재 등 공공성이 있거나 영구 보존할 필요가 있는 것, 둘째, 정부·공공단체에서 공공용으로 사용하기 위해 필요한 것, 셋째, 국방상 또는 국민생활상 요긴한 기업체와 주요 광산·제철소·기계공장이나 기타 공공성을 가진 기업체 등은 국영 또는 공공기업체로 지정했으며, 나머지는 모두 개인이나 법인에 매각했다. 민간에 매각하는 재산은 기업체와 부동산·동산·주식 및 지분으로 나누어 연고자·종업원·국가유공자 및 그 유족에게 우선권을 주고, 그 다음으로는 지명공매·일반공매 등으로 매각했으며, 부동산은 15년 기한의 분납제를 채택했다.[47]

이와 같은 이승만 정권의 귀속재산 매각은 미군정의 방식을 그대로 따른 것이었다. 따라서 일제시대 독립운동단체들이 대체로 합의했던 적산의 국유화라는 정강정책과 달리 미군정에 이어 이승만 정권은 적산을 특정인의 사유재산으로 만들었다. 더욱이 귀속재산은 사유재산화되는 과정에서 민군정하에서와 마찬가지로 일본인 소유자와 밀착되어 있던 관리자에게 점유되었다. 특히 우선권부여제와 지명공매제를 중심으로 한 매각은 구

---

46 강만길, 『한국현대사』, 230쪽 참조.
47 같은 책, 230쪽.

소유자와 연고가 있는 사람에게 소유가 집중되게끔 했다.[48]

사실상 반공체제를 확립하기 위한 방법으로 자본주의 경제 담당층을 육성한다는 목적하에 이와 같은 조처를 취했지만, 귀속재산 처리가 정부재정에 미친 효과는 매우 낮았고 기업의 생산성도 곧바로 향상되지는 않았다. 귀속재산의 매각이 대부분 한국전쟁기와 휴전 직후에 실시된 탓에 매각대금은 격심한 인플레이션으로 삭감되거나 생산설비의 미비로 크게 체납되었다. 정부는 은행자금의 저리융자, 미국 원조에 의한 원료 및 설비 제공 등 각종 혜택까지 부여함으로써 매각기업의 육성을 시도했고, 이는 이후 기업경영이 정치권력과 유착하는 길을 열어놓았다.[49]

③ 미국의 경제원조

농지개혁이 직접적인 자본축적의 효과를 내지 못하고 귀속기업 매각을 통해 초기 기업체를 형성하기는 했지만 사실상 정상적인 생산활동이 이뤄지지 못한 상황에서 미국의 경제원조는 경제발전에 결정적인 역할을 담당했다. 특히 3년간의 전쟁으로 심대한 피해를 입은 상황[50]이었으므로 미국의 경제원조는 더더욱 중요한 의의를 지닐 수밖에 없었다. 1950년대 한국 경제는 '원조경제'로 불릴 정도로 미국의 대한원조에 의존했다.[51]

한반도의 공산화를 막고 자본주의 경제체제를 유지해야 했던 미국은 제2차 세계대전 이후 공산주의의 확대를 저지하기 위한 대외정책의 일환으로 실시하던 원조정책을 자국의 군정이 실시되고 있던 남한에도 적용했

---

48 같은 책, 231, 239쪽 참조.
49 같은 책, 203~231쪽 참조.
50 3년간의 전쟁으로 사회간접자본이 파괴됨은 물론이고 공업부문의 피해율도 평균 60%에 이르렀다. 이상철, 「1950년대의 산업정책과 경제발전」, 177쪽; 김일영, 「이승만 정부의 수입대체산업화정책과 렌트추구 및 부패, 그리고 경제발전」, 608쪽 참조.
51 박태균, 『원형과 변용』, 37쪽.

다.[52] 미국 군정 아래 남한에 주어진 첫 원조는 제2차 세계대전 후 미국이 독일, 일본, 오스트리아 등을 주요 원조대상국으로 삼아 실시한 점령지역 행정구호원조(GARIOA 원조)의 일환이었다. 미군정이 끝나고 이승만 정권이 들어서면서 미국의 경제원조는 경제적 안정을 돕기 위한 장기적 원조로 바뀌었다. 미국의 남한원조는 한국전쟁을 계기로 긴급구호물자를 제공하는 형태로 지속되었고, 휴전 이후 전후복구와 경제안정을 위한 원조로 본격화되었다. 이와 같은 무상원조는 미국의 국제수지가 악화되는 1957년을 고비로 유상차관 방식으로 바뀔 때까지 지속되었다.[53] 미국의 남한원조는 단일국가에 대한 원조로서는 가장 큰 규모에 해당할 정도였다.[54]

미국이 한국에 엄청난 액수의 원조를 제공한 것은 한국을 동아시아의 반공보루국가로 만들기 위해서였다. 사회가 안정되지 않으면 이러한 목적을 달성하기 어려웠으므로 미국은 한국사회를 안정시키기 위해 막대한 원조를 소비재물자 위주로 채웠다.[55] 당시 미국이 제공한 원조물자의 구성비율을 보면 소비재와 원자재는 81%인 데 반해 생산재와 시설재는 19%에 불과했다.[56]

미국의 대한원조가 한국을 동북아시아에서 정치적·심리적으로 중요한 의미를 지닌 전방방위국가前方防衛國家, forward defense state로 만들기 위해서였다는 것,[57] 즉 일종의 군사적 목적을 지니고 있었다는 것은 원조물자의 판매수입을 지출하는 방식에 대해 미국이 한국정부에 요구한 내용을 통해서도

---

52 강만길, 『한국현대사』, 232쪽.
53 같은 책, 233쪽.
54 박태균, 『원형과 변용』, 119쪽 참조.
55 김일영, 「이승만 정부의 수입대체산업화정책과 렌트추구 및 부패, 그리고 경제발전」, 611쪽.
56 이대근, 『해방 후: 1950년대의 경제』, 342~343쪽.
57 이상철, 「1950년대의 산업정책과 경제발전」, 178쪽.

드러난다. 미국은 원조물자의 판매수입, 즉 대충자금^{對充資金}의 많은 부분을
가급적 국방비에 쓰기를 강권했다. 그 결과 한국은 1954~1960년 사이 대
충자금 지출액의 34.8%를 국방비로 쓸 수밖에 없었다. 동시에 미국은 이
자금의 많은 부분을 가급적 일본으로부터 물자를 구입하는 데 쓰도록 강권
했다. 한국은 1차 생산품 생산에만 주력하고 여타 부족한 물자는 스스로
생산하기보다 일본에서 구매해 쓰라는 것이었다. 이러한 미국의 요구는
일본을 중심으로 동아시아지역을 재편하기 위해서는 일본경제의 회복이
시급하다는 미국의 동아시아 정책구상에 기반을 둔 것이었다. 특히 미국
으로서는 한국전쟁 덕분에 팽창된 일본경제를 한국전쟁이 끝난 후에도 계
속 지탱시킬 수 있는 수요를 창출하는 일이 시급했는데, 이러한 방편의 하
나로 한국의 대일구매를 생각했다.[58] 결국 한국의 안정을 강조하는 미국의
숨은 의도는 일본은 경제, 한국은 군사적 방위를 나누어 맡도록 만들어 동
아시아 국제분업관계를 완성시키는 것이었다. 한국을 경제적으로 재건시
키는 것은 애초 미국의 구상에 들어 있지 않았다.[59]

그러나 원조로 마련된 재원의 운용방식을 둘러싸고 공여자인 미국과 수
혜자인 한국 간의 생각이 달랐다. 미국은 한국경제의 최우선 과제가 경제
안정이라고 생각했으나 한국은 경제재건이라고 생각했다. 당시 원조를 무
상으로 제공하는 대신 자금을 운영하면서 공여국의 허락을 받도록 했기 때
문에 상이한 구상을 지닌 두 나라 사이에는 갈등이 불가피했다.[60]

---

58 김일영, 「이승만 정부의 수입대체산업화정책과 렌트추구 및 부패, 그리고 경제발전」, 611
    쪽. 당시 미국의 동아시아 정책구상에 관해서는 다음을 참조할 것. Jung-en Woo, *Race
    to the Swift: State and Finance in Korean Industrialization*(New York: Columbia
    University Press, 1991), pp. 52~57; 李種元, 『東アジア冷戦と韓米日関係』(東京: 東
    京大学出版会, 1996), pp. 105~127.
59 김일영, 「이승만 정부의 수입대체산업화정책과 렌트추구 및 부패, 그리고 경제발전」, 612
    쪽.
60 같은 글, 610쪽.

애초 한국정부는 원조재원을 사회기반설비와 생산재산업에 집중 투자함으로써 빠른 기간에 한국경제를 재건하고 나아가 한국경제를 자립시키려 했다. 그래서 원조자금의 운용계획을 세울 때 시멘트, 비료, 조선소, 발전소, 학교 등 사회기반설비에 대한 투자에 집중하려고 했다. 한국정부는 이 계획을 따라 생산재 대 소비재 비율을 7 대 3으로 해서 원조물자를 제공해줄 것을 미국에 요청했다. 하지만 이는 경제안정을 원하는 미국의 의도와 차이가 있어 갈등과 조정을 거친 후 1953년 10월 '종합부흥 3개년계획'을 세웠다. 이 계획안에서는 원조물자의 생산재 대 소비재 비율이 3 대 7로 역전되었다. 결과적으로 이 계획은 자립을 지향하는 측면을 상당 부분 포기하고 대신 안정기조를 유지하면서 소비재산업을 중심으로 재건을 지향하는 절충적인 성격을 지닐 수밖에 없었다. 1950년대 한국경제의 특징인 소비재 중심의 수입대체산업화는 이러한 배경에서 형성되었다.[61]

결과적으로 미국의 대한원조가 한국경제를 안정화시키는 데 기여한 것은 분명하다. 그러나 한편으로 해방 후 한국경제가 당면한 과제였던 식민지 유제遺制의 극복, 자립경제구조의 형성, 민주적이고 생산적인 개발주체 형성에는 부정적인 기능을 했다.[62] 또한 적산기업의 매각과정에서 발생한 편중효과와 더불어 원조물자 배분 및 판매대금으로 마련된 정부의 대충자금계정이 특혜융자됨으로 인해 기업의 집중과 산업의 편중화 현상이 초래되었다.[63] 특히 미국 잉여농산물의 장기적인 원조는 경제개발 시대에 산업구조의 여러 문제점을 형성하는 데 기여했다.[64] 원조 농산물의 특혜적 배

61 같은 글, 612~613쪽 참조.
62 강만길, 『한국현대사』, 233쪽.
63 같은 책, 240쪽 참조.
64 김종덕, 「미국의 대한 농산물 원조와 그 정치적 결과에 관한 연구」, ≪아시아문화≫, 제16호(2000); 박준식·김영근, 「한국전쟁과 자본가 계급」, ≪아시아문화≫, 제16호(2000) 참조.

분은 훗날 독점 대기업 위주의 산업구조가 형성되는 기틀을 형성했을 뿐 아니라 무엇보다 결정적으로 농업배제와 저곡가 정책을 기조로 하는 경제 개발의 특성을 형성했다. 이는 농업을 배제하는 산업구조 형성뿐 아니라 노동자에 대한 저임금 정책에도 기여했다.

이상과 같은 문제점을 안고 있기는 했지만, 한국경제의 안정화에 절대적으로 기여했던 미국의 원조는 점차 줄어들었다. 미국은 뉴룩New Look 정책을 채택하면서 후진국에 대한 군사·경제 무상원조를 삭감했고, 1957년을 기점으로 개발차관기금Development Loan Fund: DLF을 설치하면서 유상차관으로 전환하기 시작했다.[65]

미국의 원조 감소는 한국사회에 심각한 위기의식을 불러왔다. 원조물자를 통해 근근이 생활을 이어가던 국민들뿐 아니라 원조경제에 의지해 삼백(밀가루, 설탕, 면)산업을 중심으로 유지되던 기업에도 원조의 감소는 심각한 위기일 수밖에 없었다.[66] 원조가 활발하게 이뤄지던 당시 원조물자 판매로 확보한 대충자금이 수입의 70%를 점하던[67] 정부 입장에서도 원조의 감소는 심각한 타격이었다. 이러한 상황에서 자립경제를 위한 경제개발계획의 필요성이 새삼 제기되었다.

원조의 감축과 함께 무상원조가 유상차관으로 전환된 것도 중요한 계기였다. 개발차관기금은 무상원조와 달리 이자와 원금을 갚아야 하며, 차관계약 시 채권자 측이 제시하는 조건에 맞는 계획을 제출하고 이 계획이 승인되어야만 차관을 받을 수 있었다. 이로 인해 정부의 관료와 정치인들은

65 John Lews Gaddis, *Strategies of Containment*(New York: Oxford University Press, 1982), pp. 171~197; 박태균, 『원형과 변용』, 39쪽.

66 박태균, 『원형과 변용』, 39쪽.

67 김일영, 「이승만 정부의 수입대체산업화정책과 렌트추구 및 부패, 그리고 경제발전」, 609쪽.

차관을 승인받기 위해 계획이 필요하다고 인식하기 시작했다. 미국의 대한원조 감소와 함께 당시 한국에 근무했던 미국인 관리들 역시 한국정부가 주도하는 일정한 계획의 필요성을 공개적으로 천명했다.[68]

이렇게 해서 전 사회적으로 경제개발계획의 필요성이 현실적으로 인식되었다. 절대적으로 미국의 원조에 의존하던 경제 현실에서 원조의 삭감과 유상차관으로의 전환은 일종의 위기였지만, 그 위기는 거꾸로 새로운 전환의 계기가 되었던 것이다.

(3) 경제개발계획에 관한 사회적 공감대 형성

해방 이후 1950년대에는 경제개발의 필요성이 여러 측면에서 제기되었다. 미국의 대한원조 삭감과 무상원조의 유상차관으로의 전환은 경제개발계획의 필요성을 현실적으로 촉발시키는 계기로 작용했지만 사실 그 이전부터 경제개발계획에 대한 사회적 공감대가 상당 부분 형성되어 있었다.

우선 일제하에서 독립운동을 추구한 여러 계열 사이에 경제개발에 관한 공감대가 형성되어 있었다. 일제강점기 민족해방운동의 과정에서 대부분의 정치세력은 독립 이후 새롭게 건설할 국가에서는 정부가 경제질서에 개입함으로써 효율적인 경제발전을 이뤄야 한다는 점에 공감했다. 이는 민족주의 좌·우파 세력이 참여했던 대한민국 임시정부의 정책에서도 드러났다. 1940년 10월 임시정부가 발표한 대한민국 임시헌법을 보면 경제조항 내에 '국민의 기본생활을 확보할 계획경제의 수립', '대규모 주요 공업과 광산의 국영 또는 국가관리', '토지사유의 제한과 농민본위의 경작권 확립', '공장의 경영, 관리의 노동자대표 참여' 등의 조항이 있다.[69] 1941년 11월

---

68 박태균, 『원형과 변용』, 41쪽.

69 한국정신문화연구원 엮음, 「대한민국 임시헌법」, 『한국독립운동사 자료집: 조소앙 편
    (三)』(서울: 한국정신문화연구원, 1997), 264쪽; 박태균, 『원형과 변용』, 28쪽.

28일에 발표된 대한민국 임시정부 건국강령 초안 역시 토지와 운수사업, 은행·전신·교통, 그리고 대규모의 농상공기업을 국유로 하고 중소기업을 사영으로 하도록 규정했다.[70]

　일제하에서 독립운동을 추구한 계열 사이에서 이뤄진 경제개발에 관한 공감대는 해방 이후에도 여러 정파에 거의 그대로 계승되었다. 중도우파나 중도좌파인 정치세력뿐 아니라 미군정의 여당으로서 가장 보수적이었던 한국민주당까지도 사회주의적 계획경제를 경제정책으로 채택했다.[71] 정치세력에 따라 표현의 차이는 있었지만 '계획경제', '주요 산업의 국유화', '봉건적 토지소유의 개혁', '분배의 합리화' 등은 당시 정치세력의 경제정책에 공통적으로 포함된 내용이었다.[72] 1947년 제2차 미소공동위원회를 앞두고 향후 수립될 임시정부의 정강에 대해 각 정당에 설문한 결과에 따르면, 한국민주당이 주도한 임시정부수립대책협의회, 중간파가 결성한 시국대책협의회, 그리고 좌익을 제외한 여러 정파가 소속되어 있던 남조선과도입법의원 등은 모두 국가의 계획경제와 통제정책의 필요성을 인정했다.[73] 여기에 더해 당시 여론조사 결과를 보면 지식인뿐 아니라 대다수 일반 대중도 사회주의적 계획경제를 지지하고 있었다. 1946년 미군정청이 8000명을 대상으로 실시한 여론조사를 보면 전체 응답자의 70%가 사회주

70　한국정신문화연구원 엮음, 「대한민국 임시정부 건국강령 초안」, 『한국독립운동사 자료집: 조소앙 편(三)』, 296~297쪽; 박태균, 『원형과 변용』, 28쪽.

71　《동아일보》, 1946년 2월 8일 자; 박태균, 『원형과 변용』, 29쪽.

72　이기하, 『한국정당발달사』(서울: 의회정치사, 1961), 61, 155쪽; 중앙선거관리위원회, 『대한민국정당사』(증보판)(1968), 127, 199쪽; 송남헌 엮음, 「재중경 한국독립당 제5차 대표자대회 선언」, 『해방3년사』(서울: 까치, 1990), 186~190쪽; 안재홍, 『신민족주의와 신민주주의』(서울: 민음사, 1945); 서중석, 「일제시기 미군정기의 좌우대립과 토지 문제」, 《한국사 연구》, 제67호(1989); 박태균, 『원형과 변용』, 29쪽.

73　새한민보사, 「臨協의 답신안」, 『임시정부 樹立大綱』(1947), 26~27, 60, 63, 87, 90쪽. 더 자세한 내용은 다음을 참조할 것. 정진아, 「제1공화국 초기(1948~1950)의 경제정책 연구」(연세대학교 사학과 석사학위논문, 1998), 58쪽의 부록 1; 박태균, 『원형과 변용』, 29쪽.

의를 지지한 반면, 13%가 자본주의를, 10%가 공산주의를 지지한 것으로 드러났다.[74]

모든 정치세력이 주요 산업의 국유화, 농지를 제외한 모든 국토의 국유화, 계획경제의 실시 등을 공통적으로 주장한 해방 직후의 경향은 1948년 대한민국정부 수립 시 행정체제와 헌법에도 그대로 반영되었다.[75] 즉, 해방 직후 국가가 주도하는 경제질서와 경제계획을 통해 효율적이고 빠르게 경제를 성장시켜야 할 필요성에 대해 형성된 사회적 공감대가 헌법의 경제조항에 그대로 반영된 것이다.[76]

또 한편으로 북한의 전격적인 농지개혁 실시와 전쟁 이후 성공적인 복구과정은 남한사회에 커다란 자극제가 되었다. 이 또한 경제계획이 필요하다는 공감대를 강화시켰다. 북한은 1954년부터 시작된 경제부흥 3개년계획, 1957년부터 시작된 1차 5개년계획 등을 통해 중공업부문에서 급속한 성장을 이루었으며, 1954년에서 1960년까지의 기간 동안 공업부문에서 연평균 20% 내외의 성장을 이뤘다. 북한 자체의 발표에 따르면 3개년계획이 끝난 1956년에는 1953년에 비해 자본재 생산이 4배, 소비재 생산이 2.1배로 성장했다. 1957년에는 5개년계획이 시작되었는데 1960년에는 1957년에 비해 공업 총 생산액이 3.5배로 늘어났으며, 공업생산은 연평균 36.6% 성장했고 국민소득은 2.1배 증가했다고 한다.[77] 북한이 발표한 높은 성장률의 객관성에 대해서는 의문이 있지만, 1950년대에 빠른 속도로 복구를 실행했다는 점은 인정되고 있다.[78] 이와 같은 북한의 빠른 전후복구와 높은 경

74 박태균, 『원형과 변용』, 29쪽.
75 같은 책, 29~30쪽.
76 같은 책, 31쪽.
77 고승효, 「조선로동당 4차대회 보고 및 1960년 계획 실행 총화에 대한 조선중앙통계국의 보도」, 『현대북한경제 입문』, 이태섭 옮김(서울: 대동, 1993), 120쪽; 김한길, 『현대조선 역사』(서울: 일송정, 1989), 347, 373~374쪽; 박태균, 『원형과 변용』, 361~362쪽.

제성장은 기왕에 널리 퍼져 있던 남한사회 내의 경제개발계획에 대한 공감대를 더욱 강화시켜주었다.

하지만 이와 같이 사회적 공감대가 널리 형성되어 있고 사실상 정부가 경제 전반에 대한 통제권을 갖고 있었음에도 1950년대에는 경제계획이 사실상 실시되지 못했다. 당시 경제개발계획이 시행되지 못한 데에는 한국전쟁 이후의 이데올로기 경직화와 이승만 대통령의 경제계획에 대한 거부감이 주요 요인으로 자리하고 있었다. 1950년대는 한국전쟁 이후 반공이데올로기가 강화되고 계획경제를 주장하던 진보당이 불법화되는 상황이었다.[79] 경제정책 결정을 포함한 모든 권력을 장악하고 있던 이승만은 1952년부터 1954년 사이에 작성된 한국경제재건계획, 즉 네이산Nathan계획을 프랭클린 루즈벨트Franklin Delano Roosevelt 대통령을 지지하는 공산주의적 성향의 인물이 만들었다는 이유로 검토 자체를 거부했다.[80] 본래 이승만 정부가 본격적인 경제개발계획을 반대한 것은 남과 북의 경제시설을 모두 이용한다고 전제할 경우 모든 분야에서 경제개발을 단행하는 것은 낭비에 불과하다는 이유에서였다.[81] 북진통일론을 견지하는 입장에서는 나름대로 일리 있는 이유였다. 이런 이유에 전쟁 이후 강화된 이데올로기적 경직성까지 더해져 경제개발계획은 전혀 진척되지 못했다. 1954년에는 이른바 사사오입四捨五入 개헌을 통해 헌법의 경제조항을 자유경제를 기조로 하는 내용으로 바꾸기까지 했다.[82] 이는 당시 경제개발계획에 대한 사회적 공감

---

78 박태균, 『원형과 변용』, 90쪽 각주 32.
79 진보당 사건의 2심 재판부는 '수탈 없는 경제체제'를 주장한 정강정책이 들어 있다는 이유로 유죄를 선고했다. 박태균, 『조봉암 연구』(서울: 창작과비평사, 1995), 346~351쪽; 박태균, 『원형과 변용』, 42쪽.
80 박태균, 『원형과 변용』, 42쪽.
81 박태균, 「1950·1960년대 경제개발 신화의 형성과 확산」, 유철규 엮음, 『한국 자본주의 발전모델의 역사와 위기』, 265쪽.
82 박태균, 『원형과 변용』, 31쪽.

대에 반하는 것이었다. 하지만 당시 정부는 여전히 경제질서에 대한 강력한 통제를 지속했다.

그러던 상황이 미국의 원조삭감과 무상원조의 유상차관으로의 전환으로 인해 바뀌기 시작했고 마침내 경제개발계획이 당면한 문제로 제기되었다. 경제개발계획에 대해서는 사회적 공감대가 이미 형성되어 있던 터였으므로 이와 같은 현실적 필요성은 정부가 주도하는 경제개발계획의 추진을 더 이상 미룰 수 없게 만들었다.

(4) 경제개발계획의 입안

사실 경제개발계획은 1950년대를 통해 여러 차례 입안되었다. 1949년 물동5개년계획, 1952년과 1956년 만들어진 기획처와 부흥부의 계획, 1953년과 1954년 미국의 특사와 유엔한국재건단United Nations on Korean Reconstruction Agency: UNKRA의 파견원이 만든 타스카Tasca보고서와 네이산계획 등이 입안되었으나 이 계획들은 모두 실행되지 못했다.[83]

본격적인 경제개발계획 입안은 1958년 산업개발위원회가 발족된 이후에야 이뤄졌다. 산업개발위원회는 1959년 초 시안을 입안한 후 몇 차례의 검토를 거쳐 1960년 정부통령 선거 직후 산업개발3개년계획을 발표했다.[84] 이 계획안은 1950년대 한국사회에 상당한 영향을 끼친 균형성장론을 기조로 해서 비료, 시멘트, 펄프, 기계산업 등 수입대체산업화에 비중을 둠과 아울러 농업 분야의 발전을 강조하는 특징을 지니고 있었다. 그러나 이 계획은 당시 경제개발에 관한 사회적 공감대를 상당히 반영하고 있었음에도 입안과정에서 충분한 협의가 이뤄지지 않았다는 절차상의 비민주성과 단지

---

83 박태균, 「1950·1960년대 경제개발 신화의 형성과 확산」, 263쪽; 박태균, 『원형과 변용』, 298~300쪽.
84 박태균, 『원형과 변용』, 302쪽.

사업의 나열에 불과한 내용의 비현실성으로 인해 비판을 받았다.[85] 이는 원래 경제개발계획 자체에 관심을 두지 않았던 이승만 정권이 사회적 여론을 의식해 선거에 즈음해 졸속으로 만들어낸 탓에 지닐 수밖에 없었던 한계였다. 그나마 곧바로 터진 4·19혁명으로 이 계획은 시행되지 못했다.

1950년대를 마감시킨 4·19혁명은 정치적 사건인 동시에 당시의 경제적 상황과 밀접한 관련을 지닌 사건이었다. 4·19혁명은 소비재공업 중심의 대외의존적 독점기업화와 그 결과로 불거진 농업·노동·중소기업 문제의 취약점 및 정치적 부정이 쌓여 폭발한 사건이었다.[86] 따라서 그 이후에 등장한 장면 정권은 4·19혁명이 제기한 정치적·경제적 과제를 안고 갈 수밖에 없었다. 민주경제 및 자립경제체제의 수립을 목적으로 삼았던 장면 정권은 부정축재자를 처벌하고 중소기업 육성책을 세우는 것으로 이러한 과제를 감당하려 했다.[87]

장면 정권은 종합적인 경제개발계획의 입안을 적극 추진했으며, 국토건설단운동을 통해 당시 만연한 실업문제를 동시에 해결하려 했다.[88] 이승만 정권이 경제개발계획을 마지못해 입안하면서 이를 정치적으로 이용하려 한 것과는 달리 장면 정권은 스스로의 취약한 기반을 경제개발을 통해 극복하려 했던 것이다. 따라서 장면 정권은 미국과 긴밀히 협의해 1960년 11월 국토건설사업을 발표했으며 1961년에는 이 내용이 포함된 경제개발5개년계획을 입안했다.

'민주적인 계획경제'를 표방한 장면 정권의 경제개발5개년계획안은 개

---

85 김영선, 「경제개발3개년계획 분석」, 《사상계》, 제81호(1960년 4월); 박태균, 『원형과 변용』, 302~303쪽.
86 강만길, 『한국현대사』, 241쪽.
87 같은 책, 241쪽.
88 박태균, 「1950·1960년대 경제개발 신화의 형성과 확산」, 261쪽.

인기업의 역할을 보조하는 수준에서의 정부의 간접적인 통제 및 적극적인 외자도입을 추진했다. 산업별 투자계획의 내용은 이전 이승만 정권하에서의 3개년계획과 큰 차이가 없었다. 계획에서 석탄생산을 강조한 것은 화력발전소를 가동시켜 전력공급량을 늘리기 위함이었으며, 당시 수입량이 가장 많았던 비료, 시멘트, 화학섬유, 정유 등과 관련된 산업을 강조한 것은 전형적인 수입대체산업화 전략을 따른 것이었다. 이 계획은 일부 불균형성장론의 요소를 포함하고 있었지만 전반적으로는 3개년계획과 마찬가지로 균형성장론의 기조를 유지했다. 이 가운데 가장 특기할 만한 것은 국토건설사업으로, 공공사업을 대대적으로 일으켜 이를 통해 실업자 문제를 해결하고 아울러 사회간접자본을 확충한다는 방안이었다.[89] 국토건설사업에 필요한 자본은 미국의 잉여농산물 원조액과 정부보유달러의 공매 등으로 충당할 예정이었다. 이 사업은 경제개발5개년계획안이 확정되기 이전인 1960년 3월부터 시행에 들어갔다.

그러나 국토건설사업은 결국 실패하고 말았다. 재원으로 사용될 잉여농산물의 도입이 지연된 데다 현물을 통한 임금지급 방식과 근로조건 등이 공감을 얻지 못해 자원자를 충분히 확보할 수 없었기 때문이다.[90] 경제개발5개년계획안은 1961년 5월 15일 전체 내용을 최종 확정해 발표할 예정이었지만 다음날 발생한 5·16쿠데타로 발표되지도, 시행되지도 못했다.

장면 정권의 경제개발계획이 본격적으로 시행되지 못한 것은 이 정책을 펼칠 수 있는 여유도 확보하지 못한 상태에서 5·16쿠데타가 발생했기 때문만은 아니었다. 더 근본적인 요인은 장면 정권이 국민 대중으로부터 지지를 얻지 못한 데 있다. 장면 정권은 지나치게 미국에 의존해 국민들의 반발

---

89 이한빈, 『한국행정의 역사적 분석』(서울: 박영사, 1969), 31쪽; 박태균, 『원형과 변용』, 301쪽; 박태균, 「1950·1960년대 경제개발 신화의 형성과 확산」, 262쪽.
90 박태균, 『원형과 변용』, 311쪽 참조.

을 샀으며, 민주당 정부 자체도 국민들에게 신뢰를 주지 못했다.[91] 민주당 정부는 7·29총선 당시 공약 15장에서 내걸었던 경제정책을 전혀 시행하지 않았다. 당시 민주당은 "부정축재의 회수, 특혜와 독점의 배제, 부패의 근절, 관권의 부당한 간섭 지양" 등을 약속했지만[92] 오히려 "산업경제의 위축을 지양"하고 "북한괴뢰에 이익을 주는 부정축재처리가 되지 않도록" 한다는 보수언론의 지적을 명분으로 부정축재자 문제를 제대로 처리하지 않았다.[93] 4·19혁명을 통해 드러난 국민적 여망을 제대로 감당하지 못한 민주당 정권은 국민의 지지를 받지 못했고 결국 군사쿠데타의 빌미를 제공했다.

1950년대를 통해 확산된 경제개발논리를 충실하게 반영했다는 점에서, 그리고 그 일부가 최초로 시행되었다는 점에서 중요한 의의를 지녔던[94] 민주당의 경제개발5개년계획안은 그렇게 좌초되었다. 그러나 이 계획이 전적으로 폐기된 것은 아니었다. 이 계획안은 이후 군사정권의 경제개발계획안으로 상당 부분 지속되었기 때문이다.

4) 경제개발 이전의 노동 상황

경제개발계획이 자본주의적 산업화를 의도하고 있었으므로 계획을 추

---

91 "데이비드 새터화이트(David Satterwhite)는 미국의 지나친 요구가 결국 민주당 정권의 몰락을 가져왔다고 주장한다. 즉, 민주당 정부가 미국의 과다한 요구를 받아들인 것이 대중적 비판을 야기했고 이것이 5·16쿠데타에 이은 정권의 몰락으로 이어졌다는 것이다." 박태균, 『원형과 변용』, 351쪽 각주 74. 원자료는 D. Satterwhite, "The Politics of Economic Development: Coup, State, and Republic of Korea's First Five-Year Economic Development Plan(1962-1966)"(Ph. D dissertation, University of Washington, 1994), pp. 309~311.

92 중앙선거관리위원회, 『대한민국정당사』(증보판)(중앙선거관리위원회, 1968), 216쪽; 박태균, 『원형과 변용』, 312쪽.

93 박태균, 『원형과 변용』, 311~312쪽.

94 박태균, 「1950·1960년대 경제개발 신화의 형성과 확산」, 262~263쪽.

진하는 과정에서는 노동에 대한 통제가 언제나 중요한 사안일 수밖에 없었다. 한국의 경제개발과정에서는 노동에 대한 국가의 통제가 한마디로 '억압적 배제체제'의 성격을 지녔다[95]고 할 수 있는데, 이러한 체제는 본격적인 경제개발과 함께 법률적·제도적 정비를 통해 이뤄졌다. 경제개발계획이 전사를 가지고 있듯 노동에 대한 억압적 배제체제 또한 해방 직후와 1950년대에 전사를 가지고 있다.

해방 직후 노동 상황을 보면 일제의 퇴각과 함께 전반적인 산업 자체가 정상적으로 작동되지 않고 있었다. 임금노동 인구 자체가 적었을[96] 뿐 아니라 관리자와 인력 부족, 그리고 원자재 부족 등으로 정상적인 조업 자체가 불가능한 산업 현실에서 산업현장과 직결된 노동문제는 사회 전체적인 차원에서 매우 미미한 비중을 차지하고 있었다. 당시 노동자들은 실업위기, 공급부족으로 인한 물가고 등과 같이 더욱 광범위한 의미에서 일반 민중의 고통을 공유하고 있었다.

그러나 이러한 상황이 당시 노동문제가 무시해도 좋을 만큼 미약했음을 뜻하지는 않는다. 새로운 국가건설의 와중이던 해방공간의 특수한 성격으로 일체의 사회운동은 정치적 성격을 강하게 띠었고, 노동운동 역시 매우 강력한 정치적 색채를 띤 가운데 활성화되어 있었다. 농민들은 농지개혁을 요구한 반면, 노동자들은 '인민정권' 수립을 목표로 '노동자 자주관리'와 함께 '산업건설 협력'을 내세우며 자신들의 요구를 주장했다.[97] 잘 알려진

---

95 노중기, 『한국의 노동체제와 사회적 합의』(서울: 후마니타스, 2008), 86~87쪽.
96 해방 직전 임금노동자는 남북한 지역 통틀어 약 200만 명으로 전체 인구 약 2600만 명의 10분의 1에도 미치지 못한 것으로 추정된다. 박덕제, 「노동정책과 노사관계」, 이대근 외, 『새로운 한국경제발전사』(서울: 나남, 2005), 465쪽.
97 박현채, 「남북분단의 민족경제사적 위치」, 232쪽; 성한표, 「9월총파업과 노동운동의 전환」, 강만길 외, 『해방전후사의 인식 2』, 372쪽. 당시 대표적인 노동자 조직인 전평에 의해 표방된 이와 같은 요구는 상호 모순되는 측면이 있어 전평 노선상의 혼선으로 볼 수도 있으나 당시 '산업건설'은 좌·우를 막론하고 공감을 이룬 목표였다는 점에서 단순히 노선

대로 조선노동조합전국평의회(이하 전평)는 당시 노동자들의 대표적인 조직체였다. 전평은 1945년 11월 조선노동당에 의해 결성되어 산하에 16개 산업별 노조를 두고 있었으며, 남북한 통틀어 약 55만 명의 조합원을 거느리고 있었다. 전평이 혁명조합주의에 입각한 체제개혁을 목표로 하는 운동을 활발히 펼쳐나가자 우익진영은 1946년 3월 우파정당의 연합체인 대한독립촉성중앙협의회의 청년조직 형태인 대한독립촉성노동총연맹(이하 대한노총)을 조직했다. 기업별 노동조합의 조직체였던 대한노총은 애초부터 전평 타도를 목표로 했고, 결국 1947년 3월 총파업 이후 불법화되어 해체된 전평을 대신해 노동계의 지배권을 장악했다. 대한노총이 노동운동을 지배하게 된 데에는 미군정과 과도정부, 각 정당, 사회단체, 기업주의 적극적인 지원이 있었다.[98] 대한노총의 등장은 이후 강력한 국가통제하의 노동체제를 예시했다. 한편 대한노총은 노동자들의 지지를 기반으로 한 운동을 저지하려는 목적을 지닌 조직이라는 태생적 한계를 지니고 있었으므로 노동운동을 이분화할 소지를 배태하고 있었다.

정부 수립 이후 한동안 노동문제는 법률적·제도적 규율을 받기보다는 정치세력의 정파적 이해관계에 좌우되었다. 노동문제가 국가의 법률적·제도적 규율하에 놓인 것은 1953년 노동관계법이 처음으로 제정되고 나서부터였다. 한국전쟁 와중이던 1953년 1월 '노동조합법', '노동위원회법', '노동쟁의법'이 제정되었으며, 같은 해 4월에 '근로기준법'이 제정되었다. 이들 법률은 1948년 제정된 헌법과 함께 결사의 자유, 단체교섭권, 단체행동권 등 노동3권을 보장한 것으로, 매우 진취적인 성격을 지니고 있었다. 구체적으로 보자면 노동조합의 자유설립주의 및 자유로운 쟁의권 보장 등 집단

상의 혼란으로 볼 것이 아니라 당시 전 사회적인 공감대를 확인시키는 지표로 봐야 한다.
98 김윤환, 「산업화 단계의 노동문제와 노동운동」, 박현채 외, 『한국사회의 재인식 1: 경제 개발에 따른 정치·경제·사회의 구조변화』(서울: 한울, 1984), 357쪽.

적 노사관계법 규정, 노동조합과 노동쟁의 관련 규정, 연·월차 휴가와 생리 휴가, 주 48시간 노동제를 도입했는데, 이는 당시 현실과는 괴리된 것으로 다분히 이상적인 성격을 띠고 있었다.[99]

이상과 같은 법률의 제정이 노동자를 보호하고 노동운동을 활성화시킬 계기를 제공한 것은 분명하지만, 현실과 괴리된 법률의 내용이 시사하듯, 당시는 법률이 제정되었음에도 노동문제가 여전히 법률적·제도적 규율이 아닌 집권세력의 정략적 이해관계에 따라 좌우되는 형편이었다. 이승만 정권 시대에는 법이 그저 장식물에 지나지 않았던 것이다.[100] 이런 조건하에 반공투쟁과정에서 긴밀한 관계를 형성한 대한노총의 주류세력은 집권세력인 자유당의 기간조직과 같은 역할을 담당했다. 그러나 동시에 이 주류세력에 대항하는 세력은 노동관계법이 보장하는 합법적 근거하에 새로운 노동조합을 결성할 수 있었다. 1958년 기존 대한노총의 정당성을 문제시한 세력은 전국노동조합협의회(이하 전국노협)를 결성해 대한노총과 별도로 중앙조직을 만들었다.[101]

4·19혁명을 계기로 노동운동은 노동자를 대변해야 하는 본연의 위상을 본격적으로 요구받았다. 4·19혁명 직후 대한노총은 자숙하는 결의문을 채택했고 전국노협은 대한노총 간부진의 총사퇴를 요구했다. 당시 전국노협은 명분은 있었지만 조직이 미약했으며, 대한노총은 조직은 장악하고 있었지만 명분이 없었다. 이러한 사연으로 4·19혁명의 분위기 속에 한국노동조합총연맹을 결성함으로써 두 조직의 통합을 시도했지만, 운영위원만 선

---

99   최영기 외, 『한국의 노동법개정과 노사관계』(서울: 한국노동연구원, 2000), 24쪽; 박덕제, 「노동정책과 노사관계」, 466쪽.

100 임홍빈, 「노동입법과 정치규제의 표리」, ≪신동아≫, 3월호(1963), 78~85쪽; 최장집, 『한국의 노동운동과 국가』, 105쪽.

101 김윤환, 「산업화 단계의 노동문제와 노동운동」, 359~360쪽.

출하고 집행기구도 구성하지 못한 채 정회되어 노동운동계는 여전히 이분된 채 남게 되었다.[102]

2. 한국 경제개발계획의 구상과 추진

1) 5·16쿠데타와 경제개발 시대로의 진입

애초 경제개발 제일주의를 내세운 것은 민주당의 장면 정부였다. 장면 정부는 자신들의 취약한 기반을 경제개발을 통해 극복하려 했다.[103] 그러나 앞서 살펴본 바와 같이 민주당의 장면 정부는 스스로의 취약한 기반을 극복하지 못한 채 5·16쿠데타로 퇴진할 수밖에 없었다. 하지만 민주당이 추구한 경제개발 제일주의는 5·16쿠데타로 등장한 군사정부에 의해 다시 등장했다.[104]

군사정부는 절차적 정당성을 지니지 못하고 있었던 만큼 국민의 지지를 얻기 위해 다양한 조치를 취했다.[105] 쿠데타 세력은 반공을 '제1의 국시'로 내세우면서 4·19혁명 이후의 혼란과 국가안보의 위기에서 나라를 구하겠다는 명분 아래 다양한 조치를 발표했다. 먼저, 부정축재자와 부정선거 관련자들을 처벌하기 위한 일련의 조치를 발표했다. 이는 4·19혁명 이후 국민의 공분을 샀던 사안이 적절히 처리되지 않은 데서 오는 불만을 군사정

---

102 같은 글, 360쪽.

103 박태균, 「1950·1960년대 경제개발 신화의 형성과 확산」, 261쪽.

104 같은 글, 264쪽.

105 당시 군사정부가 취한 다양한 조치에 관해서는 다음을 참조할 것. 조희연, 『박정희와 개발독재 시대: 5·16에서 10·26까지』(서울: 역사비평사, 2007), 22~32쪽.

권이 수용한 것이었다. 다음으로, 쿠데타 세력은 부패하고 무능하다고 규정한 구정치세력에 대한 대대적인 정치활동 규제방안을 마련했다. 이에 따라 기존의 모든 정당과 사회단체가 해산되거나 재조직되는 과정을 밟았다. 사회정화를 위한 다양한 국민적 캠페인도 벌였는데, 대대적인 깡패소탕이 대표적인 사례 가운데 하나였다. 한편으로는 공무원의 부정부패를 일소하기 위한 조치를 취했으며, '사이비 언론인 및 언론기관 정화' 방안을 발표해 대대적으로 언론기관을 숙정했다. 국가폭력의 제도적 장치로는 '반공법'을 전격적으로 제정했는데, '반공법'은 혁명공약 제1항에서 "반공을 국시의 제1의로 삼고 반공태세를 재정비 강화할 것"임을 천명한 쿠데타 세력이 반공주의를 명시적으로 법제화한 조치였다.

이와 같은 일련의 개혁조치 가운데 경제개혁에 관한 조치 또한 중요한 비중을 차지했다. 민족주의적·서민주의적 입장을 강하게 내세운[106] 쿠데타 세력은 자신들이 표방한 색채에 부합하는 경제개혁 조치를 취할 수밖에 없었다. 예컨대 6월 9일 농가부채를 정비하기 위해 '농어촌 고리채 정리 방안'을 발표하면서 연리 2할 이상의 고리채에 대해서는 채권행사를 정지시켰다. 이는 농민의 불만을 수렴함으로써 쿠데타에 대한 농촌의 지지기반을 확보하기 위한 조치였다. 또한 은행을 실질적인 통제하에 두고 은행금리와 중소기업 지원 등과 관련된 조치도 취했는데, 이는 쿠데타 세력이 서민의 입장에 서 있음을 보여주려는 의도였다. 경제개혁 조치와 함께 부정부패에 연루된 기업인의 숙정도 단행했다. 애초 쿠데타 세력은 5월 17일 주요 기업인 17명을 전격적으로 연행하는 강경한 태도를 취했다. 이는 국민적 공분의 대상을 응징한다는 뜻을 지녔으나, 점차 '부정축재 처리법' 등을 만들어 벌금 대신 재산을 헌납하게 하는 것으로 마무리 지었다. 이를 통

---

106 박태균, 「1950·1960년대 경제개발 신화의 형성과 확산」, 264쪽.

해 사실상 부정축재자로 소환한 주요 기업인을 경제재건에 이용하려 한 쿠데타 세력의 의도를 엿볼 수 있다.

쿠데타로 집권한 군사정부가 단행한 여러 조치는 이중적인 성격을 갖고 있었다. 그동안 국민이 공분을 느낀 사안에 대해서는 단호한 조치를 취하는 한편 국민적 공감대가 형성된 사안을 수렴함으로써 지지기반을 확보하려 했다. 이와 동시에 군사정부가 목적으로 하는 '국가와 사회의 군대식 재구조화' 및 '쿠데타 세력의 주도권 확보'라는 성격 또한 지니고 있었다.[107] 쿠데타 직후 군사정부의 의도는 대체로 적중했다. 많은 국민들은 군사정부가 단행한 위로부터의 개혁에 상당한 기대감을 갖고 있었다. 5·16쿠데타가 발생한 직후 서울대 총학생회는 쿠데타 지지성명을 발표했는가 하면, 당시의 대표적인 잡지 ≪사상계≫는 장준하의 사설을 통해 쿠데타에 대해 상당한 기대를 표명하기조차 했다.[108]

경제개혁과 개발정책에 대한 기대는 훨씬 더 강력했다. 군사정부는 기존의 사회적 공감대를 반영해 경제제일주의를 내세웠기 때문이다. 이미 앞 절에서 살펴본 바와 같이 경제개발에 대한 사회적 공감대는 상당한 기간 동안 광범위하게 확산되어 있었다. 이는 일제하 독립운동과정에서부터 줄기차게 이어져온 전 사회적 공감대로, 일종의 집합적 의지collective will 또는 공통의지common will로서 국가 또는 정부의 정책 이면에 존재하다가 정책과정에 내재적으로 표현되는 성격을 지니고 있다.[109] 군사정부가 경제제일주의를 내세운 것은 여기에 부응함을 뜻했고, 군사정부가 내세운 기치는

---

107 조희연, 『박정희와 개발독재 시대』, 29쪽 참조.
108 같은 책, 31쪽.
109 Yoo, C. G., "The National Choice of Industrial Structure, Financial Re in Korea"(The UNESCO Participation Programme, The Centre for Studies in December, Calcutta, India, 1999); 김진업 엮음, 『한국자본주의 발전모델의 형성과 해체』, 130쪽.

당연히 국민들의 대대적인 환영을 받을 만했다. 박정희 정권은 국민들의 이와 같은 집합적 의지에 부응하는 가운데 한국발전모델[110]로 일컬어지는 체제를 구축해나가기 시작했다. 그러나 국민들의 이와 같은 집합적 의지가 단일한 경로와 형태로만 표출되는 것은 아니다. 이러한 의지는 때로는 동의와 인내로, 때로는 저항으로 표출되면서 정부의 정책을 규율하는 중요한 요소로 작동한다.[111] 군사정권이 등장한 이후 얼마 지나지 않아 부패사건이 발생하자 군사정권은 차츰 거센 정치적 저항과 함께 경제정책에 대한 비판에 직면해야 했다. 이런 상황 가운데서도 지속적으로 추진된 경제제일주의는 박정희 정권을 지탱시킨 결정적인 요인이었다.

2) 자립경제를 지향한 제1차 경제개발5개년계획 원안

(1) 경제개발계획 추진의 여건 성숙

경제개발계획을 추진할 수 있는 여건은 여러 측면에서 무르익어 있었다. 앞서 지적한 대로 경제개발계획은 전 사회적 공감대를 얻었으므로 군사정권으로서는 국민의 지지를 확보하기 위해 정권의 사활을 걸고 이를 추진할 수밖에 없었다.

한편으로 경제개발계획은 미국의 자본수출 양상이 변화됨에 따라 자본축적의 위기에 몰린 국내 자본이 돌파구를 찾기 위해서도 필요했다. 미국의 자본수출은 이미 이승만 정권 말기에 무상원조에서 유상차관으로 전환되기 시작했다. 미국의 자본수출이 무상원조 → 공공차관 → 상업차관 →

---

110 김진업 엮음, 『한국자본주의 발전모델의 형성과 해체』, 131쪽. 이는 발전국가론의 틀에서 논의되기도 하는데, 이와 관련한 논의에 관해서는 다음을 참조할 것. 최형익, 『실질적 민주주의』, 149~180쪽.
111 김진업 엮음, 『한국자본주의 발전모델의 형성과 해체』, 130쪽.

직접투자의 경로로 변화해감에 따라 국내의 자본은 새로운 자본축적의 활로를 찾아야 했다. 동시에 미국도 한국경제를 동아시아에서 일본을 중심으로 하는 국제적 수직분업체계에 편입시키기 위해 경제개발계획의 필요성을 요구하고 있던 터였다.[112]

한편으로 경제개발계획은 북한과의 관계에서 체제의 우위성을 확보하려 했던 군사정부의 입장에서도 절실히 필요했다. 이와 관련해 군사정부는 이승만 정부가 남과 북이 통일한 이후로 경제개발계획의 추진을 유보했던 것과는 확연히 다른 입장을 취했다. 군사정부는 '선건설 후통일'을 표방함으로써[113] 통일보다 경제개발에 우선순위를 두었다. 이는 통일을 상정하지 않은 상태에서 남한만의 독자적인 경제개발을 추진한다는 것을 뜻했다. 군사정부가 자주적 경제를 건설하겠다고 표방한 것 역시 이와 같은 맥락에서 이해된다. 자주적이라는 말은 민족주의적인 성격을 함축하기도 했지만, 다른 한편으로는 북한과의 경제적 연계 없이 남한만의 독자적인 체제로 생존할 수 있는 경제를 건설하겠다는 의지를 함축하고 있었다. 군사정부가 일본과의 국교정상화를 시도한 것도 이와 같은 맥락에서였다.[114]

(2) 군사정부의 경제개발계획 수립과정

초기 군사정부의 경제개발에 대한 입장은 1961년 5월 31일에 발표된 '기본경제정책'에 잘 나타난다. '기본경제정책'은 "국민경제의 균형적 발전"을

---

112 한국민중사연구회 엮음, 『한국민중사 II: 근현대편』(서울: 풀빛, 1986), 312~313쪽 참조;
류상영, 「한국의 경제개발과 1960년대 한미관계」, ≪한국정치학회보≫, 제36권 3호
(2002). 미국이 당시 후진국에 대한 경제개발의 필요성을 인식하고 원조정책의 변화를 시
도한 데 대한 논의는 다음을 참조할 것. 박태균, 「1960년대 초 미국의 후진국 정책 변화:
후진국 사회변화의 필요성」, ≪미국사연구≫, 제20집(2004).
113 한국민중사연구회 엮음, 『한국민중사 II』, 310쪽.
114 박태균, 「1950·1960년대 경제개발 신화의 형성과 확산」, 265쪽.

기본목표로 해서 "장기개발계획에서는 농어업과 주요 기간산업에 치중"한 다는 것을 기본내용으로 했다.[115] 이로부터 얼마 지나지 않아 군사정부는 건설부를 통해 경제개발계획안을 발표했다.[116] 이 계획안은 민주당 정부의 경제계획과 동일한 내용이었다.[117]

이 계획안이 별다른 반응을 얻지 못하는 가운데 군사정부 최고회의는 1961년 7월 22일 종합경제재건계획안을 발표했다.[118] 이 계획안은 건설부 계획안에 비해 자본형성에서 외자보다 정부 재정부문의 역할을 강화했고, 연평균 성장률 역시 5.6%에서 7.1%로 상향 책정했다. 수출계획안 역시 건설부 계획안에 비해 성장률을 높게 책정했다. 한편 수출산품 비율을 보면, 건설부 계획안은 2차 산품의 비율을 높게 책정한 데 반해 이 계획안은 1차 산품의 비율을 더 높게 책정했다. 이 계획안에 대한 비판은 국내외에서 광범위하게 제기되었다. 비판의 초점은 현실적이지 못한 성장률과 투자율, 저축률이었다.[119] 그러나 이 계획안은 완성된 계획이 아니라 전체적인 계획에 대한 입장을 조율하기 위한 시도였다.

1961년 7월 19일 군사정부의 박정희 최고회의 의장은 사실상 이 안의 요약에 해당하는 「장기 경제개발계획 지침 하달」이라는 제목의 문서를 건설부에 전달했고, 이후 본격적인 경제개발계획안을 작성하기 위한 검토작업이 시작되었다.[120] 이후 관계부처의 검토를 거친 경제개발계획안이 1961

---

115 "혁명정부 기본경제정책", ≪서울경제신문≫, 1961년 6월 1일 자; 박태균, 『원형과 변용』, 315쪽.
116 "1차 5개년 경제개발계획 검토", ≪서울경제신문≫, 1961년 6월 17일 자; 박태균, 『원형과 변용』, 315쪽.
117 박태균, 『원형과 변용』, 315쪽.
118 ≪서울경제신문≫, 1961년 7월 23, 24, 25일 자; 국가재건최고회의 종합경제재건 기획위원회, 『종합경제재건계획(안)』, 1961년 7월; 박태균, 『원형과 변용』, 315쪽.
119 박태균, 『원형과 변용』, 316쪽.
120 같은 책, 317쪽.

년 10월 16일 각의에 상정되었고, 1962년 1월 경제기획원이 제1차 경제개발5개년계획을 발표했다. 건설부가 민주당 정부의 경제개발계획안을 이어받아 계획안을 작성하고 이 계획안을 토대로 최고회의 계획안과 박정희 명의의 지침이 작성되었는데, 이것이 제1차 경제개발5개년계획안의 기본 골간이었다.[121]

(3) 제1차 경제개발계획의 특징

경제기획원에서는 1982년 『개발연대의 경제정책』이라는 책을 출간했는데, 책의 내용을 집약하면 다음과 같다.

"제1차계획의 기본목표는 '모든 경제사회적인 악순환을 시정하고 자립경제의 기반을 구축'하는 데 두었다. 이러한 목표를 구현하기 위한 계획의 기본방침은 다음과 같았다. 첫째, 자유경제원칙에 강한 계획성을 가미했다. 따라서 어디까지나 민간기업의 자유와 창의를 존중하면서 주요 산업에 대해서는 정부가 직접적으로 관여하거나 간접적으로 이끌어서 균형적인 성장을 이루도록 정부가 지도적인 역할을 담당하도록 했다. 둘째, 우리나라 경제의 구조적인 특성을 고려해 자립적 성장과 공업화의 기반을 구축하도록 ① 전력, 석탄 등 에너지원 확보, ② 농업생산력 증대에 의한 농가소득 향상과 국민경제의 구조적 불균형 시정, ③ 기간산업 확충과 사회간접자본 충족, ④ 유휴자본 활용, 특히 고용의 증대와 국토의 보전 및 개발, ⑤ 수출증대를 주축으로 하는 국제수지 개선, ⑥ 기술진흥 등을 중점 목표로 설정했다. 셋째, 이상과 같은 목표를 달성하기 위해 자원의 효율적인 운용을 기해 국내 가용자원을 최대한 동원하고 외자도입을 적극 추진하며 정부보유불政府保有弗은 사업목표를 위해 계획적으로 사용하도록 했으며, 특히

---

121 같은 책, 319쪽.

국내 노동력을 최대한으로 활용해 자본화를 기하는 한편 재정금융 면에서도 안정을 유지하면서 성장목표를 달성하도록 했다."[122]

이상과 같이 경제기획원이 발표한 제1차 경제개발계획안의 중요한 특징은 두 가지로 집약된다.[123] 첫째, 산업화 전략으로 균형성장론과 수입대체산업화 전략을 채택했다는 점이다. 계획에서는 공업화의 목표로 에너지원 개발, 경제구조의 균형적 개발, 사회간접자본 확충, 고용증대, 수출증대, 기술진흥의 순서로 중요도를 설정했다. 공업화에서 특히 주목해야 할 점은 수출주도보다 경제구조의 균형적 개발을 더욱 중요하게 고려했다는 것이다. 산업화 전략에서는 핵심 사업에 중점적으로 투자하는 방식의 불균형성장론을 따랐지만, 목표에서는 수입대체산업화와 산업 간의 균형성장을 제시했다.

둘째, 내자동원을 강조했다는 점이다. 이전의 계획이 자본축적을 위해 외자의 적극적인 이용을 강조한 점을 고려하면 내자동원의 강조는 국가주도형 경제개발론자들이 주도한 군사정부 경제개발계획의 가장 큰 특징이었다. 민간기업보다 정부가 주도해야 한다는 사실을 강조한 것 역시 제1차 경제개발계획안의 특징이었다. 계획의 "이념 및 방침"에 "정부가 직접적인 정책수단을 보유하는 공적 부문에 그 중심"을 두겠다는 점을 명확하게 설정했고, 계획에 동원되는 자본의 주체도 민간 44%, 정부 56%로 계획했다.

3) 외자 중심의 수출주도형으로 제1차 경제개발5개년계획 수정

군사정부는 의욕적으로 경제개발계획을 수립하고 이를 추진하려 했지

---

[122] 경제기획원 엮음, 『개발연대의 경제정책: 경제기획원 30년사(1961~1980년)』(서울: 미래사, 1982), 35~36쪽.

[123] 이하의 내용은 다음을 주로 참조. 박태균, 『원형과 변용』, 320~323쪽.

만 계획을 추진한 지 채 1년도 되지 않아 위기를 맞았다. 애초 경제개발계획의 목표 자체가 성장잠재력을 상회하는 수준에서 설정된 데다 통화개혁의 실패에 따른 혼란과 기후불순에 따른 농작물의 흉작 등 돌발적인 요인이 발생해 계획을 대폭 수정하지 않으면 안 되었다.[124]

(1) 내자동원을 위한 통화개혁의 실패

경제개발계획은 발표된 직후부터 문제점에 대한 비판이 제기되었다. 수출계획이 비현실적이고 물가 및 통화량에 대한 고려가 없었다는 점, 과도한 내자의 동원이 비현실적이라는 점이 문제로 제기되었다.[125] 미국 역시 이 계획에 대해 비판적인 입장을 취했다.[126] 또한 1962년 말부터 인플레이션 현상이 나타났다. 이런 형편으로 군사정부는 그해 11월부터 계획의 수정작업에 착수했다.[127] 그러나 군사정부는 안정기조를 강화하는 수정 외에는 본래의 계획을 고수했다. "일단 수립된 시책을 시행함에 있어서는 일시적으로 다소 불의의 사태가 발생한다 하더라도 가능한 한 이를 극복해 계속 결행하는 일관성을 지녀야 할 것"이며, "일시적인 반동현상에 신경과민이 되어 부분적인 보완조치를 산발하는 일이 없어야" 한다는 것이 군사정부의 입장이었다.[128]

군사정부가 가장 먼저 착수한 작업은 내자의 동원으로, 내자를 마련하

---

124 경제기획원 엮음,『개발연대의 경제정책』, 37쪽.
125 "62년도 상품면 수출계획", ≪서울경제신문≫, 1962년 3월 5일 자; "오개년계획의 문제점", ≪서울경제신문≫, 1962년 3월 25일 자; 박태균,『원형과 변용』, 324쪽.
126 박태균,『원형과 변용』, 324쪽.
127 "오개년계획 보완 진행", ≪서울경제신문≫, 1962년 11월 16일 자; "오개년계획 보완작업 착수", ≪서울경제신문≫, 1962년 11월 28일 자; "오개년계획 보완계획", ≪서울경제신문≫, 1962년 12월 2, 3일 자; 박태균,『원형과 변용』, 324쪽.
128 경제기획원,『제일차 경제개발 오개년계획(개요 및 2년차계획)』(1962), 123쪽(재정경제부 도서관 소장 자료); 박태균,『원형과 변용』, 324쪽.

기 위해서는 인플레이션도 불사하겠다는 의지를 공개적으로 표명했다.[129] 군사정부가 내자동원을 위해 취한 조치는 예금금리를 대폭 인상함으로써 저축률을 증가시키는 것이었다.[130] 그러나 이 계획은 1961년의 엄청난 통화팽창으로 인한 인플레이션 때문에 실패했다. 금리는 인상되었지만 인플레이션 때문에 저축을 유인할 수 없었던 것이다. 군사정부가 다음으로 추진한 것은 민간자본을 동원하기 위한 보험회사의 통제[131]와 증권시장의 활성화였다. 군사정부는 증권시장의 활성화를 통해 5000여억 환을 경제개발에 투입할 수 있을 것으로 예상했다.[132] 이러한 조치 이후 주식 값이 큰 폭으로 상승했는데, 중앙정보부가 정치자금을 마련하기 위해 증권시장에 개입함으로써 증권파동이 발생한 이후[133] 한동안 증권시장은 파행을 거듭했다.[134]

이 와중에 군사정부는 통화개혁을 단행했다. 기존의 환화와 신종 원화를 10 대 1 비율로 설정한 '긴급통화조치법'은 통화개혁과 함께 예금동결을 통해 국내자본을 동원하려 한 군사정부의 대표적인 경제정책이었다.[135] 표

---

129 "정부의 새로운 통화정책", 《서울경제신문》, 1961년 10월 2일 자; 박태균, 『원형과 변용』, 324쪽.

130 "예금 금리를 대폭 인상", 《경향신문》, 1961년 7월 7일 자; 박태균, 『원형과 변용』, 324쪽.

131 경제기획원, 『제일차 경제개발 오개년계획(개요 및 2년차계획)』, 34쪽; 박태균, 『원형과 변용』, 325쪽.

132 "민간투자도입 가능액 오천여억원", 《서울경제신문》, 1961년 9월 28일 자; 박태균, 『원형과 변용』, 325쪽.

133 "증권파동", 《서울경제신문》, 1962년 6월 6일 자; "증권시장, 7월부터 정상화", 《서울경제신문》, 1962년 10월 7일 자; "증권파동 요인 철저히 규명", 《서울경제신문》, 1962년 6월 8일 자.

134 "증권거래소 체제개편 불가피", 《서울경제신문》, 1961년 9월 9일 자; "미인(美人) 고문 취임; 증권거래소에", 《서울경제신문》, 1962년 9월 20일 자; "12개 업자에 무기 영업 정지", 《서울경제신문》, 1962년 10월 7일 자; "증권시장 무기휴장", 《서울경제신문》, 1961년 12월 5일 자; "증권거래 개정법안 통과", 《서울경제신문》, 1963년 4월 27일 자.

135 "긴급통화조치법 공포", 《서울경제신문》, 1962년 6월 10일 자; 박태균, 『원형과 변용』, 325쪽.

면적으로는 악성 인플레이션을 미연에 방지하기 위한 것이라고 발표했지만, 근본적인 목적은 예금의 동결을 통해 국가투자기관인 산업개발공사를 설립하려는 것이었다.[136] '긴급통화조치법'의 구체적인 내용은 통화개혁을 통해 봉쇄된 예금에는 1년 이상 정기예금의 금리와 동일한 연 15%의 금리가 적용되며 6개월 이내에 설립될 산업개발공사의 주식으로 대체된다는 것이었다.[137]

미국은 통화개혁에 대해 강력하게 반발했다. 통화개혁이 사전에 협의되지 않았다는 사실과, 더욱이 통화개혁을 통한 산업개발공사 설립안은 사회주의적 개발정책으로 나아갈 가능성이 있다는 사실 때문이었다.[138] 미국의 압력으로 통화개혁을 통한 봉쇄계정은 곧 해제되었고[139] 산업개발공사 설립안 역시 폐기되었다.[140] 결국 통화개혁을 통해 내자를 동원하려던 계획도 성공을 거두지 못했다.

내자동원이 실패한 원인은 통화개혁이나 증권파동의 처리과정에서 나타나듯이 미국의 압력이나 정치적 부정이 개입했기 때문이기도 했지만, 더 근본적으로는 군사정부가 당시의 경제현실을 무시한 정책을 실시했기 때문이었다. 1959년부터 시작된 경기침체와 1960년과 1961년 환율의 현실화, 그리고 공공요금의 인상에 따른 인플레이션 때문에 일반 국민에게서 산업자금을 동원한다는 것은 불가능한 일이었다. 통화팽창과 인플레이션은 지속되었지만 일반 국민의 손에 들어오는 자금은 없었고, 이는 곧 소비의 위축에 따른 생산능력의 감소를 의미했다.[141]

---

136 "산업개발 자금화", 《서울경제신문》, 1962년 6월 17일 자; "산업공사 장기 투융자 기관으로", 《서울경제신문》, 1962년 6월 18일 자.

137 박태균, 『원형과 변용』, 325쪽.

138 같은 책, 325쪽.

139 "봉쇄계정을 전면 해제", 《서울경제신문》, 1962년 7월 14일 자.

140 "개발공사법안 폐기될 듯", 《서울경제신문》, 1962년 12월 12일 자.

(2) 쌀 위기

군사정부의 내자동원정책이 실패하자 경제개발계획을 추진하는 첫해부터 난관에 봉착했다. 엎친 데 덮친 격으로 1962년의 엄청난 흉작은 경제개발계획 추진에 어려움을 가중시켰다.

1962년 흉작의 여파로 발생한 1963년 쌀 위기는 군사정부의 경제정책을 전체적으로 파탄으로 몰고 갈 수 있을 정도로 사회 전체에 큰 문제로 대두되었다. 1962년의 흉작과 군사정부의 쌀 수집 실패로 오키나와로의 쌀 수출이 중단되었으며, 베트남과 대만으로부터 쌀 도입이 추진되었다.[142] 정부는 미국에 추가 농산물 원조를 긴급히 요청했지만, 한미 간의 정치·경제적 현안 때문에 농산물 원조가 제때 이뤄지지 않아 쌀 위기는 1963년 한 해 동안 지속되었다.[143]

이와 같이 가중된 난관으로 인해 군사정부는 경제개발계획을 수정해야만 했다. 군사정부는 경제정책의 실패로 인해 원조를 무기로 한 미국의 압력을 받아들일 수밖에 없었다. 물론 경제정책이 실패하기 이전에도 경제개발계획 자체에 미국의 압력을 수용할 수밖에 없는 요인이 포함되어 있었다. 예컨대 군사정부의 경제개발계획안이 내자동원을 강조하기는 했지만, 주요 기간시설은 외자의 충원을 통해 건설하도록 계획되었다. 따라서 미국이 여기에 필요한 외자를 충당해주지 않을 경우 경제개발계획의 성사는 불가능했다. 통화개혁 조치를 계기로 미국은 자신들의 입장을 군사정부에

---

141 "경제계 새로운 정부시책을 기대", ≪서울경제신문≫, 1962년 7월 18일 자; "고민하는 경제 시책", ≪서울경제신문≫, 1962년 8월 31일 자; "경제계, 불황타개 시책을 요망", ≪서울경제신문≫, 1962년 9월 14일 자; 박태균, 『원형과 변용』, 326쪽.

142 "경제계획 일단 중단하더라도 양곡을 도입하라", ≪서울경제신문≫, 1963년 2월 5일 자; "쌀 琉球 수출 중지", ≪서울경제신문≫, 1963년 2월 15일 자; "농림부의 64년 식량수급 계획", ≪서울경제신문≫, 1963년 9월 7일 자; 박태균, 『원형과 변용』, 327쪽.

143 박태균, 『원형과 변용』, 327쪽.

관철시키기 위해 정치적인 해결방식을 동원하기 시작했다.[144] 결국 군사정부는 경제개발계획 자체를 수정하지 않으면 안 되었다.

(3) 경제개발계획의 수정

군사정부가 추진한 경제개발계획의 성격이 처음부터 외자 중심의 수출주도형이었던 것은 아니다. 제1차 경제개발계획은 균형성장을 바탕으로 한 자립경제를 목표로 삼았고, 내자동원을 중심으로 한 수입대체산업화를 추구했다.[145] 그러나 계획 실시 1차년도에 맞은 정책의 실패와 미국의 거센 압력으로 인해 애초의 경제개발계획을 수정해야만 했다.

① 경제개발계획에 대한 미국의 압력

미국이 경제개발계획에서 문제 삼은 것은 이 계획이 비현실적이라는 데 있었다. 비현실적인 내용의 핵심은 경제성장률과 중화학공업에 대한 투자 계획이었다. 미국은 비현실적인 경제성장률이 결국 경제개발계획에 대한 대중의 자신감을 심각하게 손상시킬 것이라고 전망했다.[146]

또한 계획의 실행과정에 개인기업의 역할에 대한 지적이 결여되어 있다는 점[147]과 계획 자체가 너무나 이론적인 모델에 집착했다는 점 또한 문제로 삼았다. 이론적인 모델에 집착한다는 비판은 균형성장론에 근거한다는 사실을 지적한 것이었다.[148] 미국이 이와 같이 문제점을 지적한다는 것은 내자를 동원해 경제개발계획을 수행하려는 군사정부의 정책에 불만을 갖

---

144 같은 책, 327~328쪽.

145 김진업 엮음, 『한국자본주의 발전모델의 형성과 해체』, 137~139쪽 참조.

146 박태균, 『원형과 변용』, 330쪽.

147 같은 책, 330쪽.

148 Charles Wolf, Jr., "Economic Planning in Korea," *Korea Affairs*, 3-2(1964. 7), pp. 231~234; 박태균, 『원형과 변용』, 330쪽.

고 있음을 의미했다. 외자를 이용한 불균형적인 경제개발이 저개발국을 자본주의 경제체제 내에 묶어둘 수 있다는 월트 로스토Walt Whitman Rostow의 근대화론과, 내자동원 및 수입대체산업화를 주장하는 군사정부의 균형성 장론은 서로 배치되었다.[149]

미국은 경제개발계획의 내용 자체뿐 아니라 군사정부가 정책을 발표하기 전에 미국과 사전 협의를 하지 않았다는 사실에도 불만을 갖고 있었다. 미국은 사후 승인이 아니라 계획입안과정에서의 협의를 통해 미국의 정책에 적합한 또는 미국이 판단하기에 실행 가능한 계획을 만들어야 한다는 입장을 가지고 있었다.[150]

군사정부의 경제개발계획에 불만을 가지고 있던 미국은 두 가지 방식으로 이 정책을 수정하려 했다. 우선 경제정책의 결정과정에 직접 참여하는 방식으로 수정을 요구했다. 미국은 이를 위해 군사정부에 통화개혁의 실패와 인플레이션 문제를 공개적으로 추궁하기도 했고,[151] 일부 관리를 위싱턴으로 소환하기도 했다.[152] 또한 경제개발계획의 내용을 수정하기 전에는 경제원조가 어렵다는 입장을 밝히기도 했다.[153] 결국 군사정부는 미국

---

149 박태균, 『원형과 변용』, 330쪽.

150 같은 책, 331쪽.

151 "한미고위경제회담", ≪서울경제신문≫, 1963년 2월 27일 자; "AID 4월중 대한추원결정", ≪서울경제신문≫, 1963년 3월 3일 자; "중대 의의 지닌 한미경제회담", ≪서울경제신문≫, 1963년 3월 9일 자; "증원 등 경제안정 6개 항을 요청", ≪서울경제신문≫, 1963년 3월 14일 자; "경제안정계획 채택이 시급", ≪서울경제신문≫, 1963년 3월 9일 자; "한국경제문제 전반토의", ≪서울경제신문≫, 1963년 10월 9일 자; "재정안정계획 불이행 때문", ≪서울경제신문≫, 1963년 10월 16일 자; "한미고위경제회담", ≪서울경제신문≫, 1963년 11월 5일 자; "한미경제회담", ≪서울경제신문≫, 1963년 12월 12일 자; 박태균, 『원형과 변용』, 332쪽.

152 "킬렌 처장 돌연 귀국", ≪서울경제신문≫, 1963년 10월 18일 자; 박태균, 『원형과 변용』, 332쪽.

153 "경원전액 어려워: 오개년계획의 결함 때문", ≪서울경제신문≫, 1962년 10월 5일 자; 박태균, 『원형과 변용』, 332쪽.

의 입장을 받아들여 1963년 한미합동경제위원회Combined Economic Board를 대체하는 한미경제협력위원회ROK-US Economic Cooperation Committee를 설치하고 미국이 요구한 재정안정계획을 실시할 수밖에 없었다.[154]

또 한편으로 미국은 정치적인 방식으로 군사정부의 경제정책을 수정하려 했다. 미국은 이를 위해 박정희 최고회의 의장에게 직접 권고하는 형식을 취했다.[155] 미국은 군사정부의 경제정책 결정이 '박정희를 둘러싼 소집단'에 독점되어 있다는 판단하에 박정희에게 직접적으로 압력을 행사했는데, 이는 '선택적 지원'을 위한 미국의 전략과 일치했다.[156] 박정희에 대한 압력 행사와 함께 제1차 경제개발5개년계획과 통화개혁을 주도한 인물들을 군사정부 내에서 퇴진시키는 것도 중요한 정치적 방식이었다.[157]

② 경제개발계획의 수정과정

군사정부는 경제기획원을 통해 1962년 11월부터 경제개발계획에 대한 전면적인 수정·보완작업에 착수했으며, 민정이양 후인 1964년 2월 최종 '보완계획'을 작성해 발표했다. 이 보완계획은 1964년 2월부터 1966년까지의 3개년을 대상으로 했다.

보완계획은 경제성장률을 비롯해 투자규모와 자본조달계획 등을 다시 책정하고 투자기준을 전면적으로 개편해 실현 가능성을 높였다. 본래 계획의 연평균 성장률 7.1%를 보완계획기간(1964~1966)에는 5%로 축소조정해 전반적으로 안정적인 성장을 이루도록 했으며, 당초 계획의 광공업 및

154 "한미경협위 구성", ≪서울경제신문≫, 1963년 7월 19일 자; "재등장한 한미경협위의 성격", ≪서울경제신문≫, 1963년 7월 20일 자; 박태균, 『원형과 변용』, 332쪽.
155 박태균, 『원형과 변용』, 332쪽.
156 같은 책, 333쪽.
157 같은 책, 333쪽.

전력부문을 축소조정했다.[158] 제철소 건설과 종합기계제작소 건설 계획은 백지화했으며, 투자계획 책정 기준에서 민간기업의 역할을 대폭 강화했다. 예컨대 투자자원 조달계획에서 정부담당을 54.2%에서 50.2%로 하향 조정하고, 민간담당을 45.8%에서 49.8%로 상향조정했다. 내자와 외자의 동원비율 역시 내자를 0.4% 줄이고 외자를 0.4% 늘였다. 투융자 순위에서는 수출과 관련된 부분이 제1순위로 떠올랐으며, 수출계획에 '노동집약적인 경공업이나 수공업', '생산코스트의 인하', '수입대체산업에 편중되어 온 투자방향을 수출산업 위주로 전환' 등의 내용을 구체적으로 포함시켰다.[159]

경제기획원은 이와 같은 정책의 전환을 "부존자원이 빈약하고 국내시장이 협소한 등 불리한 경제여건 속에서 풍부한 노동력을 활용하면서 경제개발을 효율적으로 수행하기 위해 대외지향적인 개발전략을 채택"해 "개발정책의 기본방향을 종래 수입대체 위주에서 수출촉진 위주로 전환하고" "부족한 투자재원의 원활한 조달을 위해 외자도입을 촉진하는 한편 대외경제협력활동을 강화"한 것이라고 밝혔다.[160] 이른바 수출주도와 외자도입의 경제개발정책이 부족한 자원으로 인한 불가피한 선택이었다는 것이다. 당시 경제여건상 이는 근거 없는 판단은 아니었다.

그러나 한편으로 이러한 선택은 한국경제를 비교우위와 국제분업론에 따라 자본주의 국제질서에 편입시키려 한 미국의 의도가 반영된 결과이기도 했다.[161] 외자의 비중을 높인 것은 국외자본의 진출 논리를 반영했기 때

158 경제기획원, 『제일차 경제개발 오개년계획(개요 및 2년차계획)』, 38~39쪽.
159 경제기획원, 『제일차 경제개발 오개년계획 보완계획』(1964년 2월); 경제기획원, 『제일차 경제개발 오개년계획: 제삼년차(1964) 계획(최종)』(1964년 2월); 박태균, 『원형과 변용』, 337쪽.
160 경제기획원, 『제일차 경제개발 오개년계획(개요 및 2년차계획)』, 39쪽.
161 류상영, 「한국의 경제개발과 1960년대 한미관계: 중층적 메카니즘」, ≪한국정치학회보≫,

문이었다. 또한 수출주도형을 강조한 것은 한국정부의 재정수지 적자를 줄임으로써 미국의 대한원조 감축문제와 환율문제를 동시에 해결할 수 있다는 이점을 고려한 결과였다.[162] 품질이 좋지 않은 한국제품이 수출에서 경쟁력을 갖추기 위해서는 원화의 평가절하가 필수적이었다. 전반적으로 원계획안과 보완계획안을 비교하자면, 원계획안은 국내의 경제개발론 경향을 그대로 반영한 반면 보완계획안은 미국의 요구를 일정하게 반영한 것이었다.[163]

그럼에도 경제개발 보완계획안은 이전의 계획이 특정 부문에서 가졌던 특징을 그대로 유지했다.[164] 제철소와 종합기계제작소 등 많은 양의 외화를 필요로 하는 산업은 보완계획에서 제외되었지만, 수입대체를 목적으로 하는 비료·정유·시멘트 산업은 여전히 가장 중요한 산업목표로 남았다. 경제계획의 실행과정에서도 군사정부는 부정축재자 처리과정을 통해 수입대체를 목적으로 하는 산업에 중점적으로 투자하도록 압력을 가했다. 보완계획 역시 전체적으로 1950년대의 중요한 담론이었던 균형성장론적인 성격을 갖고 있었다. 수출이 이전에 비해 강조된 것은 사실이지만 가장 우선적인 목표로 설정되지는 않았다. 미국이 중소기업 중심의 정책을 강조하고[165] 보완계획에 중소기업의 진흥을 통한 수출정책이 포함되어 있었음에도 박정희 정부는 대기업 중심의 정책을 고수했다는 사실 또한 중요하다. 대기업과 정부 간의 유착과 중소기업의 희생을 의미하는 대기업 중심 정책은 정치적·물적 기반이 약한 군사정부 또는 박정희 정부가 자신들의

제36권 3호(2002) 참조.

162 박태균, 『원형과 변용』, 338쪽.
163 같은 책, 338쪽.
164 같은 책, 340~341쪽.
165 같은 책, 340쪽.

약점을 넘어서기 위해 채택할 수밖에 없는 불가피한 전략이었다.

박정희는 외부의 압력과 국내의 기반 사이에서 줄타기를 하면서 권력과 정책을 조정했다.[166] 경제개발계획을 통해 나타난 이와 같은 이중성은 박정희 시대의 중요한 특징을 형성했을 뿐 아니라 이후 한국의 경제 및 정치 상황에서 하나의 특징이 되었다.

4) 경제성장의 외적 계기

외자의존적 수출지향형 경제는 대외협력의 다각화를 요구했다. 대외협력을 다각화하는 가운데 외자의존형 수출경제가 고도성장의 궤도에 오른 데에는 두 가지 중요한 현실적 계기가 작용했다. 하나는 한일협정이었고, 또 하나는 베트남전쟁이었다. 한일협정을 통한 일본 자본의 도입과 베트남전쟁 참전을 통한 미국 자본의 유입은 경제개발계획의 추진에 큰 도움을 주었을 뿐 아니라 박정희 정부의 체제유지 비용을 충당하는 중요한 계기가 되었다.[167]

한편 한일협정과 베트남전쟁 참전은 미국의 동아시아전략 구도에서도 절실히 필요했다. 1960년대에 접어들면서 중국을 포위하기 위한 미국의 동아시아 정책은 베트남과 한국이라는 두 개의 최전방 기지를 중심으로 펼쳐졌다. 미국의 직접적인 군사적 개입으로 베트남이 급속히 열전熱戰의 소용돌이에 빠져들자 미국은 한반도의 냉전체제를 안정적으로 유지하는 일에 심혈을 기울였다. 그러나 이미 전 세계적으로 약화되기 시작한 미국의 영향력만으로는 갈수록 악화되는 베트남전쟁의 상황에 간신히 대처하기

---

166 같은 책, 344쪽.
167 한국민중사연구회 엮음, 『한국민중사 II』, 324쪽 참조.

조차 벅찬 실정이었다. 그래서 미국은 성장하는 일본에 미국의 동아시아 전략을 실행하기 위한 지역동맹의 책임자라는 역할을 떠맡기려 했다. 실제로 1960년 1월 19일 미·일 신안보조약을 체결한 이후 미국과 일본의 동맹자적 성격은 급속히 강화되었는데, 이때 미국이 일본에 요구한 최우선 사항이 바로 한국문제였다.[168] 미국의 입장에서는 한국경제가 그동안 일방적으로 원조를 받던 상황에서 벗어나 상대적으로 자립적인 차관경제로 바뀌면 미국의 경제적 부담이 줄어들 뿐 아니라 한국을 제3세계의 쇼윈도로 만들 수도 있다는 이점이 있었다.[169] 일본의 입장에서도 대일청구권 자금을 제공해 외교관계를 정상화시킴으로써 한·미·일 동맹구조를 강화할 수 있고 노동집약적인 산업과 사양산업을 한국에 넘겨 일본의 하위경제권으로 한국을 개발시킬 수 있다는 이점이 있었다.[170]

(1) 한일협정

본래 한일 간의 국교정상화를 위한 최초의 회담은 1951년 한국전쟁 중에 열렸지만 이승만 정권 내내 수차례 결렬되었다가 다시 열리기를 반복했다. 한국에 남겨진 일본인의 재산반환 요구, 청구권 및 어업협정 문제, 그리고 식민지 지배가 조선에 유리했다는 구보다 간이치로久保田貫一郎의 망언 등으로 한일관계는 교착 상태에 있었다.[171]

군사정부는 5·16쿠데타 직후 한일회담의 연내 마무리를 꿈꾸었지만 양국의 이견과 각기 국내 사정으로 타결이 쉽게 이뤄지지 않았다.[172] 타결이

---

168 같은 책, 319쪽.
169 조희연, 『박정희와 개발독재 시대』, 72쪽.
170 같은 책, 72쪽.
171 같은 책, 62쪽.
172 한국민중사연구회 엮음, 『한국민중사 II』, 320쪽.

196

늦어지자 군사정부는 중앙정보부장 김종필을 비밀리에 수차례 일본에 파견해 1962년 11월 12일 김종필과 일본 외상 오히라 마사요시大平正芳 간에 타결조건에 대한 합의를 이끌어냈다. 이른바 '김·오히라 메모'가 만들어진 것이다. 한일회담의 주요 의제는 대일청구권 문제와 어업문제였는데, 군사정부의 최대 관심사였던 대일청구권 문제는 김·오히라 메모를 통해 일본이 한국에 10년간에 걸쳐 3억 달러를 무상으로 제공하고, 더불어 연리 3.5%에 7년 거치 20년 상환조건으로 2억 달러의 정부 차관과 1억 달러 이상의 민간 상업차관을 제공하는 것으로 낙착되었다.[173] 동시에 어업문제도 평화선平和線 폐지와 한국 영해의 축소라는 선으로 기울었다.[174]

이 비밀협약의 내용은 당시 국민의 정서에 크게 못 미쳤으며, 한일회담 추진 자체에 대한 반대도 강했다. 때문에 1963년 10월 대선을 통해 군사정권이 합법적으로 권력을 잡기 전까지는 비밀에 부쳐졌다. 박정희 정권은 대선이 끝난 직후부터 한일회담을 공식적으로 개시했고, 1964년 봄 한일회담에 대해 "3월 안에 타결하고, 4월에 조인하며, 5월에 비준한다"라는 초고속 협상일정을 제시했다.[175]

그러자 음모적이고 굴욕적인 한일회담에 반대하는 투쟁이 먼저 학생들을 선두로 해서 대대적으로 일어나기 시작했다. 1964년 3월 6일에는 그동안 분열되어 있던 야당과 각종 사회단체가 연합해 대일굴욕외교반대범국민투쟁위원회를 만들어 전국을 순회하는 반대투쟁에 돌입했다. 반대투쟁은 연일 지속되어 3월 24일에는 서울대 문리대생들이 "한일회담의 즉각 중지"를 요구하면서 제국주의자 및 민족반역자의 화형식을 거행했고 이어 가두시위를 벌였다. 5월 20일에는 한일굴욕외교반대학생총연합회 주도로

---

173 같은 책, 320~321쪽; 조희연, 『박정희와 개발독재 시대』, 62~63쪽.
174 한국민중사연구회 엮음, 『한국민중사 II』, 321쪽.
175 조희연, 『박정희와 개발독재 시대』, 63쪽.

4장. 역동적 모순관계 속 산업화와 민주화의 전개과정   197

서울대 문리대에서 민족적 민주주의의 장례식이 열린 다음 대대적인 시위가 벌어졌다. 한일회담 반대투쟁의 정점은 6월 3일로, 시위대가 서울 시내 중심가를 점거한 가운데 대규모의 시위를 펼쳤다. 당시 시위에서는 군사쿠데타, 부정부패, 정보정치, 매판독점자본, 외세의존 등 구조적인 문제에 대한 비판과 항의가 점차 확산되는 조짐을 띠었다. 일부 학생과 군중은 군사정권의 퇴진을 요구하기도 했다.[176]

이와 같은 격렬한 반대투쟁은 군정 이래 누적되어온 부정부패, 사회경제적 불안, 정보강압 통치에 대한 반발이 반일反日이라는 기치 아래 터져 나온 것이었다. 이러한 반대투쟁으로 군사정부의 한일회담 일정 자체가 무산되었을 뿐 아니라 정권의 존립까지 위태로워졌다. 다급해진 박정희는 주한 미대사와 주한 미군사령관의 조언을 들은 후 6월 3일 밤 8시를 기해 서울시 일원에 비상계엄령을 선포하고 대대적인 탄압을 개시했다.[177] 뿐만 아니라 박정희 정권은 언론을 통제하는 한편 인혁당 사건 등 간첩사건을 조작해 반대세력을 잠재우려 시도했는데, 이와 같은 시도는 통치기간 내내 지속된 상투적인 수법의 효시가 되었다.[178]

경제성장에 사활을 건 박정희 정권은 국민의 저항을 무력으로 진압한 후 1964년 말부터 한일회담을 재개해 1965년 2월 19일 한일협정 기본조약을 가체결했다. 가체결 이후에도 국민적 저항은 계속되었으나 박정희 정권은 계속 강행해 6월 22일 정식 조인하기에 이르렀고, 8월 14일 공화당 의원들만 참석한 국회에서 한일협정을 비준했다.[179]

박정희 정권은 이로써 대외적으로 동맹강화 및 경제개발 자금확보라는

176 같은 책, 63~66쪽; 한국민중사연구회 엮음, 『한국민중사 II』, 321~322쪽.
177 한국민중사연구회 엮음, 『한국민중사 II』, 322쪽.
178 같은 책, 322쪽; 조희연, 『박정희와 개발독재 시대』, 66~67쪽.
179 한국민중사연구회 엮음, 『한국민중사 II』, 322쪽; 조희연, 『박정희와 개발독재 시대』, 70쪽.

성과를 거두었다.[180] 특히 초기의 경제정책이 실패한 이후 수출주도공업화로 경제정책을 전환한 상황이었으므로 한일협정은 경제정책의 성패를 가르는 중요한 사안이었다. 수출주도공업화로 전환했다고는 하지만, 해외 판매경험이나 판매망의 부재, 나아가 해외수출에 따르는 제반 비용과 리스크 때문에 이처럼 전환하기가 쉽지만은 않았다. 만약 국내 기업들이 수출주도공업화로 전환하는 데 미온적이거나 심지어 강력히 저항할 경우 큰 차질이 발생할 수밖에 없는 상황이었다. 한일협정은 이에 대한 돌파구가 되었다.[181]

한일협정과 이로부터 이어진 한일 경제협력은 국내 자본이 미약한 상황에서 외자도입을 통해 자본을 형성시켰고, 이는 자본주의적 산업화를 주도할 국가와 자본 간의 발전연합을 실질적으로 구축하는 결정적인 계기가 되었다. 그러나 이는 동시에 이 발전연합에 대항해 민주주의를 추동할 민중연합을 구성하는 실질적인 계기이기도 했다. 박정희 정권은 본격적인 산업화를 위해 한일협정에 사활을 걸었지만 이로 인해 정권의 출발 당시 내걸었던 민족주의적 이미지가 훼손되었고 실제로 이때부터 도시에서는 박정희에 대한 정치적 기반이 크게 약화되었다.[182] 이는 애초 경제개발을 추진할 당시 확보했던 국민적 동의의 기반에 균열이 생겼음을 뜻한다. 이로부터 경제개발을 지지하는 '동의'와 민주주의를 추구하는 '저항'의 모순관계가 노정되기 시작했고, 그 양상은 경제개발 시대 내내 일관된 특징을 보였다.

180 조희연, 『박정희와 개발독재 시대』, 71쪽.
181 전창환, 「1980년대 발전국가의 재편, 구조조정, 그리고 금융자유화」, 유철규 엮음, 『박정희 모델과 신자유주의 사이에서』(서울: 함께읽는책, 2004), 97쪽.
182 조희연, 『박정희와 개발독재 시대』, 71쪽.

(2) 베트남전쟁

박정희 정권이 미국과의 동맹을 강화하고 이를 바탕으로 경제개발의 강력한 추진력을 얻게 된 또 하나의 계기는 베트남 파병이었다.[183] 미국은 한일협정의 체결을 통해 동북아시아 지역동맹의 토대를 마련한 데 만족하지 않고 한 걸음 더 나아가 한국군을 베트남에 투입하기를 희망했다.[184] 애초 1961년 11월 미국을 방문한 박정희는 케네디를 만나 베트남 파병을 먼저 제안했다.[185] 한국은 베트남에 파병해야 할 아무런 조약상의 의무를 지고 있지 않았는데도 미국의 정치군사적 지지 강화와 경제적 지원의 확대를 기대하고[186] 박정희가 먼저 제안했던 것이다. 당시 미국은 한국군의 파병이 절박할 정도로 베트남 전황이 나쁘지 않았기 때문에 적극적인 반응을 보이지 않았다. 하지만 1964년 8월 통킹 만 사건으로 전황이 다급해지자 한국에 파병을 요청했다.[187]

박정희 정권은 1964년 9월 11일 의무요원 130여 명을 처음 파병한 데 이어, 1965년 1월 26일 국회 동의를 거쳐 공병부대를 포함한 비전투부대를 파병했고, 1965년 8월 13일 야당이 불참한 가운데 이뤄진 국회 동의로 전투부대를 파병했다. 그렇게 시작된 베트남 파병은 1973년 3월 주베트남 한국군사령부가 철수하기까지 만 8년 6개월 동안 총 32만 명에 이르렀다.[188]

파병을 요청한 미국은 1966년 3월에 이른바 '브라운 각서'를 통해 베트남 파병의 반대급부로 한국군 장비현대화, 차관 제공, 장병처우 개선 등 14개 항의 선행조건을 제시했다. 박정희 정권의 파병명분은 보은론과 도미

---

183 같은 책, 82쪽.
184 한국민중사연구회 엮음, 『한국민중사 II』, 322~323쪽.
185 조희연, 『박정희와 개발독재 시대』, 82쪽.
186 한국민중사연구회 엮음, 『한국민중사 II』, 323쪽.
187 조희연, 『박정희와 개발독재 시대』, 82쪽.
188 같은 책, 85~86쪽.

노이론이었다. 즉, 한국전쟁 때 미국이 군대를 파견한 것에 대한 보답이라는 논리와, 베트남의 공산화를 막지 않으면 한국에도 도미노처럼 위협이 닥친다는 논리였다. 당시 파병안을 처리할 때 야당이 불참하긴 했으나 반공의식이 강했던 사회적 분위기 탓에 별다른 국민적 저항은 없었다.[189]

이후 인력수출, 상품수출, 군납 등을 통한 이른바 베트남 특수는 1960년대 말부터 1970년대 초까지 외화획득의 중요한 원천이 되었다.[190] 이 효과는 한일국교정상화와 함께 수출주도공업화에 큰 활력을 불어넣었고 한국의 산업구조 자체에 큰 영향을 끼쳤다. 베트남전쟁 파병 결정을 계기로 급격히 늘어난 외화수입은 해외차관 증가와 함께 급속한 산업 확장 및 수출입의 대폭적인 증대를 초래했다. 이 외에 1인당 GNP뿐 아니라 실질 경제성장률도 제2차 경제개발5개년계획의 당초 예상치를 크게 웃돌았다. 그 결과 수출지향적 공업화가 가속화되었으며 성장의 트라이앵글이 빠른 기간 내에 기능해졌다. 즉, 한국은 국내의 저렴하고 양질인 노동력을 이용해 조립 가공한 최종 소비재를 미국시장에 수출하는 한편 수출제품 생산에 필요한 자본재와 중간재는 일본으로부터 수입하게 되었다. 이러한 방식은 1960년대 중반 이후 한국의 산업구조를 국제분업구조에 편입시키는 기본 틀을 형성하는 데 결정적으로 중요한 역할을 담당했다.[191] 이로써 한국경제는 박정희 정권 스스로 제1차 경제개발계획 원안에서 표방했던 자립적 경제구조와는 다른 길로 들어서기 시작했다.

베트남전쟁은 경제적으로뿐만 아니라 정치적으로도 많은 효과를 가져다주었다. 우선, 1960년대 초반 껄끄러웠던 한미관계가 개선되어 박정희 정부의 대미 교섭력이 대폭 강화되었다. 다음으로, 대내적으로 박정희 정

189 같은 책, 83~85쪽.
190 한국민중사연구회 엮음, 『한국민중사 II』, 323쪽.
191 전창환, 「1980년대 발전국가의 재편, 구조조정, 그리고 금융자유화」, 98쪽.

부는 베트남전쟁을 경제도약과 안보목표 달성을 위한 지렛대로 활용함으로써 더욱 강력한 지도력하에 공업화를 추진할 수 있었다. 끝으로, 베트남전쟁은 기존 재벌의 지배력을 크게 강화함과 동시에 신흥 재벌의 출현에도 한몫했다.[192] 한일협정을 계기로 발전연합이 구축되자 국민적 동의기반이 약화되기 시작했는데, 베트남 전쟁은 이를 상쇄시키고 발전연합을 강화하는 계기가 되었다.

베트남전쟁 파병을 통한 경제적 효과는 한국 젊은이들의 희생과 비동맹 외교에서의 타격을 대가로 얻은 것이었다.[193] 특히 한국 젊은이들의 희생은 지대했다. 만 8년 6개월 동안 파병된 32만 명 가운데 전사자가 5000여 명, 부상자가 1만 6000여 명에 이르렀다. 또 파병 젊은이들 가운데서는 미국의 화학무기 사용으로 고엽제 환자가 많이 발생했고, 이로 인해 지금까지도 고통을 겪고 있다. 베트남전쟁에서 한국군에 의한 양민학살과 이로 인한 피차간의 피해를 감안하면 희생의 대가는 더욱 클 수밖에 없다.[194] 이 점에서 한국의 경제성장은 산업현장에서 노동자들이 흘린 피땀의 결과인 동시에 전쟁터에서 젊은이들이 흘린 피의 결과이기도 하다.

베트남전쟁이 경제개발의 비용을 충당할 수 있다는 직접적인 경제적 효과만 지녔던 것은 아니다. 베트남전쟁은 국민적 자원을 동원하기 위한 일종의 병영체제 구축이라는 정치사회적 효과에서도 한국사회에 지대한 영향을 끼쳤다.[195] 즉, 베트남전쟁은 발전연합 입장에서 볼 때 자본축적이라는 측면뿐 아니라 자본형성을 주도한 권위주의적 국가가 국민적 동의를 얻

---

192 같은 글, 98~99쪽.

193 한국민중사연구회 엮음, 『한국민중사 II』, 323쪽.

194 조희연, 『박정희와 개발독재 시대』, 86쪽.

195 베트남전쟁의 성격과 베트남전쟁이 한국사회에 미친 영향에 관해서는 다음을 참조할 것. 한홍구, 「베트남 파병과 병영국가의 길」, 이병천 엮음, 『개발독재와 박정희시대』, 287~310쪽.

기 위해 이데올로기적 자원을 확보하는 측면에서도 중요한 계기가 되었다.

5) 국민총동원체제의 구축과 노동에 대한 법률적·제도적 규율

(1) 국민총동원체제의 구축

애초 정치적 정당성이 결여되었기에 경제적 성장으로 정당성을 대체하며 국민적 지지기반을 확보하려 했던 박정희 정권은 매우 강력한 국가권력을 형성하며 국민총동원체제를 구축해나가기 시작했다. 경제개발에 대한 국민적 의지와 기대, 그리고 이에 따른 일정한 희생의 각오 등이 박정희 정권이 경제개발을 강력하게 추진할 수 있었던 내적 공감대였다면, 한일국교 정상화와 베트남전쟁 파병은 개발정책하에서 한국경제를 실질적으로 도약시키는 외적 계기에 해당했다. 박정희 정권의 의도는 또한 분단국가이자 냉전체제의 최전방 국가로서의 조건하에서 한편으로는 미국의 지원에 의해, 다른 한편으로는 반공주의라는 이데올로기적 통제에 의해 뒷받침되었다.

이른바 '개발독재' 또는 '발전국가'로 불리는 한국형 발전모델은 박정희 시대 초기에 맹아를 형성하기 시작했고 점차 여러 가지 복합적인 요인에 의해 단단하게 구축되어갔다. 이 모델은 독재권력의 주도 아래 경제개발, 즉 산업화를 최우선 목표로 삼고 시민사회와 민주주의 발전을 억압·통제하는 국가주의적 산업화의 수동혁명체제[196]로서, 한편으로는 강력해 보였지만 다른 한편으로는 스스로 지닌 모순적 요인으로 인해 언제나 동요와 위기를 겪어야 했다. 다시 말해 출발부터 노동을 배제한 채 정부와 소수 대기업 간의 결탁에서 출발한 좁은 보수적 발전연합은 정당성의 결핍이라는 원

---

196 이병천, 「개발독재의 정치경제학과 한국의 경험」, 61쪽.

죄에서 벗어날 수 없었다. 따라서 이 발전연합은 수출을 통한 고도성장에서 탈출구를 찾고 수출주도·성장지상주의적 공업화에 매달렸는데, 경제성장이 둔화되면 어김없이 헤게모니 위기에 직면해야 했다.[197]

강력한 권위주의적 국가의 통제에 근거해 발전연합이 주도한 산업화의 추진은 농민과 노동자의 희생을 강요했고, 이는 발전연합에 대항한 민중연합을 구축하는 현실적인 조건으로 작용했다.

(2) 공업우선정책으로 인한 농촌의 피폐화

애초 경제개발계획이 수립되었을 당시 계획안은 균형성장론에 입각해 있었고, 따라서 농업 역시 균형성장 부문에서 배제되지 않았다. 앞서 확인한 바와 같이 제1차 경제개발계획 원안은 "농업생산력 증대에 의한 농가소득 향상과 국민경제의 구조적 불균형 시정"을 분명한 목표 가운데 하나로 제시했다. 경제개발계획의 원안이 수정된 상황에서도 균형성장론의 기조는 일정하게 유지되었고, 적어도 정부가 표방한 정책상으로는 중농정책이 일관된 정책처럼 보였다.

그러나 자본축적이 현실적 난관에 봉착하고 이 난관을 타개하기 위해 경제개발 추진이 불균형성장론에 입각한 공업우선방향으로 선회하면서 농업정책은 사실상 '시장으로서의 농촌', '공업화를 위한 농업'의 기조하에 펼쳐지게 되었다.[198] 중농정책을 표방했음에도 몇 가지 단계를 거치면서 이와 같은 농업정책의 선회로 귀결되었다. 첫 번째 단계는 소농·자작농 유지 및 창제의 수준에 머문 1963년 이전 시기다. 이 시기에는 자립적인 안정농가를 조성하는 데 정책의 초점이 맞춰졌고, '농어촌고리채정리법', '농촌

---

197 전창환, 「1980년대 발전국가의 재편, 구조조정, 그리고 금융자유화」, 88쪽.
198 오유석, 「농촌근대화 전략과 새마을운동」, 유철규 엮음, 『한국 자본주의 발전모델의 역사와 위기』, 395~398쪽. 이하의 내용 또한 이 글을 참조.

진흥법' 등을 시행함으로써 농가의 안정을 도모했으나 실효는 없었다. 두 번째 단계는 영세소농구조를 개선하기 위해 '협업에 의한 자본주의에로의 농민적 진화'를 시도했던 1965년까지의 시기다. 이는 자립적인 안정농가를 구축하고 더불어 기업농 및 협업농에서 농업구조 개량의 가능성을 찾기 위한 시도였다. 그러나 협업에 대한 농민층의 이해 결여 등으로 이 역시 효과를 거두지 못했다. 세 번째 단계는 1965년 이후 국민경제적 필요라는 명목하에 농지세 물납화가 이뤄지고 식량자급 7개년계획이 추진된 시기인데, 이러한 시도는 농업정책이 현실적인 자본의 요구에 따르게 되었음을 의미했다. 이때부터 농업정책은 '농업근대화'의 시도로 일컬어졌고, 기업농, 기계농, 상업농을 육성하는 것을 내용으로 삼았다. 이는 농업 자체를 발전시키기보다는 공업을 위주로 하는 산업화과정에서 자본을 축적하기 위한 배후기반으로 농업의 위상이 변화했음을 의미했다.

이와 같은 일련의 과정 속에서 농민의 상황은 날로 악화되어갔다. 단적으로 도시와 농촌의 소득격차가 점점 벌어졌다. 경제개발계획을 추진하던 초기에는 농가의 소득이 상대적으로 높은 편이었지만 1965년을 기점으로 도시에 대한 농가의 소득격차가 점점 벌어지기 시작했다. 1960년대 후반에 이르면 도시근로자 대비 농가의 소득이 60%선에 머물 정도로 악화되었다. 이는 사실상 농업에 대한 투자의 불균형에서 비롯된 현상이었다. 1960년대 내내 농업에 대한 투자는 거의 항상 실적치가 계획치를 밑돌았다. 이러한 투자의 불균형은 부족한 자원의 집중과 선택이 요구되는 산업화과정에서 나타나는 일반적인 현상으로 이해하기에도 심각한 수준이었다.[199] 도시는 산업화의 성과를 누리기 시작한 반면 농민은 생산비에도 못 미치는 가격으로 농산물을 팔아야 하는 상황이었다. 농촌의 피폐화는 농가부채의

---

199 오유석, 「농촌근대화 전략과 새마을운동」, 401쪽.

지속적인 증가현상에서도 확연하게 드러났다.

공업 위주의 산업화에 따라 저임금 도시노동자가 생계를 유지할 수 있도록 저곡가정책을 시행하자 농촌의 피폐화는 가속화되었다. 이로 인해 농촌인구가 도시로 급속히 유입되기 시작했고, 이는 도시의 광범위한 노동자군을 형성함으로써 저임금 노동의 상황을 지속시키는 요인이 되었다. 이렇게 공업 위주의 산업화와 농촌에 대한 낮은 투자 간의 불균형은 도시와 농촌 간에 악순환 구조를 형성했고, 또한 농촌 출신이 도시로 급속히 유입됨에 따라 심각한 도시빈민문제가 야기되었다. 농촌의 상황이 심각해지자 1968년 이후에는 고미가정책을 실시했는데, 전국경제인연합회가 이 정책을 건의한 데서 알 수 있듯 이 정책 역시 농가경제를 정상화하기보다는 수출활로가 막힌 국내 자본의 소비재 생산품의 판로를 개발하는 데 목적이 있었다.[200] 요컨대 경제개발이 본격화되면서 시장으로서의 농촌, 공업화를 위한 농업이라는 인식하에 농업정책이 지속되었다.

1960년대에 농촌사회가 피폐되었음에도 농민들의 저항은 두드러지지 않았다. 그러나 농민들이 체감하는 생활상의 압박은 심화되었고 이러한 압박을 견딜 수 없었던 이들의 이촌향도현상이 향후 심각한 도시빈민문제를 야기했다는 점에서 농촌사회는 산업화로 인한 모순과 갈등의 심각한 대척지점이 될 수밖에 없었다. 1970년대에 더욱 강력한 국가동원체제의 일환으로 새마을운동이 시도된 것도 이러한 배경에서였다.

(3) 노동에 대한 법률적·제도적 규율과 노동자의 대응

노동정책은 경제개발을 통해 자본주의적 산업화를 추진하는 데 가장 핵심적인 조치 가운데 하나다. 경제개발계획이 본격적으로 추진되면서 노동

---

200 유인호, "농민은 왜 못사는가", ≪신동아≫, 11월호(1969).

억압적 배제체제 또한 본격적으로 형성되었다.

① 경제개발계획과 노동에 대한 국가의 법률적·제도적 규율

군사쿠데타 세력은 4·19혁명 이후에 분출된 노동자 대중의 자주적인 요구를 잠재우기 위해 강력한 강제수단을 동원했다. 우선 쿠데타 직후 기존의 노동조합을 해산하고 새로운 노조체제를 졸속으로 만들어냈으며, 이후 민정이양과 경제개발계획의 추진에 맞춰 1963년 4월과 12월 두 차례에 걸쳐 1953년 제정한 노동법을 대폭 개정해 노조활동과 쟁의를 강력하게 통제하려 했다.[201]

국가재건최고회의에 의해 창설된 중앙정보부는 9인위원회로 알려진 노동조합재건위원회를 만들어 이들을 핵심으로 하는 한국노동조합총연맹을 설립했다. 9인위원회는 1961년 8월 16일부터 25일까지 산업별 노동조합을 만들도록 지침을 내렸고, 8월 30~31일에 78인의 대의원이 모인 가운데 한국노동조합총연맹을 공식적으로 발족시켰다.[202] 이처럼 단지 수개월 만에 급조된 중앙집권적 산업별 노조의 조직체계 성격은 분명했다. 이는 일사분란한 노동통제 및 사회통제를 목적으로 하던 군사정권이 정치적 배제와 경제적 동원이라는 궁극적인 개발독재의 지배이념을 구체화한 것으로, 중앙집권적 산업별 노조, 즉 한국노총체제를 통해 노동자들의 일차적 요구를 통제할 수 있기를 기대했던 것이다.[203]

군사쿠데타 직후 실시한 기존 노조의 해체와 새로운 한국노총체제의 구축이 노동자 세력의 독립적인 정치세력화를 막으려는 예방적 조치의 성격을 지녔다면,[204] 1963년 단행한 노동법의 개정은 경제개발을 위한 노동자

---

201 노중기, 『한국의 노동체제와 사회적 합의』, 87~88쪽.
202 최장집, 『한국의 노동운동과 국가』, 45~46쪽 참조.
203 노중기, 『한국의 노동체제와 사회적 합의』, 88쪽.

의 정치적 배제와 경제적 동원을 명실상부하게 법률적·제도적으로 구현하려는 성격을 띠었다. 1963년 개정 노동법 가운데 가장 결정적인 조항은 '노동조합법' 제12조로, 노동조합은 하나의 집단적 정치행위자로서 조합원으로부터 정치적인 목적을 위해 정치자금을 모금해서는 안 되며, 정당정치를 위한 어떠한 활동도 해서는 안 된다고 명시했다. 이렇게 해서 국가는 노동조합운동을 순전히 기업적 또는 경제적 노동조합주의의 틀 속에 가두어버리려 했다.[205]

개정 노동법은 핵심 조항인 제12조 외에도 다음과 같은 개정 내용을 포함하고 있었다. ① 모든 조합은 법적으로 승인을 받아야 한다. 그러기 위해 모든 신규 조합은 자격조건을 빠짐없이 기입한 신고서를 관할 행정기관에 제출한 후 '신고필증'을 받아야 한다. ② 모든 조합은 그 목적상 기존 노조의 정상적인 운영을 방해할 경우에는 법적 승인을 받을 수 없다(이는 '제2노조'는 인정될 수 없음을 뜻한다). ③ 모든 조합은 산업별 조합을 조직 형태로 삼아야 하며 전국 수준에서 통합되고 중앙집권화된 체제를 지향해야 한다. ④ 고용주의 부당노동행위에 대한 처벌을 완화한다(이로 인해 고용주는 크게 이득을 보게 되었다). ⑤ (기능이 매우 모호하게 규정되어 있지만) 쌍무적 노사협의회를 설립함으로써 산업평화를 위한 노사협력관계를 모색한다. ⑥ 유니언숍union shop 제도를 승인함으로써 조합원의 강제가입을 허용한다. ⑦ 조합의 내부 운영 문제에 대한 국가 개입의 범위를 확대한다(예컨대 행정당국자가 조합의 특별회의 소집권과 조합의 회계 감사권을 갖도록 허용했다).[206]

이상의 내용 가운데 1953년 당시 법에 비해 부분적으로 개선된 조항으

204 최장집, 『한국의 노동운동과 국가』, 102쪽.
205 같은 책, 103쪽.
206 같은 책, 104쪽의 내용을 요약.

로는 부당노동행위 구제주의 인정, 유니언숍 인정, 냉각기간 단축 등을 들수 있지만, 개정 노동법에서는 전반적으로 통제장치가 강화되었다. 이를 보여주는 조항으로는 첫째, 복수노조금지 조항으로 한국노총에 독점적 이익대표권 부여, 둘째, 공무원 단결금지, 정치활동금지, 노사협의회 설치의무 규정 등 단결권에 대한 제한, 셋째, 노조설립 신고주의, 조직운영에 대한 각종 개입 등 행정권력의 노조에 대한 지배 개입, 넷째, 쟁의에 대한 사전심사제도, 복잡한 쟁의절차, 공익사업 범위 확대, 긴급조정제도 등 쟁의에 대한 법률적·행정적 조치 등을 들 수 있다.[207]

이 개정 법률은 1953년 노동법에서 후퇴했지만 그럼에도 1953년에 제정된 법률체제의 틀을 유지했다. 단결권이 허용되는 범위가 좁은 점, 단결에 관한 국가적 규제, 즉 통제적 성격이 강한 점, 쟁의억제적 성격이 강한 점에서 1953년 노동법과 공통되며, 한편으로는 노동조합에 대한 국가적 보호규정('쟁의기간 중 현행범 이외의 자유구속의 금지', '쟁의기간 중 대체노동의 금지')도 그대로 유지되었다. 무엇보다 공익사업을 제외한 민간부문에 한정되기는 했지만 노동자의 파업권을 보장하는 단결법은 유지되었다.[208]

따라서 국가는 법률만으로는 노동통제를 완전히 실현할 수 없었다. 불완전한 법적 통제는 반공주의·노사협조주의 등의 제반 이데올로기적 통제, 노동법 외 국가보안법·반공법·집시법 등의 법적 통제, 경찰력의 직접 개입, 중앙정보부 등 각종 정보권력기구의 일상적 감시와 사찰 등으로 부분적으로 보완되었다.[209] 또한 사용자의 각종 부당노동행위와 노조억압 정

---

207 이원보, 『한국노동운동사: 경제개발기의 노동운동, 1961~1987』(서울: 지식마당, 2004);
   김삼수, 「박정희 시대의 노동정책과 노사관계」, 이병천 엮음, 『개발독재와 박정희시대』;
   노중기, 『한국의 노동체제와 사회적 합의』, 89쪽과 각주 8 참조.
208 김삼수, 「박정희 시대의 노동정책과 노사관계」, 189쪽.
209 전신욱, 「한국산업화 과정에서의 노동 통제와 노동 저항」(고려대학교 박사학위논문, 1989), 164~175쪽; 노중기, 『한국의 노동체제와 사회적 합의』, 89쪽.

책, 쟁의파괴도 국가의 통제장치와 함께 이 시기 노동통제를 특징짓는 요소였다. 이데올로기, 법률적인 환경, 자원동원에서 크게 유리했던 사용자는 불완전한 법률과 제도를 넘어 노동자의 요구를 억압했다.[210]

국가와 자본이 이같이 강력하게 노동을 통제했음에도 저임금 장시간 노동에 시달린 노동자들의 저항은 1960년대 전반을 통해 확대되어갔고, 임금노동자의 증가는 조직률의 증가로 이어졌다. 노동에 대한 억압적 배제체제의 첫 번째 시기는 상대적으로 유동적인 성격을 띠고 있었다.[211]

② 경제개발 시대의 공식적인 노조운동과 점증하는 노동자의 요구

국가의 강력한 노동통제에도 노동자들은 통제체제하에서 수동적으로 적응하지만은 않았다. 노동자들은 산업구조가 고도화되어가는 과정에서 양적으로 꾸준히 성장했을 뿐 아니라 계급적 정체성을 형성하는 차원 및 스스로의 권익을 위한 운동의 차원에서도 꾸준히 성장해왔다.

경제개발계획 시대 초기에는 노동운동이 경제적인 측면에서 노동자를 효과적으로 동원할 필요에 따라 국가가 급조한 한국노총 중심으로 전개될 수밖에 없었다. 당시 한국노총은 반공주의와 실리주의적 노동조합주의를 표방했다. 하지만 정치적으로는 협력하되 교섭을 통해 경제적 실리를 확보한다는 실리주의적 노동조합주의는 개발독재체제하에서 결실을 얻을 수 없었다. 결과적으로 한국노총은 경제개발이 가속화될수록 저임금 장시간 노동체제에서 신음하는 노동자 대중으로부터 분리될 수밖에 없었다.[212] 1960년대 후반에 이르러 한국노총은 '노동조합법' 제12조의 정치활동금지 조항을 삭제할 것을 요구하며 정치투쟁에 나서기도 했지만, 노조간부 일부

---

210 노중기, 『한국의 노동체제와 사회적 합의』, 89쪽.
211 같은 책, 90~91쪽.
212 같은 책, 90쪽.

가 집권당의 국회의원이 됨으로써[213] 집권세력에 더욱 긴밀히 편입되는 결과를 가져왔을 뿐 노동자 대중의 요구를 수렴하지는 못했다.

이러한 상황에서 공식적인 노조는 노동자 대중의 이익을 보호할 수 없었고 따라서 불만은 누적되어갔다. 5·16쿠데타 이후 민정이양이 이뤄진 시점부터 외국기업체와 정부관리 기업체의 현장을 중심으로 일어나기 시작했던 노동쟁의는 1960년대 중반부터 확산되는 양상을 띠었다. 특히 수출의 주종을 이루는 섬유, 화학, 금속 등 제조업 분야에서 노동쟁의가 대규모로 전개되었다. 1960년대 후반에는 외자기업체에서 쟁의가 일어나기 시작하면서 그 양상이 더욱 첨예화되었다.[214] 1969년에 '외국인투자기업의 노동조합 및 노동쟁의 조정에 관한 임시특례법'(이하 '임시특례법')이 제정된 것은 이와 같은 배경에서였다. 이렇게 확산된 노동쟁의는 1960년대 수출 주도형 고도성장 정책하에서 개발성과의 공정한 분배로부터 소외된 노동자들이 아래로부터 저항하는 성격을 띠었다. 1970년 발생한 평화시장 재단사 전태일의 분신 사건은 1960년대 노동운동의 한계에서 새로운 방향을 추구하는 계기가 되었다.[215] 국가는 이런 사태에 대해 '국가보위에 관한 특별조치법'(이하 '국가보위법') 등으로 대응하면서 더욱 강력한 노동통제를 실시하려 했지만 노동자들의 욕구는 걷잡을 수 없이 분출되었다.

1960년대 노동운동의 특징을 집약하면 대략 다음과 같다. 첫째, 경제개발이 진척됨과 동시에 노동쟁의가 점증하는 양상을 띠었다. 1963년 민정이양에서부터 1971년 말 '국가보위법'이 제정될 때까지 노동쟁의는 연평균 103건이 발생했으며 매년 평균 15만 4288명의 노동자들이 참가한 것으로

---

213 김윤환, 「산업화 단계의 노동문제와 노동운동」, 365쪽; 노중기, 『한국의 노동체제와 사회적 합의』, 90쪽.
214 김윤환, 「산업화 단계의 노동문제와 노동운동」, 363쪽.
215 같은 글, 363쪽.

나타났다. 이처럼 노동쟁의가 늘어난 것은 고도성장하에서 누적된 물가상승이 저임금 노동자의 실질임금 저하라는 절대적 빈곤을 가져온 데다 소득격차에 의한 상대적 빈곤감도 컸기 때문이었다. 둘째, 1960년대 전반기에서 후반기로 넘어가면서 노동운동은 첨예화되는 양상을 띠었다. 이는 공식적인 노조가 노동자 대중의 요구를 반영하지 못하는 열악한 조건이었으므로 노동운동이 현장의 노동자를 중심으로 극단적인 생존권 확보에 매달릴 수밖에 없었기 때문이다. 셋째, 노동쟁의가 대형화되는 추세를 보였다. 이는 공업화가 진전됨에 따라 단위기업의 규모가 커지고 노조조직이 산업별화되며 노동자 의식이 높아진 데서 비롯되었다. 넷째, 경제투쟁과 더불어 정치투쟁 또한 늘어가는 추세를 보였다. 1963~1964년 동안 진행된 노동법 개악 반대투쟁에서부터 한미행정협정 반대투쟁, 세제개혁 반대투쟁, 임시특례법 반대투쟁 등 일련의 정치투쟁이 지속되었다.[216]

3. 고도성장 및 개발독재의 시기

1) 경제성장과 '성공의 위기'

한일협정과 베트남 파병을 통해 확보한 개발자금으로 경제개발에 총력을 기울이자 차츰 성과가 나타나기 시작했다. 제2차 경제개발5개년계획 기간(1967~1971)의 연평균 GNP 성장률은 9.5%였다. 이는 제1차 경제개발 5개년계획 기간의 7.9%를 뛰어넘는 성과였다. 1970년 7월 7일에는 경부고속도로가 개통되었다. 이는 근대화의 성공적 진전을 상징하는 사례였을

---

216 같은 글, 364쪽 참조.

뿐 아니라 군대식 총력체제를 보여주는 상징적인 사례이기도 했다. 그러나 이와 같이 개발의 성과가 가시화될 즈음 자본주의의 고유한 경제적 위기 양상이 나타나기 시작했다. 이는 '실패의 위기'가 아니라 '성공의 위기'였다. 1960년대 수출을 주도했던 기업, 특히 차관을 얻어 설립한 기업 가운데 부실기업으로 전락하는 경우가 출현한 것은 대표적인 징후 가운데 하나였다.[217]

(1) 외자 위주의 수출주도형 경제성장의 본격화

'지도받는 자본주의'라는 기본개념하에 추진된 경제개발계획은 구체적인 제도 및 정책으로 뒷받침되는 가운데 본격적으로 추진되었다.[218]

먼저 1966년 8월 3일 공포된 '외자도입법'은 경제개발을 위한 외자도입을 효과적으로 뒷받침하기 위한 제도였다. '외자도입법'은 기존의 '외자도입촉진법', '차관에 대한 지불보증에 관한 법률', 그리고 '장기결제방식에 의한 자본재도입에 관한 특별조치법'을 단일화한 법이지만 단순히 통합의 의미를 넘어선 중요한 정책의 변화를 담고 있었다. 예컨대 외국인투자금액의 하한선 규정이 철폐되고 이전까지 금지되었던 현금차관 도입도 합법화되었다. 가장 중요한 변화는 정부의 지불보증 관련조항이 변경된 것이었다. '외자도입법'에서는 정부의 지불보증을 "① 기간산업부문에 속하는 사업, ② 농수산업부문에 속하는 사업, ③ 국민생활에 필수적인 물품 또는 용역을 생산하는 사업으로서 경제개발 및 국제수지 개선을 위해 필요하고 또 정부지불보증에 의하지 않고는 당해 사업을 위한 외자도입이 곤란하다고 인정되는 경우에 한"함으로써 그 대상을 엄격히 제한했다. 이러한 조치

---

217 조희연, 『박정희와 개발독재 시대』, 100~101쪽.
218 이하 제도 및 정책에 관한 내용은 다음을 참조. 이상철, 「박정희 시대의 산업정책: 역사와 성격」, 이병천 엮음, 『개발독재와 박정희시대』, 112쪽 이하.

는 외자도입에 관한 행정부의 개입을 강화하는 효과를 지녔다. 정부의 지불보증을 받을 수 없는 기업이 상업차관을 도입하기 위해서는 시중 은행의 지급보증을 받아야 했는데 시중 은행이 국유화되어 있는 상황에서 지급보증의 결정 여부는 사실상 정부에 의해 결정되었고, 게다가 이 경우에는 정부 지불보증과 달리 국회의 동의가 필요 없었기 때문이다.

경제개발계획을 추진하기 위한 정부 정책의 측면에서 또 하나 중요한 것은 수입대체산업의 수출산업화와 규모의 경제를 추구했다는 것이다. 애초 제1차 경제개발5개년계획하에서는 개별 산업의 시설확충정책이 국내 수요 추정치를 기본으로 했다. 그리고 시설을 확충할 경우에는 외화절약액 및 고용창출을 고려해 신설 및 증설에 관한 상업차관을 승인했었다. 그러나 신규 진입 및 증설을 희망하는 기업의 상업차관 도입신청이 속출하자 기존의 수입대체공업화정책은 수출산업육성화정책으로 전환되었다. 이 정책은 생산제품 전량을 수출한다는 조건하에 상업차관 도입을 승인하는 방식으로 가시화되었다. 정부의 이 같은 정책 변화 이면에는 수입대체산업의 사업추진실적은 매우 부진한 반면 이미 상업차관 도입이 허가된 기업은 상당히 많고 규모가 영세해 그대로 방치할 경우 소규모 기업의 난립이 불가피하다는 현실인식이 깔려 있었다. 이에 따라 정부는 외자도입을 조속히 실현할 수 있는 신규업체의 참여를 허용함과 동시에 이들에게 건설기한 등에 관한 일정한 조건을 부과했다. 이로써 외자도입업체를 정비하고 영세공장의 난립을 막으며 나아가 이들이 국제경쟁력을 갖출 수 있는 규모로 육성하는 정책을 펼쳤다.

그렇지만 수출지향공업화정책이 수입대체정책의 포기를 뜻하는 것은 아니었다. 1960년대 한국의 산업정책은 수입대체정책과 수출지향공업화정책이 결합된 '복선형 산업정책'[219]이었다. 수출상품 구성에서 공산품이 차지하는 비중이 증가함에 따라 수출용 공산품 생산에 필요한 원료수입이 급증했고, 이로 인해 수출이 증대할수록 외화가득률은 오히려 저하되었다. 따라서 외화가득률을 높이기 위해서는 수출용 원자재를 수입으로 대체해야 했다. 하지만 수출용 원자재를 수입으로 대체하기 위해서는 이들 제품이 가격과 품질 면에서 국제경쟁력을 가져야 했다. 이에 정부는 수출경쟁력을 확보케 하는 정책을 다각적으로 펼쳤다. 금융 및 조세상의 지원과 함께 인센티브 효과를 강화하기 위한 강력한 규율상의 통제도 실시했다.

이와 같은 구체적인 제도와 정책으로 뒷받침된 경제개발은 눈에 띄는 성과를 거두었다. 제2차 경제개발5개년계획 기간에 한국경제는 당초 계획된 7.0%보다 2.5% 높은 연평균 9.5%의 성장률을 기록했다.[220] 산업별로 보면 이 기간 광공업부문의 평균 성장률은 20.3%, 사회 간접자본 및 서비스부문은 12.8%였다. 당초 계획된 광공업부문과 사회 간접자본 및 서비스부문의 성장 목표가 각각 10.7%, 6.6%였음을 고려하면 계획보다 두 배의 성장을 이룩한 셈이다. 반면 농림수산업부문은 성장률이 2.3%에 지나지 않았다. 이 성장률은 당초 목표 5%의 절반에도 미치지 못한 수치였다.

농림수산업부문의 성장률이 낮은 것은 자연적 조건의 제약에 따른 농업 생산의 불규칙성 때문이기도 했지만 경제개발과정에서 농업의 역할을 극단적으로 경시한 정책의 결과였다. 계획기간 중 총 고정자본 형성 가운데 농림수산업에 배분된 비율은 당초에 계획된 16.3%보다 훨씬 낮은 7.2%에 불과했다. 제2차 경제개발계획이 기준연도로 잡은 1965년 당시 GNP에서 농림수산업이 차지한 비중은 38.4%였는데, 이 부문의 취업인구는 전체의 58.6%를 차지할 만큼 비중이 높았다. 그런 만큼 경제개발계획은 "우리 경제가 당면한 가장 긴급한 기본적인 과제"라는 인식하에 식량의 자급을 기

---

219 이병천, 「개발독재의 정치경제학과 한국의 경험」, 47쪽.
220 이하의 통계수치는 다음을 인용. 정윤형, 「한국 경제 개발 계획의 체제적 성격」, 한국기독교사회문제연구원 엮음, 『한국사회변동연구(I)』(서울: 민중사, 1984), 73쪽 이하.

본목표 6개 항목 가운데 맨 앞에 제시했다. 그럼에도 제2차 경제개발계획이 진행되는 동안 이 목표는 폐기된 것이나 다름없는 형편이었다.[221]

이와 달리 광공업부문과 3차산업부문이 당초 목표보다 두 배 높은 성장률을 기록한 것은 당초 예상보다 급속히 증가한 외자도입이 이 부문에 집중되었기 때문이다. 당초 19.9%로 목표했던 총 투자율은 25.2%(1975년 가격 기준)의 실적을 보였는데, 이처럼 투자율이 높아진 주된 이유는 5.5%로 계획했던 해외저축률이 10.7%로 높아졌기 때문이다. 이 중 고정투자의 68.5%는 사회 간접자본 및 서비스부문에 집중 투자되었으며, 광공업부문에는 24.3%가 배분되었다. 이는 제1차 계획 초기의 구상과 달리 제2차 계획의 공업화정책에서는 정부의 역할이 물적 생산을 간접적으로 지원하는 방향으로 바뀌어갔음을 의미한다. 광공업부문에 대한 투자배분이 당초 계획했던 30.7%보다 낮은 24.3%에 그쳤음에도 이 부문의 성장률이 기간 평균 20%로 계획의 두 배에 달할 수 있었던 것은 이처럼 정부가 막대한 외자를 도입해서 공업성장에 필요한 물적 기반을 마련해주었기 때문이다.[222]

그 결과 제2차 계획 기간 동안 상품수출이 급증했다. 1971년 11억 3200만 달러에 이른 상품수출은 제2차 계획이 성취한 최대의 성과로서, 무역을 통한 경제성장의 가능성을 뒷받침하는 사례로 내세워져왔다. 이는 1966년의 수출 2억 5030만 달러에 비해 네 배 이상 증가한 것이며 당초 계획된 5억 5000만 달러에 비해서도 두 배가 넘는 수치였다. 그러나 상품수출과 동시에 상품수입 또한 증가했다. 1966년 6억 7990만 달러였던 수입액은 1971년에 21억 7820만 달러로 늘어났다. 1966년 당시 수출액은 수입액의 40% 수준에 불과한 무역역조를 보이고 있었으므로 이 기간에 수출증가율

---

221 같은 글, 73~74쪽.
222 같은 글, 74쪽.

이 수입증가율을 앞질렀다는 사실은 무역적자폭이 줄어들었음을 의미하지는 않는다. 절대액 측면에서 보면 5년 동안 수출액은 8억 8200만 달러 증가한 데 비해 수입액은 약 15억 달러 증가해 무역적자폭은 오히려 확대되어 약 10억 4000만 달러에 달했다. 이러한 결과는 제2차 계획기간에는 대외 경제정책이 외자도입의 촉진 및 수출신장에 주력했지만 이에 따르는 수입증가에 적절히 대처하지 못했음을 뜻한다.[223]

(2) 경제성장으로 인한 '성공의 위기'

국가–재벌–은행의 삼각협력과 노동의 억압적 동원을 기반으로 해서 수입대체와 수출지향을 결합한 복선형 산업정책[224]으로 급속한 성장을 이룩한 한국경제는 커다란 모순을 안고 있었다. 이로 인해 경제성장이 가시화되는 순간 자본주의의 고유한 위기 양상이 나타나기 시작했다. 즉, '실패의 위기'가 아니라 '성공의 위기'에 처한 것이다.[225]

우선 차관을 통한 외자에 의존해서 산업화를 추구한 만큼 원리금상환의 압박을 받을 수밖에 없었다.[226] 1960년대에 수출을 주도했던 기업, 특히 차관을 얻어 설립한 기업 중에서는 부실기업으로 전락하는 경우가 다수 출현했다. 1969년 5월 9일에는 차관업체 89개 중 45%가 부실이라는 정부 발표가 나왔을 정도였다.[227] 1972년 사채동결을 포함한 초법적인 8·3조치는 이러한 배경에서 나온 것이었다.

---

223 같은 글, 75쪽.
224 이병천, 「개발독재의 정치경제학과 한국의 경험」, 47쪽.
225 조희연, 『박정희와 개발독재 시대』, 129쪽.
226 야마모토 츠요시(山本剛士), 「1·2차 경제개발계획과 고도성장의 문제점」, 김성환 외, 『1960년대』(서울: 거름, 1984). 야마모토 츠요시는 1971년에 쓴 이 글에서 고도성장의 문제점으로 원리금 상환, 수출입 격차 확대, 물가 상승, 일본에 대한 편중 등을 지적했다. 292~300쪽.
227 조희연, 『박정희와 개발독재 시대』, 129쪽.

원리금상환의 압박은 수출입 격차의 확대로 더 심해질 수밖에 없었다. 앞에서 지적한 바와 같이 수출이 증가할수록 수입 또한 증가하는 무역역조는 매우 심각했다. 한국정부는 공업화를 진행시켜 수출을 증대하는 정책을 취했지만 관련산업의 미발달로 이 같은 정책은 선진국 이상으로 더 많은 수입을 유발했다.[228] 게다가 수출주력 품목이던 섬유 등의 경공업 제품에 대해 미국이 부분적으로 수입을 규제하면서 제품판매가 어려워졌고 외채에 대한 원리금상환 압박은 더욱 심해졌다. 이와 같은 악순환에 빠지면서 1969년부터는 불황의 징후도 나타나기 시작했다.[229]

또한 고도성장은 물가상승을 초래했다. 고도성장 자체가 물가상승을 초래하지만 한국의 경우 외자도입을 위주로 한 고도성장이었던 까닭에 통화량증발 사태로 물가상승이 더욱 심화되었다.[230] 도매물가와 소비자물가의 상승률을 억제하려는 시책만으로는 물가상승을 억제할 수 없었다. 물가상승은 임금인상의 요인이 되었고, 결과적으로 정부가 주력한 수출경쟁력 또한 약화시키는 결과를 초래했다. 이와 같은 현상은 경제성장의 실패가 아닌 성공으로 인한 구조적 위기의 성격을 지니고 있었다.

국민경제 및 사회구조 전반적인 차원에서 발생한 문제점 또한 많았다. 우선 과도한 외자 위주의 경제성장은 경제개발계획이 중요한 목적으로 삼는 자립경제의 기반을 훼손할 만큼 대외의존성을 심화시켰다. 특히 한일 국교정상화 이래 제2차 경제개발계획이 추진되는 기간에는 일본자본 및 수입 의존도가 심화되었다.[231] 한국정부가 여러 차례 일본 측에 무역불균형을 시정하도록 요구했음에도 이 요구가 개선될 수 없었던 까닭은 외자

---

228 야마모토 츠요시, 「1·2차 경제개발계획과 고도성장의 문제점」, 295쪽.
229 조희연, 『박정희와 개발독재 시대』, 129쪽.
230 야마모토 츠요시, 「1·2차 경제개발계획과 고도성장의 문제점」, 297쪽.
231 같은 글, 299~230쪽.

위주의 수출주도형 경제성장 자체가 안고 있는 구조적인 성격 때문이었다. 자본주의 세계질서 안에서 국민경제 자립의 경계를 어떻게 설정해야 할지에 대해서는 논란이 끊이지 않지만, 과도한 대외의존적 경제구조는 국민경제의 독자적인 정책선택을 제약한다는 점에서 문제점으로 지적하지 않을 수 없다. 이로 인해 앞에서 살펴본 바와 같이 외자 위주의 수출주도형 경제성장은 자기모순의 함정에 빠지게 되었다.

경제개발과 성장은 여러 가지 불균형현상을 초래했다. 우선 눈에 보이는 불균형현상으로는 지역 간 불균형을 들 수 있다. 개발은 주로 서울에서 영남의 동남해안 공업지대를 잇는 방면으로 진행되었고, 이에 따라 공장과 산업단지가 자연히 서울과 영남에 집중되었다. 1960년대 대표적인 수출자유지역은 서울 구로와 마산이었고, 1962년부터는 울산공업단지가 조성되었다. 또한 제2차 경제개발계획의 핵심 사업인 제철소 부지도 포항으로 결정되었으며, 1968년 11월에 기공된 대규모의 현대자동차 공장도 울산에 있었다. 국가는 개발의 지역적 불균형을 상쇄하는 정책을 구사하기는커녕 오히려 불균형을 가속화했던 것이다.[232] 이후 지역 간의 불균형은 정치적 지지기반의 분점과 결부되어 한국의 정치지형을 왜곡시키는 하나의 요인으로까지 작용했다.

외자 위주의 수출주도형 경제성장과 함께 규모의 경제를 실현하려 한 정책은 또한 대기업과 중소기업 간의 불균형을 구조화시켰다. 국가의 자원배분에서 각종 특혜를 누린 대기업은 이른바 재벌로 성장해갔지만 이 특혜에서 배제된 기업들은 아예 몰락하거나 영세한 중소기업으로 남았다.

산업구조상의 불균형으로 가장 두드러진 것은 농업의 경시였다. 앞 절에서 이미 지적한 바와 같이 애초 박정희 정권은 중농정책을 표방한 것으

---

232 조희연, 『박정희와 개발독재 시대』, 121쪽.

로 알려져 있으며 경제개발계획에서도 농업에 관한 정책은 중요한 목표 가운데 하나였다. 박정희 정부는 1961년 6월 26일 '농산물가격유지법'을 공표해 이 법률에 따라 미곡담보융자제도와 미곡수매제도를 실시하기도 했다. 하지만 중농정책은 별반 효과를 거두지 못하고 사실상 실패했다. 그 이유는, 계속해서 확인한 바와 같이, 농업은 하루아침에 효과를 내는 분야가 아니므로 눈에 보이는 경제성장의 효과가 필요했던 정부가 농업보다 공업에 더 중점을 두었기 때문이다.[233] 결국 농촌은 이전과 다름없이 방치된 셈이었고 상대적으로 월등히 진전된 공업화의 여파로 급속히 해체의 길로 접어들었다.

편중된 도시 위주의 급속한 공업화와 농촌해체의 연쇄작용으로 일어난 현상은 도시문제와 주택문제였다. 1960년대를 거치는 동안 경제정책 자체가 도시와 2·3차 산업을 중심으로 실시되었기 때문에 도시로의 이주행렬이 이어졌고 이는 급속한 이농현상을 낳았다. 농촌인구는 1960년 72%에서 1970년에는 59%, 1980년에는 43%로 급감했다. 반면 전체 인구에서 도시인구가 차지하는 비율은 1960년 28%에서 1970년에는 41%로 급증했다.[234] 그러자 도시인구의 과잉으로 주택난이 발생했다. 특히 농촌에서 가장 많이 이주한 서울의 경우 사람들이 곳곳에 무허가 정착지를 이뤄 살았다. 과밀한 인구, 부족한 주택, 빈약한 기반시설 때문에 도시개발이 가속화될 수밖에 없었는데, 도시개발로 인한 문제 또한 속출했다. 강남 등 신도시 개발은 투기현상을 불러일으켰고, 주택난을 해소하기 위한 서민아파트 건설정책은 부실공사를 야기했다. 1970년 4월 8일 입주 20일 만에 15동 전체가 붕괴해 33명의 목숨을 앗아간 와우아파트 붕괴 사건은 저돌적인 근대화 정

233 야마모토 츠요시, 「1·2차 경제개발계획과 고도성장의 문제점」, 277, 295쪽.
234 조희연, 『박정희와 개발독재 시대』, 118쪽.

책과 총력동원의 문제를 상징적으로 드러냈다. 또한 도심재개발을 위해 해당 지역에 살고 있는 도시빈민을 외곽으로 이주시키기도 했는데, 광주대단지 건설계획이 대표적인 사례였다. 광주대단지 건설로 인한 이주에서는 주거민 편의를 위한 기반시설이 갖춰져 있지 않고 일자리로부터도 고립되었던 탓에 이주민들의 원성이 쏟아졌는데, 결국 1971년 8월 10일 광주대단지폭동이 벌어지는 사태까지 발생했다.

뒤에서 더 자세히 살펴보겠지만, 경제개발에 따른 문제 가운데 핵심은 노동문제였다.[235] 산업화 초기에는 노동자의 저임금·장시간을 기반으로 하는 노동집약적인 산업을 육성했다. 따라서 노동자들은 산업역군 또는 산업애국자로 불렸고, 그들은 이런 정책에 만족하면서 새로운 산업현실에 적응했다. 노동자의 조직 또한 5·16쿠데타 이후 국가적 통제하에 조직된 한국노동조합총연맹을 중심으로 경제적 노동조합주의 틀 안에 머물렀다. 그러나 1970년대 초반부터는 이런 상황에 변화가 나타났다. 그 계기는 바로 1970년 11월 13일 발생해 노동계에 극적인 변화를 불러일으킨 전태일 분신 사건이었다. "근로기준법을 준수하라! 우리는 기계가 아니다! 일요일은 쉬게 하라! 노동자들을 혹사하지 말라!"라는, 어쩌면 너무나 평범한 그의 외침은 거꾸로 그간 노동자들이 어떤 대접을 받았는지를 분명하게 보여주었다. 전태일의 죽음이 한국사회에 준 충격은 엄청났다. 한국사회는 전태일의 죽음으로 노동문제를 피할 수 없는 사회문제이자 정치문제로 인식하게 되었다.

(3) 체제안정 시도와 삼선개헌

이른바 발전국가의 핵심 요체는 국가의 자율성이다. 국가의 자율성이란

---

235 같은 책, 121쪽 이하.

경제집단 및 이익집단의 이해관계로부터의 자율성을 뜻한다. 이 자율성 탓에 국가는 '지도받는 자본주의'의 이념에 따라 강력하게 경제개발을 추진할 수 있었던 것으로 이해된다. 그러나 국가를 담당하는 집권세력은 정치적 경쟁과 이해관계로부터 자유로울 수 없다.[236] 경제적 개발에 성공했다 하더라도 정치적 동의절차를 밟지 않고서는 스스로의 체제를 유지할 수 없기 때문이다.

본래 쿠데타로 집권한 박정희 정권은 1963년 선거를 통해 1차 관문을 통과함으로써 정치적 정당성을 확보했다. 1964년 한일국교정상화로 격렬한 국민적 저항을 받았음에도 1967년 대통령선거에서는 높은 득표율로 지지를 받았다. 이는 제1차 경제개발계획이 한창 진행 중인 상황에서 치러진 선거였으므로 사실상 경제개발계획의 성공적인 추진에 힘입은 바 컸다.[237] 이로써 박정희 정권은 더욱 강력한 정당성을 확보하게 되었다. 그렇게 강력한 정당성을 확보한 박정희 정권은 조국근대화의 기치를 내세우며 여러 가지 이데올로기적 조치까지 더하는 가운데 체제안정을 시도했다. 이순신을 성웅화하는 작업, 국민교육헌장의 반포 등은 대표적인 이데올로기적 조치에 해당했다. 박정희 정권은 개발이 야기한 모순과 국민적 요구를 체제 내로 수용하기 위해 복지제도도 모색하기 시작했다. 한참 뒤로 실시가 미뤄졌지만 '의료보험법' 제정은 이러한 예 가운데 하나였다. 이 모든 것이 개발독재체제의 안정화를 위한 시책이었다.[238]

그러나 박정희를 중심으로 하는 집권세력에는 정치적 절차상 자신들이

236 김일영, 「1960년대의 정치지형 변화: 수출지향형 지배연합과 발전국가의 형성」, 한국정신문화연구원 엮음, 『1960년대의 정치사회변동』(서울: 백산서당, 1999), 341쪽 이하 참조.
237 최장집은 1967년 선거를 현직 정부가 업적 수행에 대해 국민으로부터 적극적인 평가를 받음으로써 선거경쟁에서 승리하고 재집권으로 이어진 유일한 사례라는 점에서 한국정치사에서 중요한 사례라고 본다. 최장집, 『민주화 이후의 민주주의』, 104쪽.
238 조희연, 『박정희와 개발독재 시대』, 130~135쪽 참조.

구축해온 체제의 지속성이 보장되어 있지 않았다. 게다가 앞서 말한 바와 같이 경제개발로 인한 사회적 위기현상이 본격화되고 국민적 저항이 심화되는 상황이었다. 결국 박정희는 1969년에 들어서면서부터 개헌공작을 시도해 마침내 9월 14일 새벽 삼선개헌안을 통과시킴으로써 체제를 지속하기 위한 준비작업에 들어갔다. 삼선개헌이 한국정치에 미친 영향은 실로 심대했다. 이는 의회 및 정당 정치가 실종되는 계기가 되었고, 이를 계기로 정치에 대한 행정의 추월이 예고되었다. 그러나 동시에 삼선개헌은 그동안 박정희 정권이 정치적 절차준수와 경제개발 업적을 통해 쌓아온 정당성의 기반을 심각하게 동요시킴으로써 이른바 발전연합과 민중연합의 대립을 격화시키는 기점이 되었다. 삼선개헌의 최종적 귀결은 행정적 효율성이 정치를 완전히 대체한 유신체제의 수립이었다.[239]

2) 중화학공업화와 유신체제

박정희 정권의 체제안정화 시도는 삼선개헌(1969.10)으로 그치지 않았다. 이어 국가비상사태 선언(1971.12.6)과 '국가보위법'(1971.12.27), 정략적인 남북대화와 7·4공동선언(1972.7), 유신체제 선포(1972.10)를 거쳐 영구집권을 도모하는 총력안보 독재체제로의 길을 밟았다.[240]

1960년대 말과 1970년대 초에 걸쳐 정치적 독재와 특권경제에 대한 광범한 저항이 일어남으로써 개발실적에 따라 권위주의체제의 정당성을 확보하려 한 박정희 정권의 조국근대화 담론은 한계에 봉착했고 더 이상 국민통합담론으로서의 역할을 할 수 없게 되었다.[241] 이런 상황에서 남북화

---

239 김일영, 「1960년대의 정치지형 변화」, 349쪽.
240 이병천, 「개발독재의 정치경제학과 한국의 경험」, 43쪽.
241 한배호, 『한국의 정치과정과 변화』(서울: 법문사, 1993), 242~243쪽; 조희연, 「정치사회

해와 대중경제를 내건 김대중이 위협적인 경쟁자로 등장했는데,[242] 1971년 선거에서는 박정희 정권에 대한 국민들의 평가가 1967년과는 정반대로 나타났다.[243] 결과적으로 박정희가 승리했지만 표차가 100만 표 미만으로 위협적이었고, 이어진 총선에서는 공화당의 의석수가 129석에서 113석으로 줄어든 반면 신민당의 의석수는 45석에서 89석으로 늘어났다.[244] 한편 대외적으로 미국이 베트남에서 철수할 경우 공산주의를 공산주의로 막으려는 계산에서 내놓은 닉슨독트린과 미중수교는 냉전반공주의를 국정이념으로 삼고 활용해온 박정희 정권에 일대 충격을 주었다. 이는 한반도의 긴장완화와 북한과의 관계개선이 실현될 수 있는 절호의 기회이기도 했다. 그러나 박정희 정권은 이 길을 저버리고 남북대화를 냉전반공체제와 정치적 반동독재를 재구축하는 기회로 활용하는 길을 택했다. 이제 군사적 유신개발독재에서는 안보와 건설이 혼연일체가 되었다.[245]

이와 같은 배경에서 추진된 1970년대 중화학공업 경제개발모델은 한국경제의 최초의 도약을 가능하게 한 정책이자 1960년대 모델인 복선형 산업정책의 강점을 계승한 정책이기도 했지만, 특수안보적 동기에 의해 유도됨으로써 문제점을 증폭시킨, 매우 파행적인 성격을 지니고 있었다. 1970년대의 개발정책 및 개발체제는 독재정권과 독점재벌의 지배블록을 구축

적 담론의 구조변화와 민주주의의 동학」, 『한국의 정치사회적 지배담론과 민주주의의 동학』(서울: 함께읽는책, 2003), 63~65쪽; 이병천, 「부마항쟁 발전안보국가, 미국헤게모니 그리고 민주주의」, 최장집 외, 『한국민주주의의 회고와 전망』(서울: 한가람, 2000); 이병천, 「개발독재의 정치경제학과 한국의 경험」, 43~44쪽.

242 박정희의 조국근대화론 대 김대중의 대중경제론을 종합적으로 비교한 연구에 관해서는 다음을 참조할 것. 김일영, 「조국근대화론 대 대중경제론: 1971년 대선에서 박정희와 김대중의 대결」, 정성화 엮음, 『박정희 시대와 한국 현대사』, 167~231쪽.

243 최장집, 『민주화 이후의 민주주의』, 103~105쪽.

244 김일영, 「조국근대화론 대 대중경제론」, 176~177쪽.

245 이병천, 「개발독재의 정치경제학과 한국의 경험」, 44쪽.

했고, 이들에 의해 돌진적인 동원주의와 속도주의가 추구되었으며, 계급계층 간·지역 간·산업 간, 나아가 국민경제 전반에 걸쳐 고도로 불균형적이고 집중-집권적이고 불안정한 파행구조를 형성했다는 특징을 갖고 있다.[246]

(1) 8·3조치와 유신헌법

박정희 정권은 경제개발의 성공으로 인한 위기를 맞아 산업구조의 재편과 정치적 권위주의의 강화를 매우 긴밀하게 결합하는 방식으로 대응함으로써 박정희식 발전모델을 강화하고 지속시켜나갔다. 이는 고도성장을 추진하는 과정에서 국가관료제의 팽창, 이를 기반으로 한 권력의 초집중화현상, 국가권력과 거대자본의 긴밀한 협력관계, 정치의 권위주의화, 고도성장이 수레바퀴처럼 맞물려 상승작용을 일으키는 구조적 조건이 형성되었음을 뜻한다.[247] 이러한 맥락에서 1972년 10월 17일 유신체제를 알리는 특별선언을 발표하기 두어 달 전, 모든 기업의 사채를 동결하고 금리를 인하하는 조치가 포함된 8·3조치를 선포한 것은 박정희 정권에서 유신체제의 출범과 매우 긴밀한 연관관계를 가지며,[248] 이는 이어지는 시대의 서막과도 같았다.

8·3조치의 핵심 내용은 1972년 8월 9일까지 신고된 기업의 부채에 대해서는 3년간 상환을 유예하고, 3년 뒤부터는 5년에 걸쳐 월리 1.35%(연리 16.2%)로 분할상환하게 해주며, 정부가 조달한 2000억 원을 통해 기업의

---

246 같은 글, 45쪽; 특히 재벌체제와의 발전지배연합의 성격에 관해서는 다음을 참조할 것. 조영철, 「재벌체제와 발전지배 연합: 민주적 재벌개혁론의 역사적 근거」, 이병천 엮음, 『개발독재와 박정희시대』, 133~160쪽 참조.
247 최장집, 『민주화 이후의 민주주의』, 106쪽.
248 정윤형, 「한국 경제 개발 계획의 체제적 성격」, 82쪽.

단기은행부채 30%를 연리 8%에 3년 거치 5년 분할상환 형식으로 대환 처리한다는 것이었다. 당시에 신고된 부채 총액은 3456억 원으로, 전체 통화량의 약 80%, 국내 여신 잔액의 34%에 육박했다. 8·3조치는 박정희 정권의 수출지원 전략 가운데 가장 극단적인 형태이자 친기업적 경제조치의 대표적인 형태였다. 이는 자본과 기업의 위기를 국가가 초헌법적 조치를 통해 극복하도록 도와주는 것이자 해당 기업에 막대한 특혜를 제공하는 것으로, 기업의 금융상의 어려움을 중간층·이자생활자·서민층에 전가하는 폭력적인 조치였다. 이 조치를 취하면서 부실책임이 있는 기업 및 은행의 투자와 대부, 나아가 이를 정책적으로 유도했던 정부 관료에 대해서는 전혀 책임을 묻지 않았다.[249]

유신체제는 일사천리로 이어졌다. 1972년 10월 17일 전국에 비상계엄령이 내려진 가운데 국회는 해산되었고 모든 정당의 정치활동이 중지되었다. 10월 27일에는 '조국의 평화통일을 지향하는 헌법개정안'(유신헌법)이 공고되었고, 11월 21일 비상계엄령 가운데 치러진 국민투표에서는 91.9%의 투표율에 91.5%의 찬성으로 유신헌법이 통과되었다. 12월 15일에는 대통령을 뽑는 권한을 가진 통일주체국민회의 대의원 선거가 치러졌는데, 12월 23일 장충체육관에서 단독 출마한 박정희는 2359명의 대의원 가운데 2357명의 지지를 받아 99.99%의 지지율로 당선되었다.[250]

유신체제는 경제세력과 시장에 대한 국가의 우위를 넘어 정치에 대한 행정적 효율성의 우위를 확정하는 개발독재체제의 완성을 뜻하는 것이었다.[251] 경제개발을 위해 행정적 효율성을 추구하는 것은 이른바 발전국가

전창환, 「1980년대 발전국가의 재편, 구조조정, 그리고 금융자유화」, 100~101쪽; 조희연, 『박정희와 개발독재 시대』, 129~130쪽.

조희연, 『박정희와 개발독재 시대』, 142~143쪽.

김일영, 「조국근대화론 대 대중경제론」, 352쪽 참조.

에서 일반적인 경향이지만, 박정희식 개발독재체제는 이보다 훨씬 강도 높은 정치권력의 집중을 동반했다. 특히 대통령의 정치적 목표와 비전, 그의 이해관계와 권력유지를 위한 전략전술이 경제관료의 자율성 및 전문성보다 더 결정적이었다. 즉, 정치권력의 논리가 경제관료의 기술합리성보다 우위였던 것이다. 박정희의 개발독재체제하에서 이를 뒷받침한 것은 중앙정보부를 중심으로 한 국가안보기구였다. 국가안보기구는 다른 분야에서는 말할 것도 없거니와 경제 분야에서도 결정적인 역할을 담당했다. 국가안보기구는 대통령의 수족이 되어 경제안정을 위한 노동운동이나 반체제운동을 감시했을 뿐 아니라 국가관료체제에 규율을 부여하고 통제했으며, 나아가 국내 기업의 해외팽창에 따른 개별기업의 해외투자조건에 관한 정보를 제공하고 투자조건을 사전 정비하며 경제활동을 지원하는 광범위한 경제적 역할까지 수행했다.[252]

(2) 중화학공업화

8·3조치와 유신체제 확립 이후 박정희 정권은 중화학공업화를 본격적으로 추진했다.[253] 유신을 선포한 지 한 달 뒤인 1972년 11월 30일에 박정희는 "1981년에는 1인당 국민소득 1000달러와 수출 100억 달러를 달성하겠다"라고 선포했다. 이듬해인 1973년 1월 12일 연두교서에서는 유신의 정당성을 설파하면서 강력한 방위산업에 대한 구상을 밝히고 그 기반으로서 중화학공업을 집중적으로 육성하겠다고 선언했다. 박정희는 유신체제를 제2의 경제도약 시기로 삼으면서 그 중심을 중화학공업화 전략에 두었던 것이다.[254]

---

252 최장집, 『민주화 이후의 민주주의』, 97~98쪽.
253 전창환, 「1980년대 발전국가의 재편, 구조조정, 그리고 금융자유화」, 101쪽.
254 조희연, 『박정희와 개발독재 시대』, 151쪽.

① 중화학공업화의 배경

애초 국가 기간산업으로서 중화학공업을 발전시키려는 열망은 제1차 경제개발계획 때부터 있었지만 당시 여건으로는 엄청난 자금이 소요되는 중화학공업 투자를 본격적으로 전개할 수 없었다. 제한된 시장과 낙후된 기술수준, 그리고 자금부족 때문에 중화학개발은 뒷전으로 밀려날 수밖에 없었다.[255] 그러나 1960년대에 강력히 추진된 수출주도공업화정책의 성공으로 자신감이 생기고 경제적·기술적·행정적 기초조건이 어느 정도 마련되자 중화학공업화정책이 전면에 나서게 되었다. 중화학공업화정책은 이와 같은 배경 외에도 매우 복합적인 배경과 동기에 따라 결정되었다.[256]

우선 중화학공업화정책은 방위산업육성정책과 긴밀히 연계되어 있었다. 남북의 분단과 체제의 경쟁은 경제개발의 거시적인 배경으로 계속 작용해왔지만, 이 시기의 중화학공업화정책은 국가안보상의 위기와 매우 직접적으로 관련되어 있었다. 1960년대 말에는 북한의 군사도발이 급증했는데, 1968년 1월 21일 무장간첩의 서울 침투사건, 1968년 2월 미국의 정찰선인 푸에블로 호 납북사건, 1968년 겨울 울진·삼척지구 게릴라 침투사건, 1970년 6월 22일 북한 공작원에 의한 국립묘지 현충문 폭파사건 등이 그러한 사례. 이와 같은 일련의 사태는 북한의 중화학공업 및 방위산업의 성장과 무관하지 않았다. 급성장한 군사능력을 시험하는 성격을 지니고 있었던 것이다.

또 다른 안보위기는 미국의 세계 군사전략이 변화함에 따라 주한미군이 부분철수한 데 배경을 두고 있었다. 미국은 방위비지출 급증문제를 해소

---

255 김진업 엮음, 『한국자본주의 발전모델의 형성과 해체』, 144~145쪽.
256 이하 그 배경에 관해서는 다음을 참조. 신정완, 「박정희 시대의 안보정치: 1970년대 방위산업 육성정책을 중심으로」, 유철규 엮음, 『한국 자본주의 발전모델의 역사와 위기』, 362~365쪽.

하기 위해 1969년 괌독트린과 1970년 닉슨독트린을 통해 미군의 해외지상군 파병을 줄이고 당사국의 방위비 지출을 증가시키는 쪽으로 정책을 전환하겠다고 선언했다. 또한 군사원조정책의 기조를 무상원조 중심에서 유상거래 형태인 대외군사판매foreign military sales: FMS차관으로 전환했고, 1971년에는 실제로 주한미군 단계적 감축계획에 따라 미7사단이 철수했다.

또한 중화학공업화는 1960년대에 추진된 경공업 위주의 수출주도공업화정책의 위기에 대응하는 성격도 지니고 있었다. 1960년대 말에는 생산재산업의 미비로 인해 수출의 수입유발계수가 매우 높아져 무역수지 적자가 해소되지 않고 섬유제품 등에 대한 미국의 수입장벽이 높아져 수출에 애로가 발생하며 외자기업의 부실화가 발생하는 등 종래의 경공업 위주의 수출주도정책을 장기간 지속시킬 수 없는 조짐이 나타나기 시작했다. 중화학공업화는 이에 대한 타개책이었다.

정치적 동기 또한 간과할 수 없는 중요한 요인이었다. 삼선개헌으로 장기집권에 대한 염증이 국민들 사이에서 확산되고 있었고, 경제개발과정에 적극 참여했으나 성과의 배분에서 소외된 노동자, 도시빈민 등 기층민중을 중심으로 한 저항이 심각한 수위에 이른 터에 유신체제라는 초유의 반민주적 억압체제를 정당화하기 위해서는 새로운 거대국민적 의제를 제시할 필요가 있었다. 중화학공업화정책과 자주국방체제의 수립은 이를 위한 효과적인 의제였다.

② 중화학공업화의 추진과정

경제기획원은 1973년 8월 '우리 경제의 장기적 전망(1972~1981)'을 발표했는데, 이는 1972년 2월에 확정 발표되었던 제3차 경제개발5개년계획에서 제시된 내용과는 다른 것으로, 중화학공업화정책의 본격적인 시작을 알리는 신호였다.[257]

제3차 경제개발5개년계획이 성장·안정·균형을 계획이념으로 삼았던 데 반해 '우리 경제의 장기적 전망'은 기본노선에서 탈피한 성격을 지니고 있었으며, 거시경제적 지표의 목표치에서도 많은 차이를 보였다. 예컨대 1976년 수출목표는 35억 달러에서 44억 700만 달러로 책정되었으며 1981년 수출목표는 109억 7000만 달러로 책정되었다. 1976년 1인당 GNP도 기존 목표치보다 100달러 높은 488달러로 책정되었고, 이에 따라 GNP 성장률도 높게 책정되었다. 또한 제조업 부가가치에서 중화학공업이 차지하는 비율이나 공산품수출 중에서 중화학공업 제품이 차지하는 비율도 높게 책정되었다. '우리 경제의 장기적 전망'은 전반적으로 중화학공업 제품의 수출촉진을 통한 산업구조의 고도화에 역점을 두고 있었다. 뿐만 아니라 제3차 경제개발계획이 안정과 균형을 실현하는 데 많은 비중을 두었던 것에 반해 '우리 경제의 장기적 전망'은 물동계획적 색채가 강했다.[258] 즉, 제3차 경제개발계획은 지금까지의 공업화 실적과 산업별 수요예측에 입각해 공업화가 진행됨에 따라 점증하리라고 예상되는 중화학공업 제품을 수입대체하는 데 주안점을 두었으나, '우리 경제의 장기적 전망'은 기존의 공업화 실적과는 관련 없는 철강·비철금속·조선·기계·전자·화학의 여섯 개 산업을 중점육성산업으로 선정했다. 이와 같은 급작스러운 정책변경은 정치·군사적 동기를 고려하지 않고는 설명하기 어렵다.

이 구상은 1973년 제1차 석유파동과 뒤이은 불황으로 한때 일부 계획이 축소·연기되기도 했지만, 호황국면에 접어든 1976년부터 더욱 강력하게 추진되었다. 중점육성산업으로 선정된 여섯 개 산업에 대한 육성계획을

---

257 이하 그 추진과정에 관해서는 다음을 참조. 이상철, 「박정희 시대의 산업정책: 역사와 성격」, 122~126쪽.

258 石崎菜生, 「韓国の重化学工業化政策: 開始の内外条件と実施主体」, 服部民夫·佐藤幸人 編, 『韓国·台湾の発展メカニズム』(東京: アジア経済研究所, 1996), p. 70.

추진하기 위해 당시 정부는 1973~1981년 사이 총 투자액의 22.1%, 제조업 부문 투자액의 63.9%에 달하는 총 2조 9800억 원(1970년 불변가격)을 투자하기로 계획했다. 이를 위해 중화학공업 육성을 위한 정부기구 및 조직의 개편, 재정금융조세상의 지원, 그리고 사회간접자본의 확충이 이뤄졌다.[259]

우선 1973년 5월 대통령령으로 중화학공업추진위원회를 설치해 종합계획과 부문별 추진계획 및 지원계획의 수립을 담당하도록 했고, 이 위원회 아래 중화학기획단을 두어 모든 실무를 담당하게 했다. 이 기획단은 형식상으로는 국무총리 직속기관이었으나 실질적으로 대통령 직속기관으로서 1980년 해체될 때까지 강력한 역할을 담당했다. 재정 측면에서는 '국민투자기금법'에 따라 조성된 투자기금을 중화학공업에 집중적으로 지원하는 방식을 추진했다. 1974년 이후 1980년에 이르기까지 재정융자기금에서 국민투자기금이 차지하는 비중은 80~90%였으며, 이 가운데서 중화학공업에 대한 지원금의 비중은 67.1%에 달했다.[260] 조세 측면에서의 지원도 '조세감면규제법'과 '관세법'을 통해 집중되었다. 또한 '철강공업육성법', '전자공업진흥법', '석유화학육성법', '비철금속제련사업법' 등 일련의 중화학육성법을 제정해 각종 시설재 수입 시 관세 감면, 설비투자 시 법인세 감면 등의 혜택을 줌으로써 중화학부문에 대한 투자를 유도했다. 재정지원에 더해 금융지원 또한 집중되었다. 1973~1980년 동안 중화학공업에 지원한 산업은행의 대출금은 1조 2302억 원에 달하는데, 이는 제조업 전체 대출금의 80%에 해당하는 금액이었다. 사회간접자본을 확충해 중화학공업을 지원하는 방식은 거의 전부 재정투자로 이뤄졌다. 1972~1976년 동안 사회간

---

259 김대환, 「국제 경제환경의 변화와 중화학 공업의 전개」, 박현채 외 엮음, 『한국경제론』 (서울: 까치, 1987).

260 재무부, 『재정투융자백서』(1982).

접자본에 대한 재정투자액은 1조 6000억 원으로 총 재정투자의 67.4%를 차지했는데, 이는 1962~1966년의 54.9%에 비해 매우 높은 수치였다. 1977~1980년 동안에는 더욱 증가해 5조 원에 달했으며, 총 재정투자액에서 사회간접자본에 대한 투자액이 차지하는 비율도 80.5%로 대폭 증가했다. 또 정부는 각 업종별로 산업입지를 정해 공단을 조성하고 필요한 도로·항만·용수 등의 부대시설을 제공함으로써 산업기지를 건설했으며, 입주하는 기업에 금융 및 조세상의 혜택을 제공했다.

이처럼 중화학공업화정책은 '제2의 한국전쟁'이라고 부를 만큼 비상한 각오로 추진한[261] 국민과 자원의 총동원전략이었다. 중화학공업화정책을 추진한 전반기는 제3차 경제개발5개년계획 기간과 겹치는데, 이 기간 동안 연평균 11%의 성장률을 기록했다. 또한 GNP 성장률은 목표치인 8.6%를 넘어 10.1%에 이르렀고, 제조업은 18.7% 증가했으며, 상품수출도 32.7%나 늘었다.[262] 의도했던 대로 중화학공업화를 통한 한국의 산업구조는 중화학공업의 비중을 현저히 높임으로써 성공을 거둔 것으로 평가된다.[263] 제조업에서 중화학공업 생산이 차지하는 비중은 1977년 이미 50%를 돌파했으며, 이해에 제조업 수출에서 중화학공업 제품이 차지하는 비율 역시 42.7%에 이르렀다.[264] 한편 1973~1978년 중화학공업이 제조업 총 생산에 미친 성장공헌도는 63.6%인 반면 경공업의 성장공헌도는 36.4%에 그쳤다. 1973년까지만 해도 중화학공업과 경공업의 성장 기여율이 42.5 대 57.5였는데 중화학공업화가 중점적으로 시행된 기간 동안 중화학공업

261 조희연, 『박정희와 개발독재 시대』, 154쪽.
262 같은 책, 152쪽.
263 한국은행, 「우리나라 공업구조의 변동」, ≪조사통계월보≫, 9월호(1987), 18쪽.
264 박영구, 「구조변동과 중화학공업」, 이대근 외, 『새로운 한국경제발전사: 조선후기에서 20세기 고도성장까지』(서울: 나남, 2005), 419~420쪽.

의 공헌도가 높아진 것이다.[265] 중화학공업의 비중이 높아진 속도도 경이적이었다. 경공업 대 중화학공업의 부가가치가 5 대 1에서 1 대 1로 바뀌는 데 영국은 100년 이상, 미국은 60년 이상, 일본은 40년 이상 걸린 데 비해 한국은 10년 정도 걸린 것으로 평가된다.[266]

③ 중화학공업화의 문제점

고도로 자원을 집중하는 가운데 추진된 중화학공업화는 산업구조를 고도화시켰다는 측면에서는 성공적으로 평가받고 있지만, 동시에 여러 가지 문제점도 파생시켰고, 이들 문제점은 이후 한국의 경제와 사회에 지속적인 부담 요인이 되었다.

우선 중화학공업화의 내실적인 측면에서 보자면 기계공업의 미발전으로 중화학공업화 자체가 불균형적인 성격을 지녔다. 중화학공업에서 경쟁력 있는 부분은 노동집약적인 제품이나 선진국의 해외이전 대상 업종이었고, 한국의 일반기계부문은 중화학공업화 기간 중 비교우위를 갖지 못했다. 기계공업이 중요한데도 발전하지 못한 이유는, 정부가 단기적 성과에 집착한 나머지 조립가공형 최종 생산재에 더 집중했고 기업들 역시 장기투자가 필요한 기계공업보다는 조립가공업에 집중했기 때문이다. 그 결과 세계 일류제품을 만들면서도 핵심 부품은 미국과 일본에 의존하는 기술구조가 지속되었고, 이는 부가가치율의 하락과 해외 요인에 의한 공업구조의 불안정이라는 한국공업의 약점으로 이어졌다.[267]

---

265 韓福相, 『韓国の経済成長と工業化分析』(東京: 勁草書房, 1995), pp. 30~31, 41; 박영구, 「구조변동과 중화학공업」, 420쪽.

266 Toshio Watanabe, "Economic Development in Korea: Lesson and Challenge," Toshio Shishido and Ryuzo Sato(eds.), *Economic Policy and Development: New Perspectives* (Dover: Anbun House Publishing Company, 1985), p. 98; 박영구, 「구조변동과 중화학공업」, 421쪽.

대기업과 산업조직에 대한 정책 실패로 나타난 경제력 집중도 문제였다. 중화학공업화는 고도의 자원집중을 요하는 정책이었던 만큼 정부가 개입을 강화할 수밖에 없었다. 따라서 정부는 기업이 이 전략에 참여하도록 충분한 인센티브를 주면서 장기적 결과를 예측하는 데 그치지 않고 기업이 도덕적 해이에 빠지지 않도록 규율할 필요가 있었다. 하지만 1970년대 중화학공업화과정에서 한국정부는 그렇게 하지 않음으로써 이후 한국경제의 불확실성을 확대시켰고, 한국경제 전체가 이 비용을 물어야 하는 결과를 초래했다.[268] 이 기간 재벌로 성장한 대기업과 정부 정책의 효과를 누릴 수 없었던 중소기업 간의 격차도 심화되었다.

중화학공업에 대한 재벌의 중복과잉투자도 문제였다. 처음에 주저하던 대기업들은 정부의 각종 인센티브에 힘입어 너도나도 중화학공업에 뛰어들었다. 이로 인한 중복과잉투자는 중화학공업의 가동률을 현저히 떨어뜨렸다. 당시 제조업의 평균 가동률이 80%대였던 데 비해 중화학공업의 평균 가동률은 겨우 50~60%대에 머물렀다. 게다가 중화학공업 분야의 적자기업 비율이 급기야 40%를 넘게 되었다. 특히 1970년대 말에는 외채가 누적되어 많은 부담을 주었고 더 이상 수출시장을 개척하기 힘든 한계에 부딪혔다. 거기에 1979년 제2차 석유파동까지 겹치자 총체적인 위기를 맞았다.[269]

금융시스템의 억압으로 인한 치명적인 약점 또한 드러났다. 정부가 공업발전을 촉진시키기 위해 금융권 간섭을 지속하고 저금리를 강제 유지시킨 결과 은행의 자생력과 경쟁력이 상실되었고, 성과에 대한 인사보상이 보장되지 않음으로써 금융시스템의 약화가 지속되었던 것이다. 이러한 금

---

267 박영구, 「구조변동과 중화학공업」, 423~425쪽.
268 같은 글, 423쪽.
269 조희연, 『박정희와 개발독재 시대』, 199쪽.

융산업의 낙후는 이후 20세기 말까지 한국경제에 비용을 부담시켰다. 결국 "금융부문에 대한 정부의 개입은 초기 한국의 공업화에서 경제성장에 도움이 되었"지만 "금융기관들은 대출시장에서 의사결정을 연습할 기회를 박탈당했고 이것은 1970년대 후반과 1980년대 초 많은 은행파산의 한 원인"[270]이 되었다.[271] 금융을 억압하는 시스템하에서 선별적 산업정책의 도구로 전락한 은행은 1970년대 중화학공업화의 최대 희생자였다. 동시에 자본시장이 발달되지 않은 상태에서 지하 사채시장 외에는 마땅한 저축수단이 없었던 가계 및 예금자들, 특히 보조금화된 신용배분에서 소외되었던 내수 중심의 중소기업 또한 금융억압의 희생자였다.[272]

무엇보다 일반 대중의 차원에서는 중화학공업화의 혜택을 체감하기 어려웠던 까닭에 불만이 고조되었다. 1960년대의 노동집약적 산업화는 고용과 시장 규모를 팽창시키는 효과를 유발했기 때문에 대중의 불만을 분산시킬 수 있었다. 이에 반해 1970년대 중화학공업화에서는 더 높은 수준으로 자원이 집중되면서 혜택을 공유하는 계층이 훨씬 적었던 탓에 일반 대중의 불만은 이전과 비교할 수 없을 정도로 높아졌다.[273] 게다가 중화학공업화를 위한 특혜적 신용배분이 워낙 광범위하게 이뤄진 탓에 통화팽창과 인플레이션이 발생했고,[274] 이로 인해 일반 대중의 생활 압박은 가중될 수밖에 없었다. 노동자들은 저임금에 고물가로 생활고를 겪어야 했다.[275]

---

270 Chung Un-Chan, "Korean Economic Growth and Financial Development," Chung H. Lee and Ippei Yamazawa(eds.), *The Economic Development of Japan and Korea: a Pararell with Lesson*(New York: Praeger Publishers, 1990), p. 120.

271 박영구, 「구조변동과 중화학공업」, 426~427쪽.

272 전창환, 「1980년대 발전국가의 재편, 구조조정, 그리고 금융자유화」, 104쪽.

273 조희연, 『박정희와 개발독재 시대』, 155쪽.

274 전창환, 「1980년대 발전국가의 재편, 구조조정, 그리고 금융자유화」, 103쪽.

275 한국민중사연구회 엮음, 『한국민중사 II』, 344~345쪽.

특히 농촌의 해체가 급속히 진행되었다. 저곡가정책을 기반으로 한 경제개발계획의 추진은 농가경제의 상대적 빈곤을 심화시켰다.[276] 정부는 이중곡가제를 통해 고미가정책을 단기적으로 실시하기도 하고[277] 1970년대 내내 새마을운동을 통해 농촌 근대화를 시도하기도 했지만 농촌의 구조적인 문제는 해결되지 않고 더욱 심화되었다. 또한 벼의 신품종 보급 등으로 대대적인 식량증산을 시도해 성과를 거두었지만 이는 도시 공업 노동자의 안정 및 식량 확보를 통해 공업화를 성공시키려는 전략의 일환이었다. 결국 저농산물가격정책, 외국농산물의 수입, 농공 간 불균등 발전, 농가부채, 비민주적인 농정 등은 질적 투자 없는 새마을운동으로는 해결될 수 없는 구조적인 문제였다. 새마을운동이 1960년대 경제개발 성과의 일부를 농촌에 배분하는 성격을 일정 정도 지녔던 것은 사실이지만, 농업과 농촌에 대한 투자의 획기적인 증대나 불균형 성장전략의 수정 없이 농업과 농민을 무상으로 총력동원하는 대중동원의 성격이 더 강했다. 이런 까닭에 1970년대에는 도농격차가 더욱 커졌고 농촌인구의 도시유출 또한 더욱 가속화되었다.[278] 예컨대 1960년대 전반에는 농촌인구 100명당 1.3명이 농촌을 떠난 데 비해 새마을운동이 실시된 후인 1970년대 후반에는 해마다 3.7명꼴로 농촌을 떠났다.[279] 이 사실은 농촌근대화운동으로 표방된 새마을운동이 농촌사회의 구조적 문제를 해결하는 데 도움이 되지 않았음을 말해준다.

---

276 같은 책, 345쪽.

277 앞서 지적한 바와 같이 이중곡가제를 통해 고미가정책을 단기적으로 실시한 것은 가격지지를 통해 농가를 보호하기 위한 목적도 있었지만, 공업 생산품에 대한 농촌 구매력을 높이려는 목적도 있었다.

278 오유석, 「농촌근대화 전략과 새마을운동」, 393~416쪽; 조희연, 『박정희와 개발독재 시대』, 163~168쪽.

279 박진도·한도현, 「새마을운동과 유신체제: 박정희 정권의 농촌 새마을운동을 중심으로」, 《역사비평》, 제47호(1999), 22쪽.

3) 개발독재의 완성과 균열

(1) 개발독재의 완성과 균열, 그리고 민주화운동

유신체제는 국가권력과 대자본 간의 긴밀한 협력관계 발전을 수반하면서 정치의 권위주의화와 고도성장이 수레바퀴처럼 맞물려 상승작용을 일으키는 구조적 조건[280] 속에서 형성되었다. 이는 그 자체로는 독자적인 출구를 갖지 못하는 나름의 완결체계와도 같았다. 즉, 경제발전을 위해 고도의 효율성을 추구했지만 다른 방향을 모색할 수 있는 다른 정치세력의 존재를 부정했다는 점에서 스스로의 출구를 갖지 못한 체제였다. 유신체제의 전환은 결국 외부의 힘에 의해 이뤄질 수밖에 없었다. 1970년대 내내 지속된 민주화운동은 유신체제에 균열을 일으킨 요인이 되었다.

경제개발의 시작에서 중화학공업화를 통한 산업구조의 고도화에 이르기까지, 즉 5·16쿠데타에서 유신체제에 이르기까지 박정희 정권은 의도하지 않았지만 두 가지 방향에서 민주화운동을 초래할 수밖에 없었다. 하나는 체제가 성공한 결과요, 다른 하나는 체제가 실패한 결과였다. 성공의 결과라는 것은 자본주의적 산업화로 중산층이 성장하고 노동자, 농민 같은 기층민중이 성장했음을 뜻한다. 실패의 결과라는 것은 민주주의 폐기 및 권위주의체제로의 전환으로 광범위한 저항세력, 즉 민주화운동 세력이 형성되었음을 뜻한다.[281] 이러한 경향은 1960년대와 1970년대에 공통적으로 적용되지만, 1960년대 경제개발의 효과가 성공의 위기 측면이 강하다면, 1970년대 비정상적인 정치적 권위주의화는 실패의 위기 측면이 강하다고 할 수 있다. 결국 다른 동인에 의해 조건이 형성되었지만 이는 강력한 민주

---

[280] 최장집, 『민주화 이후의 민주주의』, 106쪽.
[281] 이하 같은 책, 106~107쪽 참조.

화운동을 불러일으키는 것으로 귀결되었다.

실제로 1970년대는 고도성장의 시기이기도 했지만 한편으로는 민주화
운동의 시기로 일컬어질 만큼 민주화운동이 거세게 일어난 시기였다. 유
신헌법이 선포된 이후 국민적 저항은 거세지기 시작했다.[282] 12월 24일에
는 개헌청원운동 100만인 서명운동이 공개적으로 펼쳐졌다. 서명운동이
급속히 확산되자 박정희는 1973년 1월 8일 유신헌법이 부여한 긴급조치권
을 발동해 "헌법을 부정·반대·왜곡 또는 비방하는 일체의 행위 및 헌법의
개폐를 주장·발의·제안 또는 청원하는 일체의 행위를 금지"하는 긴급조치
1호를 발동했고, 위반자를 처벌하기 위해 비상군법회의를 설치하는 긴급
조치 2호도 발동했다. 이후 박정희는 1970년대 내내 긴급조치를 발동해 저
항세력을 제지하고 나섰는데, 이는 매우 강력한 듯 보였지만 자기조절 능
력을 갖지 못한 유신체제가 한편으로는 얼마나 취약한지를 드러내 보이는
것이기도 했다.

민주화운동을 지속적으로 탄압했던 박정희는 1974년부터 언론에 대한
탄압도 본격화했다. 1974년 《동아일보》에 대한 광고탄압에서 시작된 언
론탄압이 대표적인 사례다. 그럼에도 민주화운동 세력은 성장해나가면서
결집하는 양상을 띠었다. 이에 따라 이른바 '재야'로 일컬어지는 민주화운
동 세력이 점차 성장했다. 재야라는 말은 한일회담 반대투쟁이 고양되던
1960년대 중반부터 쓰이기 시작했지만 유신시대에 이르러서는 정치적으
로 중요한 의미를 지니게 되었다. 제도정치의 제한된 공간 때문에 정치인
이면서도 제도정치에서 활동할 수 없었던 인사들은 반유신활동을 하면서
장외정치활동을 벌였는데, 처음에는 재야가 이들을 일컫는 용어로 사용되
었으나 점차 민주화운동을 펼치는 다양한 세력을 지칭하는 용어로 사용되

---

282 이하 조희연, 『박정희와 개발독재 시대』, 156쪽 이하 참조.

기 시작했다. 이 용어가 일반화되었다는 것은 이른바 '재야세력'의 확장을 뜻한다. 1974년 11월 25일에는 71명의 정계·학계·언론계·법조계·종교계 인사들이 참여한 가운데 기독교회관 강당에서 민주회복국민회의가 창립 되었다. 민주회복국민회의의 창립은 그간 따로 투쟁해왔던 사회운동가와 정치인이 하나의 조직으로 결합했다는 점에서 중요한 의미를 지닌다. 이 후 이는 민주화운동의 일반적인 경향을 형성했다.

유신에 반대하는 노동자들의 저항도 거세졌다. 유신체제의 전체주의적 성격은 노동정책의 변화와 노동법 개정을 통해 관철되었음에도 도시산업 선교회 지원 등에 힘입어 노동조합활동이 강화되었고 지속적으로 노동운 동이 성장했다. 1970년 11월 27일 결성된 청계피복노동조합의 노동교실 사수투쟁, 1972년 4월 한국모방(이후 원풍모방으로 바뀜) 노동자의 노조 민 주화투쟁, 1974년 2월 반도상사 노동자의 민주노조결성투쟁은 유신 초기 의 대표적인 노동자투쟁 사례였으며, 이후 노동자운동은 더욱 강화되었 다. 1979년 발생한 YH노동자 사건은 결국 유신체제의 종말을 고하는 뇌관 역할을 하기까지 했다.

한편 농촌의 피폐화는 농민을 각성시키고 농민운동을 형성시켰다. 농민 운동은 노동운동과 마찬가지로 초기에는 한국가톨릭농민회 또는 크리스 찬아카데미 등의 지원으로 형성되기 시작했으나 점차 농민 스스로 각성하 는 양상을 띠면서 거세게 성장했다. 1976년 11월부터 1978년 5월까지 진 행된 함평 고구마피해보상투쟁은 농민운동의 이정표가 되었다. 이는 농협 이 고구마수매 약속을 어긴 것에 항의해 3년간 투쟁을 벌여 보상을 받아낸 대표적인 농민투쟁으로서, 그동안 체제의 절대적인 지지대중이던 농민들 이 농촌의 피폐화를 직시하면서 저항적인 존재로 변화하고 있음을 알린 사 건이었다. 1978년 경북 영양군에서 발생한 감자피해보상투쟁(이후 오원춘 사건으로 확대됨) 역시 1970년대 농민투쟁의 대표적 사례였다. 이 사건은 가톨릭농민회 회장인 오원춘이 중심이었던 까닭에 결과적으로 가톨릭을 반박정희 대열에 합류하게 만든 사건이기도 했다.

이 밖에 개발독재체제에서 소외된 도시하층민은 물론 중소자본마저도 체제에 대한 저항세력으로 변화하는 조짐을 보였다. 1979년 부산과 마산에서 일어난 부마항쟁은 이 연장선상에서 발생한 일이었다. 이와 같이 개발독재체제에서부터 소외된 전반적인 계층의 저항운동은 민중운동으로 성장했고, 민중운동의 성장은 개발독재체제를 붕괴시키는 결정적인 요인이 되었다.

(2) 강력한 노동통제와 저항
① 중화학공업화와 국가의 강력한 노동통제

1963년 개정된 노동법에 따라 1960년대 말과 1970년대 초에는 노동체제에 중대한 변화가 나타났다. 이러한 변화는 1969년 '임시특례법'이 제정되고 1971년 12월 27일 국가비상사태의 선언과 함께 '국가보위법'이 제정됨에 따라 일어났다. 이들 법률은 경제개발계획이 본격적으로 추진되면서 산업구조와 자본축적 양식이 변화하고 노동자들이 뚜렷한 사회적 계급으로 성장하자 국가가 여기에 대응하기 위해 제정한 것이었다.

'임시특례법'은 1963년 노동법에 수정을 가하지는 않았지만 노동법과 직접적으로 상충되었다. '임시특례법' 및 그 시행령은 노조가 새로 결성될 때에는 노동청장에게 직접 신고하도록 요구함으로써 노조의 합법적 자격조건에 관한 제한을 강화했다. 이 법의 또 다른 주된 목적은 '노동쟁의조정법'과는 별도의 특별조정법을 마련함으로써 외국인투자 기업에서의 노동쟁의를 억제하는 것이었다. '임시특례법'이 제정될 당시 한국에 유입되어 있던 외국인 자본 가운데 직접투자액은 4.3%에 지나지 않아 처음에는 이 법이 노조조직에 미치는 영향이 미미했으나 시간이 지남에 따라 점차 큰 영향력을 행사하게 되었다. 경제개발계획을 추진하는 자체가 사실상 외국자본을 유치하는 것과 동일시되던 당시 상황에서 1960년대 말에 이르자 외국자본 유치에 따른 문제가 심각하게 노정되었다. 원리금과 이자를 감당할 수 없는 부실기업이 속출했던 것이다. 이러한 상황의 돌파구는 외국자본의 직접투자를 유치하는 것이었다. '임시특례법'은 외국투자가들을 위해 마산과 이리에 수출자유지역을 설립하는 한편 외국자본이 더욱 매력을 느낄 수 있는 환경을 조성하기 위한 법률이었다. 즉, 1963년의 노동법 개정이 노동자에 대한 정치적 통제를 목적으로 이뤄졌다면, '임시특례법' 제정은 경제개발이 본격화됨에 따라 노동자를 경제적으로 통제할 목적으로 이뤄진 것이었다.[283] '임시특례법'을 통해 국가가 더욱 본격적인 노동통제의 필요성을 인식하게 되었다는 점에서 '임시특례법'의 제정은 노동통제의 중대한 전환을 의미한다.

국가는 경제개발을 가속화하기 위해 노동을 전면적으로 통제하려 했다. 1971년 12월 27일 국가비상사태의 선포와 함께 공포된 '국가보위법'은 대통령에게 주요 국가 현안에 대한 거의 무제한적인 비상대권을 부여했다. 이에 따라 대통령은 시민권을 제한할 수도 있고, 국가안보를 위해 전 국민을 동원할 수도 있고, 국가경제의 요구에 따라 임금과 물가까지 조정할 수 있게 되었다. 이는 박정희의 종신집권을 공식화한 유신체제의 전주곡이기도 했지만 국가경제를 통제해야 할 필요에 따른 것이기도 했다. 국가경제 통제의 직접적인 대상은 노동자계급이었다. 1963년 개정된 노동법은 노동자에 대한 정치적 통제의 목적과 더불어 내용상으로는 노동보호적인 성격도 지니고 있었다. 노동자가 성장하지 않았을 때에는 노동법이 형식적인 법에 불과했지만 경제개발에 따라 노동자계급이 성장하면서 노동법의 의

---

[283] 최장집, 『한국의 노동운동과 국가』, 105~107쪽 참조.

의가 달라지기 시작했다. 노동자들은 점차 법이 보장하는 권리와 이익을 스스로 주장하기 시작했던 것이다. '국가보위법'이 공포되기 직전에는 노동쟁의가 빈번하지는 않았지만 몇몇 대규모 노동쟁의는 고용주를 위협하는 수준이었다. 무엇보다도 1970년 11월 13일에 발생한 평화시장 재단사 전태일의 분신 사건은 저임금과 인간 이하의 처우를 받아왔던 노동자들의 거센 저항을 상징하는 사건이었다.[284] 이와 같이 노동자들의 자각과 집단행동이 고조되자 국가는 이를 확실하게 통제할 필요성을 느껴 '국가보위법'을 공포했다. 더욱이 이와 같은 새로운 노동체제의 구축은 1960년대 후반부터 준비 중이던 중화학공업화를 위해 사전 포석을 까는 의미도 지니고 있었다.[285] 저임금 장시간 노동이라는 노동력 착취에 기반을 둔 산업화 전략에서 노동통제는 가장 중요한 정책적 요소였기 때문이다.[286]

전체 12조로 구성된 '국가보위법'에서 노동문제에 관한 조항은 제9조 1항과 2항뿐이었다. "① 근로자의 단체교섭권 또는 단체행동권의 행사는 미리 주무관청에 조정을 신청해야 하며, 그 조정결정에 따라야 한다. ② 대통령은 국가기관 또는 지방자치단체, 국영기업체, 공익사업, 국민경제에 중요한 영향을 미치는 사업에 종사하는 노동자의 단체행동권을 규제하기 위한 특별조치를 할 수 있다." 이렇게 간략한 조항에 지나지 않았지만 이는 헌법이 보장한 노동자의 3대 기본권 중 단결권만 남겨두고 단체교섭권과 단체행동권은 제한한 결정적인 조항이었다. '국가보위법'은 단체교섭권과 단체행동권 자체를 부인하는 것이 아니라 권리행사를 규제하는 형태로 입법되었으나 행정조정의 운영방식 여하에 따라 단체교섭권과 단체행동권을 부인할 수 있었고, 나아가 핵심적인 권리를 부인함으로써 사실상 노동

---

284 같은 책, 107~109쪽 참조.
285 노중기, 『한국의 노동체제와 사회적 합의』, 93쪽.
286 조영철, 「재벌체제와 발전지배 연합: 민주적 재벌개혁론의 역사적 근거」.

자의 단결권 자체를 부인할 수도 있었다. 결과적으로 이 법의 공포는 총체적인 단결권의 부정을 뜻했고, 이로 인해 '노동조합법' 등 노동관계법의 기능이 전면적으로 정지되었다.[287]

1972년 10월 유신체제가 성립되었을 당시 노동문제와 관련해 특기할 만한 사실은 노동부문이 이 체제의 변화로부터 어떠한 영향도 받지 않았다는 것이다. 이는 노동문제에 관한 근본적인 정책상의 변화가 이미 10개월 이전에 '국가보위법'에 의해 완수되었기 때문이다. 그러므로 노동문제에 관한 한 유신헌법과 1973~1974년에 개정된 노동법은 '국가보위법'의 재탕에 지나지 않았다.[288] 개정 노동법에 추가된 사항은 그간 형식상으로 인정되어왔던 산업별 노조체제 대신 사실상 기업별 노조체제를 추인하고, 나아가 노사협의회 관련 사항을 확대해 강화한 것이었다.[289] 이는 사실상 노사협의회가 노조의 쟁의권을 대신하게 되어 노동조합 자체의 활동이 극도로 제한됨을 뜻했다.[290]

'국가보위법'에 이은 유신체제의 성립과 연이은 노동법 개정에 따른 노동체제의 형성으로 결국 한국노총을 비롯한 공식 노동조합은 더 이상 노사관계를 규율하는 유효한 행위자로서의 역할을 담당할 수 없었다. 이 시기 노동조합을 대신해 주도적으로 노동정치를 규율한 것은 국가의 행정기구와 시장에서의 임금조정이었다. 상급노조의 정책 참여나 산별교섭이 무력해지면서 현장에서의 단체교섭이나 쟁의행위도 완벽하게 봉쇄되었고 모든 사항은 행정관청이라는 국가권력에 의해 결정되었다. 단, 경기변동에

---

287 최장집, 『한국의 노동운동과 국가』, 107~108쪽; 김삼수, 「박정희 시대의 노동정책과 노사관계」, 189~193쪽. 이 법은 한시입법으로 제정되었으나 1987년 12월 27일에야 폐지되었다.
288 최장집, 『한국의 노동운동과 국가』, 110쪽.
289 김삼수, 「박정희 시대의 노동정책과 노사관계」, 198~199쪽.
290 같은 글, 199쪽; 노중기, 『한국의 노동체제와 사회적 합의』, 92쪽.

따라 시장임금이 상승되기도 했는데, 이것이 노동대중의 경제적 이해를 부분적으로나마 실현한 유일한 기제였다.[291]

그러나 노동자들은 이미 뚜렷한 사회적 계급으로 성장했기에 국가의 억압적 기제이든 시장의 기제이든 통제구조의 한계에 머물러 있을 수만은 없었다. 1970년대는 국가에 의해 강요된 노동체제의 한계와 기존 노동조합의 한계에 대응해 개별기업 현장 단위에서 민주노조운동이 점차적으로 확산되는 시기이기도 했다. 이에 따라 국가권력은 법률적·제도적 통제 외에도 갖가지 방법으로 노동통제의 수단을 강구해야 했다. 예컨대 공장 새마을운동으로 노동윤리를 내면화하는 등 노동자에 대한 규범적 통제를 실시하는가 하면, 산업평화, 노사협의회, 반공주의, 선성장 후분배 같은 이데올로기를 동원하기도 했고, 긴급조치와 같은 정치적 통제와 정보치안기관의 물리적 억압 등을 수시로 동원하기도 했다.[292]

결국 1970년대에는 강화된 국가의 노동통제와 꾸준히 성장된 노동자들의 각성 및 잠재적 역량이 긴장관계를 형성하고 있었다고 할 수 있다. 유신체제가 붕괴되었을 당시 분출된 노동자들의 쟁의는 돌발적인 현상이 아니라 오랜 시간 동안 준비되어온 것이었다.

② 중화학공업화와 국가의 강력한 노동통제하의 민주노조운동

1970년대는 중화학공업화에 역점을 둔 제3차, 제4차 경제개발이 추진된 시기로서 지속적인 고도성장을 기록하고 있었다. 1973년 말 제1차 석유파동이 일어났는데도 1970년대 말 제2차 석유파동과 함께 국내 경제의 구조적 문제들이 노정되기 이전까지는 중동시장 진출과 계속된 수출드라이브

---

291 노중기, 『한국의 노동체제와 사회적 합의』, 92쪽.
292 최장집, 『한국의 노동운동과 국가』, 201~216쪽; 전신욱, 「한국산업화 과정에서의 노동통제와 노동 저항」 225~242쪽; 노중기, 『한국의 노동체제와 사회적 합의』, 94쪽.

정책으로 고도성장을 지속할 수 있었다. 이러한 고도성장으로 완전 실업률은 줄었지만 불완전 취업이 광범하게 존재했으며, 기술인력의 부족은 인력 스카우트경쟁을 일으켜 임금격차를 확대시켰다. 또한 여전히 물가고 속에서 저임금과 장시간 노동이라는 노동조건이 지속되었다. 특히 중화학 공업화에 따른 노동환경 악화가 심해졌으며, 노동현장에 대한 국가 개입의 강도도 더욱 높아졌다.[293]

1970년 전태일이 분신한 이래 노동운동은 이전과는 확연히 다른 양상을 드러내기 시작했다. 1960년대의 공식노조운동은 대중으로부터 완전히 유리된 어용노조로 고착화되어 자연발생적인 노동자 대중의 저항과 새로운 노동운동을 통제할 능력을 전혀 지니지 못했다. 이와 같은 형편에서 산발적이기는 했지만 비조직 노동자 대중의 폭발적인 쟁의가 발생하기 시작했다. 1971년 광주대단지 주민의 항쟁과 한진상사 노동자들의 대한항공 빌딩 방화시위 사건, 1973년 삼립식품 노동자파업, 1974년 울산 현대조선 노동자투쟁, 1977년 현대건설 사우디 파견노동자의 파업 등이 대표적인 사례다. 이 시기 노동운동에서 가장 두드러진 특징은 억압적 국가가 노조활동을 전 방위적으로 봉쇄하는 가운데에도 민주노조가 출현하고 민주노조운동이 전 기간에 걸쳐 지속되었다는 점이다.[294]

민주노조운동은 가혹한 억압적 배제체제가 만들어낸 산물이었다. 민주노조의 중요한 특징인 민주성과 연대성, 현장 중심의 전투적 저항의 정신, 경제주의 및 조합주의의 한계 등은 당시 노동체제의 특성과 관련되어 있다.

---

293 김윤환, 「산업화 단계의 노동문제와 노동운동」, 366~376쪽 참조.
294 노중기, 『한국의 노동체제와 사회적 합의』, 94~95쪽. 이원보는 이 시기 노동운동의 양상을 다음과 같이 네 가지로 꼽는다. 첫째, 한국노총 등 제도권 노조운동의 어용화, 둘째, 간헐적이고 폭발적인 비조직 노동자의 저항투쟁, 셋째, 종교인 지식인의 노동운동 지원, 넷째, 민주노조 운동의 출현이다. 이원보, 『한국노동운동사』, 357쪽.

먼저 민주성은 국가가 전 방위적으로 노동운동을 억압한 결과 일상적 활동의 공간이 폐쇄되고 공식노조의 이익대표가 불가능한 상황에서 발현된 주체적 대응이었다. 노동법상의 노동조합과 단체행동권이 봉쇄된 조건에서 현장 노동자 대중의 민주적 참여를 독려하는 것은 노동자들이 동원할 수 있는 거의 유일한 자원이었기 때문이다. 한편 경제주의 및 조합주의의 한계는 여러 측면에서 해명될 수 있다. 우선 당시 수출주도 산업화과정에서 경공업 여성노동자의 노동력을 착취하는 것은 경제체제 유지에 관건적인 요소였다. 따라서 이 부문의 노동자들을 중심으로 한 노동운동이 발생했는데, 그것이 민주노조였다. 당시 이데올로기 지형과 노동자 대중의 일반적인 낮은 의식수준을 감안하면 다시 복원된 계급적 노조운동이 소박한 경제주의 및 조합주의 운동으로 출발한 것은 충분히 이해할 만한 일이다.[295]

그러나 이러한 한계를 지녔음에도 당시 민주노조운동은 의도하지 않게 정치투쟁의 성격을 지니게 되었다. 1970년대 말 동일방직과 YH무역 노조의 작업장 내 생존권투쟁이 곧바로 정권의 탄압을 부르고 결과적으로 유신체제에 조종을 울리는 사건이 된 것은 우연이 아니었다. 여기에는 1970년대 민주노조운동이 당시 광범위한 민주화운동과 연계되어 있었다는 점이 중요한 요인으로 작용했다. 특히 교회의 노조지원활동은 특기할 만한 일이었는데, 교회의 지원활동은 1970년대 민주노조운동의 성격을 결정짓는 중요한 하나의 경향을 형성했다.

"계급의식의 형성과정에서 선사시대라고 불릴 수 있을 초기단계"(최장집)에서는 노동자들의 의식화를 고취시킬 사회세력이 형성되어 있었는데, 고려대학교 등 여러 대학의 노동문제연구소와 크리스챤아카데미와 같은 교회기관 등이 대표적인 경우였다. 이와 같은 기관이 주로 교육활동에 치

---

295 노중기, 『한국의 노동체제와 사회적 합의』, 95~96쪽.

중했다면 도시산업선교회, 가톨릭노동청년회 같은 교회단체는 노동자를 직접적으로 지원하면서 연대활동을 펼쳤다. 교회단체가 이와 같이 적극적인 활동을 펼칠 수 있었던 것은 권위주의체제하에서 국가에 대해 제도적 자율성을 유지할 수 있는 유일한 사회단체였기 때문이다. 실제로 당시 교회단체는 권위주의적 국가가 노조에 엄격한 통제를 가할 경우 곤경에 처한 노동자가 도움을 청할 수 있는 유일한 곳이었다.[296] 교회단체의 노동운동 지원은 한편으로는 노동자들의 의식을 좁은 범위에 한정시키는 데 기여하기도 했지만,[297] 다른 한편으로는 국가의 억압적 통제가 워낙 강력했던 당시 상황에서 노동자들의 자구적인 노력의 한계를 돌파하게 만드는 출구 역

---

[296] 최장집, 『한국의 노동운동과 국가』, 95~100쪽; 구해근, 『한국 노동계급의 형성』, 신광영 옮김(서울: 창작과비평사, 2002), 110~150쪽. 최장집과 구해근은 1970년대 노동운동의 형성 및 전개 과정에서 도시산업선교회 등 교회단체의 지원활동이 결정적으로 중요한 요인으로 작용했다고 평가하면서, 이에 대해 방대한 근거자료를 활용해 분석한다. 최장집은 "기독교는 …… 박정권의 유신체제하에서 유일하게 조직화된 저항세력으로서 역할을 담당해왔다"라고 지적하며 흥미로운 과제를 제기한다. 즉, "아시아 다른 나라 역사의 그 어떤 경우에도 견줄 수 없을 정도로 폭발적인 기독교의 증가현상이 어째서 정치적 권위주의화와 급속한 산업화 현상과 병행해서 나타났는지의 문제는 흥미로운 연구대상인 것 같다"라고 말한다. 최장집, 『한국의 노동운동과 국가』, 97쪽 각주 68. 이 문제는 별도의 연구 주제로서, 필자는 이에 관한 개략적인 묘사를 다른 책에서 시도한 바 있다. 최형묵, 『한국 기독교의 두 갈래 길』(서울: 이야기쟁이낙타, 2013) 참조.

[297] 최장집은 1970년대 노동운동에서 교회단체의 지원활동이 결정적인 역할을 했다고 평가하면서도 그 한계를 다음과 같이 지적한다. "교회는 노동운동의 태동기에 주도적 역할을 수행했던 반면, 노동자들의 의식을 매우 좁은 범위에만 한정시키는 데에도 기여했다는 점 또한 주목해야 할 것이다. 그것은 우리가 '경제적 노동조합주의'라고 부를 수 있는 것으로서, 노동자들의 관심이 법적으로 미리 설정된 테두리 안에서 단체교섭을 통해 단기적인 경제적 요구사항을 관철하는 데에만 전적으로 집중되는 것을 말한다. 종종 용감하게도 중앙정보부에 도전하면서 노동문제를 국가의 경제개발정책과 결부시켜 비판하기도 했던 도시산업선교회나 가톨릭노동청년회가 구체적인 산업문제에서 제기되는 요구를 일반적이고 정치적인 요구로 바꾸려고도 하지 않았고 자본주의와 자본주의 윤리에 대한 어떤 회의도 품지 않았으며 이념상의 어떤 대안적인 방침도 제시하지 않았던 것은 하나의 아이러니가 아닐 수 없다. 그들이 노동자들에게 설교한 것은 근본적으로 경제적 노동조합주의였고, 이것의 함의는 산업평화와 생산성을 연계시키려 했던, 바로 국가 엘리트들이 품고 있는 것과 똑같은 목표였다." 최장집, 『한국의 노동운동과 국가』, 99~100쪽.

할과 동시에 광범위한 민중운동 및 민주화운동과의 연대를 가능케 하는 역할도 했다.[298]

그러나 여기서 강조해야 할 가장 중요한 사실은 노동자의 권익을 보장받기 위한 진정한 투쟁의 주체가 노동자 자신이었다는 점이다. 노동자들의 놀랄 만한 연대활동을 가능하게 만든 것은 잔인한 노동조건과 그들의 노동경험, 그리고 공통의 사회적 배경에 바탕을 둔 강한 유대감이었다.[299] 노동자들은 교회 등 민주화운동 세력과의 유대하에 민중운동에서 가장 강력한 폭발력을 지닐 새로운 시대를 준비하고 있었다.

4. 1980년대 이후 산업구조 조정과 경제개방화

1) 신군부의 집권과 민주화운동, 그리고 87년 체제의 형성

1970년대 말에는 사회적 위기가 심각했다. 세계적 차원에서 맞은 경제적 불황의 여파 속에 중화학공업화 전략을 중심으로 하는 한국경제는 자본축적의 위기에 처했으며, 더불어 여러 사회계층의 거센 저항으로 정치적 체제 역시 위기의 소용돌이에 빠져들었다. 마침내 1979년 10월 26일, 삽교천방조제 준공식을 마치고 서울 궁정동에서 축하연을 갖던 박정희 대통령이 중앙정보부장 김재규의 총격으로 사망했다. 그의 죽음과 더불어 한 시대가 마감한 것으로 보였다. 그의 죽음 이후 1980년 서울의 봄, 그리고 5월 광주민중항쟁에 이르기까지 거세진 민주화 요구의 열기와 운동은 확실히

---

298 이것은 1980년대에 신군부가 노동법을 개정하면서 제3자개입금지 조항을 만든 결정적인 배경이다.

299 구해근, 『한국 노동계급의 형성』, 152쪽.

이전 시대를 종식시킬 것처럼 보였다.

그러나 국가권력의 동요기에 사실상 거의 유일하게 정보력을 장악하고 있던 전두환을 중심으로 하는 신군부 세력이 집권함으로써 지배체제의 위기를 봉합했다. 1980년 서울의 봄과 5월 광주민중항쟁의 유혈진압이라는 엄청난 대가를 지불하고서야 성립할 수 있었던 제5공화국은 시민사회에 대해 국가가 일방적인 힘의 우위로 통치할 수 있었던 마지막 단계였다.[300] 이것이 마지막 단계인 까닭은, 제5공화국은 국가의 모든 강권력을 남김없이 동원하고서야 지배체제를 위한 정치안정과 질서를 복원할 수 있었기 때문이다.

전두환 정권은 유신체제의 붕괴로 시작되었음에도 이전의 지배구조를 그대로 유지한 채 구체제의 주요 정책을 그대로 답습했다.[301] 전두환 정권이 내건 최대 구호는 자유화와 민간주도의 자유시장경제로의 이행이었고, 따라서 일부에서는 전두환 정부를 한국에서 신자유주의적 경제해법을 도입한 최초의 정부로 보기도 한다. 하지만 실제로 이러한 정책은 박정희 정권의 권위주의적 발전모형을 상당 부분 답습했으며,[302] 그 이면에는 개발독재의 기득권을 지키려는 지배세력의 강력한 지원이 자리 잡고 있었다.[303] 그 결과 제5공화국에서는 독점재벌기업으로의 자본의 집적과 집중

---

300 최장집, 『한국민주주의의 이론』, 179~180쪽.

301 같은 책, 180쪽. 유석진은 더글라스 노스(Douglas North)를 따라 이를 '경로의존성(path dependency)'이라는 개념으로 설명한다. 경로의존성이란 특정한 역사적 시점에 존재하는 제도는 이전 시기에 존재하던 제도에 의해 상당 부분 규정될 수밖에 없으며, 그 제도가 다시 이후에 존재하는 제도를 일정 정도 규정하는 경향성을 말한다. Douglas North, *Institutions, Institutional Change and Economic Performance*(New York: Cambridge University Press, 1990); 유석진, 「민주주의와 시장경제: 제도주의적 관점」, 한국정치학회 엮음, 『한국 정치경제의 위기와 대응』(서울: 오름, 2000), 65~66, 69~70쪽.

302 전창환, 「1980년대 발전국가의 재편, 구조조정, 그리고 금융자유화」, 126쪽.

303 홍성태, 「한국의 근대화와 발전 패러다임의 변화」, 학술단체협의회 엮음, 『해방 60년의 한국사회: 역사적 궤적, 현재 속의 미래, 학문재생산』(서울: 한울, 2005), 70쪽.

이 더욱 강화되었으며, 엄청나게 증가한 조세와 사적 부문에 축적된 자본의 일정 부분이 국가기구를 위해 전용됨으로써 사회의 중간층과 하층이 져야 할 부담이 지대했다. 게다가 전두환 정권의 통치양식은 박정희 정권의 사인화私人化된 권위주의 스타일을 그대로 옮겨놓은 형태였다. 전두환은 부패하고 타락한 이권체제의 정점이었던 것이다.[304]

그럼에도 경제가 성장함에 따라 여러 가지 중요한 사회적 변화가 일어났다. 예컨대 여가문화가 확산되는 가운데 소비사회화 현상이 나타나기 시작했다. 컬러TV 방송, 프로야구 출범, 통행금지 해제, 한강종합개발 등은 단순히 경기부양책이나 정치적 유화책이 아니라 경제성장에 따라 새로운 문화적 수요가 등장한 데 따른 구조적 변화의 산물이기도 했다.[305] 이러한 변화 가운데 1982년 제5차 경제개발계획은 경제사회발전계획으로 명칭이 바뀌었고, 이후 제6차(1987~1991) 및 최종 제7차(1992~1996) 계획 역시 같은 이름으로 불리었다.

한편 경제성장에 따른 다양한 사회계층의 성장 및 의식의 고양은 민주주의에 대한 열망과 운동을 더욱 강화시켰다. 이미 1970년대 말 다양한 사회계층에서 분출된 저항운동은 민중운동으로서의 성격을 지니고 있었는데, 광주민중항쟁이 좌절된 이후 이러한 운동은 역으로 더욱 강화되었다. 이와 부조화를 이룬 권위주의 통치는 민중운동을 억제하기보다는 오히려 더욱 강화시키는 효과를 지녔다. 정치적 정당성이나 국민적 공감대를 형성할 통치이념조차 내세울 수 없었던 신군부 정권은 구시대 국가권력의 통치수단을 최대한 동원했지만 체제를 안정화시키기에는 한계가 있었다. 따라서 국가권력은 제5공화국 내내 쉴 새 없이 국민적 저항에 부딪혔다.

---

304 최장집, 『한국민주주의의 이론』, 180쪽.
305 홍성태, 「한국의 근대화와 발전 패러다임의 변화」, 72쪽.

제5공화국 때에는 국민적 저항운동이 복합적인 성격을 띤 민중운동으로 발전했다. 당시 민중운동은 권위주의에 대항한 반독재민주화운동의 성격을 띠었지만, 경제적 성장의 폐해를 극복하려는 민중의 생활상의 요구와도 긴밀히 결합되어 있었다.[306] 민중운동의 발전은 경제활동의 3/4을 차지하는 민중부문[307]의 성장과 관련되어 있었는데, 특히 노동자, 농민, 도시빈민운동의 조직화가 현저했다. 이러한 민중운동은 1980년 광주민중항쟁의 유혈진압 충격으로 오히려 강화된 학생운동의 전면적 동원화와 조직화에 힘입어 확대되었고, 1984년 이후 노학연대에 의해 촉진된 노동자의식의 고양과 정치투쟁의 강화로 급진적 노동운동이 대두됨에 따라 더욱 강화되었다. 더욱이 노동운동의 중심이 여성노동자가 대다수를 차지하던 노동집약적인 경공업부문(섬유, 전자)에서 남성노동자 중심의 중공업(선박, 자동차)으로 이전되었다. 이러한 변화 양상과 함께 국가의 억압적 노동정책에 순응하던 공식노조 지도자들은 조합원들로부터 거센 도전을 받기 시작했고, 점차 강화된 노학연대는 정권의 강권력에 도전할 수 있는 강력한 힘을 갖게 되었다.[308]

또한 1980년대 중반에 이르러서는 국가부문과 민간부문에서 중간경영층, 관리 등의 신중간층, 자영업자집단인 구프티부르주아층도 커다란 사회세력으로 성장했는데, 이들 역시 독재정권의 강권일변도 통치로 인해 반정부적 성향으로 돌아섰다. 1986년 3월 이후부터 1987년 6월항쟁에 이르기

---

306 최장집은 해방 후 한국사회의 정치균열을 민주주의 대 권위주의의 대립, 경제적 정의 대 발전의 대립, 그리고 민중주의적 통일 대 보수주의적 통일의 대립으로 보았는데, 이들 대립의 양상은 국제정치적 맥락의 변화와 국가와 시민사회의 권력관계 변천에 따라 규정되어왔다고 분석한다. 최장집, 『한국민주주의의 이론』, 156쪽.

307 1980년대 초반 민중부문의 규모는 서관모의 연구에 바탕을 두고 최장집이 추계한 자료를 따랐다. 서관모, 「한국사회의 계급구조」, 김진균·김형기 엮음, 『한국사회론』(서울: 한울, 1990), 122쪽; 최장집, 『한국민주주의의 이론』, 180쪽.

308 최장집, 『한국민주주의의 이론』, 180~181쪽.

까지 "독재타도, 민주쟁취"를 실현하기 위해 전개된 개헌운동과정에서 이들은 지대한 역할을 담당했다. 특히 1987년 초 박종철 고문치사사건과 4·13호헌선언 등은 중산층의 도덕적 공분을 불러일으킨 사건이자 이들을 반정부적 정치성향으로 전환시켜 민주화운동에 참여하도록 만든 결정적인 사건이었다. 그 결과 중산층과 민중, 사회운동 세력 사이에는 강고한 연대가 형성되었다.[309]

이러한 연대에 기초해 전국적이고도 전 계층적인 저항이 일어나자 지배블록과 국가권력은 1980년의 경험을 되풀이할 수 없어 6·29선언으로 국가기구의 위기를 돌파하려 했다. 6·29선언은 정치적 독재에 대항한 절차적 민주주의의 요구를 수용한 것으로, 이를 계기로 민주화연합에서 중요한 세력 가운데 하나인 도시중산층이 이탈했다. 이로부터 87년 체제로 일컬어지는 민주화과정의 성격이 사실상 결정되었다. 민주화의 요구와 민중적 요구는 사실상 분할되었다. 엄밀히 말해 6·29선언으로 절차적 민주화의 요구는 상당 부분 수용된 반면, 실질적 민주화의 요구는 계속 억압되었던 것이다. 1987년 6월 이후 7~8월 대대적인 노동자투쟁이 개시되어 노동자투쟁의 요구가 일정 부분 관철되기도 했지만, 민주화연합에 광범위하게 참여했던 여러 세력의 지지를 얻지는 못했다. 노동자의 투쟁에 맞서 국가와 상층 부르주아계급은 자신들의 정치적 동맹을 새롭게 가다듬으면서 노동자의 투쟁을 제어하고 고립화시켜나갔다.[310] 이로 인해 사실상 절차적 민주화의 성과에만 제한된 87년 체제는 실질적 민주주의의 요구에 맞서야 하는 불안정한 체제로 남게 되었다.

대개 한국현대사에서 정치적 격변과 제도의 변화는 자본축적이 위기를

---

309 같은 책, 181쪽.
310 같은 책, 181~183쪽.

맞는 시기와 맞물려 나타났기 때문에 정치적 전환의 기점과 경제적 전환의 기점이 대체로 일치하는 편이다. 하지만 1987년의 경우에는 양상이 달랐다. 1987년은 이른바 3저(저유가, 저금리, 원화의 상대적 평가절하)호황으로 일컬어지는 단군 이래 최고의 호황 국면으로서 자본축적 위기와는 상관없는 시기였다. 1987년 민주화항쟁은 경제성장과 함께 성장한 사회 여러 계층의 민주주의적 요구와 부조화를 이루는 권위주의적 국가권력에 저항하는 성격을 지니고 있었다. 이어진 노동자투쟁은 민주화투쟁과 맥락을 같이해 작업장 내에서의 민주화 요구를 분출하는 계기이자 장기적으로 보면 개발독재 시대 이래로 계속되어온 선성장 후분배의 이데올로기에 정면으로 이의제기하는 계기로서의 성격을 지니고 있었다. 즉, 87년 체제는 경제적 성장에 따라 국가 정치체제의 재편을 요구하는 결과로서의 성격을 지니고 있었다.[311]

하지만 87년 체제는 제도 변화의 하나의 기점이 되었다는 점에서 경제적 차원에도 중요한 영향을 끼쳤으며,[312] 여러 가지 사회적 변화의 차원에서는 더더욱 중요한 의의를 갖는다.[313] 특히 국가의 강력한 자율성에 기초해 산업화정책을 펼쳐왔던 이전 시기와 구분되는 기점이라는 면에서 중요한 전환의 계기였다. 따라서 이 절에서는 신군부시대가 전개한 산업구조 정책의 성격과 이후 87년 체제의 성립과 동시에 본격화된 경제개방화와 자유화의 성격을 다루려 한다.

311 김세균, 「민주주의 이론과 한국 민주주의의 전망」, 학술단체협의회 엮음, 『한국민주주의의 현재적 과제: 제도, 개혁 및 사회운동』(서울: 창작과비평사, 1993), 30~31쪽 참조.
312 유석진, 「민주주의와 시장경제: 제도주의적 관점」, 73쪽.
313 유철규, 「1980년대 후반 경제구조변화와 외연적 산업화의 종결」, 유철규 엮음, 『박정희 모델과 신자유주의 사이에서』, 68쪽.

2) 1980년대 초반 자본축적의 위기와 산업구조 조정

(1) 1979~1980년 맞은 자본축적의 위기

1979년에서 1980년에 이르는 기간 동안 한국경제는 대내적 모순과 세계경제 전반의 침체가 겹쳐 심각한 위기상황을 맞이했다. 중화학공업부문의 과잉중복투자에 따른 재벌기업의 수익성 저하, 금융기관의 부실화, 외채누적과 급격한 인플레이션의 진행 등 대내적 모순에 석유파동으로 인한 세계경제의 침체가 겹쳐 전례 없이 심각한 위기국면을 맞이한 것이다.[314] 산업생산지수의 추이로 보자면 1979년 5월 이후 무려 13개월 동안 생산감소가 지속되었고, 다시 5월 수준으로 회복되기까지는 20개월이나 소요되었다.[315] 1980년에는 경제개발계획이 시작된 이래뿐 아니라 한국전쟁 이후 경제부흥이 시작된 이래 처음으로 마이너스 성장률(-6.2%)을 기록했다.[316]

이와 같은 경제위기는 투자확대로 자본의 유기적 구성이 고도화됨에 따라 이윤율이 저하됨으로써 발생한 순환성 위기이기도 했지만, 국가주도의 신용할당시스템에 의거한 중화학공업부문 중심의 무분별한 투자확대가 초래한 구조적 위기이기도 했다. 1980년 당시 주요 중화학공업 가동률을 보면, 제1차 금속만 74.8%를 웃돌 뿐, 기계 42.3%, 수송기기 44.05%, 전기기기 58.6%, 비철금속 62.0% 등 대부분 업종의 가동률이 극히 부진해 생산과잉이 심각한 수준에 달했음을 알 수 있다. 국가가 주도한 중화학공업 중심의 투자확대는 과잉설비로 조업이 단축될 가능성을 안고 있었던

---

314 전창환, 「1980년대 발전국가의 재편, 구조조정, 그리고 금융자유화」, 104~105쪽; 김진업 엮음, 『한국자본주의 발전모델의 형성과 해체』, 166~167쪽.

315 김진업 엮음, 『한국자본주의 발전모델의 형성과 해체』, 167쪽.

316 정윤형, 「한국 경제 개발 계획의 체제적 성격」, 한국기독교사회문제연구원 엮음, 『한국사회변동연구(I)』(서울: 민중사, 1984), 89쪽: 전창환, 「1980년대 발전국가의 재편, 구조조정, 그리고 금융자유화」, 105쪽.

것이다.[317]

경쟁과 이윤동기가 취약한 투자확대가 과잉생산의 위기에 봉착함에 따라 다수 기업이 수익성 악화로 부실화되었고, 이는 다시 국가주도의 신용할당에 동원되었던 은행에 부실채권을 안겨주는 결과를 초래했다. 국가주도의 투자확대와 여기에 동원된 '금융억압'을 통한 신용할당시스템에서 기대되던 고유의 효율성에 의문이 제기되는 상황이었다. 따라서 중복과잉투자의 조정은 물론 신용할당제도의 변화도 요구되었다.[318]

기존 축적체제의 위기는 성장 몫이 배분되리라던 기층민중의 기대를 와해시켰고, 그 결과 값싼 노동력의 동원체제도 흔들릴 수밖에 없었다. 이로 인해 공업화과정에서 급속히 성장한 노동자들의 계급이익이 표출되기 시작했고, 공업화과정에서 피폐화된 농업종사자들의 사회적 불만 또한 증폭되었다. 이로 인해 기존 축적체제를 뒷받침하던 성장제일주의 이념 또한 흔들렸다.[319] 1980년대에 꾸준히 성장한 민중운동은 이와 같은 위기를 계기로 더욱 발전했다.

(2) 경제안정화정책

군사력으로 권력을 장악한 전두환은 최고권력자 박정희의 죽음과 함께 심각한 동요를 겪던 국가기구체제의 위기를 봉합하고 곧바로 경제위기에 대처해야 했다. 위기대응의 일차적 과제는 과잉중복투자를 조정하고 이완된 축적체제의 주요 기제를 정비하는 것이었다. 전두환 정권은 '경제안정화정책'이라는 이름 아래 인위적인 산업개편을 통해 생산기반의 효율성을 제고하고 금융완화를 통해 신용경색을 치유하는 한편 민간주도의 경제 자

---

317 김진업 엮음, 『한국자본주의 발전모델의 형성과 해체』, 167~168쪽.
318 같은 책, 168쪽.
319 같은 책, 168쪽.

유화를 추진방향으로 설정했다.[320]

경제안정화정책은 박정희 정권 말기인 1979년 3~5월에 경제기획원 등 일부 시장지향적 관료들에 의해 제기된 적이 있다. 이들은 과잉중복투자와 물가앙등, 외채누적 등에 자극받아 재정금융긴축을 축으로 한 종합적인 경제안정화정책[321]과 금융자유화를 포함한 구조개혁을 단행하려 했다. 하지만 중화학공업화를 주도적으로 추진한 재무부와 상공부의 기존 관료들의 반발이 만만치 않았던 데다가 박정희 정권의 돌연한 붕괴로 이러한 시도는 일단 좌절되었다. 하지만 전두환 정권은 사실상 경제안정화정책을 거의 그대로 계승했고, 정권 초기에 매우 강력한 의지를 갖고 이 정책을 펼치려 했다.[322]

전두환 정권은 민간주도경제로의 이행이라는 기치하에 산업구조 재조정과 인플레이션, 외채위기를 진정시키기 위해 IMF의 대기융자협정 지원과 함께 세계은행의 구조조정 융자 지원으로 광범위한 경제안정화정책을 실시했다. 인플레이션의 억제 등을 포함한 안정화정책의 핵심은 확장적인 금융정책을 중단하고 은행의 신용공급을 제한하는 것이었다. 환율정책의 측면에서 정부는 과대평가된 원화를 평가절하(1980년 1월 17% 평가절하)함과 동시에 기존의 경직적인 환율제도에서 벗어나 복수통화바스켓제도를 채택했다.

전두환 정권의 안정화정책은 목표 자체의 달성 여부 차원에서만 본다면

---

320 같은 책, 168~169쪽; 전창환, 「1980년대 발전국가의 재편, 구조조정, 그리고 금융자유화」, 104~106쪽.
321 경제안정화정책은 IMF, IBRD 등의 정책권고사항이기도 했다. 이에 따라 재정 긴축과 수입 억제, 그리고 물가안정 등에 초점이 맞춰졌다. 김진업 엮음, 『한국자본주의 발전모델의 형성과 해체』, 169쪽 각주 2; 전창환, 「1980년대 발전국가의 재편, 구조조정, 그리고 금융자유화」, 106쪽.
322 전창환, 「1980년대 발전국가의 재편, 구조조정, 그리고 금융자유화」, 105쪽.

성공적이었다. 실제 물가상승률이나 성장률, 외채규모 등 거시경제지표는 확연히 호전되었다. 특히 인플레이션율과 단기외채 규모는 크게 개선되었다. 물가상승률은 1980년 28.7%였으나 1981년에 7.1%로 하락했고, GNP 대 재정적자나 경상수지적자도 안정화정책이 계속되는 동안 개선되었다. 외채규모의 경우 1979년 202억 달러에서 1982년 371억 달러로 단기간에 급증했지만 그 이후로 증가세가 둔화되었고, 1985년 467억 달러로 최고 수준에 이르렀다가 1986~1988년 사이 3저호황과 3년 연속 무역흑자를 계기로 급속히 감소해 1988년에는 315억 달러로 줄었다. 이로써 한국은 만성적인 중채무국의 오명에서 점차 벗어나기 시작했다.

　그러나 이러한 호전이 안정화정책의 결과인지에 대해서는 의문의 여지가 있다. 우선 전두환 집권 초기의 안정화정책이 집권 중후반까지 일관되게 유지되었다고 보기 어렵다. 특히 1983년 말 재벌의 부실화와 금융기관의 부실채권 문제가 다시 불거지면서 초기 안정론이 상대적으로 후퇴했다. 또한 1970년대 말의 인플레이션과 외채문제가 남미처럼 확대재정금융정책에서 비롯되었다고 보기 어렵기 때문에 안정화정책이 필요했는지 자체에 대해서도 의문의 여지가 있다. 실제로 인플레이션의 경우 유가하락으로 쉽게 진정되었다.[323]

(3) 과잉중복투자의 조정

　1970년대 말 겪은 자본축적 위기의 핵심 요인은 중화학공업부문의 과잉중복투자였다. 당시 과잉중복투자의 폐해가 가장 심각한 부문은 발전설비, 자동차, 전자교환시스템, 중전기, 중건설설비, 디젤이었다. 이 부문을 담당했던 대부분의 기업은 재무구조가 극히 취약했다. 전두환 정권은 먼

---

[323] 같은 글, 109~110쪽.

저 발전설비와 자동차부문을 통합대상으로 설정했다. 발전설비는 대우, 현대중공업, 현대양행 3사를 대우그룹에 통합하기로 했다. 자동차부문에서는 승용차의 경우 현대자동차와 새한자동차(대우)를 통합해 현대가 독점하도록 했고, 5톤 이하의 트럭은 기아산업이 전담하도록 했다. 하지만 지분을 일정 정도 가졌던 외국기업의 압력과 자동차 국산화를 내건 현대 간의 갈등으로 이 조정계획은 백지화되었다. 발전설비부문도 이후 보완조정 과정에서 한전이 대우, 현대중공업, 현대양행 3사를 합병해 한국중공업을 설립한 뒤 한국중공업을 공기업화하기로 했다. 2차 조정에서는 중전기기, 전자교환기, 디젤, 동제련 등 나머지 네 개 분야를 대상으로 자율적인 조정을 요구했다. 하지만 관련 기업 및 재벌 간의 복잡한 이해관계로 조정에 실패하자 정부가 1981년 9~10월에 직권으로 조정에 들어갔다.[324]

그런데도 조정이 원활하게 이뤄지지 않자 정부가 강권적으로 개입했다. 정부는 1986년 7월 '공업발전법', 12월 '조세감면규제법' 등의 법적 장치를 구체화하고 이를 근거로 투자조정의 대상이던 업종을 합리화업종으로 지정해 투자업종과 구조불황업종으로 나누었다(중전기, 건설중장비, 디젤엔진, 자동차 등은 투자업종으로, 섬유직물, 합금철, 염색가공, 무기질화학비료 등은 구조불황업종으로 지정함). 이로써 신규참여의 배제와 제품별 전문화 등으로 강권조정을 시도했으며, 구조불황업종에 대해서는 자금지원에 나섰다. 이를 위해 법제도 정비와 더불어 기존 신용할당제도를 활용한 부실기업 정리에 나섰다. 부실기업 정리는 모두 다섯 차례에 걸쳐 78개 기업을 대상으로 이뤄졌는데, 57개 기업은 제3자가 인수하는 방식으로, 21개 기업은 합병, 법정관리, 계열기업 정리, 청산처리 등의 방식으로 정리되었다.[325]

---

[324] 같은 글, 106~108쪽.
[325] 김진엽 엮음, 『한국자본주의 발전모델의 형성과 해체』, 170쪽.

하지만 기존의 신용할당제도를 통한 금융지원과 금융완화는 경제안정화정책과 모순되는 정책이었다. 한편 투자조정과 더불어 관련기업에 자금을 직접적으로 지원했을 뿐 아니라 신용지원을 위한 금융완화 방안도 적극적으로 강구했다. 이에 1980년 1월 대출금리를 완화한 이후 1982년까지 3년간 총 9회에 걸쳐 금리인하조치를 취했다. 연불수출협조융자제도(1980. 1.18), 장기신용은행 설립(1980.6.2), 신종 기업어음 도입(1980.6.20), 국민주택기금 설치(1981.4.1) 등도 금리완화와 궤를 같이하며, 1982년 7월 발표했던 금융실명제 실시를 연말에 1986년으로 연기한 것도 같은 맥락이었다. 이와 같은 조치는 금융경색을 완화하기 위한 불가피한 선택이었는데, 이는 경제일반에 대한 긴축과 달리 대기업에 대한 특혜적 지원으로 귀결되었다.[326]

(4) 민간주도의 경제개방화

1970년대 말 축적위기에 대응해 구조조정을 실시하면서 전두환 정권이 내건 최대 구호는 자유화와 민간주도의 자유시장경제로의 이행이었다.[327] 이와 같은 정책의 선회는 국가주도의 투자촉진 메커니즘이 경쟁을 제한함에 따라 산업의 체질이 강화되지 못했다는 점에 주목해 개방을 통한 경쟁촉진 또는 대내경쟁의 확대 등을 의도한 것이었다.[328]

이러한 정책전환 시도는 정책금융의 축소와 각종 지원의 통합관리를 위한 여러 가지 제도 개선으로 구체화되기 시작했다. 이는 자본시장 국제화

---

326 같은 책, 169쪽.
327 전창환, 「1980년대 발전국가의 재편, 구조조정, 그리고 금융자유화」, 110쪽. 1980년도 경제개발계획을 위해 작성된 「경제사회정책협의회보고서」(KDI, 1980)에서는 1980년대 경제정책의 핵심을 "경제의 자율화와 시장경제원리의 창달"이라고 제시한다. 김진업 엮음, 『한국자본주의 발전모델의 형성과 해체』, 172쪽.
328 김진업 엮음, 『한국자본주의 발전모델의 형성과 해체』, 171쪽.

장기계획(1981.1.14), 외국인전용 수익증권 발행(1980.10.28), 은행민영화
계획(1981.6.28)에 따른 민영화 추진, 그리고 1982년 대형금융사고(이철희
장영자 어음사기사건) 이후 투자금융 및 신용금고의 신설 러시 등의 정책흐
름으로 나타났다. 나아가 자본시장 기능확충방안, 코리아펀드 설립, 증권
거래 대중화, 주식관련 해외증권 발행, 외국은행 국내지점 CD업무 허용 등
이 이어졌다. 이러한 정책은 일차적으로 기업의 부족한 자금을 동원하기
위한 수단이었지만, 이들 정책으로 인해 금융시장 개방의 단초가 마련되었
다. 특히 제2금융권의 제도권화로 제2금융권이 자금조달의 중요한 통로로
작용하게 되었다. 이는 국가-대기업-은행이 결합하던 기존의 구조가 이
완되었음을 뜻하는 것으로, 국내 은행을 국가가 완벽하게 통제하면서 이를
바탕으로 기업을 관리하던 기존 방식에 변화가 일어났음을 의미한다.[329]

산업정책의 측면에서는 구조적 불황산업에 국가가 지속적으로 개입하
는 가운데서도 국가 개입의 범위를 제한해 경제의 자율화 및 시장경제원리
의 창달을 이루려는 경향을 보였다. 이 점은 '공업발전법'(1986.7)과 '조세
감면규제법'(1986.12) 등의 제정 취지에서 분명하게 드러난다. 이 두 법률
은 구조적 불황업종이나 사양산업을 구조조정하기 위한 제도적 장치였지
만, 규제완화, 특정산업 지원책을 지양하는 간접적·기능별 지원체제로의
전환, 민간참여의 유도 등 민간(자본)의 자율성을 제고하는 역할도 했다.
이러한 경향은 성장·성숙산업의 국제경쟁력 제고라는 정책방향과 결합해
이들 산업의 국제경쟁력을 제고하는 데 기여했다.[330]

더불어 성장·성숙산업의 국제경쟁력 강화 및 고부가가치화를 위한 제도
적 기반도 계속 정비되었다. 이들 산업의 생산기반을 내실화하기 위해 하

---

[329] 같은 책, 172쪽.
[330] 같은 책, 173쪽.

청계열화, 부품·소재 및 기계류의 국산화, 근대화·협동화를 지향하는 유망 중소기업 지원 등 중소기업 구조를 고도화하고 기술개발을 촉진하기 위한 제도정비가 확대되었다. 이와 함께 전반적으로 투자가 부진했음에도 기계, 전기전자부문의 투자가 급속히 증가했고, 산업용 화학, 자동차, 제1차 금속 등에서도 투자확대 및 빠른 성장이 이뤄졌다. 그 결과 1980년대 전반을 경과하면서 전기전자와 자동차부문의 성장기여율이 전통적인 성장산업이던 섬유 및 음식료부문을 앞질렀다.[331]

그러나 전반적으로 경쟁적인 시장경제질서의 확립이 지지부진하자 금융자유화 역시 더디게 진척되었다.[332] 결과적으로 산업정책과 금융에 관한 국가적 규율이 상대적으로 약화된 틈을 타서 재벌이 이전 시대보다 훨씬 비대해지는 현상이 두드러졌다. 게다가 때마침 맞은 1986~1988년의 3저호황은 재벌과 국가 간 힘의 우위를 변화시키는 데 결정적인 영향을 끼쳤다. 3저호황은 조립가공형 중화학공업을 중심으로 하는 재벌의 비관련 다각화와 기존 생산체제의 확장을 더욱 부추겼다.[333]

3) 사회계층의 요구 증대와 노동억압적 배제체제하 노동운동의 조직화

(1) 재벌 위주의 경제와 성장하는 사회계층 간 모순된 정치·경제적 요구

제5공화국 초기 정권 변동기에는 정권이 산업합리화 조치를 취함으로써 시장기능의 활성화를 통해 경제효율성을 제고하려는 조치들을 내놓았

---

331 같은 책, 173쪽.

332 전창환, 「1980년대 발전국가의 재편, 구조조정, 그리고 금융자유화」, 110~111쪽.

333 같은 글, 114~115쪽. 3저호황의 효과에 대한 더 자세한 내용은 다음을 참조할 것. 같은 글, 114쪽 각주 30; 김형국, 「산업구조변화에 따른 국가와 자본의 관계 변화」, 한국사회학회·한국정치학회 엮음, 『한국의 국가와 시민사회』(서울: 한울, 1992), 221쪽; 김진업 엮음, 『한국자본주의 발전모델의 형성과 해체』, 174쪽.

다. 이러한 조치는 정의사회 구현이라는 정책구호에 의거해 사회적 모순
을 해결하고 지배연합하에 재벌의 위치를 약화시킴으로써 국가의 구조적
자율성을 강화하기 위한 시도였던 셈이다. 그러나 이러한 개혁의지가 관
철될 경우 더 큰 정치적 모험과 경제침체가 따를 수밖에 없다는 판단 때문
에 전두환 정권은 사실상 개혁의지를 접고 대자본과 공생하는 길을 따랐
다. 게다가 전두환 정권은 새마을운동본부, 일해재단, 심장재단을 통해 각
종 비리를 저질렀을 뿐만 아니라 권력의 사유화 현상도 뚜렷하게 보여주었
다. 외견상 강한 국가능력을 가졌음에도 정통성 기반이 없었기 때문에 전
두환 정권은 경제적 효율성을 지속하기 위해 계급적으로 대자본 편향적인
성격을 드러냈으며, 더 나아가 권력을 강압적으로 집행함으로써 권위주의
적 지배국가의 성격을 드러냈다.[334]

결국 제5공화국하에서는 경제안정화정책, 중복과잉투자의 조정, 민간
주도의 자유시장경제로의 이행 등을 위한 구조조정이 일부 시행되었음에
도 권위주의적 발전모델의 쇄신은 거의 이뤄지지 않았다. 오히려 이러한
과정에서 정부의 발전주의적 규율이 약화되는 대신 재벌이 비대해짐으로
써 지배연합의 역관계 변화가 시작되었다. 또한 고도성장과정에서 노동부
문과 중산층 등이 정치·경제적으로 핵심적인 세력으로 등장했음에도 이들
의 정치·경제적 요구는 철저히 배제되었다.[335]

제5공화국에서 경제가 위기를 겪지 않고 안정세를 이룰 수 있었던 것은
3저현상으로 대표되는 호의적인 국제환경에 힘입은 결과이자[336] 폭력적인
노동탄압 및 임금억제의 결과였다.[337] 전두환 정권은 노동법을 개악함으로

334 김형국, 「산업구조변화에 따른 국가와 자본의 관계 변화」, 220쪽.
335 전창환, 「1980년대 발전국가의 재편, 구조조정, 그리고 금융자유화」, 127~128쪽.
336 김형국, 「산업구조변화에 따른 국가와 자본의 관계 변화」, 221쪽.
337 전창환, 「1980년대 발전국가의 재편, 구조조정, 그리고 금융자유화」, 127쪽.

써 노동3권을 극도로 제한했다. 제3자개입금지, 교섭단체위임 승인제, 유니언숍 폐지 등 제도개악을 통해 노동조합의 활동을 약화시키는 한편, 사회정화라는 미명하에 노동조합 지도자와 조합원들을 폭력적으로 탄압했다. 더욱이 경제안정화정책에 따른 물가안정을 실현하기 위해 임금비용을 극도로 억제했다. 그 결과 1980년과 1981년 실질임금이 감소한 데다 계속된 임금억제로 1985년까지 임금상승률이 노동생산성 상승률에 미치지 못했으며, 노동시간도 늘어났다.

경제개발 시대 동안 일관되게 지속되어온 농업배제 또한 여전했다. 물가안정을 이유로 추곡수매가도 동결되었다. 주곡의 인상억제로 복합영농(축산, 상업성 작물 재배 등)이 대안으로 제시되었지만 수급불균형과 계속된 가격폭락으로 적자영농에 시달리는 농가가 더욱 증가했다. 호당 농가부채는 1980년 33만 9000원이었으나 1986년 219만 2000원으로 6.5배 늘었다.[338] 대기업에는 특혜를 베풀면서 노동자와 농민 등 민중은 희생시키는 정책은 과거 개발독재 시대의 유산을 그대로 계승한 것이었다.

(2) 노동억압적 배제체제의 완성과 노동운동의 조직화

① 노동억압적 배제체제의 완성

유신체제의 붕괴는 정치적 자유의 공간을 열어주었으며, 노동자들에게도 그간 억눌렸던 요구를 표출할 수 있는 기회를 마련해주었다. 이로 인해 1980년 4월 사북탄광 노동쟁의와 연이은 동국제강 노동쟁의를 비롯해 곳곳에서 노동쟁의가 폭발했다.[339] 이 와중에 등장한 신군부 세력은 1980년 5월 광주민중항쟁을 유혈로 진압함으로써 최종적으로 지배체제의 위기를

---

338 김진업 엮음, 『한국자본주의 발전모델의 형성과 해체』, 171쪽.
339 1980년 봄 임금투쟁이 본격화되기도 전에 이미 400여 건의 노동쟁의가 발생했다. 노중기, 『한국의 노동체제와 사회적 합의』, 97쪽 각주 15.

봉합하고 정권을 장악했다. 이렇게 성립한 전두환 군사쿠데타 정권에 노동문제는 특별한 과제였다. 1960년 5·16쿠데타 세력에 노동문제가 미래를 대비하는 과제였다면 1980년 5·17쿠데타 세력에는 노동문제가 심각하고도 중요한 현재적 과제였다.[340] 신군부 쿠데타 세력의 초법적 기구였던 국가보위비상대책위원회(이하 국보위)는 노동문제에 대응해 신속하게 두 가지 대책을 시행했다. 하나는 조직노동운동에 대한 전면적 재편이었고 다른 하나는 이를 뒷받침하기 위한 노동법 개악이었다.[341]

먼저 신군부는 쿠데타 직후 한국노총과 17개 산업별 노조, 39개 지역지부에 대해 업무감사를 시행하고 연합단체의 활동을 중지시켰다. 또 8월 21일 '노동조합 정화 지침'을 통해 191명의 핵심간부 사퇴, 노총 지역지부 해산, 산업별 노조 통합 등을 강제로 실행했다. 이는 결국 사업장·기업 단위의 노조활동과 더불어 단체교섭만 인정하는 기업별 노조체제를 강제하는 결과를 가져왔다. 동시에 신군부는 민주노조의 중심활동가를 구속하거나 삼청교육대에 보내는 방식으로 새로 활성화되고 있던 민주노조를 전면적으로 파괴했다. 당시 파괴대상이 된 노조는 청계피복, 반도상사, 콘트롤데이타, 서통, 남화전자, 무궁화메리야스, 태창메리야스, 원풍모방 노조였다. 이들 민주노조는 완강하게 저항했지만 1982년 말 원풍모방을 끝으로 조직상으로는 완전히 소멸하고 말았다.

다음으로 국보위는 1980년 12월 31일 '근로기준법', '노동조합법', '노동쟁의조정법' 등을 전면적으로 개정하고 '노사협의회법'을 새로 제정해 공포했다. 개정 노동법의 중요한 변화는 제3자개입금지 조항 신설, 단체교섭위

---

340 같은 책, 96~97쪽.
341 이하 신군부의 노동통제 조치에 관해서는 같은 책, 97~98쪽을 주로 참조. 또한 그 현황에 관한 종합적인 정리는 다음을 참조할 것. 한국기독교사회문제연구원 엮음, 『한국사회의 노동통제』(서울: 민중사, 1987), 31~61쪽.

임 조항 삭제, 기업별 노조 강제 조항 신설 등을 통해 기업별 체제를 법률적·제도적으로 강제한 것이었다. 또한 '유니언숍 제도의 완전한 부정'으로 노동조합 조직을 약화시켰고, '노조설립 요건의 강화', '노조임원 자격제한' 조항으로 단결권을 거의 부정했으며, '쟁의행위의 제한', '직권중재 범위의 확장', '냉각기간 연장', '벌칙의 강화' 등을 통해 쟁의권도 박탈했다. 또 국가의 행정기관은 노조해산명령권, 임원개선명령권, 단체협약취소변경명령권을 가져 노조활동을 완전히 지배하게 되었다. 여기에 노사협의회가 독립적인 법으로 제도화되어 결국 노동조합 대체기구로서의 위상을 확보하게 되었다. 이 같은 노동법의 개정으로 인해 그간 형식적으로나마 남아 있던 산업별 노조체제가 완전히 해체됨과 동시에 국가기관에 의한 노동통제가 제도화되었다. 노동청은 노동부로 승격되어 노동통제를 총괄 실행하게 되었고, 1981년 12월 말에는 국가안전기획부가 실질적인 권한을 갖는 노동대책회의가 공식적인 노동탄압 기구로 구성되었다.

이와 같은 법적·물리적·조직적 통제체제를 갖춤으로써 노동에 대한 억압적 배제체제는 제도적 틀을 완성했다. 그러나 이 시기 노동통제의 정작 중요한 특징은 법과 조직이 아니라 공안 및 치안 기구의 물리적 억압이 중심적인 수단으로 사용되었다는 데 있다. 1983년 유화국면 이후 신규 노조 결성 투쟁이 빈발했을 때 이를 통제한 일차적 수단은 국가 및 국가와 결탁한 사용자들의 탈법적 물리력이었으며, 블랙리스트와 사찰, 용공조작과 조직사건 공작, 인신구속과 테러 등이 중심적인 통제장치였다. 이데올로기적 통제 역시 여전히 중요한 수단이었다. 정치적 차원에서는 반공 이데올로기, 경제적 차원에서는 선성장 후분배 이데올로기가 대표적이었는데, 이데올로기적 통제는 주로 국가 개입이 현저한 교육기구와 대중매체를 통해 이뤄졌다.

유신체제하에서 중화학공업화가 추진되던 시기에는 국가가 강력한 노동통제를 실시했음에도 노동자계급의 성장과 함께 계급적 자각이 저변에서부터 고조되는 측면이 강했다면, 신군부체제하의 산업구조 조정기에 해당하는 이 시기에는 노동계급이 광범위하고도 확고하게 성장했음에도 역으로 국가의 통제가 극단적으로 강화된 측면이 강했다고 할 수 있다. 이는 국가와 노동 간의 모순이 첨예화되어 노동체제가 새로운 국면을 맞이할 수밖에 없는 요인을 안고 있었음을 뜻한다. 1987년 7~8월 노동자대투쟁은 이러한 모순이 폭발한 것이었고, 그 결과 노동체제는 이전과는 다른 국면으로 접어들었다.

② 역설적 노동운동의 강력한 조직화

1979년 10·26사태 이후 1980년 서울의 봄에 이르는 기간 동안 노동쟁의는 급격히 늘어났다. 보고된 노동쟁의 건수는 1979년 105건에서 1980년 407건으로 급격히 증가했다. 절대다수의 쟁의는 체불임금, 임금인상, 공장 폐쇄, 해고와 같은 경제적 문제와 관련된 내용이었다. 이 시기 노사분쟁은 주로 1970년대 말 침체된 경제에서 노동자들이 체험한 절망적인 경제 상태를 반영했다. 그러나 정치적 자유화 시기에 일어난 노동쟁의는 경제문제에 대한 반응일 뿐 아니라 억압적인 노동체제에 대한 도전이기도 했다. 많은 노동자시위의 주된 목표는 회사가 통제하는 어용노조를 분쇄하고 자주노조를 결성하는 것이었다. 이는 1970년대 말 출현한 민주노조운동의 자연스러운 연장이었다.[342]

이 시기 노동쟁의는 대체로 자연발생적이었고 비조직적이었다. 인간다운 삶을 위한 최저조건을 요구한 이들 쟁의는 오랫동안 억눌렸던 노동자들의 요구를 표현한 것이었다. 1980년 4월 발발한 사북탄광 사태와 4월 29일

---

[342] 구해근, 『한국 노동계급의 형성』, 153~154쪽.

부산의 동국제강에서 일어난 파업사태는 이 시기 쟁의의 양상을 단적으로 보여주었다. 이 시기 일어난 쟁의는 비조직적이고 단기적이었으며 개별기업 범위를 벗어나지 못했지만 당시 정치적 자유공간에서 노동자들의 요구를 분출시키는 폭발력을 지니고 있었다. 앞서 지적한 바와 같이 이러한 상황에서 정권을 장악한 신군부 세력은 노동운동을 통제하기 위해 극단적인 조치들을 취했다. 신군부의 민주노조운동에 대한 탄압은 1983년까지 지속되었는데, 국가와 고용주가 합동해 노동세력을 공격한 결과 1980년 5월 6011개이던 노동조합이 그 해 말 2618개로 대폭 줄었고, 조합원 수도 112만 명에서 95만 명으로 줄었다. 노동자들은 다시 침묵과 복종을 강요당했고, 적어도 표면상으로는 3년 동안 노동운동이 정지된 것 같았다.[343]

그러나 역설적으로 한국의 노동계급운동은 전두환 정권의 폭압적인 시기에 더욱 강력해지고 성숙해졌다. 전두환 정권 초기에는 표면적으로 정치적 안정이 유지되는 듯 보였지만 그 이면에서는 학생·노동자·재야세력 등이 1980년 패배에 대해, 광주항쟁에 대해, 그리고 미래의 전략에 대해 숙고하며 준비하고 있었다.[344] 이러한 과정을 통해 한국 사회운동의 전반적인 성격이 전환되었다. 마르크스주의 이론 등 과학적 사회이론이 수용되었고 여러 운동의 성격 또한 더욱 과학적이고 조직적인 성격을 띠게 되었다.

노동운동과 관련해서는 크게 두 가지 현상이 나타났다. 하나는 학생들의 노동현장 진출이었고 다른 하나는 현장 노동자들의 급성장이었다. 광주항쟁 이후 학생운동 세력은 각종 내부 논쟁을 통해 준비를 마친 후 노학연대의 기치하에 하나의 조직화된 힘으로 노동현장에 진출해 아래로부터의 조직을 건설하기 시작했다. 이들은 1970년대 민주노조운동이 경제주의

---

343 김장한 외, 『80년대 한국노동운동사』(서울: 조국, 1989); 구해근, 『한국 노동계급의 형성』, 156쪽.
344 구해근, 『한국 노동계급의 형성』, 156쪽.

및 조합주의의 한계에 매몰되었던 사실을 반성하고 좀 더 계급적인 노조운동이 필요하다는 점을 분명히 인식했다. 다른 한편으로는 어용으로 전락한 한국노총과 조직적으로 완전히 구분되는 현장 노동자운동이 시작되었다. 1982년까지 1970년대 민주노조가 완전히 파괴된 이후 선진적인 노동자들은 새로운 민주노조의 상을 만들어가기 시작했다.[345] 이와 같은 선진적인 노동자들의 성장은 사실상 전두환 정권이 취한 강압적인 노동정책의 직접적인 결과이기도 했다. 맹렬한 탄압으로 정식취업의 기회를 박탈당한 노동자들은 전문적인 노동운동가가 되는 길을 택했고, 이들은 개별기업의 한계를 넘어 노조활동가를 서로 연결하고 광범위한 민주화운동 세력을 연결하는 역할을 담당했다. 이에 따라 그간 교회단체 등의 지원을 받던 노동운동의 외부의존성이 약화되면서 독자적인 운동세력으로서의 면모를 갖추게 되었다.[346] 노동운동은 이렇게 스스로 한국사회 민중운동의 중핵으로 점차 성장했다.

이렇게 성장한 노동운동은 1983년 전두환 정권의 유화정책으로 표면에 등장하기 시작했다. 전두환의 신군부정권은 집권 초기 강압적인 정책을 펼치다가 1983년 후반에 정권의 대중적 기반을 확대하려는 의도로 정치활동의 부분적 자유를 허용했다. 정권의 취약한 정당성 때문에 고민하던 전두환은 이 문제를 해결하고 1985년 총선과 1986년 아시안게임 및 1988년 올림픽에 대비하기 위해 정권의 사회적 지지기반을 확대할 필요를 느꼈다. 더욱이 전두환 정권이 주요 정책으로 내세운 경제적 자유화와 복지사회라는 목표는 좀 더 확장된 자유민주주의적 구조를 요구했다. 이로 인해 유화국면을 조성하자 정치활동과 노동쟁의가 크게 증가했다. 노동쟁의 건수는

---

345 김용기·박승옥, 『한국 노동운동 논쟁사: 1980년대를 중심으로』(서울: 현장문학사, 1989); 노중기, 『한국의 노동체제와 사회적 합의』, 99쪽.

346 구해근, 『한국 노동계급의 형성』, 157쪽.

1983년 98건에서 1984년 113건으로 늘어났으며, 1985년에는 265건으로 증가했다. 1984년 노동투쟁이 다시 표면에 등장했을 때에는 이전 어느 때보다 조직력이 강력했으며 노동자들의 정치의식 수준도 매우 높았다.[347]

전태일의 분신 이후 1970년대 민주노조운동을 상징했던 청계피복노조의 1984년 복원투쟁은 학생과 노동자들의 동맹에 기초한 새로운 노동투쟁의 양상을 예고했다. 1980년대 중반에 들어서자 노동쟁의의 성격은 눈에 띄게 달라졌다. 노동자투쟁의 초점은 더 이상 고립된 경제문제가 아니라 새로운 민주노조 건설이었으며, 새로운 전술은 같은 공업단지 내의 여러 공장 노동자 간의 연대투쟁을 도모하는 데 중점을 두었다. 이처럼 변화된 노동계급투쟁의 성격은 1985년에 일어난 두 건의 중요한 노동자투쟁에서 잘 드러난다. 하나는 재벌기업인 대우자동차공장 파업이고, 다른 하나는 구로공단에 위치한 여러 공장의 노동자들이 벌인 연대투쟁이다. 두 건의 투쟁은 그동안 학생들이 노동운동에 참여해서 얻은 결과였다.[348] 물론 두 투쟁은 1980년대 중반 변화된 노동투쟁의 성격을 보여주는 대표적인 사례라는 점에서 공통점을 지니지만, 한편으로는 각기 대비되는 특성도 지니고 있었다. 대우자동차 파업은 1970년대 중소기업 여성노동자 중심이던 민주노조운동이 대기업 중공업의 남성 사업장으로 이동되는 과정을 상징적으로 보여주었다. 반면 구로동맹파업은 전통적인 여성노동자 중심의 중규모 사업장에서 기업 간의 분절을 넘어서 일어난 연대파업으로, 낮은 수준이기는 하지만 정치적 파업의 성격을 띠었다는 점이 특징적이다.[349]

두 파업 이후 1986년에 다시 짧게 억압이 강화되었으나 이후 억압적 배

---

347 같은 책, 163~164쪽.

348 같은 책, 164~165쪽.

349 유경순, 「1985년 구로 동맹 파업의 전개 과정과 현재적 의미」, ≪진보평론≫, 제24호 (2005년 여름); 노중기, 『한국의 노동체제와 사회적 합의』, 100쪽.

제체제는 결정적으로 해체되기에 이르렀다. 1987년 6월 민주화항쟁에 이은 노동자대투쟁에서 노동자 대중은 국가가 전 방위적으로 억압하더라도 더 이상 노동억압체제가 유지될 수 없음을 분명하게 보여주었다. 3저호황 하에서도 생존권을 부정하고 저임금 장시간 노동을 강요하는 억압적 배제체제로 인해 내재되어 있던 내적 모순이 폭발했던 것이다.[350]

4) 1987년 이후 민주적 사회재편기의 경제개방화와 자유화

(1) 3저호황의 구조적 영향

1986년부터 시작해 1989년까지 이어진 3저호황은 한국 자본주의 발전 과정에서 이전에는 경험하지 못했던 새로운 현상으로서, 한국 자본주의 구조에 중대한 영향을 끼쳤다. 이른바 3저란 저달러, 저금리, 저유가를 말하는 것으로, 이는 당시 세계경제 최대의 불안정 요인이던 미국의 쌍둥이 적자(재정적자와 무역적자) 문제를 해결하기 위한 선진국 간 정책협조(플라자 합의)의 산물이었다. 3저는 세계경제 전반의 순환성 호황에 기여했는데, 특히 한국경제의 성장에 유리하게 작용했다.[351] 3저가 한국경제에 끼친 구조적 영향을 지적하면 대략 다음과 같다.[352]

첫째, 3저호황기 동안 중화학공업을 중심으로 하는 산업구조가 정착되었다. 이 기간 동안 전자 및 자동차 산업을 중심으로 하는 중화학공업 제품의 수출은 급격히 증가한 반면 기존의 수출주력 산업이던 섬유, 신발 등 경

---

350 노중기, 『한국의 노동체제와 사회적 합의』, 100~101쪽.

351 김진업 엮음, 『한국자본주의 발전모델의 형성과 해체』, 174쪽.

352 3저호황이 한국 경제에 끼친 영향에 관해서는 주로 다음을 참조. 김정주, 「시장, 국가, 그리고 한국 자본주의 모델: 1980년대 축적체제의 전환과 국가후퇴의 현재적 의미」, 유철규 엮음, 『박정희 모델과 신자유주의 사이에서』, 325~332쪽 참조.

공업부문은 급격하게 위축되었다. 1986년 이후 부가가치 생산액과 수출액에서 중화학공업부문과 경공업부문이 차지하는 비중의 격차는 불가역적으로 확대되었다. 생산성에서도 3저호황기 동안 경공업부문은 50% 정도의 증가를 보였으나 중화학공업부문은 200% 이상의 급격한 증가세를 보였다.[353] 중화학공업의 비중이 이와 같이 증대한 것은 1980년대 초반 중화학공업의 투자조정과 중소기업의 하청계열화를 통해 성립한 대자본의 독점적 헤게모니가 3저호황기를 거치며 공고화되었음을 뜻한다. 중공업부문의 대자본은 국민경제에서 차지하는 이와 같은 비중의 증대를 토대로 3저호황기 이후 1990년대 들어 정보통신 및 반도체 등 첨단기술산업으로 구조조정하는 과정에서도 주도적인 지배력을 행사했으며, 이로써 경공업부문에 투입되는 자본과의 격차를 벌이고 독점적 지위를 더욱 확고히 했다.

둘째, 내수시장의 확대가 새로운 성장의 동력으로 인식되기 시작했다. 자본의 축적체제에서 수출이 여전히 중요한 역할을 담당하기는 했지만 3저호황기를 기점으로 한 막대한 외화유동성의 유입과 1987년 노동자대투쟁을 거치며 나타난 급속한 임금상승으로 인해 내구 소비재를 중심으로 하는 내수시장이 확대되었다. 이로 말미암아 기존의 저임금에 기초한 내수억압적 축적체제는 내구성 소비재를 중심으로 한 대량생산-대량소비의 포드주의적 축적체제로 전환되었고, 노동생산성의 증가 범위 내에서 임금이 상승되면 노동자계급의 구매력이 증가하므로 임금상승 자체가 자본축적에 유리하게 작용할 수도 있다는 점이 하나의 축적전략으로 받아들여지게 되었다. 3저호황기 이후 한국 자본주의는 수출과 내수의 상호보완성에 기초한 성장동력을 보여주었으며,[354] 이처럼 내수가 확대되자 1989년 3저

---

353 경제기획원, 『산업생산연보』, 각 연도.
354 서익진, 「한국의 발전모델, 위기와 탈출의 정치경제학(1)」, 한국사회경제학회 봄 학술대회 발표논문(2002)(www.ksesa.org).

호황기가 종식된 이후 수출이 감소하고 경상수지 적자가 확대되었음에도 한국경제는 내구성 소비재와 건설업을 중심으로 9%대의 성장을 이룰 수 있었다.

셋째, 3저호황을 기점으로 대외적 개방화 및 대내적 자유화 조치가 전략적이고도 급속하게 진행되었다. 이미 1980년대 중반에 수입자유화와 투자자유화 조치를 취하긴 했으나 이는 미국으로부터의 통상압력과 우루과이라운드^{UR} 개시 등 대외적 경제환경 변화 요구에 따른 수동적이고 강제된 성격의 개방화·자유화 조치였다. 또한 1980년대 초반에는 개방화 논의가 주로 정부기관을 통해 유포되었으며, 전경련을 비롯한 대자본은 오히려 대외적 개방 확대의 시기상조를 주장하며 정부규제의 철폐에 초점을 맞춘 민간주도경제론을 강조했다. 즉, 대외적 개방을 지연하는 가운데 기업에 대한 정부의 각종 규제를 철폐함으로써 대자본의 헤게모니를 공고히 하겠다는 것이 1980년대 초반까지 대자본의 의도였다. 그러나 3저호황기를 지나며 경상수지 흑자가 누적되고 통상마찰이 가속화되기 시작하자 자본은 대외개방의 불가피성을 인정했고, 민간주도경제론에 입각해 대내자유화와 대외개방화 조치를 동시에 추진할 것을 요구했다. 즉, 3저호황기 이후 급격히 추진된 대외개방화는 대자본을 중심으로 하는 일종의 성장전략으로 추진되었다. 동시에 추진된 대내적 자유화 조치는 경제과정에 대한 국가 개입의 수단을 점차 축소시켰다. 대외적 개방화의 추세하에 대내적 자유화로 규제까지 철폐되자 국내자본의 초국적화 현상, 즉 해외직접투자 또한 급증했다. 당시 해외직접투자는 생산시설의 해외이전을 중심으로 했는데, 이는 한편으로는 개발도상국의 저임금을 이용함으로써 가격경쟁력을 유지하는 방향으로, 다른 한편으로는 선진국에 직접투자해 보호주의적 무역장벽을 우회함으로써 선진국 내 시장을 유지·확대하는 방향으로 진행되었다.

(2) 국가의 퇴조와 재벌의 강화

이미 앞서 지적한 바와 같이 3저호황의 국면에서 국민들의 민주주의적 요구가 강력히 분출되었다. 1987년 6월의 민주화항쟁과 7~8월의 노동자 대투쟁은 이러한 민주주의적 요구가 분출된 계기로, 연이어 일어난 두 시위는 한국 민주주의의 두 가지 과제를 함축하고 있었다. 하나는 자유민주주의의 절차적 규범에 대한 요구였고, 다른 하나는 불평등한 사회적 관계를 넘어 경제적 정의를 실현하는 실질적 민주주의에 대한 요구였다.[355] 따라서 이와 같은 요구에 직면해 성립된 제6공화국은 '민주적 강성국가'[356]로서 민주주의의 이중적 과제를 효과적으로 수행할 책무를 안고 있었다. 민주적 질서재편의 과도기였던 이 시기에 국가는 광범위한 사회적 합의에 기초한 강력한 조정자로서의 역할을 요구받고 있었던 것이다.[357]

특히 경제민주화와 관련해 이전의 개발독재 국가와는 다른 역할이 기대되었다.[358] 무엇보다 대자본의 방임적 경제권력을 규제할 새로운 사회적 규율기제를 창출해야 한다는 시급한 과제를 안고 있었다. 이는 국내 대자본의 형성과정이라는 역사성에 비춰볼 때 중요한 과제일 수밖에 없었다. 즉, 이는 그간 국내 대자본이 국가의 자원배분과정에서 특혜를 입어 성장했음에도 그 이익을 사유화함으로써 자신의 권력을 강화해온 현실을 시정한다는 의미를 지니고 있었다. 다음으로는 노동계층의 임금 및 노동조건의 사회적 결정 등을 포함해 노사관계에 대한 새로운 정의를 내리고 사회복지제도 등과 같은 사회적 안전망을 구축하기 위한 정책을 구상하도록 요구되었다. 노동자대투쟁 이후 저임금에 기초한 노동배제적 성장전략은 더

---

355 최장집, 『한국민주주의의 이론』, 184쪽 참조.
356 김형국, 「산업구조변화에 따른 국가와 자본의 관계 변화」, 332쪽.
357 김정주, 「시장, 국가, 그리고 한국 자본주의 모델」, 332~333쪽.
358 이하에 제시된 경제민주화와 관련한 세 가지 과제는 같은 글, 333쪽 참조.

이상 유효하게 작동할 수 없었으며, 경제규모 및 내수시장을 고려할 때 지속 가능한 성장전략으로 더 이상 바람직하지도 않았다. 따라서 내수시장에 기초해 노동력 재생산과정을 경제성장과 적극적으로 연계하는 발전전략상의 전환이 필요했다. 그동안 지속되어온 선성장 후분배의 논리가 더 이상 통용될 수 없는 한계 지점에 이르렀던 것이다. 마지막으로 대외적 개방화와 경제적 자유화를 실현하고, 그리고 경제 운용방식의 변화가 초래할 불균등한 효과를 최소화하고 경제적 형평성을 제고해야 하는 과제가 제기되었다. 이는 대외적 경제개방과 경제적 자유화로 인한 산업부문별·자본규모별·계층별 불균등을 개선한다는 의미를 지닌 과제였다.

그러나 1988년에 출범한 노태우 정부는 이와 같은 사회적 기대를 충족시키지 못했다. 즉, 사회적 체제전환을 필요로 하는 민주적 질서재편기에 국가에 요구되는 강력한 조정자로서의 역할과 비전을 보여주지 못했으며, 정책적 일관성이 결여된 상태에서 국가의 동요와 조정자로서의 국가의 부재 상태를 가속화시켰다. 1987년 대통령선거에서 경제력 집중의 완화와 금융실명제 실시 등 '경제민주화'를 공약으로 내세웠던 노태우는 정부 출범 초기 형평과 분배를 강조하며 경제제도의 개혁에 나서는 듯했다. 실제로 집권 초기에 정부 내에 토지공개념연구위원회, 금융실명제도입준비위원회, 행정개혁위원회 등을 설치해 운용하기도 했다. 하지만 1989년 3저호황이 끝나고 경제성장률 하락, 수출증가율 둔화, 인플레이션 진행 등 경기하강의 조짐이 보이자 집권 초기 형평과 분배를 중시하던 정책기조를 순식간에 성장과 효율을 중시하는 방향으로 선회했다. 더욱이 야당이 국회의 다수 의석을 차지하던 정치구도를 1990년 1월 3당 합당을 통해 보수대연합으로 인위적으로 재편하면서 노태우 정부의 경제정책방향은 급격하게 보수화되어 단기 성장주의로 회귀되었다.[359]

정책방향의 급격한 보수화로 금융실명제 및 토지공개념의 도입 등 경제

민주화를 위한 개혁작업이 무산되고 3저호황기 이후 경기하강 국면에서 닥친 경제위기의 원인으로 노사분규가 지목되면서 정부 내에서 경제위기론이 재생산되었다. 이를 반영해 등장한 것이 1991년 '제조업경쟁력 강화론'이었다. 이는 결국 과거처럼 대자본 중심의 단기 성장주의로 정책기조가 회귀했음을 반영하는 것이자 대자본 중심으로 지배연합이 재편되었음을 의미하는 것이었다. 이는 기존의 발전연합을 지속하되 국가우위의 상황이 자본우위의 상황으로 변화됨을 의미했다. 그런데 3당 합당을 통해 형성된 국가 지배연합의 성격은 매우 이질적이어서 응집력이 떨어질 수밖에 없었고, 결과적으로 지배연합 내에서 독점적 대자본의 헤게모니가 강화되었다. 이는 국가의 정책적 자율성이 감소됨과 더불어 국가기구의 자본가 계급성이 강화되는 자본가 국가화 현상이 두드러지기 시작했음을[360] 뜻한다. 즉, 재벌을 중심으로 한 대자본의 헤게모니가 강화되고 기업관련 인사가 각료로 충원됨으로써 국가의 정책적 의사결정에 재벌의 이해관계를 반영하기가 더욱 용이해졌으며, 관료집단의 전문성과 합리성이 특정 이익에 종속되는 현상이 가속화되었다. 이러한 과정을 통해 국가는 대자본의 헤게모니 구조에 점차 포섭되면서 일관된 정책 프로그램을 갖지 못한 채 심각한 동요를 보이기 시작했다. 이른바 정실자본주의crony capitalism는 이처럼 국가가 더 이상 대자본을 규율하지 못함으로써 대자본의 헤게모니에 포섭되어가는 과정에서 생긴 문제다.[361]

---

359 같은 글, 334쪽. 노태우 정부에서 단행된 경제정책의 비일관성은 부총리의 잦은 교체에서 드러났다. 부총리의 기용에 따라 경제의 흐름이 크게 달라지는 경향은 노태우 정부에서 유독 두드러졌는데, 노태우 정부 출범 이후 나웅배-조순-이승윤-최각규로 네 번이나 부총리가 바뀌면서 경제정책도 안정-개혁-성장-규제정책으로 바뀌었다. 김형국, 「산업구조변화에 따른 국가와 자본의 관계 변화」, 225쪽과 각주 37 참조.

360 김석준, 『한국산업화 국가론』(서울: 나남, 1992), 552~573쪽.

361 김정주, 「시장, 국가, 그리고 한국 자본주의 모델」, 334~335쪽, 335쪽 각주 25. 국내 최대 재벌인 현대그룹의 총수 정주영이 대선에 나서고 국민당을 조직해 정치에 직접 간여한

결국 보수대연합을 통한 지배연합의 재편성과 경제정책 기조의 보수화로 인해 1990년 이후 경제민주화의 과제는 경제자유화라는 과제로 대체되었고, 이 과정에서 시장근본주의와 결합된 신자유주의가 국가와 재벌의 지배연합 내에서 점차 경제적 담론구조를 지배하게 되었다. 신자유주의의 득세는 자본의 축적에 대한 국가규율이 약화된 상황에서 무제한적인 경쟁논리와 승자독식의 파괴적 구조조정이 '시장경제의 창달을 통한 효율성 제고'라는 명분하에 정당화되어가는 과정이었으며, 이는 곧 규율되지 않은 대자본의 무제한적인 축적욕구가 현실화되는 과정이었다.[362]

이러한 과정을 통해 경제적 성과와 지배력 면에서 산업별·규모별 자본 간 격차가 점차 확대되었고, 대자본 사이에서도 규모 및 시장의 확대를 통해 독점적 지위를 확고히 하려는 무분별한 경쟁이 치열하게 전개됨으로써 과잉중복투자와 투자의 사회적 비효율성이 급격히 증대되었다. 예를 들어 건설업으로 시작했으나 재무구조가 취약했던 한보그룹이 1993년 철강산업에 진출한 사례나 현대그룹이 전자산업에, 삼성그룹이 자동차산업에 진출한 사례는 시장규모를 무시한 재벌 간 시장확대 경쟁과 과잉중복투자의 단적인 예다. 또한 1987년 이후 민주화가 진행되는 과정에서도 노동3권은 완전하게 보장되지 않았고, 경기침체가 나타날 때마다 삭감 및 억제를 통한 노동억압적인 성장전략이 재등장함으로써 노사관계에서 제도적 마찰이 극에 달했다. 동시에 전반적으로 임금이 상승했음에도 자본 간 격차의 확대로 인해 산업 간·산업 내 노동시장의 분절화와 임금의 양극화가 급격히 진행되었다. 무엇보다 신자유주의 확산과정의 가장 큰 문제는 금융 및

것은 거시적으로는 국가의 퇴조와 재벌의 비대화를 배경으로 하지만 한편으로는 국가가 정실관계상의 멀고 가까움에 따라 일관성을 지니지 못한 데 따른 불신의 표현이기도 했다. 김형국, 「산업구조변화에 따른 국가와 자본의 관계 변화」, 226~227쪽 참조.

362 김정주, 「시장, 국가, 그리고 한국 자본주의 모델」, 335~336쪽.

자본시장의 개방화와 자유화가 진행되는 과정에서 자본의 투자영역 및 차입금의 규모가 확대일로였음에도 금융의 내재적 거버넌스governance가 확립되지 않아 투자에 대한 규율이 공백 상태였다는 점이다.[363] 결국 이와 같은 경향은 이후 경제의 전면 개방화와 자유화로 이어졌을 때 경제위기의 거시적인 요인이 되었다.

(3) 한국 자본주의의 전면적 개방화와 자유화

1988년 이래 본격적으로 진행된 경제의 대외적 개방화와 대내적 자유화는 김영삼 정부가 내세운 세계화와 OECD 가입에 이르러 정점에 달했다.[364] 경제의 대외적 개방화와 대내적 자유화는 그간 국가주도의 경제개발체제가 무너지고 경제체제 자체의 구조가 급격하게 변화되었음을 뜻한다.[365] 이러한 구조변화의 가장 핵심적인 요인은 금융자유화였다. 이 변화는 대내적·대외적 양 측면 모두에서 요구되었다.

먼저, 1980년대 후반 한국경제를 살펴보면 중화학공업을 중심으로 제조업의 비중이 정점에 이르렀으며, 대량의 무역수지 흑자로 만성적 외화부족이 양적으로 해소되고 대기업집단을 중심으로 막대한 유휴자본이 형성되었다.[366] 이 유휴자본은 경제개발이 시작된 이래 처음으로 대기업군 스스로 투자계획을 수립하고 실현할 수 있는 기초가 되었지만, 제조업 성장의 한계 때문에 투자영역은 상대적으로 좁았다. 더욱이 금융기관의 여신제약으로 제조업 외의 부문에 대해서는 투자규제가 여전히 존재했다. 따라서

---

363 같은 글, 336쪽.

364 김진업 엮음, 『한국자본주의 발전모델의 형성과 해체』, 210쪽.

365 같은 책, 199쪽.

366 유철규, 「80년대 후반 내수 확장의 성격」, 한국사회과학연구소, ≪동향과 전망≫, 제18호 (1992).

무역수지 흑자자금의 상당량은 중화학공업부문에 대한 과잉중복투자와 대외채무상환에 사용되었다. 대외채무상환은 거시경제적 필요에 따른 무역수지 흑자관리이지만, 사적 자본의 관점에서 보면 부채상환 기한 이전에 미리 상환하는 것이므로 자본의 소모에 해당했다. 한편 산업집중의 급속한 진행과 중화학공업에 대한 지속적인 투자는 자금수요의 집중을 가속화시킴으로써 파편화된 금융시장에서 자금조달의 어려움을 가중시켰다. 결국 산업자본의 투자영역 확대와 금융시장의 통합을 통한 자금조달의 집중이 1990년대 산업구조 조정에서 자본축적에 필요한 과제가 되었다. 금융자유화의 핵심은 사적 자본축적 영역의 확장과 산업집중에 대한 금융부문의 집중이라는 두 가지 측면이었다. 국가와 대기업집단은 이러한 문제의식을 공유했는데, 해법은 투자영역 규제의 완화 또는 폐지, 그리고 금융시장의 통합 및 집중이었다.[367]

그러나 이와 같은 개편은 그간 유지되어왔던 한국경제모델의 근간이자 산업화의 정책이념을 정당화해왔던 국민적 공감대를 거스르는 일인 데다가 실질적인 이해관계를 조정하는 데 어려움이 따랐기 때문에 실행하기가 쉽지 않았다. 예컨대 부실채권을 처리하지 않고는 금융기관의 민영화가 불가능한데 이를 누가 부담할 것인가 하는 문제나, 자본이동의 자유화에 따르는 노동이동의 자유화 문제 등은 간단한 문제가 아니었다. 따라서 금융산업의 개편을 포함해 경제제도 전반을 변화하려는 시도는 계속 논란거리가 되었고, 이 방향을 따르는 조치도 한동안 부분적으로 시행될 수밖에 없었다.

전반적인 개방화는 이른바 지구화로 일컬어지는 외부 경제적 조건이 변화하면서 함께 추진되었다. 외부적인 조건의 변화로 집중화된 산업자본이

---

367 김진업 엮음, 『한국자본주의 발전모델의 형성과 해체』, 199~200쪽.

주도적으로 내부적 이해관계를 조정할 수 있는 가능성이 열린 것이다. 금융산업의 개방이라는 외부적 압력도 현실화되었다. 투자영역 규제의 폐지와 자본활동의 전반적인 자유화는 국내의 지배적 자본과 외국자본 양자의 이해가 결합될 수 있는 공간이었다. 투자영역의 확장은 금융업에만 국한된 것이 아니라 경제개발과정에서 재벌과 외국자본에 투자제한 영역으로 설정되어 있던 부문, 예컨대 유통업, 부동산업 모두에 해당하기 때문이다. 실제로 OECD 가입과 관련해 준비되었던 제도적 조치는 한미 금융정책협의회의 합의나 우루과이라운드 금융협상 등을 통해 마련된 기존의 금융 및 자본의 자유화 계획을 앞당기는 형식으로 이뤄졌다. 미국의 개방요구를 수용해가는 과정에서 실시된 금융산업 개편은 표면적으로 서구식 시장의 도입이라는 명확한 방향성을 확립했으며, 이런 의미에서 OECD 가입 결정은 사실상 금융부문을 재편하겠다는 결론을 내린 것이었다.[368]

대자본의 요구와 외부적 압력에 따른 경제의 개방화와 자유화는 재벌에 경제력을 집중시키는 현상을 낳음과 동시에 이들 재벌기업의 지배구조 개선 등을 통해 투자행위를 감시하고 감독하기 위한 제도적 수단이 와해되는 것으로 귀결되었다. 더욱이 금융자유화와 금융산업의 재편과정에서 은행의 자율성이 신장되지 않았으므로 은행을 통해 기업투자를 규율하는 것 또한 불가능했다. 당시에는 재벌의 은행 소유까지 허락하자는 주장마저 나오는 판국이었다. 게다가 재벌에 종합금융사를 무더기로 허용한 상황이라서 재벌은 종합금융사를 통해 아무런 규제 없이 외자를 들여올 수 있었다.[369]

---

368 같은 책, 201쪽.
369 정태인, 「한국경제위기와 개혁과제」, 한국사회과학연구소, ≪동향과 전망≫, 제38호 (1998); 김진업 엮음, 『한국자본주의 발전모델의 형성과 해체』, 210쪽; 김정주, 「시장, 국가, 그리고 한국 자본주의 모델」, 337쪽.

급격한 자본시장의 개방은 한국경제가 결국 외자의존적인 고환율 경제에 빠져드는 결과를 낳았다.[370] 자본시장의 개방으로 대량의 외자가 유입되자 투자 및 소비의 확대를 통해 경제가 일시적으로 성장했으며, 자본수지 흑자를 통해 경상수지 적자가 보존됨으로써 환율이 안정되었다. 또한 외자유입을 통한 경제의 상대적 고성장과 기업투자자금의 확대는 다시금 자본시장 개방을 통한 외자차입의 정당성을 강화시켜주었다. 그러나 진정한 산업구조 조정을 통해 기술경쟁력을 강화하지 않은 채 외자유입을 통해서만 달성한 경제의 고성장은 오랫동안 지속될 수 없었다. 막대한 외자유입으로 인해 고환율이 지속되자 수출품의 가격경쟁력이 떨어졌고 이는 경상수지 적자를 누적시켰기 때문이다. 이는 결국 외자유입 자체가 외채의 누적으로 나타나는 결과를 초래했다. 또한 외자의존적인 고환율 경제는 한편으로는 외화유동성의 증가로 인한 과소비를 부추기면서 다른 한편으로는 고환율로 인한 수출품의 가격경쟁력 유지 및 인플레이션 억제를 위해 강박적으로 임금을 억제시켰다. 이로 인해 국제적 경제연관과 국내적 경제연관 사이에 괴리가 발생했으며, 근본적인 구조개혁을 통해 기술경쟁력을 확보하지 않고는 언제든 경제적 위기에 직면할 수밖에 없는 국민경제의 취약성이 증대되었다.[371]

　　1997년 경제위기는 이와 같은 배경하에 발생했다. 요컨대 1997년의 경제위기는 재벌의 요구에 부응해 기존의 축적 패턴을 그대로 유지 또는 강화하면서 개방화와 자유화를 진행시킴에 따라 국내구조와 국제환경 간의 괴리가 커졌기 때문에 발생했던 것이다.[372]

---

[370] 이병천, 「한국의 경제위기와 IMF 체제」, 한국사회경제학회, 《사회경제평론》, 제12호 (1999), 120~124쪽.

[371] 김정주, 「시장, 국가, 그리고 한국 자본주의 모델」, 338쪽.

[372] 김진엽 엮음, 『한국자본주의 발전모델의 형성과 해체』, 211쪽.

(4) 경제민주화를 대체한 경제자유화 및 개방화

앞서 지적한 바와 같이 1987년 민주화항쟁과 노동자대투쟁은 절차적 민주주의를 요구했을 뿐 아니라 실질적 민주주의, 즉 경제적 민주주의의 요구도 강력히 표출했다. 그런 만큼 민주적으로 강화된 국가는 특히 경제민주화와 관련해 이해조정자로서의 역할을 담당할 것으로 기대되었다. 대내외적으로는 경제적 자유화와 개방화가 불가피하더라도 이로 인한 폐해를 최소화할 수 있는 국가적 차원의 조치가 필요했던 것이다. 그러나 경제개방화와 자유화 과정에서 국가적 규율은 작동하지 않았고 재벌의 강화현상만 두드러졌다. 게다가 재벌은 개방화와 자유화를 요구하면서도 위험부담은 지지 않으려는 태도를 취했다. 예컨대 경제개방화와 자유화 현실에서 치열한 경쟁에 실패했을 때 투자한 주체가 피해를 감당하려 하기보다는 비용의 사회화를 주장하거나 국가의 구제금융에 기대는 모순적이고 이중적인 태도를 취했다.[373]

이러한 현실에서 사회적 부담은 고스란히 민중계층에 전가되었다. 노동자계층은 1987~1988년 민주화가 이행되던 초기 국면을 제외하고는 줄곧 국가와 자본의 강압적인 통제를 받았는데, 이는 개발독재형 노사관계 질서가 개방화와 자유화의 시대에도 그다지 변화되지 않았음을 보여준다.[374] 경제개발 시대에는 농업과 농촌의 피폐화가 일관된 추세였는데, 경제개방화 시대에는 농업의 몰락이 거의 기정사실화되었다. 1980년대 이후 농업은 농축산물시장 개방과 가격지지정책 포기로 몰락의 길을 걸었다.[375]

---

[373] 유석진, 「민주주의와 시장경제: 제도주의적 관점」, 73쪽.

[374] 신정완, 「개발독재형 노사관계 질서의 해체와 새로운 노사관계 질서의 모색을 위한 진통: 1987~97년 기간의 한국 거시 노사관계 변동에 관한 게임이론적 분석」, 유철규 엮음, 『박정희 모델과 신자유주의 사이에서』, 259쪽.

[375] 김진업 엮음, 『한국자본주의 발전모델의 형성과 해체』, 186쪽.

결국 이해조정자로서의 국가가 퇴조하고 재벌이 강화되는 가운데 이뤄진 경제개방화와 자유화는 경제적 민주화의 기반을 훼손해 정치적 민주화와는 어긋나는 것으로 나타났다. 이와 같은 경제적 민주화 기반의 훼손은 정치적 민주화의 성과마저도 의심스럽게 만들거나 위태롭게 만드는 결과를 초래했다.

5) 노동배제체제의 지속과 제한된 민주주의

(1) 노동배제체제의 지속

1987년 6월의 민주화항쟁과 7~8월의 노동자대투쟁은 민주주의 제도화가 이뤄진 결정적 계기임과 동시에 노동자들이 그동안 억압되어왔던 노동권을 보장받을 수 있는 중요한 계기였다. 실제로 1987년 7~8월의 노동자대투쟁은 경제개발이 지속되어온 시기에도 사실상 노동권이 억압되어왔던 노동자들에게 이전 시기에 비해 매우 이례적인 환경을 조성했다. 노동자대투쟁 이후 1987년 11월에 개정된 노동법은 이전 시기까지 유보해왔던 노동권을 상당 부분 보장했다. 1987년 개정 노동법에는 노동조합 설립 형태의 자유화, 노조설립요건의 완화, 설립신고증 교부기간의 단축, 서류의 간소화가 포함되었고, '노동쟁의조정법'도 금지대상 축소 또는 냉각기간의 축소 등을 주요 내용으로 했다.[376] 이러한 변화는 1987년 6월 민주화항쟁과 7~8월 노동자대투쟁의 직접적인 성과였다. 이는 사회 전반의 민주화 요구로 인해 권위주의에서 민주주의로 정치적 제도화를 이행해야 하는 국면이었기에 가능한 성과였다.

그러나 1987년 단행된 노동법 개정은 노동자들의 요구에 비춰보면 성과

---

[376] 송호근, 「한국의 노동과 인권」, 《민주주의와 인권》, 제2권 2호(2002년 10월), 24쪽.

가 미약했다. 노동조합의 정치활동금지, 제3자개입금지, 복수노조 불인정 등 기업별 조직과 활동의 범위를 벗어난 노조활동을 제약하는 억압적인 조항이 그대로 유지되었다. 이에 따라 사실상 노동배제체제가 존속되었다.[377] 민주화운동과 노동자들의 투쟁의 결과로 국가와 자본의 노동통제가 상대적으로 이완되긴 했지만, 그럼에도 기존의 억압적인 조항이 그대로 유지되고 사실상 노동배제체제가 존속된 것은 한국 민주화의 특수성, 즉 이른바 87년 체제가 갖는 특수성에 기인한다. 1987년 민주화항쟁 이후 민주주의의 제도화과정은 민주화운동 세력이 직접 집권하는 형태가 아니라 기존의 집권세력이 온존하는 가운데 민주화의 요구를 수용하는 형태로 이뤄졌다. 기존의 지배세력이 민주화의 요구를 수용한 것은 지배체제의 위기에 대한 하나의 대처 방안이었다. 게다가 야당세력의 분열로 노태우가 집권함으로써 군부세력 역시 기존의 지위에 손상을 입지 않았다. 결국 새로운 헌법으로 제6공화국이 탄생했지만 제6공화국의 지배세력은 기존 독재체제의 지배세력과 질적으로 구분되지 않았다. 이들은 독점자본의 이해를 배타적으로 대변했고, 군부체제의 억압적 국가기구와 제도를 손상 없이 거의 그대로 물려받았다. 여기에 절차적 민주화로 정치적 정당성까지 확보하게 되었다.[378] 이런 형편이었기 때문에 제6공화국의 지배세력은 민주주의의 제도화과정 상에서의 일정한 요구를 수용하면서도 과거의 노동배제체제를 유지할 수 있었다.[379] 제6공화국의 지배세력이 민주주의의 제도화로 이행하는 국면에

---

377 최장집, 『한국의 노동운동과 국가』, 386쪽.
378 노중기, 「국가의 노동통제전략에 관한 연구, 1987~1992」, ≪경제와 사회≫, 제28호(1995년 겨울), 273~274쪽 참조.
379 1987년 이후 국가의 노동통제전략을 어떻게 이해해야 할 것인가에 대해서는 논자마다 다른 견해를 보인다. 즉, 이를 '억압적 배제전략'으로 보아야 하는지 '헤게모니적 배제전략'으로 보아야 하는지를 놓고 관점에 차이가 있다. 억압적 배제전략은 국가가 직접적인 물리적 강제수단에 기초해서 노동계급을 통제하는 전략을 말하며, 헤게모니적 배제전략은 물리적 강제보다 주로 이데올로기나 법적·행정적 수단을 이용해 노동계급을 통제하는 전

서 일시적으로나마 이완된 노동정책을 시행했던 이유는 민주화의 정당성 확보 필요성, 폭발적 양상을 띤 대중적 노동운동의 성장, 여소야대의 정치 지형 같은 여건 때문이었다.

그러나 지배세력의 본질이 바뀌지 않은 탓에 노동배제체제를 그대로 유지했을 뿐 아니라 국면의 변화에 따라 노동에 대한 통제정책을 용이하게 강화할 수 있었다. 국가와 자본은 1989년 이른바 공안정국을 형성한 이래 1990년 3당 합당을 경유하면서 노동에 대한 통제를 강화했다. 지배세력이 여전히 체제를 유지하고 있었지만 민주화운동으로 정치적 공간이 개방되어 지배연합과 민중연합 간의 각축이 여전히 유동적인 상황이었으므로 노동자 진영에서는 1987년 개정된 노동법의 미흡한 사항을 재개정하도록 끊임없이 요구했다. 당시 국가와 자본, 그리고 노동 사이에서는 복수노조, 노조의 정치참여, 제3자개입금지 등의 조항을 둘러싸고 각축을 벌였다. 결국

략을 말한다. 1987년 이전의 국가의 노동통제전략이 억압적이었다는 사실에 대해서는 대체로 견해가 일치하지만, 1987년 이후에 대해서는 견해가 엇갈린다. 국가의 노동통제전략이 1987년 이전과 이후 큰 변화가 없다고 보는 견해로는, 최장집, 「한국의 노동계급은 왜 계급으로서의 조직화에 실패하고 있나?」, 한국사회학회·한국정치학회 엮음, 『한국의 국가와 시민사회』; 임영일, 「정세변화와 노동운동의 과제」, ≪경제와 사회≫, 제15호 (1992년 가을); 김준, 「제6공화국의 노동통제정책」, ≪경제와 사회≫, 제3호(1989년 겨울); 차성수, 「국가권력과 자본의 노동통제」, ≪사회와 사상≫, 제9호(1989년 5월); 김용기, 「노동운동의 개량화의 문제」, ≪사회와 사상≫, 제8호(1989년 4월) 등이 있다. 한편, 변화에 주목하는 견해로는, 노중기, 「6공화국 국가의 노동통제전략과 노동운동, 1988~1995」, ≪한국사회학회 후기한국사회학대회 발표문 요약집≫, 제8권 1호(1995); 노중기, 「국가의 노동통제전략에 관한 연구, 1987~1992」; 김형기, 「변화된 노동정세와 진보적 노자관계」, ≪전망≫, 제3호(1992년 3월); 박승옥, 「한국의 노동운동, 과연 위기인가」, ≪창작과 비평≫, 제20권 2호(1992); 허명구, 「신노동정책이란 무엇인가」, ≪노동운동≫, 12월호(1992); 박준식, 「대기업의 신경영전략과 작업장 권력관계의 변화」, ≪사회비평≫, 5월호(1992) 등이 있다. 노중기, 「6공화국 국가의 노동통제전략과 노동운동, 1988~1995」; 노중기, 「국가의 노동통제전략에 관한 연구, 1987~1992」 참조. 이 책은 과연 억압적 배제체제인가 헤게모니적 배제체제인가 하는 첨예한 논점에 주목하기보다는 절차적 민주화의 성과를 거뒀음에도 여전히 노동배제체제가 지속되었다는 점에 주목하려 한다.

1989년 이 세 개 조항의 전면 허용과 함께 전교조와 공무원노조의 단결권을 보장하는 내용으로 타결되었지만 노태우 대통령의 거부권 행사로 노동법 재개정 요구는 무위로 돌아가고 말았다. 당시 국가와 자본의 노동통제 전략은 경제적 요인에 따라 좌우되었다. 대내적으로는 임금상승, 구조적인 노동력수급 불균형, 산업구조의 전환 등이 진행되고 있었고, 대외적으로는 우루과이라운드와 같은 국제교역질서의 개편과 선진 자본주의국가의 시장개방 및 경제개방 요구가 영향을 끼치고 있었다.[380] 당시의 노동통제정책은 이와 같이 경제여건이 변화함에 따라 고도성장의 국면이 마감되고 불황의 국면으로 이행하기 시작한 상황에서 전적으로 자본의 이해를 대변하는 성격을 띤 것이었다.[381] 자본의 이해를 전적으로 대변한 국가의 노동통제정책으로 노동법 개정이 거부되고 임금억제정책이 시행되었다. 뿐만 아니라 경제위기론을 내세워 위기의 책임을 노동자에게 전가시키는 노동자책임론, 그리고 노사협조주의와 산업평화론 등의 이데올로기적 공세도 동반되었다.[382] 나아가 가능한 모든 법적·행정적 수단을 동원해 노동을 통제했는데, 노동관계법이나 '국가보안법' 등 권위주의 시대의 노동통제 수단 외에도 일반 민법과 형사법을 동원해 노동자들을 통제했다.[383] 이는 노동권을 심각하게 침해했다. 이와 같은 노동통제정책은 노동에 대한 철저한 배제를 뜻한다는 점에서 사실상 1987년 이전으로의 회귀를 뜻하는 것이었다.

1993년 문민정부를 표방한 김영삼 정권의 출범은 사실상 1987년 이전으로 회귀한 국가의 노동통제전략에 새로운 전기가 될 것으로 기대되었다.

---

380 노중기, 「국가의 노동통제전략에 관한 연구, 1987~1992」, 276쪽.
381 최장집, 『한국의 노동운동과 국가』, 387쪽.
382 같은 책, 388쪽.
383 노중기, 「국가의 노동통제전략에 관한 연구, 1987~1992」, 280쪽.

그러나 집권 초기인 1993년 노동법 개정과 노사관계 개혁을 시도한 것을 제외하면(이마저도 불발에 그치고 말았다) 김영삼 정권도 노태우 정권의 노동통제정책을 답습하고 강화하는 데 그쳤다.[384]

김영삼 정부 초기의 노동부 장관이던 이인제는 노태우 정권의 노동배제정책을 신랄하게 비판했던 인물이었던 만큼 개혁적인 노동정책을 제시했다. 제3자개입금지의 사실상 사문화, 해고자 전원복직, 새로운 노조의 대표기구로 등장한 전국노동조합협의회(이하 전노협)의 합법화, 무노동유임금, 노동자의 경영권·인사권 참여 인정 등 이전의 노동배제정책에서 핵심 사안이던 쟁점에 대해 개혁적인 방침을 제시했다. 노동부의 정책전환은 노동자들에게 큰 기대를 안겨주었다. 그러나 노동부 장관의 개혁적인 정책안은 1993년 7월 현대그룹노동조합총연합 산하 울산지역 8개 사업장에서 동시에 진행된 연대파업을 계기로 좌초하고 말았다. 당시 파업의 배경은, 현대그룹은 그해 4월 노총과 경총 사이에 사회적 합의 형식으로 결정한 임금인상 가이드라인을 고수한 반면 노동조합 측은 임금인상 가이드라인의 철폐를 가장 중요한 사안으로 내세운 데 있었다. 현대노조 연대파업을 계기로 언론은 무노동무임금, 경영권·인사권 문제에 대해 집중 공세를 폈고 노동부의 정책이 노사분규를 조장한다고 비난했다.[385] 이로 말미암아 문민정부 초기의 노동개혁정책은 무력화되고 말았다. 이러한 사정은 당시의 국가 자체가 독점자본의 세력에 포박되어 사실상 자율성을 확보하지 못하고 있었음을 말해준다.

애초 김영삼 정부는 군부정권이 즐겨 사용해온 대표적인 노동배제정책 가운데 하나인 임금억제정책을 시행한 것에서부터 사실상 노동배제의 의

384 노중기, 「6공화국 국가의 노동통제전략과 노동운동, 1988~1995」, 272쪽.
385 같은 글, 271쪽.

도를 내보였다고 할 수 있다. 김영삼 정권의 최대 정책목표였던 경제활성화는 국가의 노동관계에서 과거와 마찬가지로 발전주의적 권위주의 국가를 답습하려는 의지를 내보인 것이었으며,[386] 고통분담론과 경쟁력 담론, 그리고 국제화 및 세계화 담론 등 이데올로기적 공세하에 이러한 의지를 더욱 분명히 했다. 이데올로기 공세는 경제·사회 정책 전반에 영향을 끼쳤지만 무엇보다도 노동자계급의 이해를 배제하는 데 전략적인 목표를 두고 있었다.[387]

　김영삼 정부의 권위주의적이고 친재벌·반노동적 성격을 가장 분명하게 드러낸 것은 정권 말기인 1996년 12월 노동법 개정안을 날치기로 통과시킨 사건이었다.[388] 애초 1996년 노동법 개정은 1987년 이후 계속 문제시되어온 노동법의 쟁점을 노동과 자본 양자의 입장을 반영해 조정하려는 목적에서 시행되었다. 1996년 국회의원 선거 이후 김영삼 정부는 노사관계개혁위원회를 구성해 노동법의 쟁점을 조정하려 했다. 노동 측에서는 복수노조금지 조항, 제3자개입금지 조항 등의 철폐를 핵심적인 요구사항으로 제기했고, 자본 측에서는 근로기준보호기준의 완화와 제반 유연화제도의 도입을 관건으로 삼았다. 양자의 요구를 맞교환하는 형태로 추진하려 했던 노동법 개정 시도는 자본 측의 강력한 요구에 떠밀려 노동기본권의 보장은 유보하는 반면 노동조건의 유연화는 대폭 확대하는 방향으로 기울어졌다. 이에 민주노총의 노사관계개혁위원회가 탈퇴선언을 했으며 12월 초 최종적인 정부안이 국회에 넘겨져 날치기로 통과되었다.[389] 노동기본권 보장을

386　최장집, 『한국의 노동운동과 국가』, 392쪽 참조.
387　노중기, 「6공화국 국가의 노동통제전략과 노동운동, 1988~1995」, 273쪽.
388　최장집, 『한국의 노동운동과 국가』, 423쪽.
389　노중기, 「한국의 노동정치체제 변동, 1987~1997」, ≪경제와 사회≫, 제36호(1997년 겨울), 144쪽 이하 참조.

유보한 채 정리해고의 도입 등 노동시장 유연성만 강화한 날치기 통과 노동법은 자본 측의 부담을 전적으로 노동계급에 전가시킨 개악법이었다.

이로 인해 1997년 벽두부터 노동자 총파업이 개시되었다. 노동자들의 총파업은 한국노총과 민주노총 양대 노총의 연대를 형성했고, 이어 시민사회단체로까지 연대를 확장했다. 결국 1997년 3월 노동법 재개정안이 통과됨으로써 애초 노동법 개정을 시도한 취지에 따라 노동과 자본의 요구를 조정하는 수준에서 새로운 노동정치체제가 형성되었다. 1997년 3월 통과된 노동법은 1987년 이후 노동과 자본의 관계에서 문제시되어왔던 쟁점이 일정한 조정을 통해 법제화된 것으로 볼 수 있는데, 노동자의 입장에서 보면 여전히 많은 문제점을 지니고 있었다. 공무원과 교원의 단결권이 여전히 제약되어 있었고, 무노동무임금, 전임자임금지급금지 등 통제조항이 도입되었으며, 여러 측면에서 노동보호기준을 유연화하는 조항이 제도화되었기 때문이다.[390] 노동보호기준을 유연화하는 문제는 1997년 IMF 구제금융 위기 이후 김대중의 국민의 정부로 정권이 교체되고 이어 1998년 노동법이 개정되면서 더욱 심각한 수준에 이르렀다.

(2) 노동배제체제하에서의 노동자 투쟁과 제한된 민주주의

억압적 노동배제체제가 역설적으로 더 강력한 노동운동을 형성시킨 사실은 이미 앞에서 살펴보았다. 1987년 노동자대투쟁 이후 국가의 노동통제전략이 달라지긴 했지만 노동배제체제의 성격이 지속되었다는 점에서 1987년의 노동운동 또한 배제전략에 강력히 대응하는 성격을 띨 수밖에 없었다. 한국 노동운동의 성격 가운데 하나로 꼽히는 이른바 전투적 노조주의는 노동배제체제의 지속과 직결되어 있다. "전투적 노조주의는, 조직

---

390 같은 글, 153쪽 참조.

측면에서는 기업단위 민주노조의 옹호와 유지, 리더십 측면에서는 조직 민주주의에 대한 강조와 비타협적 투쟁, 그리고 이념 측면에서는 노조운동의 자주성·연대성·정치성에 대한 강조와 노동해방 사상을 포함하는 운동노선이었다. 국가 억압하에서 결과적으로 그 운동은 비합법 수단을 포함한 매우 전투적인 양태로 나타났다."[391] 억압적 노동통제로 누적된 모순이 드러나면서 자연발생적으로 폭발한 대중투쟁의 성격을 지니고 있던 1987년 노동자대투쟁[392] 이후 이와 같은 전투적 노조주의는 노동배제체제가 지속되는 조건하에 민주노조의 대중적 노선으로 제도화되는 양상을 띠면서[393] 노동운동을 이끌었다.

1987년 민주화항쟁과 노동자대투쟁의 결과로 예외적인 상황을 맞이한 노동운동은 폭발적으로 고양되면서 민주노조운동의 기반을 구축했지만 노동배제체제가 지속되자 새로운 방향을 모색할 수밖에 없었다. 노동자들은 1987년 개정된 노동법의 문제점을 제기하며 재개정을 시도했으나 앞서 살펴본 바와 같이 이러한 시도는 노태우 대통령의 거부권 행사로 불발에 그쳤다. 그럼에도 이미 기틀을 다지기 시작한 민주노조운동은 1990년 1월 전노협의 결성이라는 성과를 거두었다. 강력한 노동통제가 지속되고 민주노조운동의 대표기구인 전노협이 활동상 제약을 겪자 대다수 민주노조는 1991년 말 한국의 국제노동기구[ILO] 가입을 계기로 새로운 공동투쟁의 틀을 마련하기도 했다. 국가의 강력한 노동통제로 노동운동은 상대적으로 침체를 겪을 수밖에 없었으나 이미 성장한 민주노조운동을 기반으로 질적인 성

---

391 노중기, 「고도성장 이후 노동운동의 전환과 과제」, ≪경제와 사회≫, 제69호(2006년 봄), 81쪽 각주 11 인용.

392 임영일, 『한국의 노동운동과 계급정치(1987~1997)』(창원: 경남대학교출판부, 1998), 91쪽.

393 노중기, 「고도성장 이후 노동운동의 전환과 과제」, 81쪽.

장을 이루었다.[394] 결국 한편으로는 노동배제체제가 지속되고 다른 한편으로는 노동운동이 양적·질적으로 성장하면서 국가 및 자본과 노동의 관계는 불안정한 힘의 대치상황을 형성했고, 이러한 상황은 87년 체제의 중요한 특징이 되었다.

1993년 김영삼 정권의 등장으로 기대되었던 새로운 노동정치체제 역시 좌절되었지만 김영삼 정권 초기의 상대적으로 유화적인 국면에서 민주노조운동은 질적인 발전을 기할 수 있었다. 민주노조운동은 1993년 전국노동조합대표자회의를 결성하고, 1994년 민주노총 준비위원회를 거쳐 1995년 11월 전국민주노동조합총연맹(이하 민노총)을 결성했다. 민노총의 결성은 지속된 노동배제체제로 노동조합의 수와 조직률이 줄곧 하락하는 가운데서도 연대의 범위를 확장함으로써 민주노조운동의 자원을 강화하고 질적 성장을 꾀한다는 의미를 지녔다. 실제로 민노총은 제조업의 핵심적인 전략사업장뿐 아니라 사무직 노조와 공공부문 노조를 포괄함으로써 노동조합운동의 중심으로 자리 잡았다. 특히 공공부문의 노조를 포괄함으로써 민노총의 높아진 위상을 보여주었다. 1994년 철도와 지하철 노동자의 파업, 1995년 철도·전력에서의 노조민주화투쟁, 한국통신의 노조민주화투쟁은 공공부문 노동자들의 투쟁으로 주목할 만하다.[395]

정치적 민주화의 진전과 별개로 지속된 노동배제체제하에서도 민주노조운동이 질적으로 성장했다는 사실은 1996년 12월 노동법 개정에 대한 1997년 1월 총파업을 통해 확인되었다. 노동자의 이해에 반하고 사실상 전적으로 자본의 이해만 반영하는 노동법이 통과되자 민노총은 기존의 한국노총뿐 아니라 여러 시민사회단체와 연대하는 가운데 총파업을 주도했고,

---

394 노중기, 「한국의 노동정치체제 변동, 1987~1997」, 141쪽 참조.
395 같은 글, 143쪽 참조.

마침내 1997년 3월 노동법의 재개정을 이끌어냈다. 이로써 자본의 일방적인 이해만 반영하는 노동법을 저지할 수 있었다.

1997년 1월 총파업은 1987년 이후 노동자계급이 확장해온 조직역량의 최대치를 보여준 사건으로서, 당시 시점에서의 노동과 자본, 그리고 노동과 국가 간의 역학관계를 드러내보였다. 우선 민주노총 주도의 총파업에서 드러난 대중동원능력은 지배세력의 일방적인 노동정치가 더 이상 가능하지 않음을 보여주었는데, 이는 지속적으로 성장한 노동운동의 위력을 드러내는 것임과 동시에 제도정치에 대한 노동운동의 통제력 및 영향력이 취약함을 드러내는 것이기도 했다. 반면 국가와 자본은 여전히 작업장 영역 외에도 의회, 행정부, 제도언론 등 제도정치 영역에서 압도적인 자원동원능력을 갖고 있음을 보여주었다.[396] 이후 개정된 노동법에서는 이러한 역관계가 반영되었는데, 이 역관계는 국가와 자본의 노동관계 차원만의 문제가 아니라 사실상 한국 민주주의의 성격을 규정짓는 요인이기도 했다.

요컨대 한편으로는 경제개발을 주도해온 발전연합으로서의 지배연합, 즉 사실상 정권과 재벌 간의 연합인 국가와 대자본 간의 연합은 여전히 강력한 세력으로 존재했던 것이다. 1987년 이후 정치적 민주주의의 제도화가 이뤄지는 과정에서 국가주도성은 상대적으로 약화되었지만 양자의 연합에 파열은 없었다. 김영삼 정권이 여전히 성장제일주의를 표방했기 때문이다.[397] 따라서 지배연합은 스스로의 이해관계를 관철시킬 힘을 여전히 지니고 있었다. 노동배제체제가 지속될 수 있었던 것도 이 때문이었다.

다른 한편으로는 경제개발과정에서 꾸준히 성장하는 가운데 민주화를 이끌어왔던 민중연합이 일정한 균열을 겪어 일부는 제도정치 영역으로 편

---

396 같은 글, 146쪽 참조.
397 최장집, 『한국의 노동운동과 국가』, 424쪽 참조.

입되었고, 일부는 민중운동과 구별되는 시민운동의 영역으로 분화되었다. 상황이 이러하자 노동운동 자체는 이전 시기에 비해 급속히 성장했음에도 노동운동은 축소된 민중운동의 핵심 세력이되 단지 하나의 세력으로 남게 되었다. 민중운동의 편에서 보자면 바로 이런 조건으로 인해 정치적 민주화를 이뤘음에도 노동배제체제가 가능했던 것이다. 1997년 노동파업은 과거의 강고한 민중연합의 연대 틀을 일시적으로 복원하는 계기가 되었지만 새로운 노동정치체제가 법률적·제도적으로 다시 정비되자 이러한 연대의 틀은 또 다시 이완되었다. 바로 여기에서 한국 민주주의의 제한적인 성격이 결정되었다. 이것이 완전한 노동권의 보장이 유보된 불완전한 민주주의가 지속되는 이유다.

5. 소결

이 장에서는 3장에서 설정한 방법론적 가설에 따라 산업화를 주도한 국가 및 자본의 역할과 이에 대응해 노동계급을 중심으로 하는 민중의 역할을 대비하는 것을 기본 축으로 해서 한국의 경제개발과 민주주의 과정을 분석하고 설명했다. 국가 및 자본의 역할에 주목한 이유는 주로 산업화의 성격과 문제를 진단하기 위해서였으며, 노동계급을 중심으로 한 민중의 역할에 주목한 이유는 산업화의 진전에 실질적으로 기여하면서도 산업화의 과정에서 발생한 문제에 대해 이의를 제기하고 저항함으로써 민주화를 가능케 한 측면을 살펴보기 위해서였다. 네 개의 시기로 나눠 검토한 내용을 집약하면 대략 다음과 같다.

첫 번째 시기는 경제개발계획이 추진되기 이전인 주로 1950년대에 해당하는 시기로, 경제개발계획이 가능할 수 있었던 배경이라는 점에서, 그리고 이 배경하에 경제개발계획의 구상이 모색되었다는 점에서 간과할 수 없는 시기다. 경제개발계획 이전 시대인 1950년대는 흔히 '불임의 세월'로 간주되지만 실은 1960년대 이후 진행된 국가주도형 경제개발과 고도성장의 전제조건이 형성된 시기였다고 할 수 있다. 무엇보다 농지개혁은 철저히 진행되지 못했음에도 봉건적 지주소작관계를 청산해 자본축적의 기회를 제공했으며, 이와 아울러 봉건적 지주계급을 해체함으로써 자본주의적 산업화로서의 경제개발에 유리한 조건을 형성했다. 귀속재산 및 미국 원조 물자의 분배에서 나타난 특혜는 국가권력과 유착된 독점기업 중심의 한국 경제의 특성을 형성하는 데 기여했다. 한편 경제개발 시대에 일관되게 지속된 노동자계급에 대한 국가권력의 통제도 이 시기부터 시작되었다. 당시에는 산업화 수준이 미미해 노동자계급이 미약한 세력이었음에도 해방 직후의 특수한 정치공간에서 강력한 정치적 성향을 띠었는데, 국가통제하에 노동자들의 자발적 조직이 해체되고 국가가 조직한 새로운 노동조직으로 대체되었다.

두 번째 시기는 1961년 5·16쿠데타 이후 1962년부터 시작된 제1차 경제개발5개년계획이 추진된 기간이다. 정치적 정당성이 결여된 박정희 정권은 이전부터 형성되어온 국민적 공감대를 기반으로 경제개발계획을 수립·추진함으로써 정치적 정당성의 결여를 상쇄하려 했다. 처음에는 경제개발계획이 내자 위주의 균형 발전을 기조로 했으나 통화개혁의 실패와 쌀 위기 등의 악조건이 겹친 데다 한국경제를 동아시아 국제분업구조에 편입시키려는 미국의 압력 등으로 인해 외자 위주의 불균형 발전으로 선회했다. 한일협정과 베트남전쟁은 외자 위주의 경제개발계획을 추진하는 데 매우 중요한 계기였는데, 특히 한일협정과 이로부터 이어진 경제협력은 국내자본의 형성이 미약한 상황에서 외자 위주의 산업화를 주도한 국가와 자본이 발전연합을 구축하는 실질적인 계기가 되었다. 그러나 이는 동시에 발전연합에 대항해 민주화를 추동한 민중연합이 구성된 실질적인 계기이기도 했다. 한일협정에 대한 대대적인 국민적 저항은 향후 외자 위주의 불균형 성장 및 이에 동반된 정치적 권위주의에 대항하는 민중연합을 탄생시킨 출발점이기 때문이다. 경제개발계획의 선회와 함께 외적 계기를 통해 가속도가 붙은 산업화는 불균등 발전으로 인한 농민·노동자의 배제와 정치적 민주주의의 훼손을 본격적으로 야기했고, 이로 인해 민중의 저항도 지속적으로 강화되었다. 바로 이 점에서 이 시기는 산업화와 민주화의 동시적인 모순관계의 원형이 형성된 시기에 해당한다고 할 수 있다.

세 번째 시기는 고도성장의 시기로, 제2차 경제개발5개년계획이 추진된 시기(1967~1971)부터 중화학공업화의 추진과 함께 유신체제가 형성되어 1979년에 유신체제가 붕괴되기까지의 기간이다. 이는 산업화와 민주화의 동시적 모순관계가 격화된 시기로, 중화학공업화로 인한 자본 집중과 정치적 권위주의가 강화될수록 이에 대한 저항 또한 강화되어 강력한 민주화운동이 벌어지는 양상을 띠었다. 바로 이 점에서 한국의 산업화와 민주화의 관계에 관한 핵심적인 쟁점을 내장한 시기라고 할 수 있다. 중화학공업화의 추진은 고도의 자원집중을 필요로 했다. 이에 따라 자원의 특혜적 배분으로 육성된 소수의 대자본과 국가의 발전연합은 더욱 강고해졌으며 동시에 정치적 권위주의도 강화되었다. 대자본과 국가 간 발전연합의 강고화는 기왕에 경제개발계획이 추진된 이래 구조화된 불균형 발전을 심화시키고 노동에 대한 억압적 배제를 본격화했을 뿐 아니라 사회 전반의 언로 자체도 억압하는 방식으로 나타났다. 이 체제는 경제발전을 위한 고도의 효율성을 추구했지만 그 밖의 다른 방향을 모색할 수 있는 정치세력의 존재를 부정했다는 점에서 스스로 출구를 지니지 못한 체제였다. 이러한 체제에 균열을 내고 다른 가능성의 출구를 연 것이 민주화운동이었다. 경제개발이 시작된 이래 유신체제에 이르기까지 박정희 정권은 의도하지 않았지만 두 가지 방향에서 민주화운동을 초래할 수밖에 없었다. 하나는 성공의 결과요, 다른 하나는 실패의 결과였는데, 성공의 결과란 자본주의적 산업화로 중산층의 성장 및 노동자와 농민 등 기층민중의 성장이 초래된 것을 뜻하고, 실패의 결과란 민주주의를 폐기하고 권위주의로 전환한 결과 광범위한 저항세력이 형성된 것을 뜻한다. 이러한 맥락에서 발전연합이 강고해지는 만큼 민중연합도 강력해지는 양상을 띠었다. 결국 유신체제는 이러한 모순관계의 폭발에 따라 붕괴되었다.

네 번째 시기는 유신체제 붕괴 이후 1980년 신군부체제가 형성된 시기와 1987년 민주화항쟁 이후 정치·경제적으로 중대한 변화가 동반된 시기다. 1987년을 기점으로 국가체제와 민중운동 양 진영 모두에서 중요한 변화가 동반되었으므로 1987년 전후는 사실 질적으로 단절되었다고 할 수 있다. 하지만 국면이 단절되긴 했지만 1987년에 정점에 달한 민중운동은 1980년대 이래 연속성을 띠고 있을 뿐 아니라 국가 및 자본 간의 발전연합이 1987년 이후로도 지속되어 양자의 대립구도가 근본적으로 변화하지 않았다는 점에서 이 시기를 하나의 시기로 볼 수 있다. 이 시기에는 이전부터 성장해온 저항운동이 민중계층의 성장과 함께 복합적인 민중운동으로 발전했다. 또한 1987년을 정점으로 민중운동이 폭발적인 양상을 띠었음에도 경제개발이 시작된 이래 구축되어온 발전연합과 민중연합의 기본 대립구도가 지속되었다. 이는 발전연합이 체제위기를 봉합할 수 있는 계기가 두 차례 있었기 때문이다. 첫째, 유신체제 붕괴 이후 발발한 신군부의 쿠데타에 의해서였다. 신군부 정권은 자본축적의 위기에 대응해 산업구조 조정을 시도하고 일정 부분 경제개방화를 시도했지만 지배구조의 변화 없이 구체제의 정책을 거의 답습했으며, 권위주의적 통치방식 또한 국가의 강권력을 총동원함으로써 연장·강화했다. 이는 경제성장과 함께 성장한 여러 사회계층의 민주주의적 요구에 정면으로 배치되는 것으로서, 이러한 부조화는 오히려 민주화운동을 강화시키는 효과를 유발했다. 결국 1987년 민주화항쟁으로 지배체제는 다시 위기를 겪었는데, 이는 오히려 체제위기를 봉합한 둘째 계기로 작용했다. 지배세력은 민중운동의 요구를 절차적 민주화의 수준에서 수용함으로써 체제위기를 봉합함과 아울러 결과적으로 민중연합을 균열·약화시켰다. 1987년 6월 민주화항쟁에 이어 7~8월 노동자 대투쟁이 거세게 일었지만 이미 체제위기 봉합에 성공한 지배세력은 제한된 범위 내에서만 노동자들의 요구를 수용했을 뿐, 기존의 노동배제체제를 지속시켜나갔다. 1988년 이래 본격화된 경제의 개방화와 자유화는 한편으로는 국가주도의 경제개발체제를 사실상 종식시켰지만 다른 한편으로는 대자본의 지배력을 높이는 결과를 초래했다. 이는 노동배제체제를 지속시킨 결정적인 조건 가운데 하나다. 결국 절차적 민주화의 성취와 함께 기대되었던 실질적 민주화로서의 경제민주화는 구현되지 못한 채 지체되었다. 이처럼 산업화가 진전되었음에도 여전히 실질적인 민주화가 지체되었던 현실은 역설적으로 산업화와 민주화의 선후적 단계론의 문제점을 보여준다고 할 수 있다.

5

민중신학에 근거한 기독교 사회윤리의 관점에서 본 한국 근대화

4장에서는 경제적 발전과정으로서의 산업화와 정치적 발전과정으로서의 민주화를 요체로 하는 한국 근대화과정에 대한 사실적 분석을 마쳤다. 이제 이에 대해 최종적으로 기독교윤리적 평가를 시도할 차례다. 앞서 2장에서는 민중신학의 입장에서 기독교 사회윤리의 방법을 구성하고 이에 따라 한국의 경제개발과 민주주의를 평가하는 구체적인 윤리적 규준으로 시민적·정치적 권리로서의 인권의 규준과 사회적·경제적 권리로서의 인권의 규준을 설정한 바 있다.

근대의 역사적 과정에서 형성되어 오늘날 보편적인 가치규범으로 자리잡은 이 두 가지 인권의 규준은 역사적으로 볼 때 하느님의 주권이 민중의 주권으로서 구체화된다고 인식하고 있어 민중의 생존권 보장을 핵심적인 정의의 요체로 인식하는 민중신학의 입장에서 정당성을 갖는다. 한국의 근대화를 기독교윤리적으로 평가하기 위해 채택한 인권이라는 규준은 경제적 발전과정 및 정치적 발전과정이 구체적으로 인간의 삶을 향상시킬 때라야 정당성을 인정받을 수 있다고 보는 이 책의 근본동기와 맞닿아 있다.

이러한 근본동기는 하느님의 형상을 부여받은 인간이 진정한 삶을 회복하길 바라고 믿는 신학적 관점에서 비롯된다.

여기서는 최종적으로 윤리적 평가를 시도하기 위해 앞에서 설정한 윤리적 규준의 핵심적인 요체를 재삼 확인하려 한다. 먼저 윤리적 규준의 정초 개념인 인권은 어떤 경우든 모든 인간이 존엄한 존재로서 평등하게 존중받으며 살아야 한다는 인간적 이상으로서 의미를 지니고 있다.

여기에서 구체화된 첫 번째 윤리적 평가의 규준인 시민적·정치적 권리로서의 인권의 규준은 통치권력의 임의적인 지배에 대항한 민중의 자유로운 의사결정 및 정치적 결정을 함축하는 주권재민의 원칙을 요체로 한다. 세부적인 요건으로는 정당한 정치적 주체로서 각 개인의 신앙과 양심의 자유 및 의사표현의 자유, 생명권의 존중 및 인신에 대한 부당한 처우의 금지, 민의의 정당한 대표권 보장을 위한 정치적 절차상의 정당성 확보 등을 들 수 있다. 기독교 사회윤리의 근거인 신학적 의미에서 이 규준은 하느님의 형상을 부여받은 책임적 존재로서의 인간 이해와 하느님의 계약상대로서의 민중의 역할과 관련되어 있다.

두 번째 윤리적 평가의 규준인 사회적·경제적 권리로서의 인권의 규준은 누구에게나 보장되어야 할 삶의 기본조건, 즉 만인에게 보장되어야 할 최소한의 생존권이자 나아가 적극적인 생활의 향유 권리로, 오늘날 이 규준은 노동권을 핵심으로 해서 적정한 교육, 의료의 보장 등을 포함해 매우 다양한 사회복지의 내용으로 구체화되고 있다. 신학적 의미에서 이 규준은 하느님의 신실함에 근거한 포괄적이고 근본적인 정의의 구체적인 실현으로서 사회적 약자의 생존 및 생활의 보장과 관련되어 있다. 책임적 존재로서의 인간 및 하느님의 계약상대로서의 민중이 철저히 관계적 차원에서 이해되듯이 사회적 약자의 생존 및 생활의 권리를 보장하는 것이 곧 하느님의 정의를 실현하는 것이라는 신학적 이해 또한 관계적 차원에서 의의를 지닌다.

이 장에서는 이 두 가지 인권의 규준에 따라 역동적인 모순관계하에 전개된 산업화와 민주화의 과정에서 나타난 문제를 각 시기별로 평가하려 한다. 먼저 각 시기별로 총괄적인 문제의 상황을 개괄하고, 이어 두 가지 규준에 따라 각기 영역을 나누어 구체적으로 두드러진 양상을 밝힌 후, 민중신학에 근거한 기독교 사회윤리의 관점에서 주목해야 할 문제점을 지적하고 평가하는 방식으로 진행할 것이다.

1. 경제개발 이전 시기

자생적 근대화에 실패하고 식민지로 전락해 역사적 단절을 겪어야 했던 한국사회는 전반적으로 왜곡과 지체의 현상을 수반할 수밖에 없었다. 식민지 근대화는 자본주의적 산업화와 동시에 일정한 근대 정치문화현상을 수반하기는 했지만 식민성으로 인해 왜곡된 형태를 보였다. 그나마 식민지 치하에서 지속되었던 민족·민중운동을 통한 자주적인 근대화의 시도는 분단, 미군정 등으로 다시 굴절되었다. 이로 인해 근대적 민주주의의 탄생과 함께 형성된 인권의 규범은 내재적인 가치로서 한국사회에 정착하기가 쉽지 않았다.

그럼에도 1948년 정부 수립과 함께 제정된 헌법은 민주주의를 뒷받침하는 인권의 규범을 한국사회에 부여했다. 서구의 근대적 정치혁명을 통해 보편화된 시민적·정치적 권리로서의 인권의 규범은 그렇게 한국사회에 이입되었다. 또한 한국전쟁의 와중이던 1953년에는 일련의 노동관계법이 제정되었다. 당시 제정된 노동법은 미국의 노동법을 모체로 해서 급조되기는 했지만 결사의 자유, 단체교섭권, 단체행동권 등 노동3권을 보장한 매우 진취적인 성격을 띠고 있었다. 이는 1948년 헌법과 함께 사회적·경제적

권리로서의 인권의 규범을 제시했다.[1]

그러나 헌법과 노동관계법 등을 통해 제시된 인권의 가치가 곧바로 현실적인 규범력을 지니지는 못했다. 이는 당시의 국가권력과 민중의 역관계에서 비롯되었다. 당시 국가권력은 사실상 국민적 동의와 지지보다는 외부세력의 후원과 지지에 존속기반을 두고 있었다. 냉전체제하에서 반공보루국가를 형성하려 한 미국의 절대적인 지원과 식민지적 관료체제의 존속에 힘입어 사회 전반에 대한 나름의 통제력을 확보하고 있던 당시 국가는 국민의 동의와 지지가 절실하게 필요하지는 않았다. 더욱이 분단 및 전쟁과 함께 극단적인 냉전 이념지형이 형성됨으로써 기존의 민족·민중운동의 전통이 단절되었고, 이로 인해 권력에 대한 비판적 저항세력은 미미했다. 이런 상황에서 주어진 법과 규범은 형식적인 성격을 띨 뿐이었으며, 권력의 통치력이 정세를 좌우하는 더욱 중요한 요인으로 작용했다. 하지만 이러한 통치력은 1960년 4·19혁명으로 한계상황에 이르렀다. 민족·민중운동의 단절을 딛고 일어선 4·19혁명으로 인해 민주주의를 뒷받침하는 인권의 규범이 비로소 한국사회에서 내재적인 요구로 제기되었던 것이다.

1) 냉전체제 형성과 정치적 권리 억압

일제의 식민지에서 해방되었을 때에는 국가의 주권이 온전히 회복되고

---

1   사실 1948년 제헌헌법은 매우 진취적인 성격을 지니고 있었다. 예컨대 최근 경제민주화 및 노동자의 권리와 관련해 노동자의 경영참가 권리에 관한 논의가 제기되고 있는데, 이는 한국 현대사에서 낯선 발상이 아니다. 제헌헌법 제정 당시에도 이익균점권과 함께 노동자의 경영참가를 보장해야 한다는 논의가 있었던 것이다. 노동자의 경영참가 권리는 끝내 채택되지 않았지만 이익균점권은 제헌헌법에서 노동기본권 조항의 하나로 명문화되었다. 이 권한이 사라진 것은 1962년 12월 제3공화국 헌법에서였다. 송강직, 「한국에서 근로자의 경영참가 법리의 향방」, 《동아법학》, 제50호(2011년 2월), 489쪽 참조.

독립된 국가의 국민주권도 보장되리라고 온 국민이 기대했다. 자주적인 주권회복에 대한 기대와 염원은 1948년 건국준비위원회의 구성과 곧바로 이어진 조선인민공화국의 선포로 가시화되었다.[2] 그러나 분단과 미·소 양국의 군정은 이러한 기대를 좌절시켰다. 냉전체제로 분단이 기정사실화되고 단독정부가 수립되자 헌법상에 권리보장을 명시해놓았음에도 실제적으로는 시민적·정치적 권리의 유보를 정당화하는 제약조건이 형성되었다. 냉전체제하에서 남북 간의 대립과 전쟁으로 극단적인 이념지형이 형성되었고, 이로 인해 이전 시대부터 지속되어왔던 권리투쟁은 철저하게 억압되었다. 이후 내내 한국사회를 특징지은 반공규율사회가 형성됨으로써 일체의 사회적 운동이 금기시되었고 민주적 권리 또한 억압당했다. 국가권력의 임의적인 통치력이 사회를 압도했고 형식상의 민주적 절차마저 제대로 지켜지지 않았다. 1954년 실시된 이른바 사사오입 개헌, 1960년 3·15부정선거 등은 형식적인 민주적 절차마저 제대로 지켜지지 않은 당시 현실을 보여주는 대표적인 사례였다.

국민적 정당성을 지니지 못한 국가권력의 통치행위는 저항에 직면했고, 결국 1960년 4·19혁명으로 이승만의 자유당 정권은 붕괴했다. 4·19혁명은 남북분단과 한국전쟁 이후 단절된 민족·민주운동의 복원을 뜻하는 것으로, 이로부터 정당한 민주적 절차와 권리에 대한 요구가 분출하기 시작했다. 이로써 그간 단지 형식적인 규범으로만 부여되어왔던 민주적 권리는 현실적인 요구로 제기되었고, 4·19혁명으로 제기된 민주적 권리에 대한 기대는 이후 민중운동에 정당성을 부여하는 핵심적인 자원으로서의 역할을 담당하게 되었다.

2 　김정원, 「해방이후 한국의 정치과정(1945~1948)」, 김정원 외, 『한국현대사의 재조명』(서울: 돌베개, 1982), 145쪽 이하 참조.

이 기간의 전반적인 특징은 현상적으로 볼 때 국제적인 냉전체제가 형성되는 가운데 국가적 주권의 제약이라는 조건이 국민적 주권을 제약한 것으로 볼 수 있다. 그러나 국가권력의 원천이 민중에게 있다는 관점에서 볼 때 정반대로 국민적 주권의 제약이라는 조건이 국가적 주권을 제약하는 것으로 귀결된 경우라고 평가할 수도 있다. 이러한 평가는 우선, 역사적으로 경험한 사례에 비춰볼 때 정당성을 갖는다. 국민적 동의와 지지기반을 우선시하기보다 외부적 힘에 의존한 국가권력은 국민적 권리의 제약을 강화하는 악순환에 빠지고 국민적 저항에 부딪힐 수밖에 없다. 이는 4·19혁명으로 자유당 정권이 붕괴된 역사적 사실을 통해 곧바로 입증된다. 결국 국제적인 냉전체제에 편승해 거의 전적으로 미국의 외부적 지원에 힘입어 국가권력을 강화하고 국민적 권리를 제약한 당시 국가권력의 선택은 당시의 역사적 조건에서 불가피한 선택이었다고 할 수 없다. 오히려 국민적 권리와 요구를 수용함으로써 국가 내부적으로 지지기반을 확대하는 것이 체제의 존립을 위해 현명한 선택이었을 수도 있다. 그러나 당시의 국가권력은 국제적인 냉전체제하에서 전방방위국가로서의 자신의 입지만 압도적인 현실로 받아들인 탓에 민중의 저항에 부딪혀 붕괴하는 운명을 맞이했고, 이로부터 국민적 권리의식이 새롭게 싹텄다.

앞서 2장에서는 민중신학이 밝힌 성서의 입장에서 하느님의 주권 개념에 주목한 바 있다.[3] 하느님의 주권이 민중의 주권으로 구체화된다는 신학적 입장에서 볼 때 근본적으로 하느님의 주권에서 벗어난 독립적 실체로서는 국가권력의 정당성이 인정되지 않는다. 역사적·현실적 조건에서 불가피한 선택으로서 국가권력이 옹호될 경우 국가권력이 민중의 권리를 보장하는 한계 내에서 제한적으로 국가권력의 정당성이 인정될 뿐이다. 이러

---

3   이 책 2장 3절의 (2) '시민적·정치적 권리로서의 인권의 규준' 참조.

한 신학적 입장에서 보면 민중의 권리를 억압하는 국가권력의 행위는 하느님의 백성으로서의 공동체를 파괴하는 행위로 간주되며, 따라서 하느님의 뜻을 저버린 범죄행위로 간주된다. 이런 관점은 예언자들의 선포를 통해 일관되게 증언된다. 예언자들의 선포 가운데 특히 외부세력에 의존해 국가의 안위를 보장받으려는 행위는 하느님의 뜻을 저버린 범죄행위로서 오히려 국가의 존속을 위협하는 결정적인 요인으로 지탄받는다(이사야 31장 참조). 이는 인간의 역사적 현실 가운데 펼쳐지는 하느님의 뜻이 무엇보다도 백성의 안위를 보장하는 데 있음을 말해준다. 이는 또한 세계를 향한 하느님의 구원의지가 억압받는 인간의 삶을 보장하는 데 있다는 성서의 근본 정신을 환기시켜준다. 인간의 자유로운 삶을 억압하는 대상이 절대화될 때 성서는 이를 '우상'으로 여긴다는 점에 새삼 주목해야 할 것이다.

2) 불안정한 생존권과 사회적 부정의의 만연

정부 수립 이후 헌법을 통해 부여된 형식적인 규범이 사실상 실질적인 효력을 지닐 수 없었던 상황이었음에도 사회적·경제적 권리의 측면에서 매우 특기할 만한 일이 일어났는데, 바로 농지개혁이었다. 미군정기부터 추진되어 정부 수립 이후 일단락된 농지개혁은 이후 경제개발을 추진하는 데 용이한 객관적 조건을 형성했다는 점에서 중요한 의미를 지닐 뿐만 아니라 농자유전의 원칙을 확립했다는 점에서 사회적·경제적 권리의 측면에서도 매우 중요한 의미를 지닌다. 물론 한국의 농지개혁은 유상몰수 유상분배의 원칙이 말해주듯 자유주의적 소유권의 기본원칙에 입각해 진행되었지만, 농민의 생활권을 보장하는 의미를 지녔다는 점에서 사회적·경제적 권리를 실현하는 성격 또한 지니고 있었다. 이는 당시 좌·우가 공유한 농지의 농민소유원칙 요구 및 북한의 신속한 농지개혁의 파급효과 등으로 민심의 소요 및 사회혁명이 일어날 가능성을 미리 예방하기 위한 수동혁명의 성격을 띤 것으로, 배타적 소유권의 관철이 민중의 생존 및 생활의 권리를 위협할 때 전 사회적으로 어떤 조정과 선택이 필요한지를 보여주는 하나의 역사적 전례라 할 수 있다.

미흡하지만 결과적으로 중요한 의미를 지닌 농지개혁 외에 다른 주요 정치적·경제적 조치는 매우 심각한 사회적 부정의를 야기함과 동시에 민중의 사회적·경제적 권리를 억압하는 양상을 띠었다. 우선 해방 후 귀속재산의 처리는 특혜적 배분으로 인해 사회적으로 부정의한 상황을 만들었다. 일제시대 독립운동 단체들은 적산의 국유화라는 원칙에 대체로 합의했으나 이러한 공감대와 달리 미군정과 정부 수립 이후 적산은 특정인의 사유재산화되었다. 게다가 적산의 매각 또한 우선권부여제와 지명공매제를 통해 구소유자와의 연고자에게 집중되는 방식이었다. 이는 사실상 특혜적 매각이었다. 또한 미국의 대한원조물자 역시 특혜적 방식으로 배분됨으로써 훗날 독점 대기업 위주의 산업구조를 형성하는 데 기여했다. 특히 원조 농산물의 특혜적 배분은 농업배제와 저곡가정책을 기조로 하는 경제개발의 특성을 형성했을 뿐 아니라 노동자에 대한 저임금정책에도 기여했다. 결과적으로 적산매각과 원조물자의 특혜적 배분은 특정 기업으로의 집중과 산업의 편중화 현상을 낳았고, 이는 훗날 경제개발이 본격화되어 경제가 성장할 때에도 광범위한 민중의 생존권 및 생활권을 압박하는 산업구조의 특성을 형성하는 데 기여했다. 뿐만 아니라 정경유착을 통한 부정부패 현상을 만연화시킴으로써 사회적 정의에 대한 가치관을 혼란시켰다.

노동에 대한 억압적인 배제체제 또한 본격적인 산업화가 진전되기 이전인 이 시기부터 형성되기 시작했다. 해방 직후 산업화의 수준이 낮고 남북의 분단으로 산업구조가 굴절된 상황이었음에도 전평으로 대표되는 매우 강력한 노동자 조직이 건재했으며, 전평 주도하의 노동운동은 강력한 정치적 성격을 띠고 있었다. 농민층에서 농지개혁의 요구가 제기될 즈음 노동 자들은 인민정권의 수립을 목적으로 노동자 자주관리와 산업건설 협력 등을 내세우며 노동자들의 권리를 주장했다. 이러한 노동운동은 정부 수립 이전부터 배제의 대상이 되었고, 1946년 미군정과 과도정부 및 각 사회단체의 지원으로 대한노총이 결성됨으로써 전평은 견제를 받다가 1947년 3월 총파업으로 불법화되기에 이르렀다. 대한노총의 등장은 강력한 국가통제하의 노동억압체제를 예시한 것으로, 노동억압체제는 이후 경제개발이 본격화되었을 때 강력한 위력을 발휘했다. 1953년 노동3권을 보장하는 진취적인 노동법을 제정했음에도 집권세력의 정략적 이해관계에 따라 노동정책이 좌우되었고 노동자의 권리는 지속적으로 억압받았다.

민중신학에 근거한 기독교 사회윤리적 관점은 사회적 약자를 보호해 생존과 생활의 권리를 보장하는 것을 신실한 하느님의 정의를 실현하는 결정적 요체로 본다. 이는 하느님의 약속을 믿는 백성의 공동체가 지켜야 할 의무이자 동시에 공동체의 온전성을 보전하는 길이라는 점에서 관계적 차원에서의 의의가 분명하게 드러난다. 이는 사회적 약자에 대한 시혜를 뜻하는 것이 아니라, 사회적 약자의 생존과 생활의 권리를 보장함으로써 존속 가능한 사회적 관계를 형성한다는 것을 뜻한다. 바로 이러한 관점에서 보자면 비록 미흡했지만 농자유전의 원칙을 확립한 건국 초기의 농지개혁, 1952년 이후의 의무교육 실시 등은 적극적으로 평가할 수 있다. 하지만 그밖의 사회적·경제적 권리와 관련한 사항은 사회적 관계의 심각한 왜곡을 동반한 것으로 평가할 수밖에 없다. 물론 앞서 지적한 바와 같이 1950년대는 1960년대 이후 경제개발과 고도성장의 전제조건을 형성한 시기라는 점에서 산업화 자체의 측면에서는 적극적으로 평가할 만한 요인을 지니고 있는 것이 사실이다. 그러나 동시에 이러한 산업화의 전제조건이 본격적인 산업화가 전개되는 동안 지속된 문제점을 배태한 요인이기도 했다는 점을 간과해서는 안 된다. 귀속재산을 매각하고 원조물자를 배분하는 과정에서의 특혜로 인한 자원의 불균등한 집중 및 노동자 등 사회적 약자의 배제로 인한 사회적 정의의 훼손은 당시 이미 심각한 상태에 이르렀는데, 이는 이후 산업화과정에서 일관된 한국사회의 문제로 남았다.

경로의존성의 개념은 이전 시대의 제도 및 관행이 지속적으로 영향을 끼치는 과정을 사회과학적으로 설명하는 방식으로 종종 활용되지만,[4] 기독교 사회윤리의 관점에서는 이 개념이 마치 자연적 합법칙성으로 오인될 수 있다는 점에서 비판의 대상이다. 기독교 사회윤리에서는 인간사회의 제도를 자연적 합법칙성하에 놓인 것이 아니라 인간에 의해 형성되고 따라서 인간이 책임져야 할 역사적 범주 내에 있는 것으로 보기 때문이다.[5] 따라서 산업화의 전제조건이 안고 있던 문제점이 지속된 것이 불가피한 귀결이라고 용인되지 않는다. 이러한 문제점은 시정되어야 했지만 불행히도 이후 본격적인 산업화과정에서 더욱 강화되는 양상을 띠었다.

2. 5·16쿠데타와 경제개발계획 추진 초기

4·19혁명은 분단과 전쟁 이후 단절되었던 민족·민중운동의 부활을 의미했으며, 한국전쟁 이후 민주주의에 대한 민중의 요구가 비로소 전면화된 역사적 계기였다. 그러나 4·19혁명은 학생들을 중심으로 한 주도세력이 직접 권력을 장악하는 형태가 아니라 기존의 정치세력에 민주적인 정치절차를 위임하는 방식으로 진행되면서 민주주의에 대한 강력한 요구를 철저

---

4   4장의 각주 301 참조.
5   아르투르 리히, 『경제윤리 1』, 86쪽 참조.

하게 수렴하지 못하는 한계를 지녔다. 4·19혁명으로 등장한 민주당 정권은 절차상 적법성을 갖추고 있었지만 지나친 대미의존 및 혁명 직후 강력하게 제기된 부정부패 척결의 의지 부족 등으로 광범위한 지지를 받지 못하다가 결국 5·16쿠데타로 정권의 붕괴를 맞았다.

5·16쿠데타는 4·19혁명으로 제기된 민주주의의 요구에 비춰볼 때 명백한 퇴보를 뜻하는 것이었다. 그럼에도 5·16쿠데타는 매우 미묘한 정치적 효과를 발생시켰다. 4·19혁명의 열기에 비춰볼 때 5·16쿠데타는 곧바로 저항에 부딪히는 것이 마땅한 상황이었지만 사정은 오히려 그 반대에 가까웠다. 군사쿠데타 세력은 반공을 제1의 국시로 표방했을 뿐 아니라 애초 민주당 정권에 기대되었던 여러 가지 개혁조치를 시행하겠다는 의지를 강력하게 내보였다. 무엇보다 당시 가장 큰 국민적 공감대를 형성했던 경제개발에 대한 계획을 수립했다. 이는 애초 민주당에서 입안했던 계획안을 토대로 한 것이지만, 절차적 정당성을 지니지 못한 군사정권에 국민적 동의와 지지기반을 확보하게 해준 중대 사안이었다. 경제개발계획의 추진은 처음부터 국민적 공감대를 기반으로 한 사안이었던 만큼 실제로 군사정권은 이로 인해 국민적 동의와 지지를 확보할 수 있었다.

그러나 민주적 절차의 정당성 결핍이라는 태생적 한계를 산업화의 성공으로 돌파하려는 과정에서 정권은 스스로 국민적 동의의 기반을 훼손시켰다. 산업화를 위한 내자의 기반이 취약한 상황에서 시급히 외자를 도입하기 위해 한일협정을 추진한 것이 대표적인 경우였다. 한일협정에 대한 거센 저항으로 군사정권은 민족주의적 동의기반을 훼손당했다. 이는 일회적인 현상이 아니었다. 바로 여기에서 산업화와 민주화의 모순적 동시관계의 기본틀이 형성되기 시작했고, 그 관계는 경제개발 시대 내내 한국사회의 기본특성이 되었다. 그리고 이러한 모순적 관계는 국가권력에 의한 권리의 제한과 이에 맞선 민중의 정당한 권리 요구가 충돌하는 양상으로 나타났다.

1) 국민총동원체제의 형성과 정치적 권리의 억압

　군사쿠데타에 의한 정권의 장악은 민주적 절차 자체를 부정하는 행위였다는 점에서 정권의 태생적 한계를 드러내는 것이었다. 당시 정권은 민주적 절차를 부정한 태생적 한계로 인해 정당성이 부재했는데, 이를 상쇄하기 위해 크게 두 가지 방향을 제시했다. 하나는 제1의 국시로 반공주의를 내세우는 것이었고, 또 다른 하나는 경제성장 제일주의를 내세우는 것이었다. 반공주의를 내세운 이유는 반공주의가 냉전체제하에서 전방방위국가로서 한국을 지원하는 미국의 지지를 확보할 수 있는 요건일 뿐 아니라 국내적으로 분단에 이어 전쟁까지 경험한 상황에서 국민들의 광범위한 지지를 얻을 수 있는 정서적 기반이었기 때문이다. 한편 경제성장 제일주의를 내세운 이유는 이미 오래 전부터 경제성장에 대한 전 국민적 공감대가 형성되어 있었기 때문이다. 이와 같은 두 가지 방향에서 진행된 정권의 시도는 민주주의와 병행하는 가운데 이뤄진 것이 아니라 민주주의를 대체하는 성격을 지니고 있었다는 점에서 정치적·시민적 권리를 제약하는 결과를 가져왔다.

　반공주의와 경제성장 제일주의의 결합은 이념적 경직성과 경제적 효율성을 동반한 군사적 국민총동원체제의 구축으로 귀결되었다. 이런 상황에서 사상과 정치적 의사표현의 자유는 보장될 수 없었다. 남북 간의 체제대결은 때때로 체제의 우위를 확보하기 위한 상승요인으로 작동하기도 했지만,[6] 집권세력은 체제의 차이를 강조함으로써 억압적 요소를 강화했고 사

6　3장의 각주 63 참조.

상과 정치적 의사표현의 자유를 억압했다. 분단과 동시에 양분된 이념지형은 사상과 의사표현의 자유를 제약하는 좋은 구실이 되었다. 여기에 자원의 효율적인 집중을 필요로 하는 경제개발의 추진은 사회 각계각층의 이견을 제어할 수 있는 명분이 되었다. 경제개발을 추진하기 위해서는 외자도입이 필요했기에 한일회담이 서둘러 진행되었는데, 한일회담에 대한 저항이 거세게 일자 집권세력은 이를 물리적으로 억압했을 뿐 아니라 이후 반대세력을 인혁당사건과 같은 간첩사건 조작으로 제어했다. 이와 같은 방식은 경제개발을 추진한 박정희 정권 통치기간 내내 상투적으로 사용되었다. 1969년 삼선개헌 즈음에는 정권 내부의 비판적인 세력마저 간첩사건[7] 조작으로 제거할 정도였다. 한편 베트남전쟁 파병은 직접적인 경제적 파급효과와 더불어 국민적 자원을 동원하기 위한 일종의 병영체제를 구축하는 효과를 발휘하기도 했다.

제1차 경제개발계획이 추진되는 기간(1962~1966) 동안 군사정부는 형식상으로 민간정부로 변신한 데 이어 경제개발계획에도 성공했다. 이로써 박정희 정권은 일정한 정치적 정당성을 획득했다. 이러한 조건하에 정권은 상대적으로 안정을 누리고 상당한 국민적 지지기반을 확보할 수 있었다. 이는 1967년 대통령선거에서 박정희가 높은 지지율로 당선된 데서 확인된다.[8] 따라서 적어도 이 기간 동안은 정권이 지닌 태생적 한계가 어느

7　삼선개헌에 반대했던 영국 유학생 출신 박노수와 공화당 의원 김규남 등이 간첩으로 내몰려 처형당했다. 이른바 '국회 간첩단 사건'으로 불리는 사건이다. 이 사건은 다른 사건과 달리 사람들의 뇌리에 잘 남아 있지 않은데, 필자는 박노수의 캠브리지대 동문으로 그의 구명활동을 위해 한국을 방문했다가 입국금지로 일본에 눌러 앉아 교토의 한 대학에서 교수로 재직하며 ≪로닌(浪人, Ronin)≫이라는 개인 신문을 통해 한국 민주화운동을 세계에 알린 데이비드 존 보깃(David John Bogget)에게서 이 사건을 처음 듣고 깜짝 놀랐으며, 이후 관련 자료를 찾아보면서 그 실상을 알게 되었다. 광주문화방송, 〈1969년 국회 간첩단 사건〉, 2006년 6월 17일(http://blog.kjmbc.co.kr/lk0823/1157) 참조.

8　4장의 각주 237 참조.

정도 상쇄되었고 그런 만큼 국민적 동의를 기반으로 한 민주적 절차가 일정하게 지켜졌다고 할 수 있다. 그러나 앞서 지적한 바와 같이 이는 반공주의와 경제성장 제일주의에 위협이 되지 않는 한계 내에서만 허용된 것으로서, 지극히 제한적일 수밖에 없었다. 결국 경제성장의 실패가 아니라 성공으로 인한 위기현상이 나타나기 시작할 즈음 정권은 태생적 한계를 극복하지 못하고 본격적인 권위주의화의 길로 접어들었다. 1969년 실시된 삼선개헌은 다가올 유신체제의 서막에 해당했다.

요컨대 민주적 정치절차를 훼손함으로써 태생적인 정당성의 한계를 지녔던 박정희 정권이 이전의 자유당 정권과 마찬가지로 반공주의를 빌미로 정치적 의사표현의 자유를 제한했음에도 국민적 공감대에 근거한 경제개발계획을 시행하고 성과를 거둠으로써 국민적 동의기반을 확보한 것은 이전의 정권에 비해 한층 진화한 성격을 지녔다고 할 수 있다. 그러나 박정희 정권은 등장과정에서뿐만 아니라 통치과정에서도 내내 권력의 정당성 문제를 비켜갈 수 없다는 한계를 지니고 있었다.[9]

민중신학에 근거한 기독교 사회윤리적 입장에서 볼 때 권력의 정당성 문제는 단지 경제적 성과로 대체될 수 있는 것이 아니다. 물론 민중의 삶을 개선시키는 경제적 성과를 통해 권력의 정당성을 일정 부분 확보할 수도 있다. 경제적 산업화가 사회구성원의 물질적 삶의 조건을 개선할 수 있다는 점에서 그렇다. 그러나 권력의 정당성은 주권재민의 원칙에 따라 민의의 합의에 근거한 일체의 민주적인 정치절차를 준수하고 정치적 주체의 정당한 의사표현의 자유를 보장할 때 근본적으로 확보된다. 이는 어떤 조건으로도 유보되거나 대체될 수 없는 인간 삶의 존엄성을 보장하는 정치를

---

[9] 권력의 정치적 정당성 문제에 관해서는 다음을 참조할 것. 손규태, 『사회윤리학의 탐구』, 55쪽 이하.

통해서만 권력의 정당성이 인정될 수 있음을 뜻한다. 바로 이 점에서 처음부터 민주적인 정치절차를 훼손하고 정치적 의사표현의 자유를 제한한 박정희 정권은 스스로 권력의 정당성 기반을 무너뜨렸다고 할 수 있다. 뿐만 아니라 경제적 산업화의 성공으로 정치적 정당성을 대체할 수 있다는 발상은 가시적 성과와 업적으로 정당성을 대체해도 무방하다는 윤리불감증의 사회적 풍조를 형성시키는 해악을 끼쳤다.

2) 산업화에 대한 국민적 지지, 돌아온 건 사회적·경제적 권리 침해

분단으로 인한 산업구조의 왜곡에 전쟁으로 인한 경제 피폐화까지 겹쳐 심각한 빈곤 상태였던 상황에서 경제개발계획을 통한 산업화의 추진은 전폭적인 국민적 공감대를 형성했다. 민주적 절차를 훼손한 군사쿠데타 세력이 광범위하게 지지를 받았던 것이나 이후 경제개발계획이 실제로 추진될 당시 박정희 정권이 지지를 받았던 것도 이 때문이다. 경제개발계획의 추진이 절대적 빈곤의 상태를 개선해 물질적 생활조건을 형성한 것은 일단 긍정적으로 평가할 수 있다.

그러나 경제개발이 본격화되면서 여러 가지 문제점이 발생했고, 이러한 문제는 이후로도 내내 지속되었다. 부족한 자원의 한계하에 자원의 집중과 선택을 요한 산업화과정은 산업 간 불균형을 초래해, 도시는 산업화의 성과를 누린 반면 농촌은 심각한 수준으로 피폐화되었다. 공업 위주의 산업화과정에서 저임금 도시노동자의 생계유지를 위한 저곡가정책으로 농촌의 피폐화는 가속화되었고, 이로 인해 농촌인구가 도시로 유입되자 광범위한 노동자군이 형성됨으로써 저임금 노동 상황이 지속되는 한편 도시빈민층의 문제가 발생했다. 도시와 농촌은 악순환 구조를 형성했고, 결과적으로 도시 중산층을 제외한 농민과 도시노동자 및 빈민층은 심각한 생활상의 압박을 받아야 했다. 산업화로 인해 전반적으로 절대 빈곤에서 벗어났다고는 하지만 농민과 도시노동자, 빈곤층의 상대적 빈곤과 기회의 박탈 상황은 더욱 심화되었다.

산업현장의 노동자들은 산업화를 추진하는 국가와 자본의 강력한 통제 대상이었다. 노동자들은 경제개발의 실질적인 주역이었음에도 정당한 권리의 주체로 인정되기보다는 산업화를 위한 동원대상으로 간주되었다. 이는 우선 노동법의 개정과정에서 분명하게 드러났다. 역설적이게도 가장 먼저 제정된 1953년 노동법이 가장 민주적이었는데, 이 노동법은 이후 지속적으로 개악의 과정을 거쳤으며, 5·16쿠데타 이후 실시한 일련의 노동법 개정은 경제개발을 위한 노동권의 억제와 잠정적 유보를 목적으로 했다. 노동자의 권리를 최대한 억압하고 임금의 최소화와 장시간 노동을 강요하는 법적 근거가 노동법 개정을 통해 만들어졌던 것이다. 1961년 개정 노동법은 한국노총을 유일한 대표기구로 만들었고, 노동자의 정치참여를 막았으며, 노사협의회를 의무화해 노동조합의 기능을 대체하도록 했다. 1963년 개정 노동법은 근로시간의 연장과 근로기준의 하향조정을 핵심으로 해서 본격적인 산업화에 대비했다.[10] 이와 같은 노동법의 개정은 노동자의 정치적 배제와 경제적 동원이라는 개발독재의 이념을 구현한 것이었다. 그러나 일련의 개정 노동법이 1953년 노동법에서 크게 후퇴하긴 했지만 노동자의 파업권을 보장하는 등 단결법은 유지되었다. 이 때문에 법률로 완전하게 노동자를 통제할 수 없었던 국가는 반공주의와 노사협조주의 등의 이데올로기적 통제수단, 노동법 이외에 국가보안법과 집시법 등의 법적 수단, 그리고 경찰력 등의 물리력을 수시로 동원해 노동자들을 통제했다. 첫 번째 경제개발이 시작된 1960년대 전반 노동통제의 상황은 유동적인

---

10 송호근, 「한국의 노동과 인권」, 23쪽 참조.

성격을 지니고 있긴 했지만, 경제개발계획이 추진되면서 현실에 맞춰 노동자를 통제하는 억압적 배제체제가 제도적으로 기틀을 잡아갔다고 할 수 있다. 하지만 산업화가 본격화되면서 성장한 노동자들의 권리투쟁 또한 점증했다.

자원의 집중과 선택을 요한 산업화과정은 산업 간 불균형, 도시와 농촌 간 악순환 구조, 농민과 노동자의 직접적인 배제에 더해 자본의 특혜적 편중으로 대기업 위주의 경제구조 형성이라는 특징을 보였다. 이는 단기적인 경제개발 성과를 거두는 데에는 효율적이었지만, 독점 대기업 위주의 경제구조를 고착화하는 데 기여하고 나아가 승자독식의 가혹한 경제적·사회적 환경을 조성함으로써 사회 전반에서 정의의 가치기준을 아예 실종시키는 문제를 야기했다. 이는 제2차 경제개발계획이 추진되고 본격적인 고도성장이 시작되면서 비롯되었다기보다는 경제개발계획이 추진되기 이전부터 맹아가 배태되어 있다가 경제개발계획이 추진되면서 표면에 드러난 현상이라고 할 수 있다. 예컨대 5·16쿠데타 직후 쿠데타 세력이 경제개혁과 부정부패 척결을 내세우면서 부정축재자로 소환했던 주요 기업인들에게 재산을 헌납하는 방식으로 면책을 허용한 것은 쿠데타 세력이 처음부터 규모와 영향력을 갖춘 대기업 위주로 경제개발을 추진하겠다는 의도를 가지고 있었음을 보여준다. 이런 방식으로 정착된 대기업 위주의 경제구조는 사회 전반적으로 승자독식의 풍토를 형성하는 데 기여했고, 이 과정에서 형성된 정경유착은 부정부패의 온상이 되었다.

박정희 정권은 경제개발의 성과를 통해 상당 부분 국민적 동의를 확보하고 이로써 권력의 정당성을 확보한 것처럼 보였지만, 앞서 지적한 바와 같이 경제적 성과는 권력의 정치적 정당성을 대체하지 못했을 뿐만 아니라 경제적 성과 자체도 심각한 문제를 안고 있었다. 전반적으로 산업화 수준이 향상되고 절대적 빈곤의 상황이던 국민생활수준이 개선된 것은 부인할 수 없지만[11] 경제적 성과의 배분이라는 측면에서 볼 때 불균등과 불평등의 심화로 경제적 성과가 갖는 의미가 무척 제한적이었다.

민중신학에 근거한 기독교 사회윤리적 관점에서 볼 때 사회적 정의는 관계적 성격을 띤 것이므로 불균등과 불평등의 심화는 사회적 정의가 훼손되었음을 뜻한다. 정의가 부재한 가운데 진척된 산업화는 경제적 효율성이 사람들의 삶을 잠식하는 결과를 낳았다. 이와 같은 정의의 부재 상황은, 기여에 따른 정당한 몫의 배분이라는 비례적 정의의 관점에서 보더라도 노동자들의 몫이 정당하게 인정되지 않았다는 문제점을 지니지만, 신학적 정의의 관점에서 볼 때는 더더욱 심각한 문제점을 지니고 있다. 이미 앞에서 밝힌 대로 신학적 관점에서의 정의는 사회적 약자의 생존과 생활을 보장하는 것을 요체로 하며, 이는 업적과 무관하게 부여되는 삶의 권리를 실현하는 것을 뜻한다. 이러한 신학적 정의의 관점은 인간이 어떠한 조건에 처하든 간에 기본적인 생존 및 생활의 권리가 보장되어야 한다는 성서적 믿음의 표현으로, 신학적 인간학의 요체 가운데 중요한 한 측면에 해당한다. 이점에서 정의가 부재한 상황은 공정성의 부재에서 더 나아가 인간의 존엄성 자체를 보장하지 못하는 사회의 근본적인 문제점을 드러내는 사태라 할 수 있다. 결국 이렇게 사회적 정의가 실종된 가운데 전 사회의 공통된 가치관이 된 경제제일주의는 한국사회에 고질적인 병폐를 형성시켰다. 불평등으로 인해 사회경제적 약자가 생활상의 고통을 겪은 것은 말할 것도 없고 성찰이 결여된 윤리불감증이라는 한국사회의 특성을 형성시키는 계기가 되었다.[12] 이러한 병폐는 계속된 경제개발계획의 추진과 고도성장, 즉 경제성장의 성공으로 인해 더욱 심화되는 양상을 띠었다. 이에 대한 성찰은 경

---

11 이른바 보릿고개에서 벗어나게 되었다는 말은 오늘날까지도 위력을 떨치는 이데올로기적 효과를 지니고 있다.

12 정수복,『한국인의 문화적 문법: 당연의 세계 낯설게 보기』(서울: 생각의나무, 2007) 참조.

제개발을 주도한 세력에서는 기대할 수 없었으므로 민주화운동을 통해 이룰 수밖에 없었다.

3. 고도성장과 개발독재의 시기

산업화와 민주화의 모순적 동시관계는 경제개발계획이 본격적으로 추진되면서 더욱 확연히 드러났다. 경제개발계획의 본격적인 추진은 여러 가지 문제를 파생시킴으로써 다른 한편으로는 저항을 초래했다. 경제개발계획 추진을 주도한 국가의 입장에서는 자원을 효율적으로 동원하기 위해 불가피하다고 여겼겠지만, 경제개발의 추진으로 불균등 발전과 민중의 배제현상, 정치적 민주주의의 훼손 등의 문제가 야기되었고 이에 따라 저항 또한 거세졌다. 국가주도의 경제개발로 인한 산업화는 민주주의를 억압하는 방향으로 추진되었고 심각한 인권유린현상을 동반했다. 따라서 민중의 저항을 통해 민주주의의 요구가 분출했다. 저항이 거세질수록 국가권력은 경제개발의 정당성으로 저항에 대응할 수밖에 없었다.

이러한 현상은 중화학공업화가 추진되고 유신체제가 형성된 이후 더욱 뚜렷해졌다. 유신체제의 성립은 그간 그나마 유지되어왔던 헌정질서를 전면 부정한 것으로, 매우 강력한 권위주의적 국가체제의 확립을 의미했다. 그러나 한편으로는 그간 국민적 동의기반이 되어왔던 산업화만으로는 권력의 정당성을 인정받을 수 없는 한계상황을 드러내는 사태이기도 했다. 산업화가 민주주의와 병행되지 않으면 더 이상 국민적 동의와 지지를 얻을 수 없다는 사실은 1967년 선거와 대비되는 1971년 선거에서 이미 나타났다. 경제개발로 인한 산업화의 성과가 가시적으로 드러나는 시점이던 1967년 선거에서는 박정희 정권이 높은 지지율을 얻었지만, 1969년 삼선개헌

등 권위주의화 경향이 뚜렷해진 직후 치러진 1971년 선거에서는 정권의 존속이 위협받을 만큼 지지율이 떨어졌다. 이는 산업화와 민주화의 공존에 대한 요구가 표출되었음을 의미했지만 정권은 이와 정반대로 대응했다. 박정희 정권은 1972년 유신헌법을 공포함으로써 전면적인 권위주의체제를 확립했다. 이는 산업화와 민주화가 공존하는 선순환적 관계의 가능성을 차단하고, 양자의 대립관계를 격화시키는 현실을 초래했다. 경제개발 시대에 산업화와 민주화가 모순적으로 대립하는 관계의 전형을 형성했던 것이다. 결국 국가권력에 의한 민주주의의 억압과 인권유린이 심화되는 가운데 민중세력이 이에 저항해 민주주의를 강렬하게 요구하는 양상이 초래되었다.

산업화를 위한 효율적 자원동원은 민주주의를 억압하는 권위주의체제로 귀결될 수밖에 없었던 것일까? 1960~1970년대의 역사적 조건하에 양질의 풍부한 노동력 말고는 가진 것이 별반 없던 소규모 자원부족 후발국이 산업사회로 체제로 이행하는 관문을 통과하기 위해서는 산업화를 최우선 사회발전 목표로 설정해 국민의 의지를 통합하고 자원을 집중적으로 배분해야 했을 수도 있다. 이에 따라 권위주의적 조절이 일정 정도 불가피했을 수도 있다. 그러나 그렇다고 해당 시기에 더 많은 민주주의에 대한 가능성을 배제해서는 안 되었다. 권위주의적 조절의 불가피성은 산업화 전략 초기의 정치적 효율성이라는 측면에서만 인정될 수 있다. 산업화가 시작된 안정기에는 권위주의적 조절의 정당성이 인정되기 어렵다. 말하자면 1970년대 초 중화학공업화로 산업구조를 전환한 것이 유신체제라는 권위주의의 강화로 이어져야 할 필연적인 이유는 없는 것이다.[13] 이 시기에 대한 윤리적 평가는 바로 이 점에 주목할 필요가 있다.

---

13 이병천, 「개발독재의 정치경제학과 한국의 경험」, 51쪽; 최장집, 『민주화 이후의 민주주의』, 106쪽.

1) 개발독재체제의 완성과 민주화운동

제1차 경제개발계획이 끝나고 제2차 경제개발계획이 시작된 1960년대 후반에는 경제개발의 성공으로 인한 여러 문제가 나타나기 시작했다. 이들 문제는 자본주의적 산업화로 인한 자본주의 고유의 위기 양상에 해당했다. 경제개발이 차관을 통한 외자에 의존했던 만큼 원리금상환 압박을 받았는데, 수출입 격차로 이러한 압박이 더욱 심해졌다. 또한 고도성장의 결과 물가상승이 초래되고, 경제의 대외의존성이 강화되어 자립적인 국민경제 운영이 어려우며, 산업 및 지역 간 불균형이 심화되는 등 여러 가지 사회문제가 발생했다. 뿐만 아니라 중산층 및 노동자·농민 등 기층민중의 성장으로 인해 사회 각 계층의 요구도 높아지기 시작했다. 이러한 상황은 경제개발 또는 경제성장 자체만으로는 국가권력이 국민적 정당성을 확보하기 어려워졌음을 말해주는 것이므로 모종의 새로운 대안이 요구되었다.

이에 지배세력은 경제개발의 추진을 더욱 가속화하는 방식을 선택했는데, 이를 위해서는 정치적 권위주의를 강화해야 했다. 이는 곧 개발독재의 완성을 뜻했다. 박정희 정권은 1969년 삼선개헌, 1971년 국가비상사태 선언 및 '국가보위법' 제정, 1972년 정략적인 남북대화와 7·4남북공동선언, 그리고 유신체제 선포를 통해 본격적인 독재체제를 확립했다. 이 시기는 상대적인 유동 국면에 해당했던 제1차 경제개발계획 시기와 비교해 현저히 달라졌다. 민주적 정당성의 결여를 경제개발의 성과로 상쇄하려 했던 제1차 경제개발계획 시기에는 정치적 차원에서 최소한의 민주적 절차가 준수되었지만, 이제는 그마저도 준수되지 않았다. 삼선개헌은 의회 및 정당정치를 실종시킴으로써 민주적 절차를 부정하는 결과를 빚었고, 유신체제는 아예 헌정 자체를 중단했다고 볼 수 있다. "헌법을 부정·반대·왜곡 또는 비방하는 일체의 행위 및 헌법의 개폐를 주장·발의·제안 또는 청원하는 일체의 행위를 금지"하는 긴급조치 제1호 외에도 초법적 긴급조치를 계속 발동하고서야 겨우 체제를 유지할 수 있었다는 사실은 체제의 성격이 어떠했는지를 분명하게 보여준다.

이러한 체제하에서 시민적·정치적 권리로서의 인권은 극도로 제약되었다. 우선 정치적 의사표현의 자유와 언론의 자유가 봉쇄되었다. 유신헌법에 대한 개헌청원운동이 금지되었으며, 1974년 ≪동아일보≫ 광고탄압으로 시작된 언론탄압도 지속적으로 강화되었다. 뿐만 아니라 문화예술에서의 표현의 자유도 억압되었다. 체제에 대한 비판세력은 누구나 예외 없이 탄압대상이 되었다. 사회 각계각층의 저항세력은 물론 제도정치권 내부의 정치인, 심지어는 집권세력 내부의 비판세력까지도 탄압과 제거의 대상이 되었다. 저항세력을 탄압하기 위해 이미 민주적 기본질서 자체를 부정한 법적 수단뿐 아니라 반공주의를 내세운 이데올로기적 공세 및 중앙정보부 등 정보기관을 통한 각종 물리적 수단까지 총동원되었다. 당연히 임의적인 인신의 구속과 고문 등이 일상화되었고, 심지어는 의문사로 알려진 숱한 사건이 보여주는 바와 같이 생명이 박탈되기도 했다. 경제적 고도성장에 필요한 효율적인 정치체제를 구축하기 위해 이 같은 조치가 불가피했다고 보기에는 민주주의와 인권을 훼손하는 정도가 지나쳤다. 이는 지주 등 기존의 기득권 세력이 해체된 가운데 산업화의 미숙으로 어떤 계급·계층도 지배력을 행사할 수 없어 국가권력이 군부세력과 이전의 관료세력을 기반으로 강력한 힘을 발휘할 수 있는 객관적인 조건이 형성되었기에 가능했지만, 산업화로 인해 막 성장하기 시작하던 여러 사회계층의 요구 및 민주주의에 대한 열망에 비춰볼 때 기대에 역행하는 현상이었다.

민의의 대표권을 왜곡하는 비정상적인 정치적 절차, 정치적 의사표현의 자유 억압, 신앙과 양심의 자유에 대한 침해, 부당한 인신의 구속과 생명의 위협 등 어떤 의미에서든 정당성을 지닐 수 없는 개발독재체제의 통치행위는 권력의 절대화 양상을 노골적으로 드러냈다. 물론 이와 같은 통치행위는 유신헌법과 긴급조치 등을 법적 근거로 한다는 점에서 나름의 적법성을 지닌다고 할 수 있다. 그러나 이들 법적 근거가 민의와 전적으로 어긋난다는 점에서 통치행위의 적법성이 곧 권력의 정당성을 뜻하지는 않는다는 사실을 새삼 확인할 수 있다.[14] 결국 주권재민의 기본원칙이 완전히 형해화되어버린 상황 가운데서 역설적으로 인간의 기본권리와 정치적 권리에 대한 인식이 확고하게 자리 잡고 거센 저항의 물줄기가 형성된 것은 오히려 자연스러운 일이었다. 이 책이 채택하고 있는 윤리적 규준을 뒷받침하는 신학적 근거로서의 민중신학이 형성된 것은 바로 이러한 상황에서였다. 경제개발을 위한 동원의 대상이었지만 정치적으로 배제되었을 뿐 아니라 비인간적인 처우까지 받아야 했던 민중의 상황은 역설적으로 인간의 삶의 조건에 대한 근본적인 물음을 형성하는 계기가 되었다. 이는 하느님이 억압받는 민중을 자신의 백성으로 선택하고 계약상대로 삼았다는 성서의 증언이 형성된 맥락과 동일했다. 성서의 증언은 민중의 권리가 억압당하는 역사적 현실에서 형성되어 민중의 권리를 회복하는 것으로 하느님의 공의를 이룬다는 믿음의 기초가 되었다. 현대적 인권의 가치규범 역시 동일한 궤적에 따라 형성되었다는 점 또한 다시 주목할 필요가 있다. 배제된 자, 즉 권리가 없는 자의 권리를 옹호하는 데서 인권의 가치규범이 형성되었다. 경제적인 산업화와 함께 정치적 억압 및 배제 현상이 강화된 상황에서 한국 민중은 부정당한 스스로의 권리를 체험적으로 자각하게 된 셈이다.

민주주의와 인권을 심각하게 훼손시킨 정치적 역행은 사회 전반적으로 거센 저항을 불러일으켰다. 제도정치권에서 배제된 정치인은 물론 학계·

---

14 유신헌법은 "대한민국의 주권은 국민에게 있고, 모든 권력은 국민으로부터 나온다"라는 헌법조항을 "대한민국의 주권은 국민에게 있고, 국민은 그 대표자나 국민투표에 의해 주권을 행사한다"라고 바꿔놓음으로써 국민주권의 행사방식을 아예 제한하기까지 했다.

언론계·법조계·종교계 인사들도 민주주의와 인권의 보장을 요구하며 이른바 재야세력을 형성했다. 학생과 노동자, 그리고 도시빈민의 저항도 거세졌다. 이전 시기까지만 하더라도 뚜렷한 저항의 기미를 보이지 않던 농민층까지 각성하며 농민운동을 전개했다. 고도성장이 정점에 이르렀던 유신체제 말기에는 중소자본가마저 체제에 대한 저항세력으로 변화될 조짐을 보였다. 광범위한 사회세력의 저항으로 형성된 민주화운동은 역설적으로 민주주의와 인권이 심각하게 훼손되고 침해된 현실에서 민주주의와 인권의 절박성이 표출된 것이라고 볼 수 있다. 이 과정을 통해 민주주의와 이를 뒷받침하는 인권이 비로소 한국사회의 내재적 가치규범으로 확고하게 자리 잡았다. 민중신학의 입장에서 볼 때 이는 민중이 자신의 외화물인 권력을 원래 자리로 되돌리고 하느님의 공의를 회복하는 주체로 나선, 매우 현실적인 운동이었다.

2) 불균형 발전으로 인한 불평등의 심화

그야말로 고도성장을 이룩한 제2차, 제3차 경제개발계획이 추진된 기간은 정치적 권위주의로 인해 시민적·정치적 권리로서의 인권과 더불어 사회적·경제적 권리로서의 인권도 심각하게 위협을 받았다. 고도성장으로 전반적인 국민경제 규모가 확대되고 물질적 생활수준이 향상된 것은 사실이지만 한국경제의 특성이 되어버린 불균형 발전으로 사회 전반에 걸쳐 불평등현상이 심화되었기 때문이다.[15]

---

15 경제개발이 본격적으로 진행되던 시기에는 한국사회의 불평등이 상대적으로 심하지 않았던 반면 신자유주의 시대를 거치면서 불평등이 심화된 것으로 보는 견해가 종종 제기되곤 하는데, 한국사회의 불평등은 경제개발 시대부터 이미 구조화되었다. 이정우는 박정희 시대인 1963~1979년 사이에 지가가 100배 이상 올라 막대한 불로소득으로 인해 양

무엇보다 지역 간 불균형현상이 두드러졌는데, 서울과 영남 동남해안을 중심축으로 하는 산업화 시설의 집중은 여타 지역민을 배제하는 문제를 야기했다. 지역 간 불균형 문제는 경제적 불균형 차원에 한정되지 않고 정치적 지지기반의 분점현상으로 이어져 한국의 정치지형을 왜곡시키는 요인으로까지 작용했다. 대기업과 중소기업 간의 불균형도 구조화되었다. 국가의 자원배분에서 특혜를 누린 대기업은 재벌로 성장해갔지만 특혜에서 배제된 기업은 몰락하거나 영세한 중소기업으로 남았다. 또한 경제성장의 가시적 효과를 얻기 위해 공업우선정책을 편 결과 농촌의 피폐와 해체가 가속화되었다. 국가는 새마을운동 등으로 농촌지원사업을 펼치기도 했지만 근본적인 산업 불균형을 시정할 수는 없었다. 편중된 도시 위주의 공업화와 농촌해체의 연쇄작용으로 도시문제와 주택문제 등도 심각해졌다. 특히 이촌향도로 과밀한 인구집단을 구성한 도시빈민은 주거 및 생활상의 곤란을 심각하게 겪었다. 이러한 불균형과 불평등이 중첩된 사회적 약자는 생존권을 더욱 심각하게 위협받았다.

　고도성장의 경제개발과정에서 가장 심각한 문제는 역시 노동문제였다. 노동자들은 저임금 장시간의 노동을 강요받았으며 작업장 내에서 비인간적인 대우를 받기 일쑤였다. 산업화 초기 노동자들은 산업역군으로 불리면서 대체로 새로운 산업현실에 적응했다. 노동자들의 조직 또한 한국노총을 중심으로 한 경제적 조합주의 틀 안에 묶여 있었다. 그러나 1970년 11

극화체제가 완성되었음을 밝혀낸다. 이정우, 「개발독재가 키운 두 괴물, 물가와 지가」, 유종일 엮음, 『박정희의 맨 얼굴』. 한국 경제개발계획에 대한 기독교윤리적 평가를 선구적으로 시도한 고재식 또한 분배정의의 관점에서 경제개발의 결과로 발생한 심각한 불평등현상에 주목하며, 김희수 역시 한국 경제개발을 소략한 평가에서 한국의 경제개발이 공리주의적 원칙에 따라 진행됨으로써 심각한 불평등의 성격을 지니게 되었다는 점에 주목한다. 고재식, 「한국 경제개발계획에 대한 기독교윤리적 평가」; 김희수, 『기독교윤리학의 이론과 방법론』(서울: 동문선, 2004), 351~370쪽.

월 13일 평화시장 노동자 전태일 분신 사건이 발생하면서 인간 이하의 처우를 받아왔던 노동자들의 상황이 사회적으로 알려졌고 노동자들 또한 각성하게 되었다. 하지만 전태일 사건이 준 충격이 컸음에도 국가의 노동정책 기조는 바뀌지 않았다. 국가의 노동정책은 오히려 경제적 고도성장 기조에 맞춰 노동통제를 강화하는 방식으로 진행되었다. 그런데 유신체제하에서는 노동법 개정이 아닌 1971년 12월 27일 국가비상사태의 선포와 함께 공포된 '국가보위법'에 의해 노동통제가 이뤄졌다. '국가보위법'은 국가의 주요 현안에 대해 거의 무제한적인 비상대권을 부여한 것으로, 이에 따라 대통령은 시민권을 제한할 수도 있고 국가안보를 위해 전 국민을 동원할 수도 있고 국가경제의 요구에 따라 임금과 물가까지 조정할 수도 있었다. '국가보위법'에서 노동문제에 관한 조항은 두 개에 불과했지만, 노동자의 단체교섭권 및 단체행동권의 행사는 주무관청에 미리 조정을 신청해야 하고 대통령은 국가경제에 중요한 영향을 미치는 사업장 노동자의 단체행동권을 규제하기 위해 특별조치를 취할 수 있다고 규정함으로써 노동3권 가운데 단체교섭권과 단체행동권을 제한하고 단결권만 인정했다. 노동자의 두 가지 핵심 권리를 부정한다는 점에서 사실상 단결권마저도 부정하는 것이나 다름없었다. 이러한 법의 시행으로 노동관계법은 사실상 무용지물이 되었고, 고도성장기 내내 노동자들의 권리는 극도로 억압당했다. 유신체제 말기에 노동자들의 쟁의가 빈발하고 유신체제가 붕괴되었을 때 쟁의가 폭발적으로 일어났던 것은 이러한 억압적 상황에 대한 반작용이었다.

경제개발계획이 시행된 초기부터 나타나기 시작한 문제점은 고도성장기에 이르면서 더욱 강화되고 고착되었다. 경제성장 제일주의의 폐해는 이 시기에 집중적으로 발생했는데, 이러한 폐해는 두고두고 한국사회의 문제로 남았다. 경제적 고도성장의 가시적 성과를 내기 위한 대기업 위주의 각종 특혜조치는 사실상 그 밖의 여러 사회집단과 계층의 희생을 강요하는 성격을 띠었고, 이는 산업화 초기부터 발생하기 시작한 사회의 윤리불감증을 강화시켰다. 예컨대 기업이 당면한 금융상의 어려움을 중간층 및 서민층에게 전가시킨 8·3조치는 이후로도 지속된 친기업정책의 단적인 사례다. 중화학공업화를 추진하기 위해 과도하게 특혜를 집중한 것은 대기업 위주의 경제구조를 정착시켰을 뿐 아니라 약육강식의 논리를 당연시하는 사회적 풍조를 형성하는 데에도 지대하게 기여했다. 대기업 위주로 특혜를 주면서 다른 한편으로는 대다수 사회계층에 희생을 강요하는, 정의가 부재한 현실에서는 윤리불감증이 만연할 수밖에 없었다.

정치적 정당성을 지니지 못한 국가권력은 경제발전의 성과로 정당성을 만회하려 했지만, 방금 지적한 바와 같이 고도성장기의 경제성장은 여러 가지 문제를 야기했으므로 권력의 정당성 결여를 상쇄하는 데 한계가 있었다. 나아가 당시로서는 경제성장 자체의 효율성마저도 의심받는 상황이었다. 고도성장의 견인차 역할을 한 중화학공업화과정은 중복투자 등 비효율성의 문제를 심각하게 노정하고 있었기 때문이다. 결국 정치적 정당성 결여에 경제적 성장의 불균형 및 비효율이 겹친 상황은 경제개발의 근본목적이 무엇인지 재검토하도록 만드는 계기를 부여한 셈이었다. 물론 훗날 세계적인 호경기의 조건(3저호황)하에 중화학공업화의 시도가 결과적으로 회생한 것은 행운이었지만 유신체제 말기에는 무엇을 위한 경제개발인지 근본목적을 재검토하는 철학문제가 제기되는 상황이었다.[16] 예컨대 당시에 경제개발의 가속화를 정당화하는 논리 가운데 하나로 여전히 선성장 후 분배만 통용되어 경제개발의 실질적인 주역인 노동자는 성과에서 배제되

---

16 고재식은 한국의 경제개발에 대한 기독교윤리적 평가에서 경제개발계획이 지닌 철학의 문제점을 가장 우선적으로 꼽는데, 그 가운데 노동자 대중의 역할을 무시한 정치적 인식을 지적하는 점은 이 책과 인식을 공유한다. 고재식, 「한국 경제개발계획에 대한 기독교 윤리적 평가」, 115쪽 참조.

고 점차 경제개발의 효과를 체감하기 어려운 생활고를 겪는 상황이었다. 그럼에도 국민생활의 향상이라는 경제개발의 기본목적은 여전히 심각하게 검토되지 않았다. 이는 곧 경제개발 철학이 부재함을 뜻하는 것이었다. 경제개발 철학이 부재한 결과 일차적으로는 국민생활의 향상이라는 경제개발의 목표가 사실상 정책적 과제로서 허구화되고 결국 경제개발의 성과가 정권의 존립 수단으로 협소화되거나 전도되어버렸으며, 더 근본적으로는 정책과 제도의 밑바탕에 깔려 있어야 할 인간 삶의 존엄성을 보장하는 정신이 사라져버렸다.

결국 권력의 존립에 급급한 채 경제개발을 가속화해왔던 유신체제는 붕괴에 이를 수밖에 없었다. 신군부의 집권으로 체제의 위기가 봉합되긴 했지만 경제개발계획의 근본목적은 여전히 검토의 대상이 되지 못했으므로 한국경제는 심각한 문제를 노정할 수밖에 없었다. 훗날 경제에 대한 국가의 지배력이 약화되고 세계적인 경제개방화의 물결이 밀어닥치자 민중들은 그야말로 고삐 풀린 자본주의의 가혹한 현실을 겪게 되었다. 경제의 규모는 확대되었지만 절대다수의 민중이 확대된 경제규모의 성과를 체감하기 어려운 오늘의 상황은 고도성장의 경제개발 시대에 이미 배태되어 있었던 것이다. 민중의 생존 및 생활에 대한 권리보장을 하느님의 정의를 실현하는 요체로 보는 민중신학적 기독교 사회윤리의 관점에서 볼 때 이는 새삼 주목해야 하는 사실이다.

4. 1980년대 신군부의 집권과 민주화 이행기

유신체제는 국가권력의 강권력 행사라는 측면에서는 매우 강력한 것처럼 보였고 산업화를 위한 자원동원이라는 측면에서는 매우 효율적인 것처럼 보였다. 그러나 민주적 정당성과 국민적 동의기반의 확보라는 측면에서는 매우 취약한 체제였다. 유신체제는 존속 기간 내내 거센 민중적 저항을 받을 수밖에 없었고, 결국 1979년 박정희의 죽음과 함께 종언을 고했다.

유신체제의 종언과 더불어 민주화운동은 더욱 활기를 띠었고, 국가적 차원에서 민주주의의 제도화가 이뤄질 것으로 기대되었다. 그러나 전두환을 중심으로 하는 신군부의 쿠데타로 체제의 위기는 봉합되었고 유신체제는 사실상 수명을 지속했다. 신군부의 등장으로 성립한 제5공화국은 권위주의적 국가가 강권력으로 통치한 마지막 단계였다.[17] 이것이 마지막 단계인 이유는 신군부가 1980년 서울의 봄과 광주민중항쟁을 유혈폭력으로 진압함으로써 국가의 강권력을 총동원하고 나서야 지배블록을 위한 질서와 안정을 회복할 수 있었기 때문이다. 제5공화국은 실제로 권위주의체제의 유산을 상당 부분 지속했다. 이는 체제위기의 봉합으로 인해 기존의 지배블록에 변화가 일어나지 않았기 때문이다. 오히려 그간 국가주도 산업화과정에서 일관된 경향이던 자본의 집중화 현상이 강화되었고, 이렇게 축적된 자본이 국가기구를 위해 전용됨으로써 중간층과 하층의 부담이 커지는한편 부패가 일상화되었다.

그렇지만 산업화의 성과 및 민주화운동 세력의 성장으로 인해 권위주의체제는 오랫동안 지속될 수 없었다. 1987년 민주화항쟁으로 기존의 권위주의체제는 위기에 처했고 마침내 지배세력은 민주화의 요구를 수용할 수밖에 없었다. 당시 정세는 혁명적 위기를 방불케 했지만 민주화운동 세력이 권력을 직접 장악하는 혁명으로 발전하지는 않았다. 여기서 한국 민주화의 성격이 결정되었다. 한국의 민주화는 지배세력이 민주화세력의 요구를 수용하기는 하되 지배권 자체를 이양한 것이 아니라는 점에서 지배체제

---

17 4장의 각주 300 참조.

가 유지되는 한에서 추진되는 점진적이고 보수적인 민주화과정일 수밖에 없었다. 이에 따라 민주화는 기존 국가권력의 성격과 단절된 형태가 아니라 점진적인 변형을 추구하는 방식으로 진행되었고, 경제적 성장주의를 그대로 계승하는 가운데 추진되었다. 더욱이 민주화과정이 자본의 지구화과정과 동시적으로 진행된 까닭에 정치적 자유화로서의 민주화보다는 경제적 자유화로서의 민주화의 성격이 더욱 두드러지게 나타날 수밖에 없었다. 오늘날 절차적 민주화는 진전되었으나 실질적 민주화는 이뤄지지 않았다거나, 또는 민주화의 최고 수혜층은 대기업일 뿐 일반 국민이 아니라는 평가 등은 이와 같은 민주화과정의 한계에서 비롯된 것이다.

신군부집권 시기였던 제5공화국에 대한 윤리적 평가는 고도성장과 유신체제하에서 나타난 현상의 연장선상에서 시도할 수 있다. 그러나 민주화운동의 결과 국가적 차원에서 이뤄진 민주주의 제도화의 이행기에 대한 윤리적 평가에서는 절차상의 민주화는 이뤘으나 실질적 민주화는 지체된 현상에 주목하지 않을 수 없다.

1) 1987년 민주화항쟁과 민주주의의 제도화

유신체제의 위기를 봉합한 신군부체제하에서는 시민적·정치적 권리로서의 인권이 최악의 상황을 맞이했다. 전두환을 중심으로 하는 신군부의 쿠데타는 어떤 측면에서든 국민적 정당성을 지닐 수 없었다. 신군부가 사실상 과거의 체제를 유지하고 존속할 수 있었던 이유는 국가의 강권력을 총동원해 기존의 지배체제를 유지하기 위한 질서와 안정을 회복했기 때문이다. 이는 정당한 민주적 절차를 완전히 무시했기에 가능했던 일이다. 신군부체제의 폭력성은 비단 광주항쟁을 유혈진압한 데만 그치지 않았다. 신군부가 주도한 이후의 정치적 절차도 폭력적이었다. 신군부세력은 광주항쟁을 진압한 후 비상계엄령하에서 국보위를 설치해 사실상 국가권력을 장악했고, 이를 통해 '숙정'과 '정화'를 명분으로 정치와 사회 각 부문을 재편했다. 숙정과 정화 조치는 정계는 물론 공무원과 관료사회, 그리고 언론계와 노동계에까지 실시되었다. 이는 체제에 대한 저항세력을 제거하는 인적 청산작업이었다. 뿐만 아니라 대중적인 영향력을 지닌 각종 언론기관과 매체까지도 폭력적으로 통폐합시켰다. 이는 정권의 강화 외에 일말의 정당성도 갖지 못한 조치였고, 이러한 조치로 인해 신군부 집권 초기는 유신체제하에서보다 더 엄혹한 공포정치 상황에 처하고 말았다.

신군부세력은 이어 중단된 의회의 기능을 대신하는 국가보위입법회의를 설치해 각종 악법을 제정함으로써 신군부의 폭력적 조치를 법적으로 정당화했다. 예컨대 가장 먼저 '정치풍토 쇄신을 위한 특별조치법'을 제정해 정치활동을 규제했고, 언론기본법을 제정해 언론에 대한 행정적 통제체제를 만들었으며, 노동관계법을 개정해 노동기본권을 법률로써 확실하게 통제하는 체제를 구축했다. 이러한 통제체제를 구축하고 나서야 비로소 형식적인 정당정치 체제를 복원할 수 있었는데, 이는 이른바 관제 민주주의에 지나지 않은 체제였다.

사회악 일소를 명분으로 한 삼청교육의 실시는 광주항쟁의 유혈진압과 더불어 신군부의 통치가 얼마나 가혹하게 인권을 유린했는지를 극명하게 보여주는 사례였다. 삼청교육의 대상인 사람들은 영장도 없이 체포되었을 뿐 아니라 재판절차도 없이 각종 처분을 받았다. 군부대에 의해 실시된 순화교육은 최악의 인권유린 사태를 야기했다. 교육 대상자들은 각종 가혹행위로 시달렸으며, 심지어 목숨을 잃기까지 했다.[18] 1983년 이후 정권이

18 강준만, 『한국현대사산책: 1980년대편』(서울: 인물과사상사, 2003), 243쪽; 정해구, 『전두환과 80년대 민주화운동: '서울의 봄'에서 군사정권의 종말까지』(서울: 역사비평사, 2011), 82~86쪽 참조.

정당성 부재를 상쇄하기 위해 유화적인 조처를 취했음에도 신군부 정권의 이와 같은 폭력적 통치는 크게 변하지 않는 가운데 지속되었다. 부천경찰서 성고문 사건, 1987년 민주화항쟁의 중요한 기폭제가 된 박종철 고문치사 사건 등 끊임없이 이어진 일련의 반인권적 폭압조치는 당시 정권의 속성을 잘 드러내는 사례에 해당했다.

이와 같은 폭력적 통치는 1970년대 이래 성장한 사회 여러 계층의 요구와는 상반되는 것으로, 전적으로 퇴행적인 행태였다. 아무런 정당성도 지니지 못한 폭압적인 권위주의 통치가 지속되자 이에 대한 저항운동은 더욱 강력해지기 시작했고, 저항운동은 매우 복합적인 성격을 띤 민중운동으로 성장했다. 서울의 봄과 광주민중항쟁의 좌절을 딛고 일어선 1980년대 민중운동은 1970년대 저항운동과 마찬가지로 권위주의에 대항한 반독재 민주화운동의 성격을 띠었지만, 나아가 경제적 성장의 폐해를 극복하려는 민중들의 생활상의 요구를 반영한 급진적인 성격도 띠었다. 1980년대 전개된 민중운동은 경제활동의 3/4을 차지한 민중부문의 성장과 더불어 노동자, 농민, 도시빈민 등의 조직화 및 여기에 더해진 학생운동의 폭발적인 성장과 관련되어 있었다.[19] 1980년대 초반 민중운동이 성장한 데 이어 1980년대 중반에는 중간층 역시 큰 사회세력을 형성하면서 폭압적인 권위주의 정권에 대한 비판적 경향을 띠었다.

사회 여러 세력 및 민중운동의 성장은 더 이상 권위주의를 용납할 수 없었다. 결국 1985년 총선을 기점으로 기존의 권위주의체제하에서 형성되었던 정치지형이 변화되기 시작했다. 1985년 2·12총선은 신군부세력을 중심으로 한 집권 민정당과 관제 야당의 구도로 형성되어 있던 정치구도를 변화시켰다. 민주화투쟁을 선명하게 부각한 신민당이 제1야당으로 부상해

---

19 4장의 각주 307 참조.

민정당을 압박했던 것이다. 이는 민심의 소재를 드러냄과 동시에 신군부 세력에 의해 짜인 정치구도에 균열을 냄으로써 최소한의 민주적 절차를 다시 회복하는 계기가 되었다. 자신감을 회복한 민주화운동 세력은 각 부문을 망라해 연대하는 경향을 뚜렷이 띠었고, 국민적 차원에서 민주화운동을 주도했다. 민주화운동 세력의 최소 전략에 해당하는 개헌청원을 중심으로 한 민주화투쟁이 본격화되었을 때 신군부 정권은 이에 대해 강경하게 대응했으나 민주화투쟁의 거센 물결을 거스를 수는 없었다. 1987년 국민적 저항의 물결이 형성된 마당에 터진 박종철 고문치사 사건은 정권의 속성을 더욱 분명하게 드러냈고 그만큼 국민적 공분은 치솟았다. 민주화투쟁의 물결은 6월 민주화항쟁으로 절정에 달했고, 집권세력은 개헌청원을 받아들임으로써 한국의 민주주의는 중대한 전환의 계기를 맞아 국가적 차원에서 본격적으로 제도화되는 이행의 국면으로 접어들었다.

여기에서 한국 민주주의 이행의 중요한 특성이 드러난다. 우선 한국 민주주의 이행은 이전 시기부터 지속되어온 민주화운동의 연장선상에서 발생한 민주화항쟁에서 비롯되었다는 성격을 띠고 있다.[20] 국가적 차원에서 이뤄진 민주주의의 제도화는 집권세력이 주도한 결과가 아니라 이전 시기부터 꾸준히 전개되어온 민주화운동의 결과였다. 이는 산업화의 결과로 민주화가 이뤄졌다는 논리의 요체와는 다른 의미로, 산업화의 폐해를 극복하려는 민중운동과정 자체가 민주화의 성과로 이어졌음을 의미한다. 그러나 한편으로는 기존의 집권세력이 해체되지 않은 가운데 민주화운동 세력의 요구를 수용하는 과정을 통해 민주화가 이행되었다는 점에서 민주화의 이행은 점진적이고 보수적인 성격을 띠었다. 바로 이 점이 한국 민주주의의 취약점으로 남아 이후 민주화과정을 제약하는 요인이 되고 있다. 바로

---

20 정해구, 『전두환과 80년대 민주화운동』, 163쪽 참조.

이러한 제약점은 국가적 차원에서 민주주의가 제도화되고 여러 분야에서 인권보장이 제도화되었음에도 사회적·경제적 권리의 측면에서 인권이 여전히 제대로 보장되지 않는다는 데서 분명하게 드러난다.

극단적인 권위주의체제에서 점진적인 민주주의의 제도화과정으로 전환한 이 시기에 대한 평가는 모순되는 양 측면을 동시에 고려해야 한다. 우선 체제위기를 봉합하고 등장한 신군부 정권은 기존 체제를 존속시킨 지배세력의 완강함을 보여줄 뿐 아니라[21] 나아가 민의로부터 이탈한 국가권력의 패역성을 적나라하게 보여준 전형과도 같았다는 점에 주목해야 한다. 이미 지적한 바와 같이 권력형성과정에서의 정당성은 물론 통치행위에서의 정당성도 지닐 수 없었던 신군부 정권은 사실상 군부의 폭력을 무기 삼은 공포정치로서만 자신들의 체제를 유지할 수 있었는데, 이 체제가 지속적인 민중의 저항에 부딪혀 민주화의 요구를 수용할 수밖에 없어졌다는 사실은 국가권력의 성격 전환이 어떻게 가능한지를 보여준다고 할 수 있다. 민중 신학에 근거한 기독교 사회윤리의 관점에서 볼 때 하느님의 주권이 역사적으로 민중의 주권으로 구체화된다고 보는 주권재민의 원칙은 권력의 원천이 민중에게 있다는 사실을 함축할 뿐 아니라 권력의 통치행위과정 역시 민중의 의지에 의해 규율되어야 한다는 것을 뜻한다.[22] 바로 이 점에서 민중의 거센 저항으로 권위주의적 체제가 이완되고 민주주의적 제도화의 과정으로 전환한 것은 민중의 주도적인 역할에 의해서만 국가권력의 성격이 전환될 수 있다는 엄연한 진실을 확인시켜준다.

---

21 이를 단지 경로의존성의 개념으로 해명하는 방식은 기독교 사회윤리의 입장에서 볼 때 비판적 검토의 대상임을 이미 앞에서 밝혔다.

22 물론 민중의 의지로 권력을 규율하는 방식은 국면에 따라 직접적인 항의의 형태로 드러날 수도 있지만 일상적인 과정에서는 적절한 제도화의 형태를 취해야 한다.

2) 노동권의 제약으로 지체된 민주주의

발전연합이 해체되지 않은 채 신군부의 집권이 이뤄진 까닭에 경제성장 제일주의 정책기조는 지속되었고, 따라서 신군부 집권 시기는 사회적·경제적 권리로서의 인권의 측면에서도 이전 시기에 비해 개선되지 않았다. 고도성장으로 급속히 산업화된 결과 중간계층 및 저변의 기층민중 집단이 양적으로 크게 성장했을 뿐 아니라 지속된 민주화운동의 영향으로 민주적 권리 의식 또한 전반적으로 고양된 상황에서 경제성장 제일주의가 지속되고 극단적인 정치적 권위주의와 함께 이른바 권력형 비리로 일컬어지는 부정부패가 만연하자 규범적 기대감과 현실 간의 괴리는 더욱 크게 벌어졌다.

신군부가 집권한 제5공화국하에서 농민과 노동자 등 기층민중의 희생을 바탕으로 하는 경제개발정책의 기조는 여전히 지속되었다. 농민의 생활과 관련된 문제점을 지적하자면, 물가안정을 이유로 추곡수매가가 동결되었으며, 주곡가격의 인상억제를 통한 복합영농이 대안으로 제시되었지만 수급불균형과 계속된 가격폭락으로 적자영농에 시달리는 농가가 증가했다. 농가부채는 계속 증가했고, 따라서 농민층의 생활압박은 개선되지 않았다.

억압적 노동배제체제는 제5공화국에 이르러 법률적·제도적으로 완성되었다. 유신체제하에서는 노동법을 개정하지 않고도 '국가보위법' 등과 같은 비정상적인 법률과 국가강권력으로 노동을 통제했다. 반면 신군부 정권은 1980년 곧바로 노동법을 개정함으로써 노동3권을 극도로 제한하는 노동통제체제를 완성했다. 1980년 개정 노동법은 노동조합 결성의 억제, 조합활동의 작업장 내부화, 정치활동의 결빙, 제3자개입금지 등을 골자로 함으로써 노동조합에서 정치적·경제적 기능을 제거함과 동시에 이러한 기능을 복지에 한정시키는 강력한 내용을 담고 있었다.[23] 국가의 강권력에 의한 노동통제 또한 지속되어 사회정화를 명분으로 노동조합 지도자들과 조합원들이 폭력적으로 탄압을 받았다. 또한 경제안정화정책에 따라 물가를 안정시키기 위해 임금이 억제되었고 노동시간 또한 늘어났다. 이러한 억압적 상황 가운데서도 오히려 민주노조운동을 중심으로 노동조합운동이 조직화되고 급기야 1987년 노동자대투쟁으로 폭발한 것은 한국 민주화의 특성을 형성한 매우 역설적인 현상이었다.

1987년 6월 민주화항쟁과 7~8월 노동자대투쟁은 시민적·정치적 권리로서의 인권과 사회적·경제적 권리로서의 인권 확장에 대한 요구가 분출된 것으로, 한국 민주주의의 중대한 전환 기점이 되었다. 이 전환의 기점을 계기로 절차적 민주주의가 비교적 안정적으로 제도화되는 국면으로 접어들었고, 따라서 시민적·정치적 권리로서의 인권 또한 이전 시기와는 뚜렷하게 대비될 만큼 확장되었다. 노동자들의 격렬한 투쟁으로 사회적·경제적 권리로서의 인권에서 가장 핵심적인 내용이자 중요한 지표 가운데 하나인 노동권의 보장 또한 진전되었다. 1987년 노동법 개정은 노동조합 설립 형태의 자유화, 노조설립요건의 완화, 설립신고증 교부기간의 단축, 서류의 간소화, '노동쟁의조정법'의 금지대상 축소 또는 냉각기간 축소 등을 주요 내용으로 함으로써 1980년 노동법 개정에서 거의 완전히 억제되었던 노동 3권을 상당 부분 복원하는 결과를 가져왔다.[24]

하지만 민주화의 요구가 정점에 달했던 국면에서 이와 같은 성과를 거두었음에도 지배세력의 발전연합이 해체되지 않고 지속되었으므로 노동권의 확장이 저절로 보장되지는 않았다. 1987년의 개정 노동법에서도 노

---

23 송호근, 「한국의 노동과 인권」, 24쪽 참조.
24 같은 글, 24쪽.

동조합의 정치활동금지 등 기업별 조직과 활동범위를 벗어나는 노조활동을 제약하는 억압적 조항이 그대로 남아 있었거니와, 이후로도 노동을 배제하는 정책이 여전히 지속되었다는 점에서 노동권의 확장은 계속되는 숙제로 남았다. 단적으로 말해 1987년 민주화 이후에도 노동에 대한 배제체제는 지속되었고, 노동권의 확장은 노동자들의 요구와 투쟁을 통해서만 확보되는 상황이 지속되었다. 1996년 노동법 개정과 이에 대한 반발로 이어진 노동자 총파업, 그리고 1997년 노동법의 재개정 사태는 이러한 상황을 단적으로 말해주었다.

정치적 민주화의 진전에도 노동배제체제가 지속된 데에는 경제성장 제일주의를 추구하는 지배세력의 발전연합이 지속된 것과 더불어 자본의 지구화 현상 앞에서 경제의 전면적 개방화가 겹친 것도 하나의 요인으로 작용했다. 애초부터 대외의존성이 강한 한국경제는 자본의 지구화 현실이 빚어내는 문제점에 적극적으로 대처하기 어려운 구조를 갖추고 있었다. 여전히 강고했던 국가와 자본은 자본의 국제경쟁력을 강화하기 위해 노동의 유연성을 대안으로 삼았다. 더욱이 민주화 이후로도 줄곧 지속된 발전연합의 두 축이던 국가와 자본의 관계가 과거 국가가 자본에 대한 특혜적 배분을 매개로 우위에 있던 상황에서 자본 우위의 상황으로 바뀐 것은 노동자의 상황을 더욱 어렵게 만들었다. 이에 더해 과거 권위주의체제하에서 강고한 연대를 형성했던 민주화운동의 주도세력으로서의 민중연합이 민주화 이후 분화되는 양상을 보였는데, 이로 인해 노동자의 문제를 전 사회의 사회적·경제적 권리를 확장시키는 차원에서 이해하기보다는 노동문제로만 한정시켜 이해하는 사회적 인식이 확산되었다. 이와 같은 요인으로 노동권이 제약되는 현실은 노동자계급에 속하는 가계 전반의 생존 및 생활권을 제약하는 현상으로 귀결되었다. 결국 노동권의 제약은 사회 전반의 사회적·경제적 권리의 제약으로 나타났던 것이다. 이러한 현상은 1997년 IMF 구제

금융 위기 이후 더욱 강화되었다.

1987년 이후 정치적 민주화의 진전과 함께 노동권의 확장 등 의미 있는 진전이 없었던 것은 아니지만, 민중의 사회적·경제적 권리 측면에서는 질적인 전환이 이뤄지지 않았다. 민중의 사회적·경제적 권리는 법적·제도적 차원에서 일정 정도 진전했지만 국가와 자본 간의 발전연합 내에서는 자본의 우위현상으로 오히려 악화된 측면이 있다. 이전 시기는 사실상 완전고용에 가까운 상황이었으나 자본의 지배력 강화에 따른 노동유연성의 확대로 실업률과 비정규직 비율이 높아진 것이 단적인 예라 할 것이다. 이로 인해 경제개발 시대에 구조화된 불평등의 양상이 더욱 심화되는 추세를 띠었고, 따라서 상대적 박탈로 인한 사회적 약자의 생활고가 가중되었다. 이 점은 사회적 약자의 생존과 생활의 권리보장을 하느님의 정의 실현의 요체로 보는 민중신학적 기독교 사회윤리의 규준에 비춰볼 때 사회적 정의가 심각하게 훼손되었음을 뜻한다. 이는 또한 실질적인 민주주의의 결여를 뜻할 뿐 아니라 그나마 이룬 정치적 민주주의의 성과를 위협하는 성격을 지닌다. 이러한 상황을 넘어서 정의로운 사회적 관계를 회복하고 이를 제도적으로 뒷받침하는 민주주의를 확립하기 위해서는 민중의 삶 향상이라는 경제성장의 근본목적을 재검토하지 않으면 안 된다. 한국사회에서 이러한 과제는 여전히 미결된 상태로 남아 있다.

5. 소결

민중신학에 근거한 기독교 사회윤리의 관점에서 시민적·정치적 권리로서의 인권과 사회적·경제적 권리로서의 인권의 규준에 따라 한국 근대화의 과정을 평가한 내용은 시기별로 다음과 같이 집약된다.

첫 번째 시기에는 일제로부터의 해방과 함께 정부가 수립되면서 헌법을 통해 제반 권리에 대한 규범이 확립되었음에도 규범과 현실이 현저한 괴리 양상을 보였다. 시민적·정치적 권리의 측면에서 보면 이 시기는 냉전체제 하의 단독정부 수립과 전쟁 등으로 극단적인 이념지형이 형성됨으로써 일체의 자유로운 정치적 의사표현이 억압되는 현상이 현저했다. 한편 사회적·경제적 권리의 측면에서 보면 기본적인 생존권을 보장받기 어려울 정도로 경제적 현실이 피폐해졌으며, 적산매각, 미국 원조물자의 특혜적 배분 등으로 인해 사회적 불평등과 불의가 만연했다. 다만, 이 시기에 특기할 만한 사항으로는 일종의 수동혁명의 성격을 지닌 농지개혁을 실시함으로써 훗날 경제개발계획을 추진할 객관적 조건을 형성함과 동시에 농자유전 원칙을 확립함으로써 배타적 소유권을 민중의 생존권을 보장하는 한계 내에서 행사해야 한다는 사회적 합의의 가능성을 보여준 것을 들 수 있다.

두 번째 시기는 경제개발계획이 추진되면서 민주주의가 억압된 시기였지만, 경제개발계획에 대한 문제점이 제기되면서 제반 민주적 권리에 대한 요구가 비로소 한국사회의 내재적인 가치로 등장하는 시기이기도 했다. 시민적·정치적 권리의 측면에서 보면, 이 시기에는 반공주의와 경제성장 제일주의가 결합되는 가운데 경제개발계획이 추진되어 이념적 경직성과 경제적 효율성을 전면에 내세움에 따라 사상 및 정치적 의사표현의 자유가 억압당했다. 하지만 역으로 이에 대한 저항으로 민중들 사이에서 민주적 권리의식이 점차 형성되었다. 사회적·경제적 권리의 측면에서 보면, 산업화의 성과로 전반적으로 절대 빈곤선을 벗어나는 긍정적인 효과를 누렸지만 자원의 집중과 선택을 필요로 하는 산업화의 성격으로 산업 간 불균형 현상이 노정되었고, 이에 따라 도시 중산층 외에 농민과 도시노동자 및 빈민층에서 심각한 생활상의 압박이 야기되었다. 이러한 압박에 따라 민중들의 생존권 요구가 점차 싹트기 시작했다.

세 번째 시기는 자원의 고도집중을 요하는 중화학공업화의 추진과 함께 정치적 권위주의가 강화된 시기로, 제반 민주적 권리가 극심하게 억압당할수록 이에 대한 저항 또한 더욱 강력해지는 모순적 관계가 격화되는 양상을 띠었다. 시민적·정치적 권리의 측면에서 보면, 산업화와 민주화의 공존을 바라는 국민적 요구가 분출되었음에도 지배세력이 유신체제를 통해 권위주의를 강화하고 사실상 민주적 헌정질서를 부정함으로써 국민들의 기본적인 권리 요구를 부정했다. 정치적 의사표현의 자유 및 언론의 자유가 봉쇄되고 저항세력에 대한 임의적인 인신구속과 고문 등이 일상화되었는데, 이는 산업화의 성공으로 성장한 여러 사회세력의 민주적 권리 요구와는 현저하게 배치되었다. 사회적·경제적 권리의 측면에서 보면, 경제적 고도성장으로 국민경제 규모가 확대되고 평균적인 물질적 생활이 향상되었음에도 불균등 발전으로 인한 불평등현상이 심화되고 민중계급의 상대적 박탈현상과 권리제약현상이 강화되었다. 경제개발계획이 추진되면서부터 문제시된 농민층, 도시노동자, 빈민층의 배제현상이 강화되어 상대적으로 생활압박을 심하게 받았고, 이들의 권리 요구는 철저하게 탄압되었다. 반면에 대기업을 중심으로 한 특혜는 더욱 늘어 사회적 부정의가 강화되고 윤리적 가치관마저 희미해지는 양상을 배태했다. 그럼에도 이 시기에는 사회 여러 계층의 권리의식이 급격히 향상되었고 민주화의 요구도 그만큼 강력해졌다. 당시에는 이러한 민주화의 요구가 국가적 차원에서 곧바로 제도화되지 못했지만, 훗날 1987년 민주화항쟁 이후 상당 부분 국가적 차원으로 수렴되었다.

네 번째 시기는 유신체제의 붕괴와 함께 민주주의의 제도화가 이뤄지리라 기대되었던 상황에서 신군부의 집권으로 오히려 민주주의의 훼손과 인권의 유린 정도가 훨씬 심각해지자 민주화의 요구가 강화되어 결국 1987년 민주화항쟁으로 분출되고 이후 여러 민주적 권리가 국가의 제도적 차원에서 구현된 시기에 해당한다. 하지만 지배세력의 발전연합이 해체되지 않은 상황에서 여러 민주주의적 권리가 국가 제도적 차원에서 구현되었기에 성과와 한계를 동시에 지닐 수밖에 없었다. 이 시기는 이전 시대와 동일하게 민주화운동 국면과 민주주의의 국가적 제도화 국면으로 나뉘는데, 시민적·정치적 권리의 측면에서 보면 양 국면이 현격한 차이를 보인다. 신군부의 통치시기, 즉 민주화운동의 요구가 국가의 제도적 차원으로 아직 수용되기 이전의 국면에서는 시민적·정치적 권리의 측면에서 최악의 상황이 전개되었다. 이 시기에는 어떠한 정치적 정당성도 지닐 수 없는 절차에 따라 신군부가 집권했고 신군부는 저항세력을 유혈진압하는 데 국가의 강권력을 총동원함으로써 지배질서를 구축했다. 사상의 자유와 정치적 의사표현의 자유 및 언론의 자유를 철저하게 억압했을 뿐 아니라 형식상으로 구현한 정당정치마저도 관제화된 틀에서만 기능했다. 뿐만 아니라 광주항쟁을 유혈진압하고 사회악 일소를 명분으로 삼청교육을 실시한 데서 나타난 바와 같이 최소한의 형식적인 사법적 절차도 무시한 채 인신구금과 고문 등을 자행했다. 어떠한 정치적 정당성도 없는 집권세력이 민주적 권리를 박탈하고 억압하는 상황에서 민주화운동이 폭발적으로 일어난 것은 오히려 당연했고 이후 1987년 민주화항쟁으로 인해 시민적·정치적 권리는 국가의 제도적 차원에서 현저하게 구현되는 국면으로 이행했다. 사회적·경제적 권리의 측면에서 보면 이 시기에는 양 국면 간에 차이가 없진 않지만 시민적·정치적 권리의 측면과 달리 연속되는 성격이 지배적이었다. 특히 노동에 대한 통제의 측면에서 볼 때 국가의 강권력에 의한 물리적 탄압이 1987년 6월 민주화항쟁과 7~8월 노동자대투쟁 이후 완화되었다는 점에서 의미 있는 차이가 있지만, 기존의 발전연합이 해체되지 않고 오히려 자본과 국가 간의 역관계가 변화되는 가운데 노동배제정책이 일관되게 지속되었다. 결국 절차적 민주주의는 진전되었으나 실질적 민주주의는 여전히 실현되지 못한, 제한된 민주주의 상황이 전개되었고, 노동권을 확립함으로써 실질적인 민주주의를 이루는 일은 여전히 한국사회의 당면과제로 남아 있다.

민중신학에 근거한 기독교 사회윤리의 입장에서 볼 때 경제개발 시대의 한국 근대화과정은 민중의 주체성을 보장하는 정치적 권리의 측면에서는 상당히 진전했지만 근본목적을 재검토하지 않은 채 경제성장이 지속됨으로써 민중의 생존과 생활의 권리가 여전히 제약당하고 있는 것으로 평가할 수 있다. 그나마 언제나 민중 스스로 전면적으로 권리를 요구할 때 정치적 권리가 확대되고 생존과 생활의 권리제약이 타파되었다는 역사적 사실 또한 확인할 수 있다. 이는 경제성장을 주도한 발전연합의 반성을 통한 변화는 기대할 수 없다는 사실과 더불어, 그간 민중연합에 의해 주도되었던 민주화과정이 말해주듯 그 변화 가능성은 민중에 의해 좌우될 수밖에 없는 현실을 확인시켜준다. 민중이 자신의 외화물인 권력을 원래 자리로 되돌리고 하느님의 공의를 회복하는 주체로 나설 때라야 더 인간화된 경제질서와 정치질서를 형성할 수 있다는 민중신학의 명제는 오늘날 한국사회 현실에서도 여전히 변함없는 진실이다.

6

요약과 결론

1.

이 책은 근대화의 핵심적 요체인 산업화와 민주화에 대한 일반적 통설
에 대한 의문에서 출발했다.

일반적 통설의 요체는 산업화는 민주화의 전제조건으로서, 산업화가 선
행되어야 민주화가 가능하다는 것이다. 단기간에 산업화와 민주화를 이룸
으로써 근대화에 성공한 한국의 경우 이 경로를 따르는 전형적인 표본으로
간주되어왔다. 이 책은 이와 같은 통설이 사실적 관계에서 타당한지 의문
을 제기하면서, 한국의 경우 산업화와 민주화가 역사적 사실관계의 차원에
서 선후적 시차관계에 있다기보다는 동시적 상관관계에 있는 것으로 가정
했다.

산업화와 민주화의 관계를 선후적 시차관계로 인식하는 이와 같은 통설
은 산업화과정에서 정치적 권위주의의 불가피성을 정당화하는 논거로 활
용되어왔고, 나아가 민주화가 가능했던 것은 전적으로 산업화의 성공 덕분
이라는 논거로 활용되어왔다. 이 점에서 산업화와 민주화가 동시적 상관

관계에서 이뤄진 사실관계를 규명한다면 통설의 근거는 사라지며 민주주의를 훼손하지 않는 산업화를 전망할 수 있을 것이다.

2.

그러나 이 책은 사실관계를 규명하는 데 머무르지 않고 한국의 산업화와 민주화의 전반적인 과정을 기독교윤리적으로 평가하는 것을 목적으로 했다. 윤리적 평가란 일정한 가치규범으로 현실을 평가하는 것을 뜻하며, 기독교윤리라는 점에서 신학적 근거를 가진다. 신학적 근거는 신앙고백의 요체에 해당하는 것으로, 역사적 과정에서 응축된 경험적 확신으로서의 성격을 지니고 있다. 이러한 확신은 객관적 검증의 대상이 되지 않지만 그렇다고 해서 독단과 동일시되는 것도 아니다. 이러한 확신이 독단에 빠지지 않고 보편적인 윤리적 규범으로서의 역할을 담당하기 위해서는 역사적·사회적으로 형성된 다른 가치확신과 소통하는 능력을 지녀야 하며 현실을 평가하고 대안을 제시하는 능력도 갖춰야 한다. 가치확신 자체는 객관적인 검증의 대상이 아니지만 현실을 평가하는 윤리적 규범으로서의 역할을 담당하기 위해서는 진지한 학문적 성찰의 대상이 될 수밖에 없다.

이 책은 역사적·사회적으로 형성된 가치확신과 소통하는 능력을 지니고 있고 또한 현실을 평가하고 대안을 제시하는 능력을 갖춘 신학적 입장으로 민중신학을 취했다. 민중신학은 한국 근대화과정의 문제를 진단하고 성찰하는 과정에서 형성된 만큼 이 책에서 목적으로 삼는 한국의 근대화과정에 대한 기독교윤리적 평가를 시도하는 데 가장 적절한 신학적 입장에 해당한다. 무엇보다 민중신학은 민중의 관점에서 성서와 역사를 해석하려는 자기이해를 스스로 밝힘으로써 역사적 과정에서 형성된 신학적 가치확신을 다루는 스스로의 입지점과 방법을 갖고 있다. 나아가 신학적 인식과 사회과학적 현실분석을 결합시킬 필요성을 인식해 역사적·사회적 현실을 평가하고 대안을 제시하는 방법을 신학의 내적 논리로 삼고 있으며, 현실에서 전개된 실천과정을 함께하고 현실의 문제에 대한 대안을 제시함으로써 역사적·사회적으로 형성된 다른 가치확신과 소통하는 능력을 지니고 있다. 민중신학의 이와 같은 특성은 곧 민중신학적 사회윤리 방법론의 중요한 구성 원칙이 될 수 있다. 즉, 민중적 관점을 견지하는 점, 민중의 관점에서 역사와 현실을 분석하는 방법을 내적 논리로 삼아 신학적 인식과 사회과학적 현실분석을 결합한 점, 신학적 가치판단이 역사적·사회적으로 형성된 가치규범과 소통하는 능력을 지닌 점, 이 세 가지 요소가 민중신학적 사회윤리 방법의 중요한 구성 원칙이다. 이러한 점에 유념할 때 윤리적 규준을 설정하는 방법은 기본적으로 아래로부터의 방법일 수밖에 없다. 이는 민중신학의 고유한 개념으로 말하자면 계시의 하부구조에 주목하는 방식이다.

아래로부터의 방법을 윤리적 규준으로 설정한다는 것은 평가의 대상인 한국의 근대화과정을 진단하는 데 현실적인 적합성을 지닌 가치규범을 깊이 헤아린다는 것을 의미한다. 역사적으로 경제적 산업화와 정치적 민주화로 집약되는 근대화과정은 새로운 사회적 계급 및 이에 따른 새로운 사회적 관계를 형성시켰으며, 이와 더불어 여러 측면에서 현실을 진단하는 가치규범도 형성시켰다. 이 중 오늘날 보편적인 가치규범으로 인정되는 핵심적인 가치 가운데 하나가 인권 개념이다. 인권은 항상 배제된 자의 권리를 옹호하는 방식으로 제기되었고 일정한 역사적 단계를 거치면서 권리의 범위가 확장되는 가운데 보편성을 획득했다.

이 책은 근대화과정에서 형성된 가치규범으로서 인권이 갖는 의미에 주목하면서 이로부터 한국의 근대화, 즉 경제적 산업화와 정치적 민주화과정을 평가하는 윤리적 규준을 설정했다. 그런데 인권은 매우 포괄적인 의미를 함축하고 있으므로 구체적인 현실을 평가하는 데 적용 가능한 규준으로 삼기 위해서는 인권 개념을 더욱 분화해서 설정할 필요가 있다. 따라서 이 책에서는 오늘날 보편적 규범으로서의 인권에 이르기까지 역사적 상황에 조응하는 인권 개념의 발전과정에 주목하고, 이로부터 구체적인 윤리적 규준을 설정했다.

인권은 대략 세 가지 단계를 거치면서 형성되어왔다. 첫 번째 단계에서는 봉건적 정치권력에 대항한 시민계급의 권리로서 제기되었는데, 오늘날 이는 자유권 또는 시민적·정치적 권리로서의 인권으로 정착되었다. 두 번째 단계에서는 자본주의적 산업화로 노동계급이 형성되면서 사실상 시민계급의 권리로 한정된 자유권의 한계를 넘어서기 위해 노동자계급의 생존 및 생활의 권리로서 제기되었는데, 오늘날 이는 사회권 또는 사회적·경제적 권리로서의 인권으로 정착되었다. 마지막 세 번째 단계에서는 다양한 인종적·민족적 집단의 자주적 결정권과 문화적 정체성을 옹호하는 권리로서 제기되었는데, 이는 문화적 권리 및 연대의 권리로서의 인권의 범주에 해당한다. 경제적 산업화와 정치적 민주화에 대한 윤리적 평가를 시도하는 이 책은 세 가지 발전단계를 거쳐 확립된 오늘의 인권 규범에 주목하면서 특히 산업화와 민주화에 대한 가치판단과 직결된 두 가지 인권 개념, 즉 시민적·정치적 권리로서의 인권과 사회적·경제적 권리로서의 인권을 윤리적 규준으로 설정했다. 그리고 이 규준들이 신학적으로 어떻게 정당성을 지니는지 검토했다.

윤리적 규준의 설정이 아래로부터의 방법을 지향한다고 해서 신학적 지평이 상실되는 것은 아니다. 이 책이 기독교윤리적 평가를 목적으로 하는 한 궁극적 지평에서 상대적 현실의 차원을 평가하는 신학적 성격은 고유한 몫을 차지한다.

배제된 자들의 권리를 옹호하는 성격을 띠면서 범위가 확장되어 보편적인 가치규범으로 자리 잡은 인권의 개념은, 민중의 주체성을 강조하고 민중을 하느님의 선택받은 백성으로 보는 민중신학의 입장에서 신학적으로 충분히 정당화될 수 있다. 시민적·정치적 권리로서의 인권 또한 하느님의 주권이 역사적으로 민중의 주권으로 구체화된다고 보는 민중신학의 관점에서 정당성을 갖는다. 사회적·경제적 권리로서의 인권 역시 성서의 전통에서 민중의 생존권을 가장 핵심적인 정의의 요체로 인식하는 민중신학의 입장에서 정당성을 갖는다.

3.

이 책이 제기한 문제의식의 타당성을 드러내고 나아가 최종적 목적에 해당하는 한국의 근대화과정에 대한 기독교윤리적 평가를 성공적으로 수행하기 위해서는 바로 평가의 대상인 한국의 근대화과정과 그 현상을 적절하게 분석할 수 있는 사회과학적 분석방법론이 요구된다. 적절한 사회과학적 분석방법이란 근대화의 요체에 해당하는 경제적 발전과정으로서의 산업화와 정치적 발전과정으로서의 민주화를 동시에 분석해야 할 뿐 아니라 민중의 주체성을 강조하는 민중신학적 입장에도 부합해야 한다. 전자는 사실관계를 드러내는 분석방법의 적절성을, 후자는 가치확신의 측면에서 신학적 입장과 사회과학적 방법론이 공통되는 접촉점을 말한다.

이 책은 문제의식에 적합한 사회과학적 분석방법을 설정하기 위해 먼저 한국의 경제개발 및 성과에 관한 기존 논의의 부적합성을 검토하고, 이어 현대 자본주의국가 및 시민사회에 관한 논의에서 제기되는 여러 가지 쟁점을 유념하는 가운데 경제적 발전과정으로서의 산업화와 정치적 발전과정으로서의 민주화를 동시에 검토할 수 있는 독자적인 방법론을 설정했다.

이 방법론은 발전연합에 의한 산업화와 민중연합에 의한 민주화의 모순적 상호관계를 기본 가설로 삼아 이를 뒷받침하는 몇 가지 세부적인 가설을 설정함으로써 구성되었다. 세부 가설은, 첫째, 현대 자본주의사회에서 자본의 이해를 대변하는 국가의 성격은 한국의 경제개발과정에서도 분명히 드러난다는 점, 둘째, 경제개발과정에서 국가권력의 주도하에 육성된 자본은 자기증식이라는 목적을 이루기 위해 정치적 국면에 따라 유리한 조건을 활용해왔다는 점, 셋째, 한국의 근대화에서 산업화와 민주화가 동시에 진전된 결정적인 이유는 노동자가 동의와 저항이라는 모순된 이중적 역할을 했기 때문이라는 점, 넷째, 한국의 시민사회는 자본주의적 산업화가 본격화되기 이전에는 취약했으나 자본주의적 산업화와 함께 급격히 성장하며 민주화에 기여했다는 점으로 집약된다. 이 가설 가운데 특히 강조해야 할 것은, 한국의 산업화와 민주화가 모순적 관계 속에서 동시적으로 진전된 데 결정적으로 기여한 것은 노동자를 중심으로 한 민중의 동의와 저항이라는 이중적 역할이라는 사실이다. 이 책은 이 가설을 뒷받침하는 논거로 주로 그람시의 헤게모니론을 원용했다.

4.

이 책의 평가대상인 한국의 근대화과정에 대한 분석은 앞에서 설정한 방법론적 가설을 따라 산업화를 주도한 국가 및 자본의 역할과 노동계급을 중심으로 한 민중의 역할을 대비하는 것을 기본축으로 삼았다. 국가 및 자본의 역할에 주목한 것은 주로 산업화의 성격과 문제를 진단하기 위해서였으며, 노동계급을 중심으로 한 민중의 역할에 주목한 것은 산업화의 진전에 실질적으로 기여하면서도 산업화 문제에 대항함으로써 민주화를 가능케 한 측면을 살펴보기 위해서였다. 네 개의 시기로 나눠 검토한 내용은 다음과 같이 집약된다.

첫 번째 시기는 경제개발계획이 추진되기 이전인 주로 1950년대에 해당하는 시기로, 경제개발계획이 가능할 수 있었던 배경 및 이러한 배경하에 경제개발계획이 구상된 경위에 주목했다. 경제개발계획 이전 시대인 1950년대는 흔히 불임의 세월로 간주되지만 실은 1960년대 이후 진행된 국가

주도형 경제개발과 고도성장의 전제조건이 형성된 시기였다고 할 수 있다. 무엇보다 농지개혁은 철저하게 진행되지 못했음에도 봉건적 지주소작관계를 청산해 자본축적의 기회를 제공했으며, 이와 아울러 봉건적 지주계급을 해체함으로써 자본주의적 산업화로서의 경제개발에 유리한 조건을 형성했다. 귀속재산 및 미국 원조물자의 분배에서 나타난 특혜는 국가권력과 유착된 독점기업 중심의 한국경제의 특성을 형성하는 데 기여했다. 한편 경제개발 시대 동안 지속된 노동자계급에 대한 국가권력의 통제도 이 시기부터 시작되었다. 당시에는 산업화 수준이 미미해 노동자계급이 미약한 세력이었음에도 해방 직후의 특수한 정치공간에서 강력한 정치적 성향을 띠었는데, 국가통제하에 노동자들의 자발적 조직이 해체되고 국가가 조직한 새로운 노동조직으로 대체되었다.

두 번째 시기는 1961년 5·16쿠데타 이후 1962년부터 시작된 제1차 경제개발5개년계획이 추진된 기간이다. 정치적 정당성이 결여된 박정희 정권은 이전부터 형성되어온 국민적 공감대를 기반으로 경제개발계획을 수립·추진함으로써 정치적 정당성의 결여를 상쇄하려 했다. 처음에는 경제개발계획이 내자 위주의 균형 발전을 기조로 했으나 통화개혁의 실패와 쌀 위기 등의 악조건이 겹친 데다 한국경제를 동아시아 국제분업구조에 편입시키려는 미국의 압력 등으로 인해 외자 위주의 불균형 발전으로 선회했다. 한일협정과 베트남전쟁은 외자 위주의 경제개발계획을 추진하는 데 매우 중요한 계기였는데, 특히 한일협정과 이로부터 이어진 경제협력은 국내자본의 형성이 미약한 상황에서 외자 위주의 산업화를 주도한 국가와 자본이 발전연합을 구축하는 실질적인 계기가 되었다. 그러나 이는 동시에 발전연합에 대항해 민주화를 추동한 민중연합이 구성된 실질적인 계기이기도 했다. 한일협정에 대한 대대적인 국민적 저항은 향후 외자 위주의 불균형 성장 및 이에 동반된 정치적 권위주의에 대항하는 민중연합을 탄생시킨 출발점이기 때문이다. 경제개발계획의 선회와 함께 외적 계기를 통해 가속도가 붙은 산업화는 불균등 발전으로 인한 농민·노동자의 배제와 정치적 민주주의의 훼손을 본격적으로 야기했고, 이로 인해 민중의 저항도 지속적으로 강화되었다. 바로 이 점에서 이 시기는 산업화와 민주화의 동시적인 모순관계의 원형이 형성된 시기에 해당한다고 할 수 있다.

세 번째 시기는 고도성장의 시기로, 제2차 경제개발5개년계획이 추진된 시기(1967~1971)부터 중화학공업화의 추진과 함께 유신체제가 형성되어 1979년에 유신체제가 붕괴되기까지의 기간이다. 이는 산업화와 민주화의 동시적 모순관계가 격화된 시기로, 중화학공업화로 인한 자본 집중과 정치적 권위주의가 강화될수록 이에 대한 저항 또한 강화되어 강력한 민주화운동이 벌어지는 양상을 띠었다. 바로 이 점에서 한국의 산업화와 민주화의 관계에 관한 핵심적인 쟁점을 내장한 시기라고 할 수 있다. 중화학공업화의 추진은 고도의 자원집중을 필요로 했다. 이에 따라 자원의 특혜적 배분으로 육성된 소수의 대자본과 국가의 발전연합은 더욱 강고해졌으며 동시에 정치적 권위주의도 강화되었다. 대자본과 국가 간 발전연합의 강고화는 기왕에 경제개발계획이 추진된 이래 구조화된 불균형 발전을 심화시키고 노동에 대한 억압적 배제를 본격화했을 뿐 아니라 사회 전반의 언로 자체도 억압하는 방식으로 나타났다. 이 체제는 경제발전을 위한 고도의 효율성을 추구했지만 그 밖의 다른 방향을 모색할 수 있는 정치세력의 존재를 부정했다는 점에서 스스로의 출구를 지니지 못한 체제였다. 이러한 체제에 균열을 내고 다른 가능성의 출구를 연 것이 민주화운동이었다. 경제개발이 시작된 이래 유신체제에 이르기까지 박정희 정권은 의도하지 않았지만 두 가지 방향에서 민주화운동을 초래할 수밖에 없었다. 하나는 성공의 결과요, 다른 하나는 실패의 결과였는데, 성공의 결과란 자본주의적 산업화로 중산층의 성장 및 노동자와 농민 등 기층민중의 성장이 초래된 것을 뜻하고, 실패의 결과란 민주주의 및 권위주의를 폐기한 결과 광범위한 저항세력이 형성된 것을 뜻한다. 이러한 맥락에서 발전연합이 강고해지는 만큼 민중연합도 강력해지는 양상을 띠었다. 결국 유신체제는 이러한 모순관계의 폭발에 따라 붕괴되었다.

네 번째 시기는 유신체제 붕괴 이후 1980년 신군부체제가 형성된 시기와 1987년 민주화항쟁 이후 정치·경제적으로 중대한 변화가 동반된 시기다. 1987년을 기점으로 국가체제와 민중운동 양 진영 모두에서 중요한 변화가 동반되었으므로 1987년 전후는 사실 질적으로 단절되었다고 할 수 있다. 하지만 국면이 단절되긴 했지만 1987년에 정점에 달한 민중운동은 1980년대 이래 연속성을 띠고 있을 뿐 아니라 국가 및 자본 간의 발전연합이 1987년 이후로도 지속되어 양자의 대립구도가 근본적으로 변화하지 않았다는 점에서 이 시기를 하나의 시기로 볼 수 있다. 이 시기에는 이전부터 성장해온 저항운동이 민중계층의 성장과 함께 복합적인 민중운동으로 발전했다. 또한 1987년을 정점으로 민중운동이 폭발적인 양상을 띠었음에도 경제개발이 시작된 이래 구축되어온 발전연합과 민중연합의 기본 대립구도가 지속되었다. 이는 발전연합이 체제위기를 봉합할 수 있는 계기가 두 차례 있었기 때문이다. 첫째, 유신체제 붕괴 이후 발발한 신군부의 쿠데타에 의해서였다. 신군부 정권은 자본축적의 위기에 대응해 산업구조 조정을 시도하고 일정 부분 경제개방화를 시도했지만 지배구조의 변화 없이 구체제의 정책을 거의 답습했으며, 권위주의적 통치방식 또한 국가의 강권력을 총동원함으로써 연장·강화했다. 이는 경제성장과 함께 성장한 여러 사회계층의 민주주의적 요구에 정면으로 배치되는 것으로서, 이러한 부조화는 오히려 민주화운동을 강화시키는 효과를 유발했다. 결국 1987년 민주화항쟁으로 지배체제는 다시 위기를 겪었는데, 이는 오히려 체제위기를 봉합한 둘째 계기로 작용했다. 지배세력은 민중운동의 요구를 절차적 민주화의 수준에서 수용함으로써 체제위기를 봉합함과 아울러 결과적으로 민중연합을 균열·약화시켰다. 1987년 6월 민주화항쟁에 이어 7~8월 노동자 대투쟁이 거세게 일었지만 이미 체제위기 봉합에 성공한 지배세력은 제한된 범위 내에서만 노동자들의 요구를 수용했을 뿐, 기존의 노동배제체제를 지속시켜나갔다. 1988년 이래 본격화된 경제의 개방화와 자유화는 한편으로는 국가주도의 경제개발체제를 사실상 종식시켰지만 다른 한편으로는 대자본의 지배력을 높이는 결과를 초래했다. 이는 노동배제체제를 지속시킨 결정적인 조건 가운데 하나다. 결국 절차적 민주화의 성취와 함께 기대되었던 실질적 민주화로서의 경제민주화는 구현되지 못한 채 지체되었다. 이처럼 산업화가 진전되었음에도 여전히 실질적인 민주화가 지체되었던 현실은 역설적으로 산업화와 민주화의 선후적 단계론의 문제점을 보여준다고 할 수 있다.

5.

마지막으로 신학적으로 정당화의 근거를 지닌 시민적·정치적 권리로서의 인권과 사회적·경제적 권리로서의 인권의 규준에 따라 앞에서 구분한 시기별로 한국 경제개발과 민주주의를 평가했다.

첫 번째 시기에는 일제로부터의 해방과 함께 정부가 수립되면서 헌법을 통해 제반 권리에 대한 규범이 확립되었음에도 규범과 현실이 현저한 괴리 양상을 보였다. 시민적·정치적 권리의 측면에서 보면 이 시기는 냉전체제하의 단독정부 수립과 전쟁 등으로 극단적인 이념지형이 형성됨으로써 일체의 자유로운 정치적 의사표현이 억압되는 현상이 현저했다. 한편 사회적·경제적 권리의 측면에서 보면 기본적인 생존권을 보장받기 어려울 정도로 경제적 현실이 피폐해졌으며, 적산매각, 미국 원조물자의 특혜적 배분 등으로 인해 사회적 불평등과 불의가 만연했다. 다만, 이 시기에 특기할 만한 사항으로는 일종의 수동혁명의 성격을 지닌 농지개혁을 실시함으로써 훗날 경제개발계획을 추진할 객관적 조건을 형성함과 동시에 농자유전 원칙을 확립함으로써 배타적 소유권을 민중의 생존권을 보장하는 한계 안에서 제한할 수 있다는 사회적 합의의 가능성을 보여준 것을 들 수 있다.

두 번째 시기는 경제개발계획이 추진되면서 민주주의가 억압된 시기였지만, 경제개발계획에 대한 문제점이 제기되면서 제반 민주적 권리에 대한 요구가 비로소 한국사회의 내재적인 가치로 등장하는 시기이기도 했다. 시민적·정치적 권리의 측면에서 보면, 이 시기에는 반공주의와 경제성장 제일주의가 결합되는 가운데 경제개발계획이 추진되어 이념적 경직성과 경제적 효율성을 전면에 내세움에 따라 사상 및 정치적 의사표현의 자유가 억압당했다. 하지만 역으로 이에 대한 저항으로 민중들 사이에서 민주적 권리의식이 점차 형성되었다. 사회적·경제적 권리의 측면에서 보면, 산업화의 성과로 전반적으로 절대 빈곤선을 벗어나는 긍정적인 효과를 누렸지만 자원의 집중과 선택을 필요로 하는 산업화의 성격으로 산업 간 불균형 현상이 노정되었고, 이에 따라 도시 중산층 외에 농민과 도시노동자 및 빈민층에서 심각한 생활상의 압박이 야기되었다. 이러한 압박에 따라 민중들의 생존권 요구가 점차 싹트기 시작했다.

세 번째 시기는 자원의 고도집중을 요하는 중화학공업화의 추진과 함께 정치적 권위주의가 강화된 시기로, 제반 민주적 권리가 극심하게 억압당할수록 이에 대한 저항 또한 더욱 강력해지는 모순적 관계가 격화되는 양상을 띠었다. 시민적·정치적 권리의 측면에서 보면, 산업화와 민주화의 공존을 바라는 국민적 요구가 분출되었음에도 지배세력이 유신체제를 통해 권위주의를 강화하고 사실상 민주적 헌정질서를 부정함으로써 국민들의 기본적인 권리 요구를 부정했다. 정치적 의사표현의 자유 및 언론의 자유가 봉쇄되고 저항세력에 대한 임의적인 인신구속과 고문 등이 일상화되었는데, 이는 산업화의 성공으로 성장한 여러 사회세력의 민주적 권리 요구와는 현저하게 배치되었다. 사회적·경제적 권리의 측면에서 보면, 경제적 고도성장으로 국민경제 규모가 확대되고 평균적인 물질적 생활이 향상되었음에도 불균등 발전으로 인한 불평등현상이 심화되고 민중계급의 상대적 박탈현상과 권리제약현상이 강화되었다. 경제개발계획이 추진되면서부터 문제시된 농민층, 도시노동자, 빈민층의 배제현상이 강화되어 상대적으로 생활압박을 심하게 받았고, 이들의 권리 요구는 철저하게 탄압되었다. 반면에 대기업을 중심으로 한 특혜는 더욱 늘어 사회적 부정의가 강화되고 윤리적 가치관마저 희미해지는 양상을 배태했다. 그럼에도 이 시기에는 사회 여러 계층의 권리의식이 급격히 향상되었고 민주화의 요구도 그만큼 강력해졌다. 당시에는 이러한 민주화의 요구가 국가적 차원에서 곧바로 제도화되지 못했지만, 훗날 1987년 민주화항쟁 이후 상당 부분 국가적 차원으로 수렴되었다.

네 번째 시기는 유신체제의 붕괴와 함께 민주주의의 제도화가 이뤄지리라 기대되었던 상황에서 신군부의 집권으로 오히려 민주주의의 훼손과 인권의 유린 정도가 훨씬 심각해지자 민주화의 요구가 강화되어 결국 1987년 민주화항쟁으로 분출되고 이후 여러 민주적 권리가 국가의 제도적 차원에서 구현된 시기에 해당한다. 하지만 지배세력의 발전연합이 해체되지 않은 상황에서 여러 민주주의적 권리가 국가 제도적 차원에서 구현되었기에 성과와 한계를 동시에 지닐 수밖에 없었다. 이 시기는 이전 시대와 동일하게 민주화운동 국면과 민주주의의 국가적 제도화 국면으로 나뉘는데, 시민적·정치적 권리의 측면에서 보면 양 국면이 현격한 차이를 보인다. 신군부의 통치시기, 즉 민주화운동의 요구가 국가의 제도적 차원으로 아직 수용되기 이전의 국면에서는 시민적·정치적 권리의 측면에서 최악의 상황이 전개되었다. 이 시기에는 어떠한 정치적 정당성도 지닐 수 없는 절차에 따라 신군부가 집권했고 신군부는 저항세력을 유혈진압하는 데 국가의 강권력을 총동원함으로써 지배질서를 구축했다. 사상의 자유와 정치적 의사표현의 자유 및 언론의 자유를 철저하게 억압했을 뿐 아니라 형식상으로 구현한 정당정치마저도 관제화된 틀에서만 기능했다. 뿐만 아니라 광주항쟁을 유혈진압하고 사회악 일소를 명분으로 삼청교육을 실시한 데서 나타난 바와 같이 최소한의 형식적인 사법적 절차도 무시한 채 인신구금과 고문 등을 자행했다. 어떠한 정치적 정당성도 없는 집권세력이 민주적 권리를 박탈하고 억압하는 상황에서 민주화운동이 폭발적으로 일어난 것은 오히려 당연했고 이후 1987년 민주화항쟁으로 인해 시민적·정치적 권리는 국가의 제도적 차원에서 현저하게 구현되는 국면으로 이행했다. 사회적·경제적 권리의 측면에서 보면 이 시기에는 양 국면 간에 차이가 없진 않지만 시민적·정치적 권리의 측면과 달리 연속되는 성격이 지배적이었다. 특히 노동에 대한 통제의 측면에서 볼 때 국가의 강권력에 의한 물리적 탄압이 1987년 6월 민주화항쟁과 7~8월 노동자대투쟁 이후 완화되었다는 점에서 의미 있는 차이가 있지만, 기존의 발전연합이 해체되지 않고 오히려 자본과 국가 간의 역관계가 변화되는 가운데 노동배제정책이 일관되게 지속되었다. 결국 절차적 민주주의는 진전되었으나 실질적 민주주의는 여전히 실현되지 못한, 제한된 민주주의 상황이 전개되었고, 노동권을 확립함으로써 실질적인 민주주의를 이루는 일은 여전히 한국사회의 당면과제로 남아 있다.

6.

한국의 경제개발과 민주주의의 과정에 대한 사실적 분석 및 판단의 차원에서 볼 때, 실질적 민주주의를 진전시켜야 하는 당면과제 역시 민중세력에 부여된 역할이라 할 수 있다. 국가와 자본이 민주주의를 훼손시키면서 산업화를 이루는 와중에서도 민주화를 진전시킨 것은 민중연합이었기 때문이다. 그렇다면 구체적인 대안은 무엇일까? 이 책은 그 방향만 암시한 셈이다. 구체적인 대안을 모색하는 것은 이 책에 기초한 차후의 과제다.

한편 민중을 하느님의 계약상대로 보고 민중의 생존권 보장을 하느님의 정의를 실현하는 것으로 보는 민중신학의 입장에서 볼 때, 오늘날 노동자들의 권리와 민중의 생존 및 생활의 권리가 여전히 제약당하고 있는 현실은 극복하지 않으면 안 된다. 나아가 민중의 정당한 권리가 회복되리라는 기대는 신학적 입장에서 너무나 당연한 귀결이라 할 수 있다.

참고문헌

국문 자료

강만길. 1984. 『한국현대사』. 서울: 창작과비평사.

강만길 외. 1985. 『해방전후사의 인식 2: 정치·경제·사회·문화적 구조의 실증적 연구』. 서울: 한길사.

강성영. 2006. 『생명·문화·윤리: 기독교 사회윤리학의 주제 탐구』. 오산: 한신대학교출판부.

강원돈. 1992. 『물의 신학: 실천과 유물론에 굳게 선 신학의 모색』. 서울: 한울.

_____. 1992. 「사회주의와 민중신학」. 안병무박사고희기념논문집출판위원회 엮음. 『예수·민중·민족: 안병무 박사 고희 기념 논문집』. 서울: 한국신학연구소.

_____. 1998. 「김용복의 경제신학 구상의 의의」. 김용복박사회갑기념논문집편찬위원회 엮음. 『민중의 사회전기와 기독교의 미래』. 서울: 한국신학연구소.

_____. 2000. 「책임윤리의 틀에서 윤리적 판단의 규준을 정할 때 고려해야 할 점」. ≪신학연구≫, 제41집.

_____. 2001. 『살림의 경제: 사회적이고 생태적인 경제적 민주주의를 향하여』. 서울: 한국신학연구소.

_____. 2005. 『인간과 노동: 노동윤리의 신학적 근거』. 서울: 민들레책방.

_____. 2005. 『지구화 시대의 사회윤리』. 서울: 한울.

_____. 2007. 「심원 안병무 선생의 윤리사상」. ≪신학사상≫, 제139집(겨울).

_____. 2009. 「교의학과 인문·사회과학에 대한 관계를 중심으로 살펴본 한국기독교사회윤리학의 학문적 위치」. ≪기독교사회윤리≫, 제18집.

_____. 2010. 「기본소득 구상의 기독교윤리적 평가」. ≪신학사상≫, 제150집(가을).

강정구. 1996. 「역대정권의 정통성과 정당성」. ≪역사비평≫, 제35호(겨울).

강준만. 2003. 『한국현대사산책: 1980년대편』. 서울: 인물과사상사.

경제기획원. 『산업생산연보』. 각 연도.

_____. 1962. 『제일차 경제개발 오개년계획(개요 및 2년차계획)』.

_____. 1964. 『제일차 경제개발 오개년계획 보완계획』. 1964년 2월.

_____. 1964. 『제일차 경제개발 오개년계획: 제삼년차(1964) 계획(최종)』. 1964년 2월.

_____. 1982. 『개발연대의 경제정책: 경제기획원 30년사(1961~1980년)』. 서울: 미래사.

고범서. 1978. 『개인윤리와 사회윤리: 기독교 사회윤리의 방향』. 서울: 한국신학연구소.

_____. 2007. 『라인홀드 니버의 생애와 사상』. 서울: 대화출판사.

고승효. 1993. 『현대북한경제 입문』. 이태섭 옮김. 서울: 대동.

고재식. 1991. 「한국 경제개발계획에 대한 기독교윤리적 평가: 분배의 정의를 중심으로」. ≪신학사상≫, 제72집(봄).

구티에레즈, 구스타보(Gustavo Gutierrez). 1977. 『해방신학: 역사와 정치와 구원』. 성염 옮김. 서울: 분도출판사.

구해근. 2002. 『한국 노동계급의 형성』. 신광영 옮김. 서울: 창작과비평사.

국가재건최고회의 종합경제재건 기획위원회. 1961. 『종합경제재건계획(안)』. 1961년 7월.

김기원. 1990. 『미군정기의 경제구조: 귀속업체의 처리와 노동자 자주관리운동을 중심으로』. 서울: 푸른산.

김남국. 2010. 「문화적 권리와 보편적 인권」. 김비환 외. 『인권의 정치사상: 현대 인권 담론의 쟁점과 전망』. 서울: 이학사.

김대환. 1987. 「국제 경제환경의 변화와 중화학 공업의 전개」. 박현채 외 엮음. 『한국경제론』. 서울: 까치.

김병곤. 2010. 「근대 자연권 이론의 기원과 재산권」. 김비환 외. 『인권의 정치사상: 현대 인권 담론의 쟁점과 전망』. 서울: 이학사.

김비환. 2010. 「현대 인권 담론의 쟁점과 전망」. 김비환 외. 『인권의 정치사상: 현대 인권 담론의 쟁점과 전망』. 서울: 이학사.

김비환 외. 2010. 『인권의 정치사상: 현대 인권 담론의 쟁점과 전망』. 서울: 이학사.

김삼수. 2003. 「박정희 시대의 노동정책과 노사관계」. 이병천 엮음. 『개발독재와 박정희시대: 우리 시대의 정치경제적 기원』. 서울: 창작과비평사.

김석준. 1992. 『한국산업화 국가론』. 서울: 나남.

김성환 외. 1984. 『1960년대』. 서울: 거름.

김세균. 1993. 「민주주의 이론과 한국 민주주의의 전망」. 학술단체협의회 엮음. 『한국민주주의의 현재적 과제: 제도, 개혁 및 사회운동』. 서울: 창작과비평사.

_____. 1997. 『한국민주주의와 노동자·민중정치』. 서울: 현장에서미래를.

김영선. 1960. 「경제개발3개년계획 분석」. ≪사상계≫, 제81호.(4월).

김용기. 1989. 「노동운동의 개량화의 문제」. ≪사회와 사상≫, 제8호(4월).

김용기·박승옥. 1989. 『한국 노동운동 논쟁사: 1980년대를 중심으로』. 서울: 현장문학사.

김용복. 1981. 『한국 민중과 기독교』. 서울: 형성사.

_____. 1998. 『지구화 시대 민중의 사회전기: 하나님의 정치경제와 디아코니아 선교』. 서울: 한국신학연구소.

김윤수. 1988. 「'8.15'이후 귀속업체 불하에 관한 일 연구」. 서울대학교 경제학과 석사학위논문.

김윤환. 1984. 「산업화 단계의 노동문제와 노동운동」. 박현채 외. 『한국사회의 재인식1: 경제개발에 따른 정치·경제·사회의 구조변화』. 서울: 한울.

김일영. 1999. 「1960년대의 정치지형 변화: 수출지향형 지배연합과 발전국가의 형성」. 한국정신문화연구원 엮음. 『1960년대의 정치사회변동』. 서울: 백산서당.

_____. 2004. 「이승만 정부의 수입대체산업화정책과 렌트추구 및 부패, 그리고 경제발전」. 문정 인·김세중 엮음. 『1950년대 한국사의 재조명』. 서울: 선인.

_____. 2006. 「조국근대화론 대 대중경제론: 1971년 대선에서 박정희와 김대중의 대결」. 정성 화 엮음. 『박정희 시대와 한국 현대사』. 서울: 선인.

김장한 외. 1989. 『80년대 한국노동운동사』. 서울: 조국.

김정원. 1982. 「해방이후 한국의 정치과정(1945~1948)」. 김정원 외. 『한국현대사의 재조명』. 서울: 돌베개.

김정원 외. 1982. 『한국현대사의 재조명』. 서울: 돌베개.

김정주. 2004. 「시장, 국가, 그리고 한국 자본주의 모델: 1980년대 축적체제의 전환과 국가후퇴의 현재적 의미」. 유철규 엮음. 『박정희 모델과 신자유주의 사이에서』. 서울: 함께읽는책.

김종덕. 2000. 「미국의 대한 농산물 원조와 그 정치적 결과에 관한 연구」. ≪아시아문화≫, 제 16호.

김준. 1989. 「제6공화국의 노동통제정책」. ≪경제와 사회≫, 제3호(겨울).

김진균·김형기 엮음. 1990. 『한국사회론』. 서울: 한울.

김진업 엮음. 2001. 『한국자본주의 발전모델의 형성과 해체』. 서울: 나눔의집.

김한길. 1989. 『현대조선역사』. 서울: 일송정.

김형국. 1992. 「산업구조변화에 따른 국가와 자본의 관계 변화」. 한국사회학회·한국정치학회 엮음. 『한국의 국가와 시민사회』. 서울: 한울.

김형기. 1992. 「변화된 노동정세와 진보적 노자관계」. ≪전망≫, 제3호(3월).

김희수. 2004. 『기독교윤리학의 이론과 방법론』. 서울: 동문선.

노중기. 1995. 「6공화국 국가의 노동통제전략과 노동운동, 1988~1995」. ≪한국사회학회 후기 사회학대회 발표문 요약집≫, 제8권 1호.

_____. 1995. 「국가의 노동통제전략에 관한 연구, 1987~1992」. ≪경제와 사회≫, 제28호(겨 울).

_____. 1997. 「한국의 노동정치체제 변동, 1987~1997」. ≪경제와 사회≫, 제36호(겨울).

_____. 2006. 「고도성장 이후 노동운동의 전환과 과제」. ≪경제와 사회≫, 제69호(봄).

_____. 2008. 『한국의 노동체제와 사회적 합의』. 서울: 후마니타스.

니부어, 라인홀드[니버, 라인홀드(Reinhold Niebuhr)]. 1972. 『도덕적 인간과 비도덕적 사회』. 이병섭 옮김. 서울: 현대사상사.

두흐로(Ulrich Duchro)·리드케(Gehard Liedke). 1987. 『샬롬: 피조물에게 해방을, 사람들에게 정의를, 민족들에게 평화를』. 손규태·김윤옥 옮김. 서울: 한국신학연구소.

라이트, 에릭 올린(Erik Olin Wright). 2005. 『계급론』. 이한 옮김. 서울: 한울.

뢰비트, 카를[뢰비트, 칼(Karl Löwith)]. 1982. 『헤겔에서 니체에로』. 강학철 옮김. 서울: 삼일당.

류상영. 2002. 「한국의 경제개발과 1960년대 한미관계: 중층적 메카니즘」. ≪한국정치학회보≫, 제36권 3호.

류터, 로즈마리 래드포드(Rosemary Radford Ruether). 1981. 『메시아 왕국』. 서남동 옮김. 서울: 한국신학연구소.

리네만-페린, 크리스티네(Christine Lienemann-Perin). 1992. 「교회의 정치적 책임: 한국 민중신학과 남아프리카 정치신학의 비교」. 안병무박사고희기념논문집출판위원회 엮음. 『예수·민중·민족: 안병무 박사 고희 기념 논문집』. 서울: 한국신학연구소.

리히, 아르투르(Arthur Rich). 1993. 『경제윤리 1: 신학적 관점에서 본 경제윤리의 원리』. 강원돈 옮김. 서울: 한국신학연구소.

마르크스, 카를[마르크스, 칼(Karl Marx)]. 1987. 『자본 I』 1~3. 강신준 옮김. 서울: 이론과실천.

_____. 1988. 『자본 III』 1~3. 강신준 옮김. 서울: 이론과실천.

_____. 1989. 『자본 II』 1~3. 강신준 옮김. 서울: 이론과실천.

무어, 배링턴(Barrington Moore Jr.). 1985. 『독재와 민주주의의 사회적 기원』. 진덕규 옮김. 서울: 까치.

문정인·김세중 엮음. 2004. 『1950년대 한국사의 재조명』. 서울: 선인.

바르트, 카를[바르트, 칼(Karl Barth)]. 1964. 『은총의 선택 및 복음과 율법』. 전경연 옮김. 서울: 향린사.

박기순. 2009. 「근대와 인권의 정치」. 맑스코뮤날레 조직위원회 엮음. 『맑스주의와 정치』. 서울: 문화과학사.

박명림. 2006. 「한국 현대사와 박정희·박정희 시대」. 정성화 엮음. 『박정희 시대와 한국 현대사』. 서울: 선인.

박덕제. 2005. 「노동정책과 노사관계」. 이대근 외. 『새로운 한국경제발전사』. 서울: 나남.

박상섭. 1985. 『자본주의국가론: 현대 마르크스주의 정치이론의 전개』. 서울: 한울.

박승옥. 1992. 「한국의 노동운동, 과연 위기인가」. ≪창작과 비평≫, 제20권 2호.

박영구. 2005. 「구조변동과 중화학공업」. 이대근 외. 『새로운 한국경제발전사: 조선후기에서 20세기 고도성장까지』. 서울: 나남.

박은홍. 1999. 「발전국가론 재검토: 이론의 기원, 구조, 그리고 한계」. ≪국제정치논총≫, 제39집 3호.

박정희. 2006. 「72년 연두기자회견」(1972.1.11). 『전집』, 제9집. 서울: 조갑제닷컴.

박준식. 1992. 「대기업의 신경영전략과 작업장 권력관계의 변화」. ≪사회비평≫, 5월호.

박준식·김영근. 2000. 「한국전쟁과 자본가 계급」. ≪아시아문화≫, 제16호.

박진도·한도현. 1999. 「새마을운동과 유신체제: 박정희 정권의 농촌 새마을운동을 중심으로」. ≪역사비평≫, 제47호.

박태균. 1995. 『조봉암 연구』. 서울: 창작과비평사.

_____. 2003. 「1950·1960년대 경제개발 신화의 형성과 확산」. 유철규 엮음. 『한국 자본주의 발전모델의 역사와 위기: 산업화 이념의 재고찰과 대안의 모색(I)』. 서울: 함께읽는책.

_____. 2004. 「1960년대 초 미국의 후진국 정책 변화: 후진국 사회변화의 필요성」. ≪미국사연

구≫, 제20집.

_____. 2007. 『원형과 변용: 한국 경제개발계획의 기원』. 서울: 서울대학교출판부.

박현채. 1983. 「해방전후 민족경제의 성격」. 『한국사회연구 1』. 서울: 한길사.

_____. 1985. 「남북분단의 민족경제사적 위치」 강만길 외. 『해방전후사의 인식 2』. 서울: 한길사.

박현채 외. 1984. 『한국사회의 재인식 1: 경제개발에 따른 정치·경제·사회의 구조변화』. 서울: 한울.

박현채 외 엮음. 1987. 『한국경제론』. 서울: 까치.

벤틀리, 제임스(James Bentley). 1987. 『기독교와 마르크시즘』. 김쾌상 옮김. 서울: 일월서각.

보프, 레오나르도(Leonardo Boff). 1986. 『주의 기도』. 이정희 옮김. 서울: 한국신학연구소.

본회퍼, 디트리히(Dietrich Bonhhöffer). 2010. 『윤리학』. 손규태·이신건·오성현 옮김. 서울: 대한기독교서회.

브라운, 로버트(Robert Brown). 1986. 『새로운 기조의 신학』. 이동준 옮김. 서울: 한국신학연구소.

브라이덴슈타인, 게르하르트(Gerhard Breidenstein). 1971. 『인간화』. 박종화 옮김. 서울: 대한기독교서회.

서순, 앤 쇼스택[시쑨, 앤 쇼스탁(Anne Showstack Sassoon)]. 1984. 『그람시와 혁명전략』. 최우길 옮김. 서울: 녹두.

새한민보사. 1947. 「臨協의 답신안」. 『임시정부 樹立大綱: 미소공위자문안답신집』. 새한민보사.

서관모. 1990. 「한국사회의 계급구조」. 김진균·김형기 엮음. 『한국사회론』. 서울: 한울.

서남동. 1983. 『민중신학의 탐구』. 서울: 한길사.

서익진. 2002. 「한국의 발전모델, 위기와 탈출의 정치경제학(1)」. 한국사회경제학회 봄 학술대회 발표논문(http://www.ksesa.org)

서중석. 1989. 「일제시기 미군정기의 좌우대립과 토지 문제」. ≪한국사 연구≫, 제67호.

성한표. 1985. 「9월총파업과 노동운동의 전환」. 강만길 외. 『해방전후사의 인식 2: 정치·경제·사회·문화적 구조의 실증적 연구』. 서울: 한길사.

센, 아마티아(Amartya Sen). 2008. 『센코노믹스, 인간의 행복에 말을 거는 경제학: 아마티아 센, 기아와 빈곤의 극복, 인간의 안전보장을 이야기하다』. 원용찬 옮김. 서울: 갈라파고스.

_____. 2001. 『자유로서의 발전』. 박우희 옮김. 서울: 세종연구원.

손규태. 1992. 『사회윤리학의 탐구』. 서울: 대한기독교서회.

_____. 2010. 『하나님 나라와 공공성: 그리스도교 사회윤리 개론』. 서울: 대한기독교서회.

송건호 외. 1979. 『해방전후사의 인식』. 서울: 한길사.

송강직. 2011. 「한국에서 근로자의 경영참가 법리의 향방」. ≪동아법학≫, 제50호(2월).

송남현 엮음. 1990. 『해방3년사』. 서울: 까치.

송호근. 2002. 「한국의 노동과 인권」. ≪민주주의와 인권≫, 제2권 2호(10월).

슈레이, 하인츠-호르스트(H. H. Schrey). 1985. 『개신교 사회론 입문』. 손규태 옮김. 서울: 대한기독교출판사.

_____. 1987. 「그리스도교와 사회주의: 1970년대 연구보고들에 대한 검토」. 강원돈 옮김. ≪신학사상≫, 제57집(여름).

신광영. 2000. 「한국전쟁과 자본축적」. ≪아시아문화≫, 제16호.

신정완. 2003. 「박정희 시대의 안보정치: 1970년대 방위산업 육성정책을 중심으로」. 유철규 엮음. 『한국 자본주의 발전모델의 역사와 위기』. 서울: 함께읽는책.

_____. 2004. 「개발독재형 노사관계 질서의 해체와 새로운 노사관계 질서의 모색을 위한 진통: 1987~97년 기간의 한국 거시 노사관계 변동에 관한 게임이론적 분석」. 유철규 엮음. 『박정희 모델과 신자유주의 사이에서』. 서울: 함께읽는책.

아감벤, 조르조(Giorgio Agamben). 2008. 『호모 사케르: 주권 권력과 벌거벗은 생명』. 박진우 옮김. 서울: 새물결.

안병무. 1986. 「하늘도 땅도 公이다」. ≪신학사상≫, 제53집(가을).

_____. 1987. 『민중신학 이야기』. 서울: 한국신학연구소.

_____. 1990. 『갈릴래아의 예수』. 서울: 한국신학연구소.

_____. 1995. 『그래도 다시 낙원에로 환원시키지 않았다』. 서울: 한국신학연구소.

_____. 2001. 「한국 사회와 기독교 대학의 방향」. 심원안병무선생기념사업위원회 엮음. 『평론: 한국 민족운동과 통일』. 서울: 한국신학연구소.

안병직. 1993. 「서문」. ≪경제사학≫, 제17호.

_____. 1995. 「한국에 있어서의 경제발전과 근대사연구」. 제38회 전국역사학대회 발표문.

안병직 엮음. 2001. 『한국 경제 성장사』. 서울: 서울대학교출판부.

안재홍. 1945. 『신민족주의와 신민주주의』. 서울: 민음사.

알라비, 함자(Hamza Alavi). 1985. 『국가란 무엇인가: 자본주의와 그 국가이론』. 임영일·이성형 편역. 서울: 까치.

앰스덴, 앨리스(Alice Amsden). 1990. 『아시아의 다음 거인: 한국의 후발공업화』. 이근달 옮김. 서울: 시사영어사.

야마모토 츠요시(山本岡士). 1984. 「1·2차 경제개발계획과 고도성장의 문제점」. 김성환 외. 『1960년대』. 서울: 거름.

양명수. 1997. 『기독교 사회정의론: 갸륵하신 하나님』. 서울: 한국신학연구소.

오영달. 2010. 「인권과 민주주의에 대한 로크와 루소 사상의 비교와 북한 인권」. 김비환 외. 『인권의 정치사상: 현대 인권 담론의 쟁점과 전망』. 서울: 이학사.

오유석. 2003. 「농촌근대화 전략과 새마을운동」. 유철규 엮음. 『한국 자본주의 발전모델의 역사와 위기: 산업화 이념의 재고찰과 대안의 모색(I)』. 서울: 함께읽는책.

유인호. 1969. "농민은 왜 못사는가". ≪신동아≫, 11월호.

_____. 1979. 「해방후 농지개혁의 전개과정과 성격」 송건호 외. 『해방전후사의 인식』. 서울: 한길사.

유경순. 2005. 「1985년 구로 동맹 파업의 전개 과정과 현재적 의미」. ≪진보평론≫, 제24호(여름).

유석진. 2000. 「민주주의와 시장경제: 제도주의적 관점」. 한국정치학회 엮음. 『한국 정치경제
　　의 위기와 대응』. 서울: 오름.

유종일 엮음. 2011. 『박정희의 맨 얼굴』. 서울: 시사IN북.

유철규. 1992. 「80년대 후반 내수 확장의 성격」. 한국사회과학연구소. 《동향과 전망》, 제18호.

＿＿＿. 2004. 「1980년대 후반 경제구조변화와 외연적 산업화의 종결」. 유철규 엮음. 『박정희
　　모델과 신자유주의 사이에서』. 서울: 함께읽는책.

유철규 엮음. 2003. 『한국 자본주의 발전모델의 역사와 위기: 산업화 이념의 재고찰과 대안의
　　모색(I)』. 서울: 함께읽는책.

＿＿＿. 2004. 『박정희 모델과 신자유주의 사이에서』. 서울: 함께읽는책.

이기하. 1961. 『한국정당발달사』. 서울: 의회정치사.

이대근. 1997. 「동아시아 경제발전의 역사적 조건」. 《경제사학》, 제23호.

＿＿＿. 2002. 『해방 후: 1950년대의 경제』. 서울: 삼성경제연구소.

이대근 외. 2005. 『새로운 한국경제발전사』. 서울: 나남.

이병천. 1999. 「한국의 경제위기와 IMF 체제」. 한국사회경제학회. 《사회경제평론》, 제12호.

＿＿＿. 2000. 「부마항쟁 발전안보국가, 미국헤게모니 그리고 민주주의」. 최장집 외. 『한국민
　　주주의의 회고와 전망』. 서울: 한가람.

＿＿＿. 2003. 「개발독재의 정치경제학과 한국의 경험: 극단의 시대를 넘어서」. 이병천 엮음. 『개
　　발독재와 박정희시대: 우리 시대의 정치경제적 기원』. 서울: 창작과비평사.

이병천 엮음. 2003. 『개발독재와 박정희시대: 우리시대의 정치경제적 기원』. 서울: 창작과비평사.

이상철. 2003. 「박정희 시대의 산업정책: 역사와 성격」. 이병천 엮음. 『개발독재와 박정희시대:
　　우리시대의 정치경제적 기원』. 서울: 창작과비평사.

＿＿＿. 2004. 「1950년대의 산업정책과 경제발전」. 문정인·김세중 엮음. 『1950년대 한국사의
　　재조명』. 서울: 선인.

이샤이, 미셸린(Michelline Ishay). 2005. 『세계인권사상사』(한국어 개정판). 조효제 옮김. 서
　　울: 길.

이원보. 2004. 『한국노동운동사: 경제개발기의 노동운동, 1961~1987』. 서울: 지식마당.

이정우. 2011. 「개발독재가 키운 두 괴물, 물가와 지가」. 유종일 엮음. 『박정희의 맨 얼굴』. 서
　　울: 시사IN북.

이종훈. 1979. 「미군정경제의 역사적 성격」 송건호 외. 『해방전후사의 인식』. 서울: 한길사.

이한빈. 1969. 『한국행정의 역사적 분석』. 서울: 박영사.

이혁배. 2004. 『개혁과 통합의 사회윤리』. 서울: 대한기독교서회.

임영일. 1992. 「정세변화와 노동운동의 과제」. 《경제와 사회》, 제15호(가을).

＿＿＿. 1998. 『한국의 노동운동과 계급정치(1987~1997)』. 창원: 경남대학교출판부.

임홍빈. 1963. 「노동입법과 정치규제의 표리」. 《신동아》, 3월호.

장은주. 2010. 『인권의 철학: 자유주의를 넘어, 동서양이분법을 넘어』. 서울: 새물결.

재무부. 1982. 『재정투융자백서』.

전병유. 1999. 「동아시아경제의 성장, 위기, 조절의 메커니즘에 관한 비판적 연구」. 한국경제학회. ≪경제학연구≫, 제47집 4호.

전신욱. 1989. 「한국산업화 과정에서의 노동 통제와 노동 저항」. 고려대학교 박사학위논문.

전창환. 2004. 「1980년대 발전국가의 재편, 구조조정, 그리고 금융자유화」. 유철규 엮음. 『박정희 모델과 신자유주의 사이에서』. 서울: 함께읽는책.

정명기 엮음. 1992. 『위기와 조절: 현대자본주의에 대한 조절론적 접근』. 서울: 창작과비평사.

정성화 엮음. 2006. 『박정희 시대와 한국 현대사』. 서울: 선인.

정수복. 2007. 『한국인의 문화적 문법: 당연의 세계 낯설게 보기』. 서울: 생각의나무.

정윤형. 1984. 「한국 경제 개발 계획의 체제적 성격」. 한국기독교사회문제연구원 엮음. 『한국사회변동연구(I)』. 서울: 민중사.

정진아. 1998. 「제1공화국 초기(1948~1950)의 경제정책 연구」. 연세대학교 사학과 석사학위논문.

정태인. 1998. 「한국경제위기와 개혁과제」. 한국사회과학연구소. ≪동향과 전망≫, 제38호(여름).

정해구. 2011. 『전두환과 80년대 민주화운동: '서울의 봄'에서 군사정권의 종말까지』. 서울: 역사비평사.

조석곤. 1998. 「식민지근대화론과 내재적 발전론 재검토」. ≪동향과 전망≫, 제38호(여름).

_____. 2003. 「농지개혁과 한국자본주의」. 유철규 엮음. 『한국 자본주의 발전모델의 역사와 위기: 산업화 이념의 재고찰과 대안의 모색(I)』. 서울: 함께읽는책.

조선통신사. 1947. 『조선연감』.

조영철. 2003. 「재벌체제와 발전지배 연합: 민주적 재벌개혁론의 역사적 근거」. 이병천 엮음. 『개발독재와 박정희시대: 우리 시대의 정치경제적 기원』. 서울: 창작과비평사.

조희연. 1998. 『한국의 국가·민주주의·정치변동: 보수·자유·진보의 개방적 경쟁을 위하여』. 서울: 당대.

_____. 2003. 『한국의 정치사회적 지배담론과 민주주의의 동학』. 서울: 함께읽는책.

_____. 2007. 『박정희와 개발독재 시대: 5·16에서 10·26까지』. 서울: 역사비평사.

_____. 2010. 『동원된 근대화: 박정희 개발동원체제의 정치사회적 이중성』. 서울: 후마니타스.

중앙선거관리위원회. 1968. 『대한민국정당사』(증보판). 중앙선거관리위원회.

지젝, 슬라보예(Slavoj Zizek). 2006. 「반인권론」. ≪창작과 비평≫, 제132호(여름).

차성수. 1989. 「국가권력과 자본의 노동통제」. ≪사회와 사상≫, 제9호(5월).

최영기 외. 2000. 『한국의 노동법개정과 노사관계』. 서울: 한국노동연구원.

최장집. 1992. 「한국의 노동계급은 왜 계급으로서의 조직화에 실패하고 있나?」. 한국사회학회·한국정치학회 엮음. 『한국의 국가와 시민사회』. 서울: 한울.

_____. 1993. 『한국민주주의의 이론』. 서울: 한길사.

_____. 1997. 『한국의 노동운동과 국가』. 서울: 나남.

_____. 2005. 『민주화 이후의 민주주의: 한국민주주의의 보수적 기원과 위기』(개정판). 서울: 후마니타스.

최장집 외. 2000. 『한국민주주의의 회고와 전망』. 서울: 한가람.

최형묵. 2013. 『한국 기독교의 두 갈래 길』. 서울: 이야기쟁이낙타.

최형익. 2005. 『칼 마르크스의 노동과 권리의 정치이론』. 파주: 한국학술정보.

_____. 2009. 『실질적 민주주의: 한국민주주의 이론과 정치변동』. 오산: 한신대출판부.

_____. 2010. 「칼 맑스의 정치경제학 비판과 사회권 사상」. 김비환 외. 『인권의 정치사상: 현대 인권 담론의 쟁점과 전망』. 서울: 이학사.

커밍스, 브루스(Bruce Cumings). 1986. 『한국전쟁의 기원』. 김자동 옮김. 서울: 일월서각.

쿠르베타리스, 게오르게(George A. Kourvetaris). 1998. 『정치사회학』. 박형신·정헌주 옮김. 서울: 일신사.

크라우스, 한스-요아힘(Hans-Joachim Kraus). 1986. 『조직신학』. 박재순 옮김. 서울: 한국신학연구소.

페인, 토머스(Thomas Paine). 2004. 『상식, 인권』. 박홍규 옮김. 서울: 필맥.

프레이저, 낸시(Nancy Fraser). 2010. 『지구화 시대의 정의: 정치적 공간에 대한 새로운 상상』. 김원식 옮김. 서울: 그린비.

픽슬리, 조지[픽슬레이, 죠지(George Pixley)]. 1986. 『하느님 나라』. 정호진 옮김. 서울: 한국신학연구소.

학술단체협의회 엮음. 1993. 『한국민주주의의 현재적 과제: 제도, 개혁 및 사회운동』. 서울: 창작과비평사.

_____. 2005. 『해방 60년의 한국사회: 역사적 궤적, 현재 속의 미래, 학문재생산』. 서울: 한울.

한국기독교사회문제연구원 엮음. 1984. 『한국사회변동연구(I)』. 서울: 민중사.

_____. 1987. 『한국사회의 노동통제』. 서울: 민중사.

한국농촌경제연구원. 1989. 『농지개혁사연구』. 서울: 한국농촌경제연구원.

한국민중사연구회 엮음. 1986. 『한국민중사 II: 근현대편』. 서울: 풀빛.

한국사회학회·한국정치학회 엮음. 1992. 『한국의 국가와 시민사회』. 서울: 한울.

한국산업은행 조사부. 1955. 『한국 산업경제 10년사』.

한국은행. 1987. 「우리나라 공업구조의 변동」. ≪조사통계월보≫, 9월.

한국정신문화연구원 엮음. 1997. 『한국독립운동사 자료집: 조소앙 편(三)』. 서울: 한국정신문화연구원.

_____. 1999. 『1960년대의 정치사회변동』. 서울: 백산서당.

한국정치연구회 정치이론분과 엮음. 1993. 『국가와 시민사회: 조절이론의 국가론과 사회주의 시민사회론』. 서울: 녹두.

한배호. 1993. 『한국의 정치과정과 변화』. 서울: 법문사.

한홍구. 2003. 「베트남 파병과 병영국가의 길」. 이병천 엮음. 『개발독재와 박정희시대: 우리시대의 정치경제적 기원』. 서울: 창작과비평사.

허명구. 1992. 「신노동정책이란 무엇인가」. ≪노동운동≫, 12월호.

허수열. 2005. 『개발없는 개발』. 서울: 은행나무.

헤겔, 게오르크 빌헬름 프리드리히(G. W. F. Hegel). 2008. 『법철학』. 임석진 옮김. 서울: 한길사.

홍성태. 2005. 「한국의 근대화와 발전 패러다임의 변화」. 학술단체협의회 엮음. 『해방 60년의 한국사회: 역사적 궤적, 현재 속의 미래, 학문재생산』. 서울: 한울.

후버(Wolfgang Huber)·퇴트(Heinz Eduard Tödt). 1992. 『인권의 사상적 배경』. 주재용·김현구 옮김. 서울: 대한기독교서회.

황한식. 1985. 「미군정하 농업과 토지개혁정책」. 강만길 외. 『해방전후사의 인식 2: 정치·경제·사회·문화적 구조의 실증적 연구』. 서울: 한길사.

회페, 오트프리트(Otfried Höffe). 2004. 『정의: 인류의 가장 소중한 유산』. 박종대 옮김. 서울: 이제이북스.

일간지

≪동아일보≫, ≪서울경제신문≫, ≪경향신문≫ 등

웹 자료

강원돈의 신학 아카이브. http://www.socialethics.org

광주문화방송. http://blog.kjmbc.co.kr/lk0823/1157

통계청. http://nso.go.kr

한국사회경제학회. http://www.ksesa.org

한국은행 경제통계시스템. http://ecos.bok.or.kr

일문 자료

石崎菜生. 1996. 「韓国の重化学工業化政策: 開始の内外条件と実施主体」. 服部民夫·佐藤幸人 編. 『韓国·台湾の発展メカニズム』. 東京: アジア経済研究所.

李種元. 1996. 『東アジア冷戦と韓米日関係』. 東京: 東京大学出版会.

韓福相. 1995. 『韓国の経済成長と工業化分析』. 東京: 勁草書房.

朴一. 1999. 『韓国NIES化の苦悩—経済開発と民主化のジレンマ』. 東京: 同文館出版社.

山田三郎 編. 1967. 『韓国工業化の課題』. 東京: アジア経済研究所.

영문 및 독문 자료

Albert, Hans. 1975. "Aufklärung und Steürung. Gesellschaft, Wissenschaft und Politik in der Perspektive des kritischen Rationalismus." *Kritischer Rationalismus und Sozialdemo-*

kratie. Georg Lührs et al. Bonn: Dietz.

Althaus, Paul. 1953. *Grundriss der Ethik.* Gütersloh: C. Bertelsmann.

Amsden, A. 1989. *Asia's Next Giant: South Korea and Late Industrialization.* New York: Oxford University Press.

Balassa, B. 1988. "The Lessons of East Asian Development: An Overview." *Economic Development and Cultural Change,* 36(3).

Barth, Karl. 1942. *Kirchliche Dogmatik,* II/2. Zollikon-Zürich: Evangelischer Verlag.

Beccaria, Cesare. 1997. "Treatise on Crimes and Punishments." Michelle Ishay(ed.). *The Human Rights Reader.* New York: Routledge.

Boyer, R. 1968. *La Theorie de la regulation: une analyse critique.* Paris: La Decouverte.

Brakelmann, Günter. 1976. *Abschied vom Unverbindlichen. Gedanken eines Christen zum Demokratischen Sozialismus.* Gütersloh: Gütersloher Verlagshaus.

Brunner, Emil. 1939. *Das Gebot und die Ordnungen: Entwurf einer protestantisch-theologischen Ethik.* Zürich: Zwingli.

Chung, Un-Chan. 1990. "Korean Economic Growth and Financial Development." Chung H. Lee and Ippei Yamazawa(eds.). *The Economic Development of Japan and Korea: a Pararell with Lesson.* New York: Praeger Publishers.

Cummings, Bruce. 1987. "The Origin and Development of the North East Asian Political Economy." Frederic C. Deyo(ed.). *The Political Economy of the New Asian Industrialism.* Ithaca, New York: Cornell University.

Eckert, Carter J. 1991. *Offspring of Empire: The Koch'ang Kims and the Colonial Origins of Korean Capitalism, 1876~1945.* Seattle: University of Washington Press.

Eichengreen, B. 1996. "Institutions and Economic Growth; Europe after World War II." N. Crafts and G. Toniolo(ed.). *Economic Growth in Europe since 1945.* London: Cambridge University Press.

Elert, Werner. 1961. *Das christliche Ethos: Grundlinien der lutherischen Ethik.* 2. und erneut durchges. und erg. Aufl. von Ernst Kinder(bearb. und hrsg). Hamburg: Furche-Verl.

Evans, Peter. 1995. *Embedded Autonomy: State and Industrial Transformation.* Princeton: Princeton University Press.

Gaddis, John Lews. 1982. *Strategies of Containment.* New York: Oxford University Press.

Gereffi, G. and D. L. Wyman. 1990. *Manufacturing Miracles: Paths of Industrialization in Latin America and East Asia.* Princeton: Princeton University Press.

Gerschenkron, Alexander. 1962. *Economic Backwardness in Historical Perspective: a book of essays.* Cambridge, Massachusetts: Belknap Press of Harvard University Press.

Gramsci, A. 1971. *Selections from Prison Notebooks.* London: Lawrence & Wishart.

Habermas, Jürgen. 1968. "Erkenntniss und Interesse." *Technik und Wissenschaft als "Ideologie."* Frankfurt a. M.

Hobbes, Thomas. 1997. "The Liviathan." Michelle Ishay(ed.). *The Human Rights Reader.* New York: Routledge.

Honecker, Martin. 1995. *Grundriss der Sozialethik.* Berlin/New York: de Gruyter.

Hooft, W. A. Visser't(ed.). 1949. *The First Assembly of The World Council of Churches.* New York: Harper & Brothers.

_____. 1995. *The Evanston Report.* London: SCM Press.

Ishay, Michelline(ed.). 1997. *The Human Rights Reader: Major Political Essays, Speeches and Documents from the Bible to the Present.* New York: Routledge.

_____. 1997. "The Life and Selected Writings of Thomas Jefferson." *The Human Rights Reader.* New York: Routledge.

Jefferson, Thomas. 1997. "The Life and Selected Writings of Thomas Jefferson." Michelle Ishay(ed.). *The Human Rights Reader.* New York: Routledge.

Johnson, Chalmers. 1982. *MITI and the Japanese Miracle: the Growth of Japanese Industrial Policy 1925~1975.* Stanford: Stanford University Press.

_____. 1987. "Political Institutions and Economic Performance: The Government-Business Relationship in Japan, South Korea, and Taiwan." Frederic C. Deyo(ed.). *The Political Economy of the New Asian Industrialism.* Ithaca: Cornell University Press.

Kieley, Ray. 1998. "Neo Liberalism Revised? A Critical Account of World Bank Concepts of Good Governance and Market Friendly Intervention." *Capital & Class.* #64.

Kohli, Artul. 1994. "Where Do High Growth Political Economies Come From? The Japanese Lineage of Korea's 'Development State'." *World Development,* vol. 22, no. 9.

Kuo, Shirley W. Y., Gustav Ranis and John Fei. 1981. *The Taiwan Success Story: Rapid Growth with Improved Distribution in ROC, 1952~79.* Boulder: Westview Press.

Lipset, Seymour M. 1960. *Political Man: The Social Bases of Politics.* Garden City, New York: Doubleday.

Locke, John. 1988. *Two Treatises of Government.* Peter Laslett(ed.). Cambridge: Cambridge University Press.

_____. 1991. *A Letter concerning Tolerance.* London: Routledge.

_____. 1997. "Two Treatises of Government." Michelle Ishay(ed.). *The Human Rights Reader.* New York: Routledge.

Luther, Martin. 1906. *D. Martin Luthers Werke: Kirche Gesamtausgabe*, Bd. 32. Weimar: Böhalu.

MacFarquar, R. 1980.2.9. "The Post-Confucian Challenge." *The Economist.*

Malloy, James(ed.). 1977. *Authoritarianism and Corporatism in Latin America*. Pittsburgh: The University of Pittsburgh Press.

_____. 1947. *Der kleine Katechismus*. Göttingen: Vandenhock & Ruprecht.

Marshall, T. H. 1965. *Class, Citizenship, and Social Development*. New York: Anchor Books.

Marx, Karl. 1933. *Critique of the Gotha Programme*. New York: International Publishers.

_____. 1968. *The German Ideology*. London: Lawrence & Wishart.

_____. 1973. *Grundrissse*. New York: Vintage.

_____. 1976. *Marx and Engels Collected Works*, vol. 3. Moscow: Progress Publishers.

_____. 1977. "British Political Parties." David McLellan(ed.). *Karl Marx: Selected Writings*. London: Oxford University Press.

_____. 1977. "On the Jewish Question." David McLellan(ed.). *Karl Marx: Selected Writings*. London: Oxford University Press.

_____. 1992. "Instruction to the Delegates to the Geneva Congress." *The First International and After*(Political Wrightings vol. 3). London: Penguin.

Marx, Karl and Friedrich Engels. 1939. *The German Ideology*, vol. 1. New York: International Publishers.

_____. 1965. *Selected Correspondence*. Moscow: Foreign Language Publishing House.

_____. 1969. "The German Ideology." *MEW*, vol. 3. Moscow: Progress Publishers.

_____. 1971. *The German Ideology, Including the Theses of Feuerbach and the Introduction to the Critique of Political Economy*. New York: McGgraw-Hill.

Mill, John Stuart. 1991. "Considerations on Representative Government." John Gray(ed.). *"On Liberty" and Other Essays*. Oxford: Oxford University Press.

North, Douglas. 1990. *Institutions, Institutional Change and Economic Performance*. New York: Cambridge University Press.

Plattner, Marc F. 2001. "Human Right." Seymour Martin Lipset(ed.). *Political Philosophy: Theories, Thinkers, Concepts*. Washington, DC: CQ Press.

Proudhon, Pierre-Joseph. 1902. *What Is Property? Or an Inquiry into the Principle of Right and Government*, vol. 2. Benjamine R. Tucker(ed. and trans.). London: New Temple Press.

Pye, L. 1985. *Asian Power and Politics: The Cultural Dimensions of Authority*. Cambridge: The Belknap Press of Harvard University Press.

Rabinbach, Anson G. 1976. "Poulantzas and the Problem of Fascism." *New German Critique*. no. 8.

Ranciere, J. 2004. "Who is the Subject of the Rights of Man?" *The South Atlantic Quarterly*, 103. 2/3.

Rich, Arthur. 1962. "Die institututionelle Ordunung der Gesellschaft als theologisches Problem." *Glaube in politischer Entscheidung.* Zürich : Zwingli.

Rothe, Richard. 1870. *Theologische Ethik.* Bd. IV. 2. Aufl. Wittenberg: Kölling.

Rozman, G. 1992. "The Confucian Faces of Capitalism." M. Borthwick(ed.). *Pacific Century.* Boulder: Westview Press.

Satterwhite, D. 1994. "The Politics of Economic Development: Coup, State, and Republic of Korea's First Five-Year Economic Development Plan(1962~1966)." Ph. D. dissertation. University of Washington.

Schleiermacher, Friedrich Daniel Ernst. 1911. "Entwürfe zu einem System der Sittenlehre." *Werke: Auswahl in vier Baenden.* Bd. 2. hg. und eingel. von Otto Braun. Leipzig: Meiner; Aalen: Scientia Verl.

_____. 1843. "Die christliche Sitte nach den Grundsaetzen der evangelischen Kirche im Zusammenhange dargestellt." *Saemtliche Werke.* Abt. I. Bd. 13. Berlin: Reimer.

Siegle, Joseph T., Michael M. Weinstein and Morton H. Halperin. 2004. "Why Democracies Excel." *Foreign Affairs.* September/October.

So, A. Y. and W. K. Chiu Stephen. 1995. *East Asia and the World Economy.* Thousand Oaks: Sage Publications.

SODEPAX. 1969. *World Development: The Challenge to the Churches.* Geneva: Exploratory Committee on Society, Development, and Peace.

Stepan, Alfred. 1978. *The State and Society: Peru in Comparative Perspective.* Princeton, New Jersey: Princeton University Press.

Tai, Hung-chao(ed.). 1989. *Confucianism and Economic Development: An Oriental Alternative?* Washington, DC: The Washington Institute Press.

Wade, R. 1990. *Governing the Market: Economic Theory and the Role of Government in East Asian Industrialization.* Princeton: Princeton University Press.

Watanabe, Toshio. 1985. "Economic Development in Korea: Lesson and Challenge." Toshio Shishido and Ryuzo Sato(eds.). *Economic Policy and Development: New Perspectives.* Dover: Anbun House Publishing Company.

Weisser, Gerhard. 1967. "Disskussionsvotum." Heiner Flohr and Klaus Lompe(ed.). *Wissenschaftler und Politiker: Partner oder Gegner.* Göttingen: Schwartz.

_____. 1978. *Beitraege zur Gesellschaftspolitik.* Siegfried Katterle, Wolfgang Mudra, Lothar F. Neumann ausgew. u. hrsg., Göttingen: Schwartz.

Wolff, Ernst. 1975. *Sozialethik: Theologische Grundfragen.* Gottingen: Vandenhöck & Ruprecht.

Wolf, Jr., Charles. 1964. "Economic Planning in Korea." *Korea Affairs*, 3-2(7).

World Bank. 1993. *The East Asian Miracle: Economic Growth and Public Policy.* Oxford: Oxford University Press.

Woo, Jung-en. 1991. *Race to the Swift: State and Finance in Korean Industrialization.* New York: Columbia University Press.

Yoo, C. G. 1999. "The National Choice of Industrial Structure, Financial Re in Korea." The UNESCO Participation Programme, The Centre for Studies in December, Calcutta, India.

최형묵 崔亨黙

연세대학교 신학과 및 한신대 신학대학원을 졸업하고 한신대 대학원에서 기독교사회윤리 전공으로 박사학위(Ph. D.)를 받았으며, 현재 한신대 정조교양대학 초빙교수로 재직 중이다.

저서로 『한국 기독교의 두 갈래 길』(2013), 『반전의 희망, 욥: 고통 가운데서 파멸하지 않는 삶』(2009), 『무례한 자들의 크리스마스: 미국 복음주의를 모방한 한국 기독교 보수주의, 그 역사와 정치적 욕망』(공저, 2007), 『뒤집어보는 성서 인물』(2006), 『보이지 않는 손이 보이지 않는 것은 그 손이 없기 때문이다: 민중신학과 정치경제』(1999), 『한국 사회변혁운동과 기독교 신학』(1994), 『함께 읽는 구약성서』(공저, 1991), 『해방공동체 1~5』(공저, 1987~1990), 일본어판 저서로 『旧約聖書の人物』(2014), 『無礼者たちのクリスマス: 韓国キリスト教保守主義批判』(공저, 2014), 『権力を志向する韓国のキリスト教』(2013)가 있으며, 번역서로는 『무함마드를 따라서: 21세기에 이슬람 다시 보기』(2005) 등이 있다.

한울아카데미 1828

한국 근대화에 대한 기독교윤리적 평가
산업화와 민주화의 모순관계에 주목하다

© 최형묵, 2015

지은이　최형묵
펴낸이　김종수
펴낸곳　도서출판 한울
편집　신순남

초판 1쇄 인쇄　2015년 9월 25일
초판 1쇄 발행　2015년 10월 15일

주소　10881 경기도 파주시 광인사길 153 한울시소빌딩 3층
전화　031-955-0655
팩스　031-955-0656
홈페이지　www.hanulbooks.co.kr
등록번호　제406-2003-000051호

Printed in Korea.
ISBN 978-89-460-5828-6(양장)
　　　978-89-460-6065-4(학생판)

※ 책값은 겉표지에 표시되어 있습니다.
※ 이 책은 강의를 위한 학생판 교재를 따로 준비했습니다.
　강의 교재로 사용하실 때에는 본사로 연락해 주십시오.